国家社科基金
后期资助项目
GUOJIA SHEKE JIJIN HOUQI ZIZHU XIANGMU

城市管理者

近代北京警察研究

李自典　著

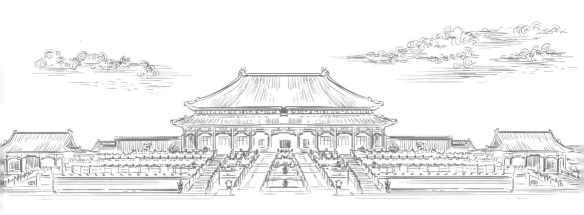

社会科学文献出版社
SOCIAL SCIENCES ACADEMIC PRESS (CHINA)

图书在版编目（CIP）数据

城市管理者：近代北京警察研究／李自典著. --
北京：社会科学文献出版社，2024.6
国家社科基金后期资助项目
ISBN 978-7-5228-2978-4

Ⅰ.①城… Ⅱ.①李… Ⅲ.①警察-研究-北京-近
代 Ⅳ.①D631.12

中国国家版本馆 CIP 数据核字（2023）第 229331 号

国家社科基金后期资助项目

城市管理者：近代北京警察研究

著　　者／李自典

出 版 人／冀祥德
责任编辑／李丽丽
文稿编辑／白纪洋
责任印制／王京美

出　　版／社会科学文献出版社·历史学分社（010）59367256
　　　　　地址：北京市北三环中路甲 29 号院华龙大厦　邮编：100029
　　　　　网址：www.ssap.com.cn
发　　行／社会科学文献出版社（010）59367028
印　　装／三河市龙林印务有限公司

规　　格／开　本：787mm×1092mm　1/16
　　　　　印　张：27.5　字　数：436 千字
版　　次／2024 年 6 月第 1 版　2024 年 6 月第 1 次印刷
书　　号／ISBN 978-7-5228-2978-4
定　　价／98.00 元

读者服务电话：4008918866

国家社科基金后期资助项目
出版说明

　　后期资助项目是国家社科基金设立的一类重要项目，旨在鼓励广大社科研究者潜心治学，支持基础研究多出优秀成果。它是经过严格评审，从接近完成的科研成果中遴选立项的。为扩大后期资助项目的影响，更好地推动学术发展，促进成果转化，全国哲学社会科学工作办公室按照"统一设计、统一标识、统一版式、形成系列"的总体要求，组织出版国家社科基金后期资助项目成果。

　　　　　　　　　　　　　　　　全国哲学社会科学工作办公室

目　　录

绪 论

一 概念的界定

"警察"二字在中国古籍中早已有之，且屡见不鲜，但一般是分开使用。如《周礼》载"正岁则以法警戒群吏"，《论语》载"察其所安"，《说文解字》载"警，戒也"，"察，覆也"，等等。从字面意义上讲，"警"含有预先戒备的意义，"察"含有"监察"与"考察"的意思，统指由于不详明事实的真相而审察其是非。"警"字强调了积极防备，"察"字则重在事后纠察弥补，两字结合起来，其含义即"在事先应当机警预防一切不测事情的发生；而在事后则当详明审察事情的是非以为补救"。①《新五代史》中有"警察"两字合在一起使用的记载："弘肇出兵警察，务行杀戮，罪无大无小皆死。"这里"警察"的意思即"警戒监察"。②在中国古代社会，没有专门维护社会秩序的警察制度和组织机构，但是类似警察职能的官职却早有记载，如《尚书》载："舜令弃曰：百姓不亲，五品不逊，汝作司徒，敬敷五教在宽。"③ 这里的"司徒"即已兼有后来警察维持社会秩序的职能。不过，古代社会中的"警察"并不具备现代汉语中"警察"的特定含义。

进入近代社会，"警察"一词是作为一个外来语由日本引进中国的。而追溯其源头，"警察"一词则是来自法文 police，法文 police 又系源于

---

① 陈允文：《中国的警察》，商务印书馆，1935，第 8 页。
② 商务印书馆辞书研究中心编《古今汉语词典》，商务印书馆，2000，第 748 页。
③ 陈允文：《中国的警察》，第 9 页。

希腊语 πολιτεία（公民权）。① 还有一说，警察的英文为 police，法文为 police，德文为 polizei，实源出希腊文之 πολιτεια = Politeia，拉丁文则为 Politia。其意义是指国家一般政务而言。② 日本明治维新时期从西方引进了现代警察制度，并将西方的称谓译作"警察"。在国外，对警察含义的理解各有不同，有时指警察制度，有时指从事警察职业的人群，有时指警察权等。例如，苏顿（Soden）认为"警察是用以增进公共利益，而预防接近所发生的危害为目的之政务"。③ Louis Lépine 曾将警察定义为："警察是国家之一种有组织的员吏，其主要职务，在保持社会之秩序，人民之安宁及财产之安全。"④ 贝利在《警察模式》一书中对"警察"的含义做了界定，指出其是"在某一群体中被授权能够使用强力来协调该群体内部人际关系的人"。⑤ 哈罗德·K.贝克尔等认为："警察是所有主权国家阶级专政的重要工具，是社会和政治的执行机构，是维护国内和平、保护公众利益的主要力量，它受政府之托，维护社会秩序，从事日常的法律实施工作。"⑥ 后来随着认识的发展，克劳卡斯又提出"警察是享有国家授予的在国家领土范围内使用暴力的一般权力的机构或个人"。⑦ 这个定义被美国的警察学者认为"可能是目前最好的"，被广泛使用。在英国多是采用权威辞书的解释，认为警察是指负责维护治安和执行法律（包括侦查和防止犯罪）的公职人员。⑧

在我国，自清末创建现代警察制度以来，在各种研究警察的论著中，

---

① 〔英〕坎南编著《亚当·斯密关于法律、警察、岁入及军备的演讲》，陈福生、陈振骅译，商务印书馆，2011，第 175 页。

② 陈允文：《中国的警察》，第 6 页。

③ 陈允文：《中国的警察》，第 4 页。

④ 姜春华：《北平警政概观》，出版地不详，1934，第 2 页。

⑤ 转引自〔美〕魏斐德《上海警察（1927~1937）》，章红、陈雁、金燕、张晓阳译，人民出版社，2011，第 18 页。

⑥ 〔美〕哈罗德·K.贝克尔、〔美〕唐娜·李.贝克尔：《世界警察概览》，刘植荣译，山西人民出版社，1991，"导论"第 6 页。

⑦ 转引自〔美〕罗伯特·兰沃西、〔美〕劳伦斯·特拉维斯Ⅲ《什么是警察：美国的经验》，尤小文译，群众出版社，2004，第 5 页。

⑧ 美国不列颠百科全书公司编著《不列颠百科全书：国际中文版》（修订版）第 13 卷，中国大百科全书出版社《不列颠百科全书》国际中文版编辑部编译，中国大百科全书出版社，2007，第 399 页。

关于警察的解释各有不同。《清朝续文献通考》中较早提出"警察"的概念，其载"警察乃内政治安要政，且是专门之学"，这里对"警察"含义的界定虽不全面，但明确指出了其主要职责，且认为警察是"专门之学"。至民国时期，学者陈允文把警察界定为："警察是要来维持国家社会的秩序与安宁，并且预防公共一般的危害。"① 曾任中央警官学校教育长的李士珍认为，"警察者，以直接防止公共危害，维持社会安宁秩序，指导人民生活，促进一般福利为目的，基于国家统治权，执行法令，并协助诸般行政之行政行为。"② 现代学者尹春生在《"警察"概念之科学透视》一文中指出："警察是依法维护和管理国家治安（社会秩序）的国家行政武装实体。"③ "警察"在《辞海》里解释为："以排除对于国家及人民之安宁幸福之危害为目的之行政行为曰警察，又通称警士曰警察。"④《现代汉语词典》中"警察"有两层含义，一是指"具有武装性质的国家治安行政人员"，一是指"武装警察，国家武装力量的一部分，担负守卫国家重要工矿、企业、交通设施，维持治安，警备城市和保卫国家边疆安全等任务，也称武装警察部队的士兵，简称武警"。⑤ 这些对警察含义的不同理解，虽然视角不同，但大都围绕警察职能以及行使警察职能的人员来阐述，因此，目前大家普遍接受的"警察"含义，即"警察是享有国家授予的可使用强制性特殊手段来维护国家安全和社会公共秩序的专门的执法人员或机构"。⑥

本书借鉴了国内外对警察的各种定义，又进一步有所专指，即"警察"主要指清末新政以来，我国在借鉴日本现代警察制度建设的过程中出现的近代意义上的从事警察职业的个体以及这一社会群体的总称，他们是经过国家授权可使用强制性特殊手段来预防公共危害、维持社会秩序、参与社会管理、指导民众生活，促进一般福利的权力机构人员。

---

① 陈允文：《中国的警察》，第5页。
② 李士珍：《警察行政之理论与实际》，中华警察学术研究社，1948，第2页。
③ 尹春生：《"警察"概念之科学透视》，《公安大学学报》1989年第5期。
④ 舒新城、沈颐、徐元诰、张相主编《辞海》，中华书局，1981，第2709页。
⑤ 中国社会科学院语言研究所词典编辑室编《现代汉语词典》（第5版），商务印书馆，2005，第724、1446页。
⑥ 金川、唐长国、柳捷、冯秀成编著《司法警察概论》，中国政法大学出版社，2005，第5页。

二　学术史的回顾

警察在近代城市的出现，是社会发展的产物。如马克思、恩格斯在《德意志意识形态》中指出的那样："随着城市的出现也就需要有行政机关、警察、赋税等等，一句话，就是需要有公共的政治机构。"[①] 作为维护国家统治秩序和社会治安的具有武装性质的专职人员，警察是国家机器的重要组成部分，也是近代国家内政中的一个重要环节。同时，警察作为政府政务管理的重要执行人员，又是国家公务人员的组成部分，是一实实在在的社会职业群体。双重合一的特殊身份，使警察自产生后对城市社会发展影响甚大，关于警察的研究自然也成为城市社会研究的一个重要领域。在这方面，国外学者已有一些成果问世，其中就笔者所见，较有代表性的著作为 Joseph F. King 著 *The Development of Modern Police History in the United Kingdom and the United States*，[②] 就英国和美国的警察发展史进行了描述。John D. Brewer 在 *The Police, Public Order and the State: Policing in Great Britain, Northern Ireland, the Irish Republic, the USA, Israel, South Africa and China*[③] 一书中，从警察、公共秩序与国家政府相互关系的层面对英国（包括北爱尔兰）、爱尔兰、美国、以色列、南非和中国的警察进行了分析。日本学者大日方纯夫在著作《近代日本的警察和地域社会》[④] 中，从政治警察的视角考察了近代警察对日本地域社会的影响。

现代警察制度在我国创建不久，就有学者对其关注并进行理论探讨，时至今日，警察问题已成为一个重要的学术研究领域，吸引越来越多的学者从多角度、多学科进行研究，问世成果也比较可观。下面主要分民国时期和中华人民共和国成立以来两大时段对学界的研究状况进行概要梳理。

---

① 马克思、恩格斯：《德意志意识形态》，中共中央马克思恩格斯列宁斯大林著作编译局译，人民出版社，1961，第 47 页。

② Joseph F. King, *The Development of Modern Police History in the United Kingdom and the United States*, Edwin Mellen Press, 2004.

③ John D. Brewer, *The Police, Public Order and the State: Policing in Great Britain, Northern Ireland, the Irish Republic, the USA, Israel, South Africa and China*, New York: St. Martin's Press, 1996.

④ 大日方純夫『近代日本の警察と地域社会』筑摩書房、2000。

在民国时期，对警察含义的不同理解，使研究的范围也各有侧重。总体来看，大多的研究成果主要围绕以下问题展开。

（1）关于警察制度，刘尧峯的文章《中国现代警察制度沿革》系统阐述了现代警察制度自清末到国民政府时期发展演变的历程，① 是早期对我国警察制度展开研究较有代表性的成果。

（2）关于警察行政，该领域的研究得到学者们较多关注，涌现的成果也较丰硕，余秀豪著《警察行政》② 和《现代警察行政》③、内政部警政司编《中国警察行政》④、李秀生编《中国警察行政》⑤、张恩书编《警察实务纲要》⑥、李倬编著《警察实务纲要》⑦、张永竹著《警察勤务精论》⑧、李士珍著《警察行政研究》⑨ 和《警察行政之理论与实际》⑩ 以及鄷裕坤著《现代警察研究》⑪ 等较有代表性，这些著作对我国警察权的界限、警察对社会的管理、警察勤务制度、警察人事制度、警察教育、警察经费与警力分配等问题进行了阐述，大致观点有相似之处，可见在此方面学者们存在诸多共识。此外，也有学者对中国警察行政的发展进行探讨，提出己见，杨卫康的文章《改良中国警察行政之刍议》⑫ 和莫克的文章《改革中国警察行政之意见》⑬ 较有代表性。

（3）关于警察法规，清末时京师内城巡警总厅卫生处曾编纂《京师警察法令汇纂》（卫生类）⑭ 一种，民国初年，京师警察厅在此基础上编成一部比较完整的警察法令汇编《京师警察法令汇纂》⑮，包括总务类、

① 刘尧峯：《中国现代警察制度沿革》，《警高月刊》第 2 卷第 6 期、第 3 卷第 1~3 期，1935 年。
② 余秀豪：《警察行政》，商务印书馆，1936。
③ 余秀豪：《现代警察行政》，中华书局，1948。
④ 内政部警政司编《中国警察行政》，商务印书馆，1935。
⑤ 李秀生编《中国警察行政》，中华警察学术研究社平津分社，1947。
⑥ 张恩书编《警察实务纲要》，中华书局，1937。
⑦ 李倬编著《警察实务纲要》，商务印书馆，1937。
⑧ 张永竹：《警察勤务精论》，中华书局，1936。
⑨ 李士珍：《警察行政研究》，商务印书馆，1942。
⑩ 李士珍：《警察行政之理论与实际》，中华警察学术研究社，1948。
⑪ 鄷裕坤：《现代警察研究》，内政部警察总署，1947。
⑫ 杨卫康：《改良中国警察行政之刍议》，《警察月刊》第 4 卷第 1 期，1936 年。
⑬ 莫克：《改革中国警察行政之意见》，《考试院公报》第 7 期，1933 年。
⑭ 内城巡警总厅卫生处编纂《京师警察法令汇纂》（卫生类），京华印书局，1909。
⑮ 京师警察厅编辑《京师警察法令汇纂》，撷华书局，1915。

行政类、司法类、卫生类和消防类五种，门类齐全，内容丰富。此后，内务部警政司编印的《现行警察例规》①，主要对 1912～1918 年的各项警察法规进行了汇编梳理。1927 年由京奉警务处第三课编的《京奉铁路警察法规汇编》② 发行，这是一部关于京奉铁路警察行政的专门法规汇编，内分编制、勤务、巡查、协助、赏罚、消防、卫生、教育等八类。随后，1934 年首都警察厅编印《警察法规汇编》③，1946 年中央警官学校编印《通行警察法规汇编》④，1947 年内政部警政司编印《警察法规汇编》⑤，以及丁光昌编的《警察法规》⑥ 等，都是有关警察勤务及行政管理的综合类法规汇集。一系列警察法规的出台为警察履职及警察制度在我国的发展完善提供了法律保障，也为从法律视角深入研究警察问题提供了参考资料。关于警察法令的研究，郑宗楷著《警察法总论》⑦ 可作为代表，该书从法律建设的角度对警察及警察权等问题进行了探析。

（4）其他专题研究，陈允文著《中国的警察》是一部全面综合研究中国警察的重要著作，其中对警察定义、我国警察的沿革、警察经费的筹划、警务人员的任用和待遇、警察训练、其他警察事项以及我国警察的将来等问题均做了详细论述，其内容融合了警察制度、警察行政及警察法规等多个方面，对后世研究具有非常重要的借鉴意义。胡存忠的《中国警察史》⑧ 是一部对警察进行综合介绍的讲义著作，阐述了警察的发展历程。其他如刘垚、谈凤池编《中国都市交通警察》⑨，包明芳编《中国消防警察》⑩，毛文佐著作《刑事警察》⑪，赵炳坤编《中国外事警察》⑫，

① 内务部警政司编《现行警察例规》，内务部警政司，1919。
② 京奉警务处第三课编辑《京奉铁路警察法规汇编》，出版地不详，1927。
③ 首都警察厅编印《警察法规汇编》，1934。
④ 中央警官学校编审处、中华警察学术研究社合编《通行警察法规汇编》，上海警声印刷厂，1946。
⑤ 内政部警政司编《警察法规汇编》，油印本，1947。
⑥ 丁光昌编《警察法规》（增订本第三版），大东书局，1947。
⑦ 郑宗楷：《警察法总论》（增订本），商务印书馆，1946。
⑧ 胡存忠讲述《中国警察史》，中央警官学校警政高等研究班，1944。
⑨ 刘垚、谈凤池编《中国都市交通警察》，商务印书馆，1935。
⑩ 包明芳编《中国消防警察》，商务印书馆，1935。
⑪ 毛文佐：《刑事警察》，商务印书馆，1944。
⑫ 赵炳坤编《中国外事警察》，商务印书馆，1935。

中央警官学校第四分校编《交通警察 户籍警察》① 及李承谟编著《保安警察》② 等，则分别对不同性质门类的警察进行专题探讨，阐述其产生意义、工作性质、勤务规则等情况，内容大多包括制度建设、行政管理、法规等方面。另外，徐洵编著《警察学纲要》③、余秀豪著《警察学大纲》④ 以及惠洪编著的《刑事警察学》⑤ 等从警察学专门学术的角度对警察作用、任务、组织构成等问题进行探讨。

民国时期国外对中国警察展开研究的成果，就笔者所见，主要是日本学者的相关著述问世，如稻津秀也编纂的《新辑中国警察法令集》⑥ 是一部关于中国警察组织方面的法令汇编。高桥雄豺著《交通警察概论》⑦ 围绕交通警察设置目的、机关构成及履职等展开专题阐述。此外，松井茂的《警察学纲要》⑧ 是一部介绍警察任务、分类、警察组织、警察官吏以及各国警察状况与警察教育等多方面的综合性著作。概观之，国外学者的研究范围和中国学者大致相似，仍主要关注警察制度、警察法令、警察行政等问题。

综览民国时期关于中国警察的研究著述，我们不难发现，这些著述集中于警察行政、警察法规及警察制度等方面的讨论，对警察从业群体几乎没有专题研究。既有成果多以描述性说明为主，深入研究层面的论著寥寥无几，这与当时警察发展及警察研究还处于起步阶段有一定关系。

中华人民共和国成立后，尤其是改革开放以来，随着政治史、法律史、社会史和文化史等研究的兴起，警察研究也越来越受到多学科学者的关注，涌现出十分丰硕的成果，具体如下。

（1）关于警察制度。中国社会科学院法学研究所法制史研究室编著

---

① 中央警官学校第四分校编《交通警察 户籍警察》，北平市警察局合作社印刷所，1946。
② 李承谟编著《保安警察》，内政部中央训练委员会印行，1942。
③ 徐洵编著《警察学纲要》，上海法学社，1928。
④ 余秀豪：《警察学大纲》，商务印书馆，1946。
⑤ 惠洪编著《刑事警察学》，商务印书馆，1936。
⑥ 〔日〕稻津秀也编纂《新辑中国警察法令集》，听鸿阁印书局，1941。
⑦ 〔日〕高桥雄豺：《交通警察概论》，张仲芙、刘大勋译，大东书局，1931。
⑧ 〔日〕松井茂：《警察学纲要》，吴石译，商务印书馆，1936。

的《中国警察制度简论》① 一书是较早研究中国警察制度发展史的学术著作，该书分专题阐述了不同历史时期警察制度的状况。韩延龙主编的《中国近代警察制度》② 着重阐述了近代警察制度在中国的产生、形成和发展历程，涉及中央警察机关的演变及其职权、地方警政建设、警察来源与分类管理、警察教育、警察法规的制定和颁行等内容。王家俭著《清末民初我国警察制度现代化的历程（1901～1928）》③ 一书，从现代化的角度，对中国警察制度的引进背景、发展演变的曲折历程、实施警政现代化遭遇的困难等问题进行论述，为警察研究开拓了一种新的思路。孟庆超的著作《中国警察近代化研究：以法文化为视角》④ 从法文化的角度，结合政治、法律、文化多层面论述了中国警察由传统向近代的转变，指出近代中国警察革新的背后暗含统治者的动机，但自清末至民国几十年的变化也反映出其客观上受到的资本主义人文精神和法制观念的影响，具有近代文明的表征。该书对深化警察的研究提供了新的视角，具有较高的学术价值。此外，马玉生所著《中国近代中央警察机构建立、发展和演变》⑤ 一书，结合历史学、法学、政治学、管理学、社会学等理论，以近代中国中央警察机构发展的不同阶段为主线，着重分析其组织架构、人员组成、机构职责等内容，进而对其在维护社会秩序中的作用进行了客观分析。

在论文方面，前期较有代表性的是罗炳绵的文章《中国警察制度的产生及其发展》⑥ 和常兆儒与俞鹿年合作的《中国警察制度史初探》⑦，前者系统梳理了警察制度在我国发展演变的脉络，后者在阐述我国警察制度沿革的基础上，侧重考察了该制度在不同发展阶段的基本情况和主要特点。此后，关于近代警察制度的研究越来越受到学者们关注，无论学位论

---

① 中国社会科学院法学研究所法制史研究室编著《中国警察制度简论》，群众出版社，1985。
② 韩延龙主编《中国近代警察制度》，中国社会科学出版社，2018。
③ 王家俭：《清末民初我国警察制度现代化的历程（1901～1928）》，台湾商务印书馆，1984。
④ 孟庆超：《中国警察近代化研究：以法文化为视角》，中国人民公安大学出版社，2006。
⑤ 马玉生：《中国近代中央警察机构建立、发展和演变》，中国政法大学出版社，2015。
⑥ 罗炳绵：《中国警察制度的产生及其发展》，《食货月刊》复刊第 10 卷第 8 期，1980 年11 月。
⑦ 常兆儒、俞鹿年：《中国警察制度史初探》，《学习与探索》1983 年第 2 期。

文还是期刊论文均涌现诸多成果。例如，吴沙的《清末传统治安制度向近代警察制度的转变》①、夏敏的《晚清时期中国近代警察制度建设》②、李宁的《略论促成清政府建立近代警察制度的主要原因》③、陈威的《晚清引进近代警察制度述论》④、杨玉环的《试论中国近代警察制度的特点》⑤、吕惠玲的《中国近代警政建设与发展的制度分析》⑥ 等文章均以中国近代警察制度为中心，分别探讨了其创建原因、特点及转变历程等问题。此外，王丽英的《中国近代女子警察制度》⑦、汪勇的《中国近代警察勤务制度的早期探索》⑧、刘旺的《近代中国外事警察制度研究》⑨、刘海波的《论中国近代铁路警察制度的形成》⑩ 以及程亮的《近代东北地区警察制度研究》⑪ 等论文则分别对专门类别以及特定地区的警察制度进行论述，推动警察制度史的研究进一步细化。

　　（2）关于警察行政。万川主编的《中国警政史》⑫ 是一部颇有影响的警察行政研究著作，对中国警政建设发展史进行了较为系统的阐述，包括自先秦到当代各个时期的"治安形势""警政思想""警政机构""警政措施"等内容，对近代的警察制度、警察教育及警察行为等也有专门阐述。王鹰的《政府公共警察研究：我国转轨时期公共管理学视野中的警察基本问题》⑬ 从公共管理学视角探讨我国转轨时期警察基本问题，研究的方法很有新意。陆晶的《现代警务行为的理与法》⑭ 一书对现代警务

---

①　吴沙：《清末传统治安制度向近代警察制度的转变》，《公安研究》2001 年第 2 期。

②　夏敏：《晚清时期中国近代警察制度建设》，《江苏警官学院学报》2003 年第 4 期。

③　李宁：《略论促成清政府建立近代警察制度的主要原因》，《河北法学》2004 年第 1 期。

④　陈威：《晚清引进近代警察制度述论》，硕士学位论文，对外经济贸易大学，2005。

⑤　杨玉环：《试论中国近代警察制度的特点》，《齐鲁学刊》2007 年第 2 期。

⑥　吕惠玲：《中国近代警政建设与发展的制度分析》，硕士学位论文，云南大学，2007。

⑦　王丽英：《中国近代女子警察制度》，《内蒙古民族师院学报》（哲学社会科学汉文版）1999 年第 1 期。

⑧　汪勇：《中国近代警察勤务制度的早期探索》，《中国人民公安大学学报》（社会科学版）2010 年第 6 期。

⑨　刘旺：《近代中国外事警察制度研究》，硕士学位论文，湖南师范大学，2010。

⑩　刘海波：《论中国近代铁路警察制度的形成》，《铁道警察学院学报》2019 年第 5 期。

⑪　程亮：《近代东北地区警察制度研究》，硕士学位论文，辽宁大学，2012。

⑫　万川主编《中国警政史》，中华书局，2006。

⑬　王鹰：《政府公共警察研究：我国转轨时期公共管理学视野中的警察基本问题》，四川大学出版社，2001。

⑭　陆晶：《现代警务行为的理与法》，中国人民公安大学出版社，2005。

行为进行法理学角度的解读，力图为现代警察执法行为的法治化问题提供一种科学的、规范的理论和方法。耿连海主编的《警察权益保护》① 比较全面、系统地阐述了现代人民警察的合法权益及其保护的法律依据。孙娟、秦立强主编的《中国警察管理理论实践与案例研究》② 一书对现代警察管理进行理论探讨，并结合实践进行了分析。邓国良主编的《警察职务犯罪研究》③ 从警察管理的角度分析了警察职务犯罪的原因及预防措施。罗锋的博士论文《中国警察与犯罪控制》④ 着重于当代警察研究，从警察职权、警察体制及中国警务改革等方面分析与犯罪控制的联系，在研究视角上对丰富警察史的研究有一定启示意义。王力、王大伟的论文《略论我国近代警察行政创立初期的警察分类》⑤，通过分析警察行政初创时期警察类别及各自职责的划分，指出近代中国警察被赋予了广泛的政治职能和社会服务职能，这对我们研究近代警务学术思想具有借鉴意义。此外，黄晋祥的《论清末警政演变的历史轨迹》⑥、孟庆超的《清末建警失败原因分析》⑦、郭玉家与马学春的《清末新政与中国警政近代化》⑧、孟庆超与牛爱菊的《试论近代中国警政遭遇的经济困惑》⑨ 等论文从社会政治、经济、文化等背景探讨警政建设问题，进一步深化了近代警察史的研究。

（3）关于警察法规。戴鸿映编的《旧中国治安法规选编》⑩ 一书专门对警察进行治安管理方面的法规进行了较为详细的汇集，为研究近代治安问题提供了法令参考。黄娜主编的《警察执法全书》⑪ 关注的是当代警

① 耿连海主编《警察权益保护》，群众出版社，2004。
② 孙娟、秦立强主编《中国警察管理理论实践与案例研究》，群众出版社，2003。
③ 邓国良主编《警察职务犯罪研究》，江西高校出版社，1999。
④ 罗锋：《中国警察与犯罪控制》，博士学位论文，北京大学，2001。
⑤ 王力、王大伟：《略论我国近代警察行政创立初期的警察分类》，《广西警官高等专科学校学报》2014 年第 4 期。
⑥ 黄晋祥：《论清末警政演变的历史轨迹》，《社会科学家》1997 年第 2 期。
⑦ 孟庆超：《清末建警失败原因分析》，《公安大学学报》2002 年第 5 期。
⑧ 郭玉家、马学春：《清末新政与中国警政近代化》，《许昌学院学报》2003 年第 3 期。
⑨ 孟庆超、牛爱菊：《试论近代中国警政遭遇的经济困惑》，《山东警察学院学报》2005 年第 1 期。
⑩ 戴鸿映编《旧中国治安法规选编》，群众出版社，1985。
⑪ 黄娜主编《警察执法全书》，群众出版社，2000。

察法律规范，对近代警察法律少有涉及。近来，由铁道警察学院公安文化研究中心编的《中国近代铁路警察规章汇编（1905~1949）》① 着重对清末民国时期有关铁路警察的规章、法则、办法等进行了系统整理。詹林、潘益民编著的《中国近代警察法规编年史》②，系统梳理了中国近代警察法规出台的时间、机构及其涉及的历史事件和人物，为学习和研究者开启一扇了解中国近代警察史的新窗口。黄进、何稼男编著的《中国近代警察教育法规选编（1901~1949）》③ 共收录各类法律法规300余种，侧重对近代警察教育的主要法规进行汇集，内容较为丰富，涉及政府公报、地方法规汇编、警察杂志及警察局业务报告等多方面。警察法规汇编成果的不断涌现，为推动警察法治研究的发展奠定了基础。

（4）其他专题研究。韩延龙、苏亦工等著《中国近代警察史》④ 可谓比较全面地研究近代警察在中国产生及发展历程的一部力作，该书分时段对近代警政思想的传播、警察机构的创建，以及警察来源、种类、教育和法规等问题做了系统阐述，为详细了解、认识近代警察制度在中国的沿革提供了很好的参考。董纯朴编著的《中国警察史》⑤ 是一部有关警察研究的通史著作，其内容涵盖了古代社会治安形态和近代中国警察渊源及发展、演变情况。除了综合性研究外，就警察管理、警察教育、警察心理等某一具体领域进行深入研究也有一些成果问世，例如，陈鸿彝主编的《中国治安史》⑥ 专门介绍了我国古代和近代治安的历史概况，在阐述近代中国治安问题时也对中国近代警察的创办和发展历程进行了探讨。施峥著《中国近代警察教育研究（1901~1949）》⑦ 一书，从中国近代警察教育综论展开，探讨了中央警察教育、地方警察教育、女子警察教育以及警察教育的地位等问题，是一部专题研究警察教育的力作。刘锦涛的

① 铁道警察学院公安文化研究中心编《中国近代铁路警察规章汇编（1905~1949）》，中国人民公安大学出版社，2019。
② 詹林、潘益民：《中国近代警察法规编年史》，法律出版社，2020。
③ 黄进、何稼男编著《中国近代警察教育法规选编（1901~1949）》，中国人民公安大学出版社，2021。
④ 韩延龙、苏亦工等：《中国近代警察史》，社会科学文献出版社，2000。
⑤ 董纯朴编著《中国警察史》，吉林人民出版社，2005。
⑥ 陈鸿彝主编《中国治安史》，中国人民公安大学出版社，2002。
⑦ 施峥：《中国近代警察教育研究（1901~1949）》，浙江人民出版社，2015。

《中英创建近代警察制度比较研究》①，在中英近代警察制度创建史实的基础上进行比较研究，分析异同，并探讨了二者的历史功效，这种比较研究的方法很有新意，对深化警察史的研究提供了新思路。宋小明主编的《警察心理健康与心理保健》② 以及张振声等编著的《中国警察心理保健手册》③ 等著述，对警察心理健康问题给予关注，着重于当代警察，但对警察史的研究，在视角上有一定借鉴意义。此外，由曾荣棻主编的《中国近代警察史料初编》④ 则从史料方面，为警察史的研究提供了助力。

此外，近年来随着城市史研究的不断推进，综合运用社会学、管理学、历史学等交叉学科的研究方法，从不同城市着手细致研究警察问题，引起学者们的关注，也相继取得一系列成果。其中，孙静著《民国警察群体与警政建设研究（武汉：1945～1949）》⑤ 一书以武汉警察与警政为主要考察对象，细致剖析了近代都市警察的群体构成、职能嬗变、制度建设、警政改革及制约因素等问题，并对警察与警政运作的关系，警察与政治、经济、文化等因素的相互作用进行了探讨。吴沙著《近代广州警察》⑥ 运用社会史研究方法，既从纵向论述了广州警政的发展变化，又从横向阐述了近代广州警察制度的若干问题以及警察与广州社会的关系，深化了研究主题。2015 年，花城出版社出版了一套 "近代广州警察史话丛书"⑦，涉及警政建设、警察教育、警政人物以及警察管理城市社会等多个方面，推动广州警察的研究走向深入细致。此外，关注上海警察的研究成果有著作《上海法租界的警察（1910～1937 年）》⑧ 和《海上警察百

① 刘锦涛：《中英创建近代警察制度比较研究》，法律出版社，2014。
② 宋小明主编《警察心理健康与心理保健》，群众出版社，2004。
③ 张振声、张伯源、崔占君编著《中国警察心理保健手册》，中国人民公安大学出版社，2002。
④ 曾荣棻编《中国近代警察史料初编》，台北 "中央警官学校"，1989。
⑤ 孙静：《民国警察群体与警政建设研究（武汉：1945～1949）》，人民日报出版社，2015。
⑥ 吴沙：《近代广州警察》，社会科学文献出版社，2014。
⑦ "近代广州警察史话丛书" 包括郭华清《革命运动中的近代广州警察》；张苹《近代广州警政人物传略》；曹天忠、马丽《近代广州警察教育史话》；王美怡《近代广州警政沿革》；邢照华《近代广州交警史话》；郭凡《近代广州警察城市管理史话》；陈享冬《近代广州消防史话》；黄柏莉《近代广州治安史话》。
⑧ 朱晓明：《上海法租界的警察（1910～1937 年）》，社会科学文献出版社，2017。

年印象》①，前者主要利用档案对上海法租界警察的源起、组织机构、人事构成及社会管理等职能进行了全面论述，后者则从整体视角阐述了上海警察百年的变迁。在论文方面，姬朝远的《警察职业现代化之探析》② 一文，从职业视角阐释了警察从古代到现代化的发展历程。严明的《对警察角色意识的社会学思考》③ 和殷炳华的《警察社会化初探——一个社会学视角》④，运用社会学的理论分析警察角色，研究方法很有新意。在警察教育的研究方面，孟庆超、宫淑艳的《近代中国警察教育之探索》⑤ 与施峥的《近代警察教育的两大基本类型及其对华影响》⑥ 这两篇论文较有代表性，前者着重从近代中国自身状况考察了警察教育的发展态势，后者则阐述了国外警察教育类型及对中国警政近代化的影响。此外，张起增的《中国铁路警察的由来和发展》⑦、张丽艳的《民国时期的女子警察》⑧、徐志的《民国时期的税务警察》⑨、李训的《近代中国户籍警察研究》⑩ 及刘冰捷的《中国近代的巡警与治安》⑪ 等文章则分别论述了某一专类警察的发展状况，对丰富近代警察群体研究有借鉴意义。

国外有关中国警察的研究以美国学者魏斐德的著作最具代表性，其《上海警察（1927~1937）》一书以丰富的史料展示了警察对现代国家与城市的重要性，通过研究警察，深入探讨国民党政权内的问题，包括中央的党国体制与地方势力间的关系，秘密组织和犯罪集团对国家政治机构的

① 上海市公安局史志办公室编《海上警察百年印象》，同济大学出版社，2014。
② 姬朝远：《警察职业现代化之探析》，硕士学位论文，中国人民大学，2004。
③ 严明：《对警察角色意识的社会学思考》，《云南警官学院学报》2003 年第 3 期。
④ 殷炳华：《警察社会化初探——一个社会学视角》，《吉林公安高等专科学校学报》2005 年第 2 期。
⑤ 孟庆超、宫淑艳：《近代中国警察教育之探索》，《山东警察学院学报》2005 年第 5 期。
⑥ 施峥：《近代警察教育的两大基本类型及其对华影响》，《台州学院学报》2015 年第 1 期。
⑦ 张起增：《中国铁路警察的由来和发展》，《铁道部郑州公安管理干部学院学报》2000 年第 2 期。
⑧ 张丽艳：《民国时期的女子警察》，《民国春秋》2001 年第 6 期。
⑨ 徐志：《民国时期的税务警察》，《涉外税务》2002 年第 6 期。
⑩ 李训：《近代中国户籍警察研究》，硕士学位论文，中国人民公安大学，2012。
⑪ 刘冰捷：《中国近代的巡警与治安》，硕士学位论文，苏州大学，2017。

腐蚀，警察力量和民间势力在都市中的平衡以及上海政治组织的演变
等。① 《红星照耀上海城：1942~1952——共产党对市政警察的改造》② 一
书则阐述了共产党通过在旧政权警察内部进行活动，将国民党领导的上海
警察机构变成由共产党领导的公安局，进而通过对上海市政警察的接管和
改造，完成巩固政权的历程。这两部著作均从警察的视角拓展了上海史研
究的范畴，在研究方法及探讨的问题上给人诸多启示。此外，John
D. Brewer 著 *The Police, Public Order and the State: Policing in Great Britain,
Northern Ireland, the Irish Republic, the USA, Israel, South Africa and
China*，③ 从警察、公共秩序与政府关系的层面对中国的警察进行考察，
其研究视角值得借鉴。

　　集中于本书主题的北京警察的研究，民国时期的综合性研究成果以蔡
恂的《北京警察沿革纪要》④ 和姜春华的《北平警政概观》⑤ 两书最为重
要。前者较为全面地阐述了北京警察发展历程，包括警察机构设置、经
费、薪饷、奖恤、服制及办事章则等多方面，所用资料十分翔实。后者在
调查的基础上，从警察组织、警队编制、勤务、员警待遇等方面对北平警
政建设进行了系统考察。在专题研究方面，张瑞林等编著的《北平侦探
案（附侦探要义）》⑥ 在收录北平各类刑事案例的基础上，阐述了侦探
的基本知识、分类等要义，对了解侦探事务颇有裨益。此外，民国时期有
关北京警察的资料汇编整理出版比较丰富。例如，京师警察厅编辑的
《京师内外城巡警总厅统计书》⑦ 以图表形式对民初北京警察总务、行政、
司法及卫生等政务情况进行了统计。《卢沟桥事变后北京治安纪要》⑧ 专
门记载了北平沦陷后的社会治安状况。1947 年北平市警察局编的《北平

---

① 〔美〕魏斐德：《上海警察（1927~1937）》，"序言"第 2 页。
② 〔美〕魏斐德：《红星照耀上海城：1942~1952——共产党对市政警察的改造》，梁禾译，
　人民出版社，2011。
③ John D. Brewer, *The Police, Public Order and the State: Policing in Great Britain, Northern
　Ireland, the Irish Republic, the USA, Israel, South Africa and China.*
④ 蔡恂：《北京警察沿革纪要》，北京民社，1944。
⑤ 姜春华：《北平警政概观》，1934。
⑥ 张瑞林等编著《北平侦探案（附侦探要义）》，文美书店，1930。
⑦ 京师警察厅编《京师内外城巡警总厅统计书》，撷华印刷局，1917。
⑧ 《卢沟桥事变后北京治安纪要》，1938。

市警政提要》① 和《一年来之北平警政》② 主要从行政、人事、教育、员警福利等方面介绍了北平的警政建设情况。在警察法规方面，《京师警察法令汇纂》是研究北京警察重要的资料，从总务、行政、司法、卫生和消防五方面汇总了京师警察及政务相关法规章程。1938 年伪政府警察局编写的《北京市警察法规汇编》③ 分总务、行政、司法和督察四类汇集了当时警察执法行政的各类法规。此外，京师警察厅总务处编的《京师警察厅职员录》④ 和北平市政府公安局编的《北平市政府公安局职员录》⑤ 及北平沦陷时期伪政府编的《北京特别市公署警察局职员录》⑥ 等为我们了解北京警察职员的籍贯来源、教育程度等详细信息提供了难得的参考资料。概之，民国时期关于北京警察的研究与当时对全国范围的警察问题探讨在内容上大致类同，关注的问题是警察政务、制度、法规等，在研究成果方面以陈述性的著述和资料整理为主，少见深入研究的专题论著。对此，学者王家俭先生曾说："关于警察史的研究，在一般学者的心目之中，总觉得算不上是一门大学问，故多不屑一顾。"⑦

新中国成立后，尤其是改革开放以来，随着社会史、文化史及政治法律史研究的迅速发展，有关北京警察的研究也步入了一个新阶段，研究成果日益丰富。穆玉敏著《北京警察百年》⑧ 一书，系统梳理了近百年来北京警察的机构沿革、警察训练、教育、待遇等情况，是难得的一部长时段考察北京警察发展史的力作，为进一步开展北京警察研究提供了有益参考。丁芮所著《管理北京：北洋政府时期京师警察厅研究》⑨，以京师警察厅为切入点，从社会史的视角，探讨了北京警察机构的设立与演变历程、京师警察厅与社会政治、警察与民众生活、京师警察厅与北京市政管

① 北平市警察局统计室编《北平市警政提要》，出版地不详，1947。
② 北平市政府警察局编《一年来之北平警政》，出版地不详，1947。北京市档案馆藏，资料号：ZQ012-002-00147。
③ （伪）北京特别市公署警察局编《北京市警察法规汇编》，出版地不详，1938。
④ 京师警察厅总务处编《京师警察厅职员录》，出版地不详，1920，1925，1926。
⑤ 北平市政府公安局第一科编《北平市政府公安局职员录》，出版地不详，1936。
⑥ （伪）北京特别市公署警察局编《北京特别市公署警察局职员录》，出版地不详，1939。
⑦ 王家俭：《清末民初我国警察制度现代化的历程（1901~1928）》，"弁言"第 1 页。
⑧ 穆玉敏：《北京警察百年》，中国人民公安大学出版社，2004。
⑨ 丁芮：《管理北京：北洋政府时期京师警察厅研究》，山西人民出版社，2013。

理等多方面内容，是研究北京警察制度运行的重要著作。在论文方面，张文武的文章《超负荷下的蹒跚步履——谈谈走向近代化过程中的北京警察机构》①，从近代化的角度对北京警察组织机构的演变历程进行梳理，提出对北京警察建设应予全面评价，应该重视警察机构在北京市政近代化中客观上起的作用，这些观点对进一步扩展北京警察的研究视域具有重要借鉴意义。公一兵的《北京近代警察制度之区划研究》② 一文，运用历史地理学的相关知识考察北京警察制度的区划问题，指出北京警察制度现代化的一个重要表现及作用即引入了城市分"区"概念，推动警察制度史研究进一步深化。王先明、张海荣的文章《论清末警察与直隶、京师等地的社会文化变迁——以〈大公报〉为中心的探讨》③，从社会史的角度论述清末警察在直隶、北京等地社会文化变迁中扮演的角色，指出警察在一定程度上影响并引导着近代城市文明的发展，这对进一步探讨警察与社会的联系具有重要启示意义。丁芮的《北洋政府时期北平警察对娼妓的控制与救护》④、《北洋政府时期北京警察对结社集会的管控》⑤、《警察制度下近代北京城市的交通管理》⑥、《北洋政府时期北京警察对传染病的管控》⑦ 等一系列文章，运用社会史方法，分别探讨了北京警察在近代慈善救济、社会治安、城市交通、医疗卫生等多方面的管理举措、效果影响及遇到的困境，研究视角较为深入，对当今城市管理也颇有借鉴意义。肖朗、施峥的文章《日本教习与京师警务学堂》⑧，就京师警察教育的发展与日本教习之间的关系进行探讨，深化了警察教育的研究。张玮、张亚良的《北平第一批女警察》⑨ 一文专就北京女警成立过程、主要职能等进行

① 张文武：《超负荷下的蹒跚步履——谈谈走向近代化过程中的北京警察机构》，《北京档案》1996 年第 11 期。
② 公一兵：《北京近代警察制度之区划研究》，《北京社会科学》2004 年第 4 期。
③ 王先明、张海荣：《论清末警察与直隶、京师等地的社会文化变迁——以〈大公报〉为中心的探讨》，《河北师范大学学报》2005 年第 1 期。
④ 丁芮：《北洋政府时期北平警察对娼妓的控制与救护》，《中华女子学院学报》2012 年第 5 期。
⑤ 丁芮：《北洋政府时期北京警察对结社集会的管控》，《兰台世界》2013 年第 18 期。
⑥ 丁芮：《警察制度下近代北京城市的交通管理》，《理论与现代化》2014 年第 3 期。
⑦ 丁芮：《北洋政府时期北京警察对传染病的管控》，《公安学研究》2019 年第 3 期。
⑧ 肖朗、施峥：《日本教习与京师警务学堂》，《近代史研究》2004 年第 5 期。
⑨ 张玮、张亚良：《北平第一批女警察》，《北京档案》1999 年第 7 期。

了阐述。在学位论文方面，近年来越来越多以近代北京警察为选题的研究。例如，蒋菊平的硕士论文《近代报刊与警察互动下的民初北京社会治安》① 和李寒松的博士论文《清末京师近代警察制度的创建与社会治安转型》②，均围绕清末民初的北京治安管理展开探讨，前者以报刊与警察的互动关系为切入点考察，后者侧重从警察制度的建设进行考察。徐鹤涛的硕士论文《清末民初的北京警察与国家治理》③，探讨的是清末民初建警的思想背景与北京警察的内部管理以及通过警察开展国家治理的表达路径。吕梁的博士论文《近代北京警察法制研究》④ 则从法制建设视角考察了近代北京警察发展状况。金泽璟的博士论文《北平市公安局研究（1928~1937 年）》⑤，重点考察了国民政府统治时期北平公安局的组织机构、警员人事以及经费来源的运作及演变，也兼论及公安局与党政军宪的关系，探讨了警察制度的运行及运行中的各种问题。郭飞的硕士论文《抗战时期北平伪警察局研究（1937~1945）》⑥，对沦陷时期北平伪警察局展开专门探讨，论述了其运行状况，概括了特殊时期的工作特点。此外，笔者在北京警察研究过程中，也发表了一系列相关文章⑦，分别探讨了警察队伍建设与城市治安管理的关系、警察职业群体构成、警察履职、警察管理城市卫生及警察生活等多方面问题。

综上可见，无论对全国警察的研究，还是专于北京警察的探讨，均取

---

① 蒋菊平：《近代报刊与警察互动下的民初北京社会治安》，硕士学位论文，中国社会科学院，2007。

② 李寒松：《清末京师近代警察制度的创建与社会治安转型》，博士学位论文，中央民族大学，2014。

③ 徐鹤涛：《清末民初的北京警察与国家治理》，硕士学位论文，中国政法大学，2013。

④ 吕梁：《近代北京警察法制研究》，博士学位论文，中国人民公安大学，2018。

⑤ 〔韩〕金泽璟：《北平市公安局研究（1928~1937 年）》，博士学位论文，北京大学，2015。

⑥ 郭飞：《抗战时期北平伪警察局研究（1937~1945 年）》，硕士学位论文，首都师范大学，2016。

⑦ 参见李自典《从警政发展看近代北京治安——以警察队伍建设为视角》，《北京人民警察学院学报》2009 年第 4 期；《近代京师警察职业群体略论（1901~1927 年）》，《历史档案》2010 年第 2 期；《警察与近代北京城市治安管理——以 1901~1937 年为中心的考察》，《北京社会科学》2010 年第 4 期；《近代北京警察生活之管窥》，《北京社会科学》2011 年第 6 期；《警察与近代城市公共卫生管理——以北京为例》，《城市史研究》第 37 辑，社会科学文献出版社，2017；《北京政府时期京师治安防控管理述论》，《北京史学》第 13 辑，社会科学文献出版社，2021；等等。

得了一定的研究成果。分析既有的成果，不难发现从社会群体视角研究近代警察还较为少见，而警察作为职业人员，在近代中国城市社会中担当了重要角色，对社会近代化发展有重要影响，加强这一领域的研究既有重要意义，也颇有紧迫性。因此，本书在学习和借鉴前人相关研究成果的基础上，以北京警察群体为中心展开考察，以期对丰富学界研究有所助益。

三　本书的研究思路与研究旨趣

警察作为国家政令的执行者，肩负着维护社会治安秩序、保障人民生命财产安全的责任，这样一个特殊职业的社会群体，在近代中国社会变迁过程中扮演了重要的角色。尤其在都市中，受到城市近代化进程的影响，人口大量流向城市，导致城市人口不断扩张，城市社会生活随之更为复杂，为保障社会有序运行，现代警察出现并且队伍不断壮大，他们对城市管理及社会文化发展等产生重大影响。警察的出现，使城市公共安全有了专门的负责人员。而城市公共安全是社会发展领域的重要课题，是城市依法进行社会、经济和文化活动以及维护生产和经营等所必需的良好内部秩序和外部环境的保证。城市公共安全是国家安全的重要组成部分，是社会进步和文明的标志，是人民群众最现实、最关心、最直接的利益所在。①警察的工作与城市公共安全紧密相连，探究历史时期的警察问题，从一定意义上也可反映那个时代的公共安全与社会运转状况。

具体到北京来说，在清朝和民国北京政府统治时期，北京是国家的首都，统治者对警察的发展很重视，无论招募、编制训练，还是设施装备均以"全国模范"为目标去创办，其规模一时鼎盛，在社会中的影响也与日俱增。随着南京国民政府的建立，北京的政治经济地位有所变动，北京警察的发展也受到一定影响。但总体来看，警察在北京城市社会中仍占有非常重要的地位，其发展也在波动中前行。七七事变后在日伪统治下，警察局成为侵略者加强社会控制的工具，其侵略行径在警察局的人事安排及社会事务管理等各方面随处可见。抗战胜利后，北京由国民政府接收管

---

① 董华、张吉光等编著《城市公共安全——应急与管理》，化学工业出版社，2006，第5页。

辖，警察机构随之调整，以对社会加强管控。以北京为中心，对警察群体进行研究，应该说是有一定典型意义的。一方面，近代北京的社会变迁本身即一部中国近代社会发展史的缩影，以此为基点，考察警察在近代社会的演变历程，从其几十年的变动中我们可以看到另一层面的中国城市社会的历史演变风貌。另一方面，警察作为维护国家统治秩序和社会治安的具有武装性质的专职人员，是国家机器的重要组成部分，也是国家权力向基层渗透的媒介。现代警察从清末产生以来直到民国时期的发展历史，可从独特视角反映中国这一历史时期政权兴衰更迭的历程，体现国家权力不断下移的过程。此外，北京市档案馆、中国第一历史档案馆以及中国第二历史档案馆等存有大量的有关北京警察的档案，为本书的写作提供了丰厚的资料保障。因此，本书以近代北京为考察中心，聚焦警察，旨在通过阐述现代警察制度引入中国的社会背景，以及警政建设，警察职能运行，警察管理社会实践，警察与政府、民众及军队宪兵等社会关系的缔结，警察地位，警察生活，警察作用及影响等问题，释析警察管理近代城市的措施、模式及成效与不足，探寻警察这一新式社会力量在推动北京城市走向近代化过程中所做的努力，进而把握近代中国城市社会管理体制变迁的脉络。通过北京警察的个案研究，以小见大，从近代北京警察管理城市的方方面面，折射出时代大背景下整个社会运行的大致图景。

在研究方法上，本书以历史实证法为基本研究方法，以史料为基础，史论结合，从社会史的视角客观探讨近代北京警察在城市社会管理中的诸多问题。同时，在研究过程中，还注意吸收借鉴其他相关学科领域的理论知识与方法，例如运用社会统计学的一些理论及方法，对近代北京警察的发展概况进行数据统计分析，制成图表以更加直观地反映其发展态势。通过研究近代北京警察，将法学、警察学、政治学、行政管理学、社会学等多学科的理论与方法交互融合在一起，有助于观察不同历史叙事之间的差异，从而更加真切地反映警察在近代城市社会变迁中的作用，进而推动警察史乃至城市史研究不断走向深入。

本书内容除绪论和结语外，共分六章。

第一章主要介绍近代警政建设与北京警察的发展概况，其中包括清代北京社会管理体制的构建状况、现代警察制度引入中国的社会背景与历史沿革、北京警察机构的设置与演化、警察规模的历年发展等情况。这是认识北京警察群体的前提，通过对北京警察发展史的回顾，使人们对北京警察群体的概貌形成初步认识。

第二章阐述近代北京警察的来源构成、分类状况及其教育素质等基本内容。按照清末、北京政府时期、南京国民政府时期、日伪统治时期以及抗战胜利后国民政府统治时期的顺序分时段展开阐述，使人们对北京警察群体的认识更加细化。

第三章重点讨论北京警察多种职能的实践运行，包括警察对京城社会的治安、道路交通、消防救灾、公共卫生、商业营业秩序、社会风化、户籍人口、慈善救济等多方面事务的管理情况，考察警察管理京城社会的工作模式、履职状况，分析其工作绩效及存在不足的深层原因，反映警察工作的多面性与社会的复杂性。北京警察的言行举止通过履职具体地展现出来，逐渐塑造他们立体的形象。

第四章探讨警察与城市社会力量间纷繁复杂的关系。警察从根本上代表国家政府的意志，在履职过程中时刻与民众打交道，间或与军队宪兵等进行接触，因此警察与民众、政府、军队宪兵间存在着复杂的联系，其中既有利益一致下的合作相处，也有立场不同时的矛盾冲突，解析警察与城市社会多重力量间的互动关系，有助于深入了解近代城市社会控制、社会运行等的深层问题。

第五章阐述近代北京警察的社会生活与社会地位。警察生活状况主要从他们的工资待遇及消费等方面反映出来，至于他们的家庭生活、婚姻状况、休闲娱乐等内容，受资料限制，阐述相对简略。警察的社会地位主要从经济收入、政治影响及民众与媒体评价、警察自身认识等方面体现出来。

第六章探讨警察对近代北京城市变迁的作用与影响。警察出现后，深入城市社会基层开展工作，对京城的社会风俗文化、民众思想、城市现代化管理、社会舆情等产生了重要影响，推动着城市近代化变迁。而在革命运动中，警察要执行政府命令，在一定程度上成为革命前行的阻力，当然，对此也要全面分析，这其中有复杂的社会原因，也有警察自身的问题。

　　总之，通过考察近代北京警察的发展历程，对其承担多重社会管理职能的成效与不足进行解析，其中原因，有警察自身存在的问题，更有近代社会发展中诸多的社会弊端的影响。警察在城市管理现代化过程中起到重要的承上启下的作用，这一方面推动社会管理体制的变迁，另一方面也影响着民众社会生活从传统向现代转变。研究近代北京警察，可以窥见近代中国警察形象，以此把握近代中国城市社会管理向现代化转型的大致脉络。

第一章

近代北京警政建设与警察发展

引进现代警察制度是清末新政时期清政府为挽救统治而采取的一项重要举措，随着制度的新建，警察群体开始出现于城市社会中。近代中国政权频繁更替，影响到北京城市的社会地位几经变换，警察制度随之受到波及，经历一番变迁，警察制度从最初的不完善逐渐向着成熟一步步靠近，相应地，北京警察群体也在波动中不断演进。

第一节　警察制度建立前清朝的治安管理体制

现代警察制度出现于清末新政时期，而在此制度建立前，有清一代延续的仍是中国封建社会长期实行的行政与司法合一、军事与行政合一的体制，在这种体制下，军警、政警长期不分。①

一　清朝传统的治安体制

现代警察制度在中国发轫于 19 世纪末。在此之前，清朝沿袭明朝旧制，在京师设置步军统领衙门和五城兵马司指挥，兼管京畿的警察事务。京师作为全国的政治、经济、文化中心，设有人数众多的治安队伍。城内及近郊主要由步军统领衙门和五城兵马司掌管，远郊治安主要由顺天府率大兴、宛平二县掌管。②

---

① 中国社会科学院法学研究所法制史研究室编著《中国警察制度简论》，"序"第 9 页。

② 大兴、宛平是属于顺天府的两个"京县"，《清会典·顺天府》载："率二京县而颁其禁令"，《清朝通典》卷 33 载：大兴、宛平县设知县各一人"掌其县之政令，与五城兵马司分壤而治，抚揖良民，缉禁奸匪，以安畿辅。"《中国警察制度简论》，第 266 页。

清廷京师驻军由"步军统领"或称"九门提督"指挥，其统领官的全衔是"提督九门步军巡捕五营统领"，京师驻军负责统辖由八旗步兵组成的步军营和由京城绿营的马步兵组成的巡捕五营。其中八旗步兵按照驻防地点，分为禁旅八旗、驻防八旗两部分。禁旅八旗又称禁军八旗，主要负责保卫皇宫和京师的安全，是维护清王朝统治的主要支柱。驻防八旗指清廷在完成对全国的占领和控制后，将满洲、蒙古、汉军八旗主力按方位驻防在北京城区各地，其中镶黄满、蒙、汉各三旗安置在安定门内，镶白旗安置在东直门内，正蓝旗安置在崇文门内，正黄旗安置在德胜门内，正红旗安置在西直门内，镶红旗安置在阜成门内，镶蓝旗安置在宣武门内。八旗驻防京师，使清朝皇宫与京师守卫的模式构建发展为：皇宫侍卫专从上三旗子弟中选拔，由领侍卫内大臣统领，作为皇帝身边的侍从，并负责守卫任务；由各旗子弟组建的骁骑营、护军营、前锋营协作承担宿卫、清跸、宫门启闭和皇城夜巡之职；内务府三旗也选拔兵丁编为本府前锋、护军、骁骑三营，分掌内廷与御苑的守卫职责。步军营掌管京城九门的守卫与治安，巡捕营掌管京城外围的治安。

京师的巡捕五营，或称"京营"，完全由汉军组成，分为左右南北中五营，在步军统领的掌管下，负责外城及京郊的治安管理。其中，中营有3000 余人，驻守海淀、畅春园、树村汛、静宜园、乐善园一带，防守圆明园一带安全，南营防守前三门外及南郊，北营防守北郊，左营防守东郊，右营防守西郊。巡捕营主要配合八旗步军防守内九门和外七门（设有 16 门千总），维持京郊社会治安，它处于八旗统领的指挥和监视下，对于皇宫和京师的安全不起决定作用，是一支辅助性武装。①

步军营以守卫京师城门、抓捕逃犯为主要职能，同时也有一套分汛防守皇城内外的系统，并担负皇帝的车驾出宫拜谒陵寝或前往木兰围场的护卫任务。皇帝出行前，车驾所必经的道路，先由步军修垫扫除，在街巷设置用于阻隔行人等的长幛。皇帝前往天坛举行祭天仪式的前一天，为了确保皇帝的安全，步军统领要在皇帝必经的正阳门值宿，并在天坛外墙内把守值宿。天坛外墙外，则由巡捕营负责防守。

---

① 　朱绍侯主编《中国古代治安制度史》，河南大学出版社，1994，第 712 页。

　　步军统领衙门统率八旗步军及巡捕五营马步兵，分汛防守稽查，其主要职掌有：（1）守卫。内城各处按八旗方位分汛驻守，以旗划界，满、蒙、汉各旗设若干个汛、栅栏（每汛设步军 12 名，每座栅栏设步军 3 名），均按该管地方远近界址，防守稽查。① 在责任地段内设治安岗哨（堆拨），分番值班。皇城内有治安岗哨 90 个，内城有 626 个。② 夜则巡更、击柝。巡捕五营分为二十三汛驻守管理，在城中与外城地带也设有数百个治安岗哨。责任地段之间，设有多道栅栏，以便盘查往来人员。其中，中营五汛驻守圆明园，南营六汛驻守外城及南郊，北营、左营、右营各四汛驻守北郊及东郊、西郊一带。在圆明园附近，昼夜巡逻；在静明园、西山、冷泉等地，增设马兵汛（每汛设马步兵 3~5 名），分驻防守。（2）断狱。凡八旗步军、巡捕五营马步兵查获违禁、犯法、奸匪、逃盗等一切案件，根据犯人罪行轻重，步军统领衙门自行办结；徒罪以上，录供后送刑部定拟。（3）门禁。内城九门、外城七门，各设官兵驻守稽查。（4）编查保甲。步军统领管辖内城地面，其内城旗民户口，旧有十家户名目，即仿照保甲规制，除王公满汉文武官员三品以上者自行稽查外，四品以下职官均与旗民一体编查。③

　　驻扎在京师的八旗兵与绿营兵各有严密分工，并在实践过程中逐渐形成了严密的"郎卫制"和"兵卫制"。简而言之，负责保卫皇帝安全的叫"郎卫"，负责守卫皇宫和拱卫京师安全的叫"兵卫"。④ 步军统领衙门以八旗兵和绿营兵为核心，组成半军半警性质的京师地方保安机构，地位十分重要，相当于京师地区的卫戍、警备部队和治安保卫机关。北京城各城门守卫归步军统领衙门管辖，义和团运动后，武卫右军之兵勇被派往各门，对出入更加严格控制，加之配置巡捕，则各门有三类人守卫。⑤

① 李鹏年、朱先华、秦国经、刘子扬、陈锵仪等编著《清代中央国家机关概述》，黑龙江人民出版社，1989，第 362 页。
② 穆玉敏：《北京警察百年》，第 61 页。
③ 李鹏年、朱先华、秦国经、刘子扬、陈锵仪等编著《清代中央国家机关概述》，第 363~364 页。
④ 朱绍侯主编《中国古代治安制度史》，第 703 页。
⑤〔日〕服部宇之吉等编《清末北京志资料》，张宗平、吕永和译，北京燕山出版社，1994，第 227 页。

清代的京师，包括内城、外城和城外的大兴、宛平、通州、昌平四州县之中方圆数十里的地区。京城按方位分为东、南、西、北、中五个部分。中城辖区限于京城之内，其他四城各辖城内、城外一部分。每城文职各设巡城御史数人，下设司坊官，包括兵马司指挥、副指挥、吏目、理事官、巡检等职。巡城御史的主要职责是治安管理，总理缉捕盗贼，访拿讼师，查禁邪教、赌博、鸦片、谣言等一切犯罪活动。诉讼案件由满汉巡城御史共同审理。五城兵马司指挥，每城各一人，仅限于管理一城治安，受巡城御史监督，负责缉拿、收押、递解人犯，编审保甲，查禁烟馆、邪教，处理人命案件。五城兵马司副指挥每城一人，又称"坊官"，主要职责是督率所属捕役缉捕盗贼，辖区内发生盗窃案，副指挥闻报必须立即前往勘验，并呈报本城御史。拿获人犯之后，副指挥可以初审，然后交巡城御史处理。兵马司吏目每城一人，未入流，多系捐纳出身，与副指挥职掌相似。乾隆三十一年因调副指挥负责城外治安，吏目随从指挥办理城内治安事宜。巡检是雍正八年设立的，共有数十名，职责是辅助五城兵马司指挥、副指挥办理各辖区的治安案件，监督捕役巡逻城区，盘查形迹可疑之人，与现代警察职能完全一样。① 清代保存并延续了明代的"五城兵马司"的建制，五城之下，每城又划分二坊，共计十坊。五城兵马司专门负责坊内的缉贼捕逃、禁约赌博；对于奸拐妇女，指官吓诈，邪教惑人，妄造谣言，聚众烧香等行为，一律进行查禁；寺院庙堂坊店等处，皆令不许留住异乡人。巡查人员在街上巡逻时，遇有形迹可疑之人，随时可以逮捕，交五城御史审问。当然，五城司坊官和捕役有自己的责任地段，一般不许越界捉人。另外，大兴、宛平两个京县与顺天府也要负责京城内外及郊区的治安以及编查户口。顺天府管辖京师周围20余州县，分为东、西、南、北四路厅，每路厅设同知，官阶五品，主要职责是维持治安、捕盗司狱。

概之，清朝作为我国封建时代最后一个王朝，在吸纳前朝治安管理经验的基础上，建立了一套比较严格的治安体制，在京师内城及近郊设置步军统领衙门和五城兵马司指挥兼办警察事务，远郊治安则主要由顺天府率

① 朱绍侯主编《中国古代治安制度史》，第727~728页。

大兴、宛平两县掌管。京师治安由多重机构共管，尽管有较为严格的制度规定，但实际上仍未能很好地执行。管理机构事权不一，一方面使治安维护投入了大量力量，另一方面又不可避免会出现一些机构间互相掣肘的现象，影响管理效能。由于"具有同等权力且掌同一种事务之机关有若干，彼此不相联络，因此权限逐渐混乱，互相推诿，业务上不免有很大障碍"，① 到清朝后期，京师治安混乱，盗贼增多和治安机构涣散等诸多社会弊病日益严重。尽管传统的治安机构也曾在农业社会时代里发挥过积极作用，然而由于其不能随着时代与环境的变迁做出适当的调整，故不免为时代所淘汰。②

二　清末警政思想的传播

19 世纪后期，越来越多的有识之士认识到国势衰危，非变法无以图存，非立宪不足以救亡。其中，近代改良主义思想家何启、胡礼垣、郑观应、陈炽等人纷纷呼吁学习现代警察制度，把创办警政视为挽救中国危局的一项重要措施。他们介绍并肯定现代警察制度，指出清朝治安管理体制存在的弊端，主张仿效西方和日本建立现代警察制度，并提出了设立现代警察制度的途径和办法。

最早引起中国人注意警察制度的是《沪游杂记》一书。该书在 1876 年由旅居上海 15 年的文人葛元煦所著，书中片段介绍了上海租界内的警察制度，指出"工部局英、法两租界皆有之，董其事者皆西商公举之人。由董事立巡捕头目，分派各种职司。如修填道路，巡绰街市，解押人犯，救火恤灾等事"。③ "工部局所设巡捕，半为西人，半为华人。华人由有业者具保承充，衣有中西号数，左右圆圈内有中西号码，使人易识。昼则分段查街，夜则腰悬暗灯。西捕挂刀，华捕执棒，通宵巡绰，故洋场盗贼潜踪，市肆安谧。遇小窃获案，次日解送会审公廨讯究。"④ 这对早期中国人认识西方警察制度起了很大的启蒙作用。在其影响下，1895 年，胡礼

---

① 〔日〕服部宇之吉等编《清末北京志资料》，第 225 页。
② 王家俭：《清末民初我国警察制度现代化的历程（1901~1928）》，第 14 页。
③ （清）葛元煦：《沪游杂记》卷 1，郑祖安标点，上海书店出版社，2009，第 47 页。
④ （清）葛元煦：《沪游杂记》卷 2，第 84 页。

垣、何启二人合作发表《中国宜改良新政论议》，提出了在中国设置"巡捕"的设想。

随后，郑观应吸收了何启、胡礼垣等维新思想家的观点和建议，在1895年重印《盛世危言》时增加一篇《巡捕》，比较详细地介绍了美国纽约和上海租界内的巡捕制度，并充分予以肯定。书中曾载："考西法通都大邑，俱设巡捕房，分别日班、夜班，派巡捕站立街道，按段稽查。……实于地方民生大有裨益，诚泰西善政之一端也。""如中国仿而行之，何致有教堂滋事、两乡械斗、小窃劫案如此之多乎?"① 他认为清朝的治安制度已经腐败不堪，完全无法维持正常的社会秩序，要解决中国社会的治安问题，"除根之道莫要于仿照西法，设立巡捕"。② 有关创设警察制度的一些具体办法，郑观应接受何启、胡礼垣设立各级"巡捕"并配备电报、电话的主张，并进一步加以完善和细化。对于警费，郑观应提出可以利用罚款，并鼓励绅商出资，因为办警可为他们的利益提供保障。此外，郑观应认为，警察队伍建立后，必须制定章程，实行新的管理方式和奖惩办法，对"性情凶暴，办事怠惰，以及私受贿赂，勒诈平民，窝盗庇赌"的警察，允许民间据实指控，"查明有据，立予重惩"。③ 郑观应指出警察的职责是维持治安，预防犯罪，遇有违法犯罪行为发生，就要及时制止，拘捕违法犯罪者。郑观应关于警察制度的思想，在近代中国警政史上具有重要意义，是中国较早、较全面和系统的警政理论。

此后，陈炽在《庸书》中也有《巡捕》一篇，专门谈到在中国设置警察的问题。早期改良思想家的警政主张，大体有以下共同之处：（1）认识并高度赞扬西方的警察制度；（2）深刻揭露清朝社会治安混乱不堪的状况，主张在中国设立警察制度；（3）提出了设立警察制度的途径和具体办法，或者由京城开始，进而推广到地方，或者在全国各县普遍设置警察。对警察的职责，他们大多认为主要是维持治安、清查户口、整顿街道等。对警察的管理，他们认为必须要严格。早期改良思想家的警政理论具有一定的进步意义，为此后警察制度在中国的发展与实践奠定了基础，产

---

① 夏东元编《郑观应集》上册，上海人民出版社，1982，第512~515页。
② 夏东元编《郑观应集》上册，第513页。
③ 夏东元编《郑观应集》上册，第514页。

生了积极影响。

到 19 世纪 90 年代中期，随着国家形势的变化，维新派也提出了一套较为完整、系统的警政理论。康有为、黄遵宪、陈宝箴等是维新派中主张在中国创建警察制度的主要代表人物。康有为在 1897 年首次提出"设巡捕，整市场"的主张。1898 年，他在《应诏统筹全局折》中再次提出"设巡捕"的问题。同年五月，又上《请裁绿营放旗兵改营勇为巡警仿德日而练兵折》。① 除康有为外，这年八月初四日，山西太谷县监生温廷复呈奏朝廷，指出："京师街道宜仿洋街设立巡捕也。京师道路一雨成泥，历来修路章程，向无良法。现奉上谕认真修理，自应仿照上海洋街设立巡捕，方足整齐严肃，以壮观瞻。"② 黄遵宪曾出使日本，对日本的警察制度有比较深刻的认识。他集警政理论与实践于一身，是中国现代警察制度的奠基人。他十分重视警察在国家政治生活中的作用，认为"警察一署，为凡百新政之根柢，若根柢不立，则无奉行之人，而新政皆成空言"。③ 1898 年，黄遵宪署理湖南按察使期间，在湖南巡抚陈宝箴的支持下，参照日本警视厅和上海等地租界巡捕制度，在长沙主持创办了湖南保卫局。湖南保卫局采用官民合办的方式，建立总局、分局、小分局三级体制，根据《湖南保卫局章程》，该局的职责为"去民害，卫民生，检非违，索罪犯"④，即主要负责预防犯罪、缉捕盗贼、编查户口、管理街道、司法审判等，是我国创建现代警察制度的一个有益尝试。

此后，在清末新政时期，社会各界呼吁建设警政的声音越来越高。封疆大吏张之洞、岑春煊、袁世凯、李兴锐等纷纷倡议建设警察制度，把兴办警政视为挽救中国危局必不可少的措施。例如，张之洞指出："各国清查保甲、巡街查夜、禁暴诘奸，皆系巡捕兵之责。……警察系出于学堂，故章程甚严，而用意甚厚，凡一切查户口、清道路、防火患、别良莠、诘盗贼，皆此警察局为之。……警察若设，则差役之害，可以永远革除，此

---

① 翦伯赞等编《戊戌变法》第 2 册，上海人民出版社，1957，第 227 页。
② 《戊戌变法档案史料》，沈云龙主编《中国近代史料丛刊续编》第 32 辑第 317 册，台北：文海出版社，1976，第 142 页。
③ 梁启超：《戊戌政变记》（附录二"湖南广东情形"），台北：文海出版社，1964，第 328 页。
④ 《中国警察制度简论》，第 299 页。

尤为吏治之根基，除莠安良之长策矣。"① 岑春煊认为："中国今日求善外交，必先内治；求善内治，必先警务。"② 中下层士绅如段逢恩、叶芳等也希望举办警政，"中兴"清朝。段逢恩曾说："将来警务畅行，与商、农、工艺、学校、轮船、铁路诸政日新日盛，将见数十年后，国富民强，彼各国虽强，吾何畏哉！"③ 清末警政思想的传播，为警察制度的创建做了舆论先导，也为警政建设提供了理论支撑。

第二节　清末北京警察制度建立与警察初现

清末国势日衰，国家处于内忧外患的境地。1900 年，义和团运动扩展到北京，随后八国联军侵入北京，进行公然抢劫，京城陷入一片混乱之中，兼管京畿警察事务的机构几近瘫痪。为挽救统治，清政府决定实施新政，现代警察制度作为一项重要内容从西方引进我国。北京作为首都，警政建设也作为全国的模范优先发展起来，警察出现在市民社会中，其规模日益壮大，在北京城市社会中担当起重要的角色。

一　清末北京警察制度建设

现代警察制度在中国的建立是在清末列强入侵的情况下，一些改良志士为挽救国家危亡而主张学习西方进行改革过程中的一项产物。其发端于1898 年 7 月黄遵宪在长沙创立的湖南保卫局。该机构仿照西方和日本的警察机关而设，后随着戊戌变法的失败而夭折。但无论如何，至晚清时期，清政府为实行预备立宪，维持社会安定，以及为各种新政开展提供一个良好的环境，警政建设实为刻不容缓。④

1900 年 6 月，英、俄、日、法、德、美、意、奥八国联军出兵侵略中国，8 月 14 日北京失陷后，八国联军在京烧杀抢掠，当时的京师治安机构五城察院和督理街道厅等几近处于瘫痪状态，城市秩序大乱，庆亲王

---

① （清）朱寿朋编《光绪朝东华录》第 4 册，中华书局，1958，第 4743 页。
② 韩延龙、苏亦工等：《中国近代警察史》上册，第 54 页。
③ 韩延龙、苏亦工等：《中国近代警察史》上册，第 54 页。
④ 王家俭：《清末民初我国警察制度现代化的历程（1901~1928）》，第 14 页。

奕劻如是描述："京城内外及近畿一带地方，始被拳匪扰乱，继经洋兵占据，官吏失权，小民失业，以致匪徒蜂起，肆行抢劫，居民不遑安枕，行旅咸有戒心，扰害之甚，实为从来所未有。……京城原有步军及五城练勇，经此变乱，半多逃散，即使招集复额，难期得力。臣奕劻所统神机营各队，一切器械均被洋兵搜夺，亦难责令徒手办匪。"① 针对当时形势，巡视五城御史也奏称："查京师地面自遭兵燹之后，土匪纷纷抢掠，闾阎骚扰，民不聊生。现在各国分设安民公所办理抚辑事宜，匪徒稍加敛迹，惟是戡奸禁乱本我中国自主之权，日后和议告成，一切善后事宜亦均地方官应办之责，设或洋兵撤退而后土匪乘间窃发为患，实非浅鲜，不得不为先事预防之计。"② 1901 年 1 月 31 日，贵恒等人针对京城治安混乱的情况，在上奏朝廷的奏折中也说："迩来京城地面，匪徒肆行无忌，聚众抢劫之事，层见叠出。将来洋兵撤退，地界规复，此等强劫盗犯，若非从速严惩，何以除暴安良？"③ 为维持城内秩序，减少骚乱，清廷留守的官员征得占领军的同意后，由各占领区内的绅董出面，在各占领区组织了临时治安机构——"安民公所"。北京现代警察制度的建设自此发端。

"安民公所"招募华人充任"巡捕"，办理界内警察的相关事务，使北京的治安有所好转。对此，奕劻在奏折中曾称："旋经各段绅商先后设立公所，雇觅巡捕，协缉盗贼，数月以来地方借以稍安。"④ 但安民公所也存在很多问题，文献有载"近来各处所设公所，因事诈财，鱼肉百姓"，"抢劫之案犹复层见迭出，峻法严刑，不能禁绝"，⑤ 等等。鉴于此，1901 年夏，随着清政府与八国联军的和议告成，联军预备撤兵，所谓"安民公所"面临裁撤。

但其后，因为变乱之余地方不靖，为筹办善后事宜，一般京都人士也

---

① 故宫博物院明清档案部编《义和团档案史料》下册，中华书局，1959 年 1 版，1979 年第 2 次印刷，第 985 页。
② 《京城内外如再设安民公所俟议有章程再行咨呈由》，台北"中央研究院"近代史研究所档案馆藏，档案号：01-14-023-01-001。
③ 中国第一历史档案馆编辑部编《义和团档案史料续编》上册，中华书局，1990，第 922 页。
④ 故宫博物院明清档案部编《义和团档案史料》下册，第 1224 页。
⑤ 中国社会科学院近代史研究所《近代史资料》编译室主编《义和团史料》下册，知识产权出版社，2013，第 723、725 页。

觉察到"安民公所"的设置有其意义,于是朝臣士绅纷纷上折奏请在设置新的治安管理机构之前,暂行保留"安民公所",以维市面。例如《缕陈安民公所事宜由》折载:"和局虽已有成,洋兵尚未退尽,明火盗案层见迭出,即如正蓝旗火器营被抢一案,先经德国知府来所会审,嗣后解送知府衙门尚未拟结,而呈报明火者又复数起,当此地方安乱无常,交涉情形日见吃重,除以后各事宜当随时禀请批示,俾有遵循外,所有德界安民公所缘由及现在办理一切情形理合缕陈伏乞钧鉴。"① 随后在 6 月 30 日,奕劻又上奏折指出:"现在各国之兵将次退竣,此项公所理应裁撤,以一事权。惟京师五方杂处,良莠不齐,且此次兵燹之重,为从来未有之奇灾,若遽将各局裁撤,仅赖地面官兵巡查,恐有兼顾不及之势。……亟当切实整顿,咸使画一。……统俟事局大定,查酌情形,再行裁撤。"② 清政府批准了该奏折,至 7 月,京城善后协巡总局及其下属各协巡局在因袭"安民公所"旧制的基础上陆续建立起来。

善后协巡总局下设 10 个分局,管辖内城地区,同时还制定了《现行章程》,明确规定善后协巡总局的职责是维持京城地区的社会治安和公共秩序,要求各分局分段设立巡捕处,每日派巡捕昼夜分班巡查,缉拿盗贼,审理人犯。由于善后协巡总局负责掌管内城的行政事务,自然受到清廷的重视,其官员全部由满蒙贵族担任,专职大臣由庆亲王奕劻担任,4 名兼职大臣分别由礼部尚书世续、大理寺少卿铁良、正黄旗汉军都统广忠、署仓场侍郎荣庆分兼,并设提调、总办、会办、巡捕官等。总局分设 3 处办事机构:文案处,负责文案事宜;营务处,掌巡防、捕盗等事务;发审处,掌审理案件、人犯等事。总局之下设各分局,分驻内城和皇城,其中内城里分设东城、西城各 4 个善后协巡分局,皇城内设左、右翼两个善后协巡分局。③ 各分局设总办、帮办、警巡等官员。各分局之下分段设若干巡捕处,各巡捕处设巡捕长 1 名,巡捕 4~10 名不等。"各局应派官

① 《缕陈安民公所事宜由》,台北"中央研究院"近代史研究所档案馆藏,档案号:01-14-023-04-008。
② 故宫博物院明清档案部编《义和团档案史料》下册,第 1224~1225 页。
③ 北京市地方志编纂委员会编《北京志·政法卷·公安志》,北京出版社,2003,第 19 页。

绅，先尽原办各绅酌量派充。所需巡捕弁兵，亦尽各公所堪用者酌留。不
敷之数，均经行文步军统领衙门，咨取技勇兵拨补。其各局局用及弁兵数
目，均视地段大小以为多寡。所需经费，按月由步军统领衙门照数支放，
以资应用。"[1] 善后协巡总局的办事人员巡捕大都由八旗兵转化而来，受
八旗制度腐朽风气影响，素质低劣，同时该机构成立后，清朝原有的负责
京师治安的机构如步军统领衙门、五城察院、街道厅和顺天府、善后营务
处等并没有裁撤，事权不一，因此官衙之间的权势之争频繁发生，这使善
后协巡总局开办后效果并不理想。

1902 年 2 月，襄办京畿地方善后营务事宜工部右侍郎胡燏棻奏筹京
师善后拟请并设工巡局，5 月得复奏允行，清廷并派肃亲王善耆为步军统
领兼管工巡局事宜。[2] 同年 9 月，善后协巡总局以"联军撤兵，官权始
复，迄今一载有余，时局大定"为由被裁撤。[3] 随着善后协巡总局的撤
销，工巡总局逐渐设立起来。

工巡总局的职能是掌理京内警察事务及街道工程事务，其名称中的
"工"字指修治街道、经营土木、管理交通卫生等职能，"巡"字所含职
权包括执行城内警察事务，"杖"以下之犯罪的巡行罚处，受理简易民事
案件并行使审判权，"受理京控"，处理关系外侨的民刑案件等。[4] 可见，
工巡总局并不是近代意义上的专门警察机构，实为警察与市政及司法混合
的组织，其职权范围较广。工巡总局的权力仍由满人官僚把持，内设管理
工巡事务大臣 1 人，直隶于皇帝，首任大臣是肃亲王善耆，后由外务部左
侍郎那桐继任。管理工巡事务大臣以下设工巡总监（初由毓朗出任）及
副总监各 1 人，辅助大臣处理局内一切事务，再下设委员 46 人，医官
1 人。内部机构有事务处、巡查处、守卫处、待质所、军装库、图表处、
文案处、发审处、支应处、马号、司狱科、消防队、巡捕队，共有人员二
三百名。总局下属单位有东、中、西三分局，分局内设有档房、巡查处、
文案处、司狱科等。各分局设总办、帮办各 1 人，委员 20 人，巡警、巡

---

[1]　故宫博物院明清档案部编《义和团档案史料》下册，第 1333 页。
[2]　蔡恂：《北京警察沿革纪要》，第 2 页。
[3]　陈鸿彝主编《中国治安史》，第 291 页。
[4]　姜春华：《北平警政概观》，第 3 页。

捕长及巡捕数百人。每个分局的辖区内又划分若干段，"段"是最基层的警察机构，中局划为 30 段，东、西两局各划为 40 段。[①] 总局与分局之间有分工，平时的警务工作由分局办理，关系到外国人的案件，或者稍重大案件及重罪案件，则由总局处理。工巡局初设时仅局限于内城。后鉴于工巡局"既称得力"，清廷谕令"合外城而兼治之"，1905 年 8 月清廷下诏："巡警为方今要政。内城现办工巡局尚有条理，亟应实力推行，所有五城练勇着即改为巡捕，均按内城办理。着派左都御史寿耆、左副都御史张仁黼，会同尚书那桐通盘筹划，认真举办，以专责成。原派之巡视五城及街道厅御史着一并裁撤。"[②]

工巡局的设立，是清末为管理京师社会治安而举办警政，进而向近代化警政迈进过程中的关键一步。徐世昌曾说："伏查京城办理工巡之始，原因各国联军在境，非保任治安，不允交还地面。于是前管理工巡局事务肃亲王善耆、大学士那桐等先后经营，京城始有巡警。马路之筑、街灯之燃，皆于此而肇基焉。"[③] 自此以后，京城混乱的社会局面有所改善。清政府从中看到了警察维持社会秩序的巨大功用，遂决定全面推广。

1905 年 9 月 24 日，清廷特派载泽、戴鸿慈、徐世昌、端方、绍英五大臣出洋考察，在北京正阳门车站启程时，革命党人吴樾引爆自制炸弹，这使清统治者愈加感到举办警政之重要，随即发布上谕："巡警关系紧要，迭经谕令京师及各省一体举办，自应专设衙门，俾资统率。"[④] 在袁世凯等大臣的奏请下，10 月 8 日，清政府下令宣布成立巡警部，作为全国警政的最高管理机构，综理全国警察事务。同时谕令"署兵部左侍郎徐世昌着补授该部尚书。内阁学士毓朗着补授该部左侍郎。直隶候补道赵秉钧着赏给三品京堂，署理该部右侍郎。所有京城内外工巡事务，均归管理，以专责成。其各省巡警，并着该部督饬办理"。[⑤] 这样，近代意义上的警政逐渐在全国范围内正式开办，而其中北京事务占有非常重要的地位。

---

① 蔡恂：《北京警察沿革纪要》，第 2 页。

② （清）朱寿朋编《光绪朝东华录》第 5 册，第 5354、5380 页。

③ 徐世昌：《退耕堂政书》卷 8，沈云龙主编《近代中国史料丛刊》第 23 辑第 225 册，台北：文海出版社，1968，第 429~430 页。

④ （清）朱寿朋编《光绪朝东华录》第 5 册，第 5408 页。

⑤ 《清实录》第 59 册，《德宗景皇帝实录》卷 549，中华书局，1987，第 290 页。

巡警部的设立是清末警政领导组织制度一体化过程中的一个里程碑，它是近代警察对内职能不断凸显的必然结果。巡警部成立后，立即对原来内、外城工巡局进行了接收和改组。巡警部接管初期，仍沿用了工巡局的名称、人员及一切办理事项。12月15日，徐世昌奏请变通工巡局旧章、拟定巡警部官制章程，获准。巡警部内部机构依照章程逐渐组建起来，直属机构有五司十六科，五司即警政司、警法司、警保司、警学司、警务司，其中警政司下设行政、考绩、统计、户籍四科，警法司下设司法、国际、检阅、调查四科，警保司下设保安、卫生、工筑、营业四科，警学司下设课程、编辑两科，警务司下设文牍、庶务两科。巡警部设尚书1人，左右侍郎各1人，由皇帝特简，为该部最高长官。下设左右丞各1员，位正三品，统率各司，设左右参议各1员，位正四品，分判各司事务。每司设郎中1员，总理司事，每科设员外郎1员，主事1员，办理科务，主事以下拟比照笔帖式设一二三等书记官，官位七八九品，按司之繁简酌设，不定额缺。巡警部不用书吏，设司书生若干员，分别等次随时酌派，不定额数。①

巡警部成立后，将接管的原京师内、外城工巡局改组为内城巡警总厅、外城巡警总厅，总理内外城一切警务。除此之外，京师内、外城预审厅也归巡警部直辖，每厅各设正审官1员，陪审官1员，各附设民事审判官1员，记事官3员，译员3人，医官2人，另外还设司法警察、巡长、巡捕等若干。每厅下面还分别设有看守所和待质所。路工局仍照旧办理，归巡警部直辖，不设专官，待将来路工告成，再酌量归并。巡警部还负责管辖高等巡警学堂、京师习艺所、教养局、消防队、机务所、探访队、协巡营、稽查处等附属机构。其中消防队专司消防救火事项，并分任巡逻要差等事，设总理1人，统带官、帮带官各1人，并设五品警官兼队长3人，六品、七品警官各6人，八品、九品警官各8人，分队长、队兵约500人，下设内勤处、外勤处、一大队、二大队、军乐队等机构。机务所的职责包括"开用印信、收发文件、接洽电话、值日值宿、递折等事"，设七品小京官4人轮流管理。协巡营于1905年10月由巡警部奏请创设，

① 《巡警部变通工巡局旧章拟定官制奏稿》，中国第一历史档案馆藏，巡警部档案，档案号：37-1-2。

其任务是巡视外城荒僻地区，设统带 1 人，帮统带 1 人，庶务长、副庶务长各 1 人，书记官、副书记官各 1 人，书记生 2 人，马弁 8 人，长夫 24 人，下设差遣队、协巡左路、协巡右路等机构。探访队与协巡营同时奏设，相当于京师地区的侦查机关，设监督 1 人，队下设中、左、右路局。稽查处专门负责京城坛庙的警卫工作，并稽查内外城巡警的警容风纪。

京师内城巡警总厅、外城巡警总厅的组建，是清末北京警察制度定型化的一个重要标志。其内部组织机构如下。内、外城巡警总厅各设厅丞 1 人，位正四品，视府丞。厅丞以下每厅设参事官 3 员，承厅丞指挥分理一切事务，分别为：总务处参事官，位正五品，视郎中；警务处参事官、卫生处参事官，位从五品，视员外郎。参事官以下设六七品警官若干员，分理庶务临时酌定。两总厅内各设三处，由参事官分别负责管理，其下设股，参事官应管各股分别为：总务处下设警事股、机要股、文牍股、支应股、统计股；警务处下设护卫股、治安股、交涉股、刑事股、户籍股、营业股、正俗股、交通股、建筑股；卫生处下设清道股、防疫股、医学股、医务股。以上每股设长 1 员，为正六品警官，视主事；副 2 人，为正七八品警官，视小京官及各部司务。两总厅各设五所，即事务所，设巡官 2 员，巡长 4 名，巡警 20 名；巡查所，设巡官 4 员，巡长 8 名，巡警 20 名；守卫所，设巡官 1 员，巡长 1 名，巡警 16 名；军装所，设巡官 1 员，巡长 1 名，巡警 4 名；刑事巡查所，设巡官 4 员，巡长 4 名，巡警 10 名。内城巡警总厅下辖五分厅，即内城中分厅、内城东分厅、内城西分厅、内城南分厅、内城北分厅；外城巡警总厅下辖四分厅，即外城东分厅、外城南分厅、外城西分厅、外城北分厅。每分厅设知事 1 人，正五品，视郎中，总理本分厅事务。各分厅内设三课六所治事，即总务课，掌警事、机要、文牍、支应、统计事；警务课，掌护卫、治安、正俗、刑事、交涉、户籍、营业、交通、建筑事；卫生课，掌清道、防疫、医务、医学事。每课设课长 1 员，正六品，总理课务；副课长 1 员，正七品；课员 2 员，正八、九品；书记官 2 员，正九品；司书生 8 名。各分厅内设六所，即事务所，设巡官 2 员，巡长 4 名，巡警 12 名；巡查所，设巡官 4 员，巡长 5 名，巡警 10 名；刑事巡查所，设巡官 3 员，巡长 4 名，巡警 8 名；守卫所，设巡官 1 员，巡长 1 名，巡警 12 名；拘留所，设巡官 1 员，巡长

2 名，巡警 4 名；清道所，设巡官 1 员，巡长 2 名，巡警 4 名。内外城各分厅之下设区，其中内城共设 26 区，即内城中分厅设 6 区，东、南、西、北分厅每厅设 5 区，每区设巡官 2 员，巡长 14 名，巡警 168 名；外城共设 20 区，即东、西分厅每厅设 6 区，南、北分厅每厅设 4 区，每区设巡官 2 员或 4 员，巡长 10 名或 12 名，巡警 120 名或 130 名，均量区务繁简而分配之或增减其额数，其巡官以下等级依特定规则随时升降，不拘定额。① 各厅、所、分厅、区治事章程，在《内城巡警总厅章程》《内城巡警分厅设官治事章程》《部颁内外厅试办章程》内，均有详明的规定。

此外，内城总厅还辖有内城官医院，外城总厅还辖有外城教养局、巡警讲习所、警务研究所、马巡队、稽查处、济良所等机构。② 从工巡总局到京师内、外城巡警总厅的改组，不单是名称的更易，而且涉及体制、结构、人员等方面比较大的变革。就体制而言，内、外城巡警总厅不再是市政、司法和警察相混合的组织，而是由巡警部直接指挥的掌管北京警政的专门机关。从组织结构看，内、外城巡警总厅比工巡总局更为严整。从人员上看，警察队伍也相应扩大，内外城巡捕共约 5000 人，而北京内外城面积总计亦不过 20 华里，且外城 2/3 为荒地，内城城墙附近亦多荒地，实际有居民区域不足 16 平方里，在此区域内配备 5000 名巡捕，其稠密程度可想而知。③ 此外，1906 年 8 月 8 日，巡警部奏定划一巡官长警名称，警巡改名为巡官，巡捕改名为巡警，巡长仍沿其旧，各省巡警兵亦应统改名巡警。④

1906 年 8 月，出使各国考察政治大臣戴鸿慈等奏请改定全国官制，以为立宪做预备，奏折中提到："考各国之制，以警部独称者甚希，而内部不立者则竟无有。臣等以为不若改巡警部为内务部，凡户部、工部之关于丁口、工程者，皆并隶之。是为第一部。"⑤ 11 月 6 日，清政府实行官

① 《核定内外城巡警总厅设官治事章程及有关奏稿》，中国第一历史档案馆藏，巡警部档案，档案号：37-1-3。
② 顾鳌编《京师外城巡警总厅第一次统计书（1906 年）》，京华印书局，1907，第 1 页。
③ 〔日〕服部宇之吉等编《清末北京志资料》，第 242 页。
④ 内政部警政司主编《现行警察例规》，1919，第（甲）239 页。北京市档案馆藏，资料号：ZQ012-002-00035-003。
⑤ 故宫博物院明清档案部编《清末筹备立宪档案史料》，中华书局，1979，第 371 页。

制改革，特发上谕："巡警为民政之一端，着改为民政部。"① 根据民政部官制章程，民政部管理地方行政、地方自治、户口风教、保息荒政、巡警疆理、营缮卫生等事，除京师内外城巡警总厅仍由本部直辖外，其直省民政等官，民政部皆有统属考核之权。② 民政部成立后，警政组织机构也做了相应调整，原设巡警部基本上缩编为民政部的一个司——警政司，作为全国警政的最高机构，负责"核办行政警察、司法警察、高等警察及教练巡警各事"。③ 另外增新并旧四个司和两个厅，即民治司、疆理司、营缮司、卫生司和承政厅、参议厅，其中民治司负责稽核地方行政、地方自治、编审户口、整饬风俗礼教、核办保息荒政、移民侨民各事；疆理司负责核议地方区划，统计土地面积，稽核官民土地收放、买卖、测绘、审订图志等事项；营缮司由原巡警部警保司工筑科归并组成，负责督理本部直辖土木工程，稽核京外官办土木工程及经费报销，并保存古迹，调查祠庙各事；卫生司由原巡警部警保司卫生科扩并而成，掌核办防疫卫生、检查医药、设置病院等事；承政厅负责承办机密、考核司员、编存文卷、筹核经费各事项；参议厅的职责是议订本部法令、章程等事。

民政部成立后，京师仍设内、外城巡警总厅，总理京师一切警务，其组织职权在初期大多沿袭巡警部时期的旧制。1907 年，肃亲王善耆接替那桐任民政部尚书后，对京师内、外城巡警总厅进行了一系列的改革和整顿。先是内外城两总厅分别增设司法处，负责所有搜查逮捕护送罪人及处治违警罪等事；原警务处改为行政处，专办行政警察事务；原设参事官更名为佥事，原处下所设各股改为科；内城原设五分厅并为三分厅，外城原设四分厅并为两分厅；两总厅原设厅丞各一员仍保留，后经奏准酌升阶品以专责成，由原正四品升为从三品，承民政部尚书侍郎之指挥监督管理地面一切事务。④ 外郊拟设四分厅，"东以朝阳门东便门，西以阜成门西便门两门距离适中之地作为南北界限，以安定门德胜门适中之地作为左右分

---

① （清）朱寿朋编《光绪朝东华录》第 5 册，第 5579 页。

② 《呈民政部官制》，中国第一历史档案馆藏，民政部档案，档案号：21-0011-0006。

③ 戴鸿映编《旧中国治安法规选编》，第 5 页。

④ 《呈酌改内外城巡警厅官制章程》，中国第一历史档案馆藏，民政部档案，档案号：21-0193-0008。

界，曰北坊巡警左分厅、北坊巡警右分厅，属内城总厅管辖；南以永定门为中线分为左右，曰南坊巡警左分厅、南坊巡警右分厅，属外城总厅管辖。南北坊分区应就五城原管地面分别区划，惟创办伊始，筹款维艰，旧址辽阔，一时举办难周，拟先由附近城厢地面酌设分区，次第推广，随时奏明立案，其尚未设局之处仍暂由各该管衙门管理"。①

在机构权限方面，内外城巡警总厅也进一步明确了运行规则，如"厅丞于所辖境内有完全执行警察事务之权，按照奏定章程及各项法律规则，得发布巡警厅命令于管辖区域之内，其事关各署须会衔出示者，仍由臣部领衔核定刊发。……各分厅以下应申部事件须由总厅转申，不得直接臣部，以清权限"。② 1908 年，原内外城下辖各区减半，即原内城 26 区并为 13 区，外城 20 区并为 10 区。此外，为加强警察对基层社会的管理，在区署之下筹设分驻所、驻在所及派出所。分驻所为警察居住的处所，是警察的大本营，警察应勤时由此出发，退勤时在此休息，勤前及勤休的教育也在这里举行。驻在所只存在于四郊各区中，其地位与分驻所相当。派出所为警察应勤活动的核心，为便于勤务，城郊各区就管辖地方划为若干段，每段设置一派出所，每派出所设巡长 2 名、巡警 7 名、户籍警 2 名，并于各派出所门前悬挂本所名称牌及管辖地段牌。通常认为派出所制度仿自日本，北京最早设置。③ 1909 年，民政部奏请在京师内外城地方分段设立派出所。派出所设置之初又分为"各段派出所"和"加设派出所"，其中"各段派出所"是按分区划分为若干段，在每段的守望地方设立的派出所；"加设派出所"则是在北京市内繁华区域及重要地区加设的守警岗和交通警岗。派出所是京师警察管理社会治安最基层的社会组织，其设置使政府通过警察将社会控制力越发深入基层社会，京师治安布控越来越严密。1909 年 8 月，根据民政部奏定的方针，内城共设立派出所 204 处，外城设立派出所 136 处。④ 1909 年，各分厅裁撤，内城十三区和外城十区归两

① 《民政部奏厘定内外城各厅界域职掌员缺章程折（章程附）》，《东方杂志》1907 年第 4 期，第 156 页。
② 《奏为厘定民政部及内外城巡警总分厅权限章程事》，中国第一历史档案馆藏，民政部档案，档案号：21-0011-0012。
③ 姜春华：《北平警政概观》，第 24 页。
④ 蔡恂：《北京警察沿革纪要》，第 5 页。

总厅直接管理。1910 年 9 月，内外城两总厅又在北京四郊地面设立六区，推广警察制度，若外郊巡警办理有效，步军衙门将被裁撤，所有旧辖各将弁当择其年富力壮者编入警队。① 这年，为防止鼠疫蔓延，京师还成立了卫生警察队。

经过几年一系列的改革，京师内、外城巡警总厅的官制、职掌基本确定，概况如下。两总厅各设厅丞 1 员，从三品，简任职，承民政部尚书侍郎之指挥监督，总理该管区一切事宜。总金事各 1 员，从四品，奏补；金事各 3 员，正五品，奏补；五品警官各 4 员，奏补；六品警官内城 10 员、外城 9 员，奏补；七品警官内城 11 员、外城 9 员，奏补；八品警官内城 14 员、外城 13 员，咨补；九品警官内城 15 员、外城 13 员，咨补。总金事、金事及警官承厅丞之指挥监督，分理本管一切事宜。内外城总厅内分设各处。总务处，以总金事领之，以奏补警官 3 员、咨补警官 4 员分充科长、科员。行政处、司法处、卫生处，各以金事 1 人领之，每处以奏补警官 3 员、咨补警官 4 员分充科长、科员。② 内外城两总厅仍各设五所：事务所，设巡官 2 人，巡长 4 人，巡警 20 人；巡查所，设巡官 4 人，巡长 8 人，巡警 20 人；守卫所，设巡官 1 人，巡长 1 人，巡警 16 人；军装所，设巡官 1 人，巡长 1 人，巡警 4 人；刑事巡查所，设巡官 4 人，巡长 4 人，巡警 10 人。1906 年 12 月，内外城两总厅所辖分厅由原 9 个减为 5 个，其组织机构为：内城巡警总厅下辖三分厅，即内城中分厅、内城左分厅、内城右分厅。外城巡警总厅下辖两分厅，即外城左分厅、外城右分厅。各分厅设知事 1 人，正五品，奏补，受厅丞指挥，管理本管厅事务，设六、七、八、九品警官若干人，并设巡官 6 人，巡长 10 人，巡警 90 人，分理本厅事务。各分厅内设四课，即总务课、行政课、司法课、卫生课。每课设课长 1 人，正六品，奏补；副课长 1 人，正七品，奏补；课员 2 人，八、九品，咨补；书记官无定额，正九品，咨补。各分厅仍设六所：事务所，设巡官 2 人，巡长 4 人，巡警 12 人；巡查所，设巡官 4 人，巡长 5 人，巡警 10 人；刑事巡查所，设巡官 3 人，巡长 4 人，巡警 8 人；守卫所，设巡官 1 人，巡长 1 人，巡警 12

---

① 《步军统领之命运》，《大公报》（天津版）1910 年 9 月 17 日，第 5 版。
② （清）刘锦藻撰《清朝续文献通考（第 2 册）》卷 119《职官五》，商务印书馆，1937，考 8793。

人；拘留所，设巡官 1 人，巡长 2 人，巡警 4 人；清道所，设巡官 1 人，巡长 1 人，巡警 4 人。内外城各分厅之下设区，内城中分厅设五区，左、右分厅各设四区，外城左、右分厅各设五区。每区设区长 1 人，七品警官充任；副区长 1 人，八品警官充任；区官 1 人，九品警官充任；并设书记生 1 人，巡官 2~4 人，巡长 10~12 人，巡警 120~130 人，分理本区事务。①

此外，从 1906 年起，内外城总厅还分别办起了马巡队。内、外城巡警总厅还直辖以下机构。

官医院，管理治疾、防疫、卫生等事宜。

警备队及侦缉队，1905 年 11 月，巡警部奏设探访队；1907 年 12 月，民政部奏设稽查缉捕局；1909 年正月缉捕局、探访队合并为缉探总局；1911 年正月，缉探总局撤销，成立警备队及侦缉队，各队设队官 1 人，队长 2 人，巡警 22 人。②

戒烟局，1909 年 1 月 25 日由民政部奏设。

内、外城预审厅，由原巡警部所辖，1906 年 9 月改隶民政部管理，其内部组织机构基本沿袭旧制。

京师习艺所，原由巡警部管理，后改为民政部直辖。

工巡捐总局，1907 年 3 月，由民政部奏准创设，下辖内、外城工巡捐局，管理内、外城一切税捐事宜。

路工处，原巡警部设有路工局，后改隶民政部所属，1909 年 2 月裁撤，同年 11 月，成立路工处；1911 年正月，该处撤销，其职掌归并内、外城巡警总厅办理。

消防队是为预防及消灭火灾而设的警察队，创设于 1903 年，当时由巡警厅挑选巡警 120 人于警务学堂编练而成；1905 年，续挑 60 人编为一中队，正式成立消防公所；1907 年，成立第二中队；1908 年，成立第三中队及第四中队；1909 年，成立第五中队及第六中队，逐渐形成一支专业消防队伍。消防公所直隶于民政部，由该部的习艺所员外郎兼任消防总理。

高等巡警学堂，在原京师警务学堂的基础上改造而成立。

---

① 李鹏年、朱先华、秦国经、刘子扬、陈锵仪等编著《清代中央国家机关概述》，第 278~279 页。
② 李鹏年、朱先华、秦国经、刘子扬、陈锵仪等编著《清代中央国家机关概述》，第 280 页。

　　至此，北京现代警察制度在经历了近 10 年的不断摸索后基本定型，为以后北洋政府时期及南京国民政府时期警政建设的进一步完善奠定了基础，并且基本确立了北京乃至全国的警察制度模式。

　　另外，《辛丑条约》签订后，北京的东交民巷被划为使馆界。根据协议，驻北京使馆界的各个国家都成立了护卫队，各国驻京公使还组成了"公使团"，公使团在东交民巷设置了"联合警察署"和巡捕房，雇中国人充当巡捕，由外国警官指挥。① 这些很少数的使馆界内的中国巡捕是清末北京警察群体的一个特殊组成部分。

　　从现代警察制度在北京发端到基本定型的 10 年左右的时间中，除了警察组织机构建设不断发展，法规建设作为警政建设的另一重要组成部分也取得了一定的成绩。善后协巡局成立后制定了《现行章程》，工巡局成立后制定了工巡局章程，在巡警部成立后，颁行警政法规的工作明显加快，自 1906 年至 1910 年，清廷颁行的有关警察对北京城市进行管理的法规就有 39 种之多，② 此外还有许多专门涉及警察官制、警察勤务等方面的法规，为近代警政的有序发展提供了法律依据。

　　综上，从"安民公所"、善后协巡总局发展到工巡总局，再到巡警部，再到民政部警政司，一系列警察机构的设立，大体反映了中央警察制度在清末近 10 年的演变历程，一定意义上也代表了北京警察建制的发展情况。随着制度的逐渐定型，警察在北京城市社会中也日渐发展为一个颇有影响力的群体，在京城社会大舞台上扮演着日益重要的角色。清末警政建设是融合于立宪运动中的一部分，在复杂的社会背景下，不免带有双重性，既有向现代警察制度靠拢的倾向，同时也始终未能摆脱传统的束缚，再加上时间过于短暂，一时无法做出充分的调整与适应，遂使这一新的制度呈现出粗糙与过渡的色彩。所谓"因陋就简，有名无实"，"形体虽具，精神尚虚"等现象，也就无法避免。③ 晚清时期，政府在推行现代警察制度的过程中，做出了一定的积极探索，但由于经费缺乏等原因，不足之处

① 穆玉敏：《北京警察百年》，第 118 页。
② 田涛、郭成伟整理《清末北京城市管理法规（1906~1910）》，北京燕山出版社，1996，"序言"第 5 页。
③ 王家俭：《清末民初我国警察制度现代化的历程（1901~1928）》，第 144 页。

依然凸显。处于新旧社会体制转型时期的近代警政建设，虽然呈现多变性与不稳定性，但是无论如何，它的出现对中国近代化的历史进程以及中国近代政治文明建设所产生的意义和影响都是不应忽视的。

二　警察在北京的初现与发展

伴随警察制度建设的发展，警察出现于近代北京城市社会中，其规模也不断壮大。警察规模，从广义上讲，指警察机构所包含的范围；狭义来说，指以警察为职业的社会群体的发展态势。在这里，取狭义之说，它包括警察人数的多少，也包括警察群体内部分工的细密程度，即通常所说的警种的配备情况。警察规模在一定程度上可以呈现警察群体的发展概貌，而警察群体的发展变化又与警察制度的不断完善相关联。清末十余年间北京警察制度的几多变革，带动了北京警察群体的波动发展。具体如下。

1900 年庚子事变后，北京警察开始创建，但建立之初各种制度很不完善，在人员构成上也没有明确的限定，有效地记载警察名额是从 1903 年才开始的，当时所定每段巡长 1 名、巡警 6 名。到 1906 年 8 月，内城总厅规定暂行人数，总厅设巡官 6 名、巡长 11 名、巡警 87 名，五分厅各设巡官 3 名、巡长 5 名、巡警 12 名，26 区各设巡官 2 名、巡长 11 名、巡警 132 名，17 队各设巡官 1 名、巡长 5 名、巡警 50 名，其他巡官 6 名、巡长 11 名、巡警 101 名。同年 9 月，民政部颁行《厅区试办章程》，规定内外两厅各设巡官 6 名、巡长 10 名、巡警 120 名，内城五分厅各设巡官 6 名、巡长 10 名、巡警 90 名，外城四分厅各设巡官 4 名、巡长 8 名或 6 名、巡警 96 名或 72 名或 60 名，内城 26 区各设巡官 2 名、巡长 14 名、巡警 168 名，外城 20 区各设巡官 2 名或 4 名、巡长 10 名或 12 名、巡警 120 名或 130 名。① 后来经过机构调整，京师警察人员配备情况，据《呈内外城各厅所员弁数目单》记载为："内城总厅：厅丞、金事、委员等共 197 员，巡官、长警共 4267 员名；内城高等巡警学堂，总核、教习、委员等共 41 员，学生共 240 名；消防队，统带队长兵等共 233 员名；习艺所，监督所长委员等共 13 员，巡官长警等共 92 员名；内城医院，中西医监督委员看

---

① 蔡恂：《北京警察沿革纪要》，第 97 页。

护生等共 45 员名；工程队，队官长兵共 58 员名。外城总厅：厅丞金事委员等共 172 员，巡官长警共 3040 员名；协巡营，统带及官弁共 779 员名；探访局，总核局长探兵等 165 员名；卫生局，总会办委员司事等 32 员名。"①

在具体的警察人员配置上，据调查，1906 年北京外城情况如表 1-1 所示。

表 1-1　1906 年外城厅区面积户数及配置警察人员比较

厅区名		管辖区域		现在住户（户）			警察人员配置					
		面积（方里、方丈）	街巷胡同总数（条）	正户	附户	合计	分驻所（处）	守望所（处）	合计（处）	分区警察官吏（人）	巡官长警（人）	合计（人）
东分厅	一区	2、22600	29	1607	1574	3811*	1	21	22	1	111	112
	二区	3、2250	61	1156	1564	2720		20	20	1	103	104
	三区	3、5800	45	1094	1579	1773*		18	18	1	106	107
	四区	3、2600	5	1724	1152	2876		22	22	1	107	108
	五区	14、21600	42	694	721	1415	4		4	1	97	98
	六区	6、21600	12	240	85	325	3		3	1	92	93
西分厅	一区	2、29500	32	1161	1098	2259	1	19	20	1	99	100
	二区	4、25800	36	808	254	1062	3	21	24	1	110	111
	三区	9、8000	40	1015	942	1957		17	17	1	84	85
	四区	7、10400	55	1587	1054	2641	1	22	23	1	119	120
	五区	6、23100	39	1008	331	1339		17	17	1	108	109
	六区	6、5000	40	1021	601	1622	1	18	19	1	105	106
南厅分属	一区	1、28400	35	1931	402	2333	1	30	31	1	172	173
	二区	1、19600	41	1856	778	2634	1	25	26	1	164	165
	三区	2、7200	54	1759	1299	3056*	1	25	26	1	141	142
	四区	1、26800	49	1606	1220	2826	1	21	22	1	134	135
北厅分属	一区	1、19100	45	1626	1114	2740		32	32	1	190	191
	二区	1、31600	26	1136	888	2024		20	20	1	107	108
	三区	1、30600	38	1230	1039	2269		25	25	1	127	128
	四区	1、9600	32	1179	634	1813		22	22	1	115	116
总计		81、351150	756	25438	18329	43767	18	395	413	20	2391	2411

注：标＊，原文如此，疑计算有误，经核对 3811 应为 3181，1773 应为 2673，3056 应为 3058。

资料来源：顾鳌编《京师外城巡警总厅第一次统计书（1906 年）》，第 3~4 页。

---

① 《呈内外城各厅所员弁数目单》，中国第一历史档案馆藏，民政部档案，档案号：21-0031-0003。

需要说明的是，警察人数配置应以户口多寡为衡量标准，外城户数在当时已经调查完竣，而人口数目在当时还处于调查中，所以额设巡警分配虽然稍有不均，但守望、巡逻二事因地方繁简不同又各有侧重，整体来说警察配置还是较为合理便利的。

另外，这一年外城警察人员总体状况如表 1-2 所示。

表 1-2　1906 年外城厅区警察人员总数年计

单位：人

厅区名	厅丞以下各项警察官								巡官			巡长			巡警				司书生	合计
	厅丞	参事	知事	六品	七品	八品	九品	委员	一等	二等	三等	一等	二等	三等	一等	二等	三等	备补		
总厅	1	3		16	13	4		24			4	3	8	9	39	160	160	19	23	386
东分厅			1	3	2		1	11			2			4	14	29	9	16	12	104
东分厅属 一区					1						2	1		1	11	24	44	27	1	112
东分厅属 二区				1							2		1	1	7	25	56	10	1	104
东分厅属 三区				1							2		2		2	34	59	6	1	107
东分厅属 四区				1							1			1	8	32	42	20	1	107
东分厅属 五区						1					2	1			6	17	37	32	1	98
东分厅属 六区						1					2	1			5	16	41	26	1	93
西分厅			1	1	2			11			3		2		7	17	34	22	12	112
西分厅属 一区							1				1	1		1	5	22	44	24	1	100
西分厅属 二区							1				2			1	6	18	54	28	1	111
西分厅属 三区					1						1				5	19	35	23	1	85
西分厅属 四区					1						1	2	2		7	18	74	14	1	120
西分厅属 五区				1							2	1		1	6	11	54	32	1	109
西分厅属 六区				1							3			3	6	20	42	30	1	106
南分厅			1	2	3			7	1		1				6	37	21		12	97
南分厅属 一区					1						2	1	1	1	10	52	85	18	1	173
南分厅属 二区					1						2				5	25	82	49	1	166
南分厅属 三区					1									1	6	22	82	28	1	141
南分厅属 四区					1										9	24	79	18	1	133
北分厅			1	3				9	2		1				8	10	34	29	12	110
北分厅属 一区					1							2		2	13	49	81	41	1	190
北分厅属 二区					1						1			2	3	34	56	9	1	107
北分厅属 三区						1									6	32	66	20	1	128
北分厅属 四区						1			1			1	1	1	8	26	68	8	1	116
总计	1	3	4	25	31	12	1	64			42	17	21	28	208	742	1455	570	91	3215

资料来源：顾鳌编《京师外城巡警总厅第一次统计书（1906 年）》，第 4 页。

由上可见，虽然北京警察创建时间还很短暂，但在人数上已初见规模。到清朝最后一年时，北京警察配置状况从表1-3可见一斑。

表 1-3　1911 年巡警厅区队巡官长警配置

单位：人

备考	总计	保卫队	警卫队	右四区	右三区	右二区	右一区	左四区	左三区	左二区	左一区	中二区	中一区	总厅	类别	巡警厅时代厅区队巡官长警配置
本表采自京师内外城巡警总厅统书	72	5	3	6	5	4	5	4	5	6	7	4	8	10	巡官	
	346	25	22	32	23	23	26	24	21	30	26	19	35	40	巡长	
	3743	548	208	345	290	232	295	231	247	301	229	176	349	292	巡警	
	4261	578	233	383	318	259	326	259	273	337	362	199	392	342	合计	

资料来源：姜春华《北平警政概观》，第13页。

这里列出的仅是缩减后区队警察配置的简单状况，但从中也可大致看出北京警察在清末几年的基本态势。

整体来看，自巡警部成立直到1912年，北京警察的总体规模随制度调整而有所变化，如表1-4所示。

表 1-4　1905~1912 年巡警总厅警察人员统计

单位：人

类别		1905 年	1906 年	1907 年	1908 年	1909 年	1910 年	1911 年	1912 年
各区	巡官	52	132	132	74	89	89	89	89
	巡长	286	604	604	355	452	452	452	443
	巡警	3432	6968	6968	4425	4771	4771	4771	4658
各队	巡官	17	31	31	31	8	10	14	14
	巡长	85	129	129	129	52	72	82	82
	巡警	850	1380	1380	1380	538	858	1080	900
其他	巡官	23	79	59	59	33	33	33	33
	巡长	41	141	113	113	59	59	59	59
	巡警	175	1117	921	921	391	391	391	391

续表

类别		1905年	1906年	1907年	1908年	1909年	1910年	1911年	1912年
共计	巡官	92	242	222	164	130	132	136	136
	巡长	412	874	846	597	563	683*	593	584
	巡警	4457	9465	9268*	6726	5700	6020	6242	5949
总计		4961	10581	10337	7486*	6393	6735	6971	6669
附注		上数系内城人数	上数系内外两城人数下同	是年内外城九分厅并为五分厅	是年内外城四十六区并为二十三区	是年裁撤分厅废除巡队	是年编立保卫一、二两队	是年增编保卫第三队	是年裁减保卫队人数

注：标*处，原文如此，疑计算有误，经核对，9268应为9269，7486应为7487，683应为583。

资料来源：蔡恂《北京警察沿革纪要》，第99页。

概而言之，在清末十余年间，伴随现代警察制度的建立和不断调整，以警察为职业的社会群体开始形成且日益发展起来。现代警察制度是应社会发展形势需要而创建的，警察群体的变动是随制度建设而发展的一种结果，两者同步前行，成为清末北京警政建设的一个重要表征。

第三节　北京政府时期的京师警察

1911年，辛亥革命一役促使清王朝覆灭，中华民国成立。1912年4月，中华民国临时参议院决定定都北京，仍称京师。之后，在1912年至1928年间，政权更替频繁，政局剧烈动荡成为一个突出的时代特点。乱局之中，统治者更为重视警察对维护统治秩序起到的作用，北京警政建设因之取得一定进步，日趋完善，警察群体也连带发生一些变动。

一　警察机构的演变

民国初建，临时政府执政时期，总揽警务的机关是内务部，设总长、次长各1人，之下设承政厅、警务局、民治局、土木局、礼教局、卫生局、疆理局，不久又增设禁烟公所。其中警务局是内务部所属具体承办警察行政管理工作的专门机构，下设第一、二、三、四科。为整顿警政，这一时期还颁布了一些法规，如限制警械的使用、厉行禁烟等，但由于政权存在时间短暂，这些警政措施大多未能施行。

1912 年 3 月，袁世凯就任中华民国临时大总统后，开始了北洋军阀的统治。内务部是总揽全国警政的中枢机构，其职责范围与清末的民政部颇多类似。内务部设总长 1 人，次长 1 人，参事若干人，各司设司长 1 人，佥事和主事各若干人。在机构组织方面，内务部内设总务厅和六司，其中总务厅下设文书、会计、统计、庶务四科，各科直隶于总次长；六司分别为警政司、民治司、职方司、土木司、礼俗司、卫生司，警政司是主管全国警政的专设机构，地位重要，列于内务部各司之首。

随着袁世凯开始执政，全国警政也进行了一番整顿。北京作为首都，其社会治安的好坏，直接关系到最高统治集团的切身利益。袁世凯执掌北京政府期间，改组和扩充首都警察机构是其加强整个警察制度建设的中心环节。改革从内务总长赵秉钧与袁世凯筹设京师警察总监开始，旨在部务责有专一，以收治理实效。对此，报端有载："京师警察乃全国之表，前设内外两厅分担治理，遇有重大事件仍须由部裁决，殊多辗转，故拟仿照日本警察法，设立一警察机关，名曰警察总监，仍隶内务部掌管，该警察总监署成立后，即将内外两厅裁撤，所有各区事务由总监署裁决后，按日汇报内务部，以昭简易而为统一事权。"① 随后，京师警察机构的改组大刀阔斧地展开。

1913 年初，京师内、外城巡警总厅合并为京师警察厅，负责北京城市的全面管理。1914 年京都市政公所成立后，接管了原警察厅负责的城市总体规划和基础设施建设等工作，警察厅的任务集中为维持秩序、征收捐税、人口调查、消防和商业管理等。这年 8 月 29 日，袁世凯下令颁布《京师警察厅官制》，规定"京师警察厅直隶于内务部，管理京师市内警察、卫生、消防事项。京师警察厅置总监 1 人，承内务总长之指挥监督，总理厅务并监督所属职员。京师警察厅置都尉 9 人，警正 39 人，警佐 120 人，分掌或佐理警察事务。京师警察厅置技正 2 人，技士 4 人，分掌或佐理技术事务。京师警察厅因事务之必要，得酌用办事员或雇员。京师

---

① 《时事要闻 内部将设警察总监》，《顺天时报》1912 年 4 月 16 日，第 7 版。

警察厅置下列各处：总务处、行政处、司法处、卫生处、消防处"。① 京师警察厅总监先后由王治馨、吴炳湘担任。京师警察厅各处之下置科，其中总务处、行政处、司法处、卫生处下各设三科，消防处下设二科，每处设处长 1 人，由都尉充任，各科设科长 1 人，由警正或技正担任，科员 1~3 人，由警佐或技士充任。根据内外勤务的需要，在总务处之下还设有收发所、差遣所和守卫所，司法处之下设有刑事所和拘留所。此外，为加强外勤勤务监督，还专门设立了勤务督察处，由督察长 1 人和督察员若干人组成。1914 年 8 月 31 日，《京师警察厅分区规则》颁布，根据此规则，京师内外警区由清末的 23 个缩为 20 个，各区设立警察署，由署长一人承长官之命管理区内一切事务，署员 2~4 人佐理各项事务。② 署内分设总务、行政、司法、卫生等课，每课置巡官长警若干人。各区署之下设有警察分驻所和派出所。分驻所是统辖派出所的巡官处理内外勤务的办公处所。派出所在巡官的指挥监督下，具体办理基层的各项警察事务。根据 1914 年 12 月修正的《设置派出所规程》，京师内外各区派出所设置有两种情形：一是"各段巡警派出所"，即各区署就所管街巷划为若干段，每段于守望地方设立派出所，以为各段应勤长警轮班暂息及有事救援之用；二是在各大街繁华冲要之处加设派出所，又称"马路巡警派出所"，可就地势之便或两守望设一所，或三守望设一所，专备交通上守望巡警轮班休息之用。各段派出所每所置巡长、委长各 1 人，分甲乙两班轮流督率各警勤务；每所置巡警 8 人，从事本段内守望巡逻等事；各马路加设派出所附近某段归某段巡长兼任督率，本区也可择冲繁之处加派巡委长督率，其应勤巡警以本区不应派出所勤务各警轮流派充。③

　　另外，还有一些专职警察队，如保安、侦缉、消防、交通、巡逻队等直属京师警察厅。其中保安警察队添编于 1914 年 8 月，起初分布范围限于先农坛一带，人数也很少，计 180 人。④ 后来进一步扩充编制，由保安警察第一、二、三、四队和保安警察马队组成，每队设队长 1 人，下分两

---

① 京师警察厅编《京师警察法令汇纂》（总务类），第 1~2 页。
② 京师警察厅编《京师警察法令汇纂》（总务类），第 21 页。
③ 京师警察厅编《京师警察法令汇纂》（总务类），第 87~89 页。
④ 《保安警察队之成立》，《大公报》（天津版）1914 年 8 月 17 日，第 5 版。

小分队，设分队长各 1 人，每分队又分三小队，设副分队长各 1 人，每小队分四排，每排设排长 1 人，队警 10 人，又每一队并设号长 2 人，号警 16 人，司书生 1~2 人。① 侦缉队执行各项侦查任务，设大队长 1 人，下辖四分队，各设分队长 1 人，每分队辖两小队，各设副分队长 1 人，助手 1 人，每小队有队兵 30 人。侦缉队建队初期，共有队兵 220 人。另外，因侦缉工作需要得临时雇用特别探访 1~2 人。② 消防队主管灭火事宜，全城划分 6 个消防区域，内城设 4 个区域，其范围分别为第一区域（灯市口）、第二区域（广济寺）、第三区域（宝泉局）、第四区域（养蜂夹道）；外城设两个区域，其范围分别为第一区域（甘井胡同）、第二区域（梁家园）。每区以一个消防分队驻守。每分队定额队兵 100 人，每队兵 10 人置消防目 1 人，每队兵 50 人置消防机关士 1 人或 2 人，每分队设分队长 1 人。③ 1915 年，京师警察厅增设特务委员事务所，专门负责检查邮件、电报、新闻以及往来旅客携带物品等事务，置主任委员 1 人，委员若干人。1927 年 8 月，特务委员事务所改为检查事务所。④ 此外，京师贫民教养院、疯人院、济良所、教养局、拘留所和内外城官医院等机构也隶属京师警察厅。北京使馆界内的警察权，也于 1914 年 8 月收回，东交民巷一带各警士一律更换民国警服，并由警察厅特派熟娴外国语言的警官巡长等负责管理。⑤

对于北京四郊治安的维持，北京政府仍沿袭清末旧制，由步军统领衙门负责。步军统领衙门与京师警察厅无统属关系，直接听命于总统。该衙门设步军统领 1 人，大都是职业军人出身，首任是乌珍，其后继任分别为江朝宗、李长泰、王怀庆、聂宪藩。在步军统领之外，另设左翼总兵和右翼总兵为其助手。该衙门内部组织由两厅、三科、一处组成，两厅即参议厅和总务厅，三科即军事科、执法科和军需科，一处即营翼总稽查处。此外，还设有总军械库、四郊车捐总局和将校研究所以及监狱、看守所等附

---

① 京师警察厅编《京师警察法令汇纂》（总务类），第 41 页。
② 京师警察厅编《京师警察法令汇纂》（总务类），第 49 页。
③ 京师警察厅编《京师警察法令汇纂》（总务类），第 51 页。
④ 蔡恂：《北京警察沿革纪要》，第 6~7 页。
⑤ 《使界警察权已完全恢复》，《大公报》（天津版）1914 年 8 月 13 日，第 5 张。

属机构。步军统领衙门统领一支庞大的军事警察队伍，由步军左、右翼游缉队和步军中营、南营、北营、左营、右营游缉队组成。1924 年冯玉祥发动北京政变之后，步军统领衙门被撤销，北京四郊的警察事务遂由京师警察厅接管。1925 年 1 月，北京政府颁布《京师四郊编制大纲》，将四郊划分为四个警区，分设东郊、西郊、南郊、北郊四个警察署，四大区之下又分为数路，每路设警察分署，各分署设巡官 4 人、巡长 16 人、巡警 60人，其编制和职责与市内各区警察署大体相同。① 另还编制有四郊马巡队和四郊侦缉队，用以维持京郊治安。

武昌起义爆发后，清廷为之震动，为稳定秩序，时任民政大臣的赵秉钧邀集驻京各军高级长官姜桂题、段芝贵、冯国璋以及江朝宗、乌珍等各率所属中级以上军官，同京师内外城巡警总厅的官员一道，在东安门内北池子成立了京师军警联合会，后改称军警会议公所，再改为军警联合公所。② 这一军警联合维持秩序的机构在北京政府执政后也延续下来。联合公所原设总司令 1 人，由赵秉钧充任，后改称联合总长，由荫昌担任，另设议长和副议长各 1 人。在议长之下设总务、调查、评议三处，总务处设机要、文牍、支应、交际四科，每科 2 人；调查处和评议处不分科，各设调查员和评议员若干人。

1916 年袁世凯死后，北洋军阀开始分裂，北京政权更替频繁。各派系军阀一旦掌握政权，仍重视利用警察维护其统治秩序，并为加强警察机构建设采取一些措施，如 1917 年 4 月在北京召开全国警务会议，讨论警察章制、警察经费等事宜。但总体来说，袁世凯死后北京政府在警察制度的建设上进展缓慢，基本沿袭袁世凯执政时期的警察建制。

综上，北京政府时期是在清朝之后，南京国民政府建立统治之前警政建设的一个重要过渡时期。在这一时期，巡警改称为警察，内务部统管全国警察组织，在北京设立京师警察厅，建立起从中央到地方的比较完整的警察网，警察的分工更为细致，各种专业警种、专业警察队如司法警察等相继组建，传统的封建治安管理体制受到一定程度的削弱，这些都标志着

---

① 中国社会科学院法学研究所法制史研究室编著《中国警察制度简论》，第 322 页。
② 《京师军警联合公所记事录·缘起》，《京师军警联合公所记事汇编》，1914，第 1 页。

中国近代警察体制初步形成。京都市政公所的成立使京师警察厅的工作进一步集中化，经过北京政府时期十几年的发展，北京警察制度向近代化发展的进程向前推进了一步。时人称"京师警察厅时代为北平警政之黄金时代，模范警政之令名，即得之于此时"。① 北京警察的声誉在社会上得到比较广泛的传播，当时来京的外国人对北京的调查中也有记载："前清所办的新政像警察、邮政、电灯、电话、自来水这五样儿，到了现在就是邮政跟警察很有进步。若是拿着邮政跟警察比较比较，可又是警察办的最强了。……现在的各省往往跟内务部要巡警巡长巡官多少名，去上那个省里当模范警察去。这是北京的警察名震全国了。"② 在 20 世纪头 20 多年，北京为自己赢得了"世界上警力最完备的城市之一"的荣誉，这在 1928年 12 月 30 日的《纽约时报》中也有报道。③ 由此可见，北京政府时期北京警察发展有一定成效。

二　警察规模的变动

民国建立后，在北京政府的统治下，京师警察随着制度建设的逐渐成熟、定型，警察机构比清末更为完善，形成多层次的警察系统，警察队伍进一步扩大，警察人员的配置也更趋严密。具体来说，1913 年京师内、外城巡警厅合并时，有巡官 230 名，巡长 740 名，巡警 7605 名，共计8575 人。1914 年 3 月，京师警察厅改定各区巡警额数为 5362 名，巡官、巡长基本不变。④ 到 1916 年袁世凯统治垮台之前，北京的警察人数与城区面积和人口的比例为平均每平方公里有警官和巡警 49 人，每 1000 个居民中配置警官和巡警 11 人。⑤ 可见当时已经形成了一个严密的警察网。继袁世凯之后的北洋军阀统治时期，京师警察制度基本沿袭旧制，警察规模稳中有增。1917 年 12 月，据京师警察厅统计，除全厅职员、雇员及巡官等外，合简任、荐任、委任及办事员、管理员等共计 290 人，机关之庞大，

---

① 姜春华：《北平警政概观》，第 17 页。
② 〔日〕加藤镰三郎：《北京风俗问答》，（东京）大阪屋号，1928，第 10~11 页。
③ 〔美〕史谦德：《北京的人力车夫：1920 年代的市民与政治》，周书垚、袁剑译，江苏人民出版社，2021，第 84 页。
④ 蔡恂：《北京警察沿革纪要》，第 97 页。
⑤ 中国社会科学院法学研究所法制史研究室编《中国警察制度简论》，第 323 页。

由此可见。当时警察总数为 8590 人，消防队 578 人，侦缉队 332 人，北京内城面积为 112 方里，外城 82 方里，合计共 194 方里，平均每方里中有巡官长警 35 人，平均每方里内人口为 4289 人，故每千人中布置巡官长警平均为 7 人。时人称："京师警政，于民五民六诸年，号称为鼎盛时代。"[1]

　　1922 年 8 月京师警察厅规定各区额缺，计巡官 202 名，巡长 598 名，巡警 6166 名。这一年各区巡官长警的具体配置情况如表 1-5 所示。1923 年，据报载，北京每万人中有警察 170 名左右，多于欧美各城 4～8 倍。据 1910 年调查，柏林每万人中有警察 38 人，巴黎为 28 人，大伦敦为 26 人，纽约为 21 人。[2] 需要说明的是，报载的警察统计还包括了类似警察的卫戍队、侦缉队等，所以数据有些夸大，但无论如何北京警察的规模庞大是显而易见的。到 1925 年 1 月，京师警察厅又规定了四郊署十六分署额缺，计每分署设巡官 4 名，巡长 16 名，巡警 160 名。[3] 实际上整个警察官署人员的具体配置数目如表 1-6 所示。

表 1-5　1922 年京师警察厅各区巡官长警配置

单位：人

	内左一区	内左二区	内左三区	内左四区	内右一区	内右二区	内右三区	内右四区	外左一区	外左二区	外左三区	外左四区	外左五区	外右一区	外右二区	外右三区	外右四区	外右五区	中一区	中二区
巡官	13	7	8	8	8	11	12	10	12	11	8	9	8	13	11	10	6	12	10	6
巡长	32	29	33	34	26	35	31	36	33	20	18	23	26	22	27	19	25	27	44	21
巡警	455	323	321	297	433	408	315	352	360	251	227	184	186	336	301	269	206	408	410	215
合计	500	359	362	339	467	454	358	398	405	282	253	216	220	371	339	298	237	447	464	242

说明：每区合计数目由笔者计算而得。

资料来源：京师警察厅编《中华民国十一年京师警察统计图表》，北京市档案馆藏，资料号：ZQ012-002-00261。

---

① 姜春华：《北平警政概观》，第 16 页。

② 张又新：《中国都市之特色》，《市政评论》第 1 卷第 1 期，1934 年，第 16 页。

③ 蔡恂：《北京警察沿革纪要》，第 97 页。

表1-6　1925年警察官署组织系统

单位：人

警察官署	警察官吏							警察士兵															合计
	简任 实职	荐任 实职	荐任 待遇	委任 实职	委任 待遇	雇员	计	巡官	巡长	巡警	消防机关士	消防目	消防副目	消防兵	饬工机关手	侦缉副分队长	助手	探兵	乐队副长	班长	见习生	计	
警察厅	1	36	33	22	191	125	408	47	93	390												530	938
警察署		26	20	20	133	103	302	277	804	9192												10273	10575
警察队		3	9		42	32	86	47	210	1857												2114	2200
侦缉处		4			8		12																12
侦缉队		4			12		16									4	4	327				335	351
消防队					6		6				12	3	85	536	9							645	651
乐队				1		1	2													4	53	57	59
官医院						27	27	1		51												52	79
贫民教养院						2	2	1	5	41												47	49
教养局						2	2	1	3	41												45	47
验治局						1	1	1	1	17												19	20
交通队						1	1			20												20	21

续表

警察官署	简任实职	简任待遇	荐任实职	荐任待遇	委任实职	委任待遇	雇员	计	巡官	巡长	巡警	消防机关士	消防目	消防副目	消防兵	机关枪工手	侦缉分队长	侦缉副分队长	侦缉助手	探兵	乐队副长	班长	见习生	计	合计
								警察官吏							警察士兵										
巡警教练所				1			3	4																	4
巡警教练第二所						1		1																		1
募警讲习所						2	1	3																		3
贫民所						1		1	1		22														23	24
疯人收养所						3	1	4	1	3	15														19	23
收发乐						1		1	1		3														4	5
户执照所						6	1	7	1	1	8														9	16
济良所					1	6		7	1		9														10	17
妇女习工厂						6	1	7	1	2	23														26	17
各市场						4		4	1		23															30

续表

警察官署	警察官吏								警察士兵															合计
	简任实职	简任待遇	荐任实职	荐任待遇	委任实职	委任待遇	雇员	计	巡官	巡长	巡警	消防机关士	消防目	消防副目	消防兵	机关枪手	侦缉副分队长	助手	探兵	乐队副长	班长	见习生	计	合计
公共卫生事务所						1		1														1	1	2
总计	1		73	64	43	449	268	898	379	1124	11689	12	3	85	536	9	4	4	327		4	53	14229	

注：警察署栏内所列巡官长警各数包括分驻所暨派出所巡官长警各数在内。

资料来源：北平特别市公安局编《中华民国十四年前京师警察统计图表》，北京市档案馆藏，档案号：J181-004-00034。

　　警察人员在组织内部的分配由上文可见，按分区设置，每方里内配备警员的比例如表1-7所示。

表1-7　1925年警察区域配置

单位：人/方里

官职 区别	警察官	巡官	巡长	巡警	合计
中一区	0.78	0.90	4.03	38.07	43.78
中二区	1.62	1.62	5.67	60.00	68.91
内左一区	0.40	1.08	2.43	28.31	32.22
内左二区	0.63	0.84	3.26	35.68	40.41
内左三区	0.59	0.79	3.56	33.86	38.80
内左四区	0.47	0.70	3.07	29.76	34.00
内右一区	1.01	1.46	3.59	46.06	52.12
内右二区	0.47	1.02	3.41	37.77	42.67
内右三区	0.77	1.16	3.20	31.06	36.19
内右四区	0.47	0.78	2.83	28.34	32.42
外左一区	2.00	3.42	9.71	101.14	116.27
外左二区	1.94	3.05	5.55	70.27	80.81
外左三区	0.71	1.25	3.50	41.75	47.21
外左四区	0.32	0.58	1.49	13.76	16.15
外左五区	2.18	2.50	8.75	58.12	71.55
外右一区	2.36	3.68	6.57	88.42	101.03
外右二区	0.19	2.85	6.19	77.61	86.84
外右三区	0.67	1.48	2.70	39.45	44.30
外右四区	0.32	0.38	1.74	14.19	16.63
外右五区	0.41	0.67	1.59	23.55	26.22
东郊	0.03	0.03	0.10	1.47	1.63
西郊	0.03	0.03	0.08	1.01	1.15
南郊	0.03	0.03	0.12	1.63	1.81
北郊	0.03	0.03	0.10	1.50	1.66
总计	18.43	30.33	83.24	902.78	1034.78

　　资料来源：北平特别市公安局编《中华民国十四年前京师警察统计图表》，北京市档案馆藏，档案号：J181-004-00034。

可见，无论从整体规模来看，还是就具体分布密度而言，此时期北京警察的发展都达到了一个新的阶段。在随后的两年里，北京警察的发展逐渐放慢速度，呈现下降的趋势。1926 年 2 月，京师警察厅改定各区巡官长警额数，设最繁区 7 个，分别为中一区、内左一区、内右一区、外左一区、外右一区、外右二区、外右五区，每区各 400 名；繁区 8 个，分别为内左二区、内左三区、内左四区、内右二区、内右三区、内右四区、外左二区、外右三区，每区各 320 名；简区 5 个，分别为中二区、外左三区、外左四区、外左五区、外右四区，每区各 220 名；另外，在各城门守卫、各区收捐半日学校及各机关驻守各处特派 654 名官警，合计 7114 名。1927 年 9 月，京师警察厅再次改设各区巡官长警额数，即最繁区 7 个，每区各设 300 名；次繁区 9 个（注：外左五区原属简区，现列为次繁区），每区各设 250 名；较简区 4 个，每区各设 200 名；东、南两郊区每区各设 600 名；西郊设 750 名；北郊设 450 名（注：四郊下设分署，每一分署设巡官长警 150 名）。城内及四郊区署合计 7550 名。① 具体每区官警的配置人数如表 1-8 所示。

表 1-8　1927 年京师警察厅巡官长警区域配置

单位：人

	内左一区	内左二区	内左三区	内左四区	内右一区	内右二区	内右三区	内右四区	外左一区	外左二区	外左三区	外左四区	外左五区	外右一区	外右二区	外右三区	外右四区	外右五区	中一区	中二区	东郊	南郊	西郊	北郊
巡官	14	10	6	10	13	12	12	11	13	11	7	9	8	14	11	11	7	15	12	6	19	13	24	12
巡长	33	29	21	38	27	28	32	35	34	21	21	24	27	24	21	27	24	31	21	52	58	77	41	
巡警	212	180	162	287	277	258	178	228	234	155	175	130	120	214	193	272	141	226	212	153	533	503	550	377

资料来源：北平特别市公安局编《中华民国十六年前京师警察统计图表》，北京市档案馆藏，档案号：J181-004-00036。

———————

① 蔡恂：《北京警察沿革纪要》，第 97~98 页。

　　概而言之，北京政府统治时期作为清末至南京国民政府之间的一个过渡时期，在北京警政发展史上占有重要地位。从警察群体规模在这十几年的发展进程，我们也可较容易地看到这种过渡的迹象，既在清末建制基础上有所完善和扩充，又为下一时期的发展奠定了基础。北京作为首都的政治重要性促使京师警察制度建设进一步完善，京师警察在这一时期得以稳定发展。

第四节　南京国民政府时期的北平警察

　　1927 年 4 月 18 日，蒋介石在南京成立国民政府。国民政府非常重视军队、警察、宪兵、特务的建设，在北京政府时期警察体制的基础上，对中国现代警察制度又进行了多方面的改革。在这种背景下，北京警察制度建设及警察群体规模也随之演进发展。

一　警察制度的不断完善

　　南京国民政府成立后，改内务部为内政部，作为全国警政的最高主管机关，统管全国的警察事务，同时废除旧日警察厅处名称，改称公安局，分设于省市县政府所在地，于首都则成立首都警察厅。南京国民政府实行五院制，五院之首是行政院，内政部又是行政院的首席直属机关。这象征着警察事务是国家行政的重要组成部分，也标志着中国现代警察制度逐渐走向成熟。内政部设部长、次长各 1 人，其内部机构初设时有一处四司，即秘书处、民政司、土地司、警政司、卫生司。其中警政司负责掌管全国的治安警察、民团、出版物、礼制、宗教以及保护名胜古迹、禁烟等事项，设司长 1 人，下设四科，各科设科长 1 人，科员若干。1928 年 5 月，内政部增设总务处，11 月将秘书处裁撤，增设统计司和礼俗司，并将总务处改为总务司，12 月 8 日，《内政部组织法》修正公布，部内改置总务、统计、民政、土地、警政、礼俗六司，原有的卫生司改设为部。所定警政司掌理事项为行政警察、外事警察、户籍登记、民团、警察教育、图书版权的登记保障及出版物的检查、社会团体立案、禁烟等事项。[①] 1931 年

---

　　①　内政部警政司编《中国警察行政》，商务印书馆，1935，第 16 页。

4月4日，内政部组织法再经修正，设置一署六司，即卫生署及总务司、民政司、统计司、土地司、警政司、礼俗司。直辖的警察机关有首都警察厅和警官高等学校。1936年，总务司缩编为三个科和一个会计室；民政司扩为五个科；土地司更名为地政司，缩为三个科；统计司改为统计处，增设技术室。

随着南京国民政府统治的确立，北京的城市地位发生了巨大变化，警察制度也随之出现了一系列的变更。1928年，北伐军开进北京之前，北京警察制度依然延续北京政府时期的旧制。南北统一之后，6月28日，北京政府行政院明令："改北京为北平，设为特别市，管辖内城六区、外城五区及城郊四区，由市政府负责管理全市各项行政事务。"市政府下设财政、土地、社会、公安、卫生、教育、工务、公用八个局，京师警察厅改组为北平特别市公安局。① 南京国民政府先任命何成濬为北平特别市市长兼公安局局长，后又由何其巩担任北平特别市市长。1930年6月，北平一度改归河北省管辖，改称北平市，11月，北平再度改为行政院直辖市，复称北平特别市。1931年4月，北平特别市又改名为北平市，公安局名称也随之改为北平市公安局。1933年，北平市又改为北平特别市，1934年再次改为北平市，之后又曾改为北平特别市。1937年2月，依照国民政府颁布的《各级警察局组织规则》，北平特别市公安局改称北平特别市警察局。可见，随着北京地位与名称的不断变化，北京警察机关的称谓也不断更换，为叙述清晰方便起见，这里把1928年6月至1937年2月北京警察的主管机构概称为北平特别市公安局。

北平特别市公安局在建制上隶属于市政府，是市政府直属职能部门和重要组成部分，其内部机构设置为：1928年7月，局内设一室一部及五科，即秘书室、政治训练部、总务科、行政科、司法科、督察科、卫生科；9月，市政府公布组织条例，依制将总务等四科改为第一、二、三、四科，卫生科裁撤，改为卫生股，属于第二科。科下设股，第一科下辖文书、会计、庶务、消防四股，第二科下辖治安、交通、调查、户籍、检

---

① 穆玉敏：《北京警察百年》，第199页。

查、卫生取缔六股，第三科下辖刑事、警法、侦察三股，第四科下辖考勤、教练二股，各科设科长一人，科内辖各股设股长一人，政治训练部专司训授员警党政知识，初设总务、宣传、组织三科，嗣改特务、训练二科。1928 年 9 月，归并派出所为 322 处，改分驻所为宿舍，并裁去四郊分署。① 同年 10 月归并区制为 15 区，即内城 6 区、外城 5 区、四郊 4 区，区设区署，署设署长 1 人，署员、办事员各若干人，署内分四股。1929 年 6 月，规复四郊警察分署，12 月公安局修正办事细则，将第二科所辖检查股并入治安股，卫生取缔股并入交通股。1930 年 2 月，市政府裁撤卫生局，原卫生局所管事务交由公安局管理，公安局复增设卫生科，下设一、二、三股，4 月，裁撤东郊东坝分署。1931 年 1 月，增设西郊西直门分署，4 月改卫生科为第五科。1932 年 6 月，改政治训练部为政训科，并改所属两科为股，同月改第五科为卫生股，隶属于第二科。1933 年 10 月，北平市卫生局重新设立，公安局第二科卫生股移交卫生局，这在北平警政史上有重要的意义。因为"三十余年来，北平市的公共卫生事务，总是由警察机关办理的，至此时市公共卫生与公安局乃完全脱离关系，对提高行政效率应是一件极合理的举措"。② 1933 年 11 月，增设勤务督察处，由原第四科所司职掌的一部改组而成。1934 年 4 月，第四科所属考勤、教练两股改属第一科，5 月第三科增设指纹室。1935 年 10 月，第一科所属考勤、教练两股撤销，考勤事宜划归督察处办理，教练事宜划归文书股，另设教练室办理；同月，第一科所属消防股改隶第二科。11 月，政训科撤销，关于训练事务划归第一科文书股管辖，特务事项划归第三科另设高等侦探室办理。1936 年 7 月，西郊分局增设什方院支局。1937 年 2 月，北平特别市公安局改为北平特别市警察局后，直属十五个区署改名为警察分局，第一、二、三各科又分别改称总务科、行政科、司法科，4 月，总务科文书股教练室改隶督察处。③

　　北平特别市公安局除上述内部机构外，还有一些直属机构，主要如

① 蔡恂：《北京警察沿革纪要》，第 8 页。
② 姜春华：《北平警政概观》，第 17 页。
③ 蔡恂：《北京警察沿革纪要》，第 11 页。

下。（1）公安感化所，该机构的主要任务是感化刑事期满人犯，[1]使其改过自新，并且教给他们相当的工艺，使其出所后能以此谋生，不致再行流落犯罪。该所设所长1人，办事员2人，书记2人，夫役2人，巡官长警各若干人。所内设有讲堂一处，专为职员宣讲之用。（2）拘留所，专以留置触犯违警罚法人犯及各项行政处分者，但刑事犯在假预审期间，也要在该所暂行看管拘留。所内设委员2人，监督看守巡官长警，支配所中一切事务。此所在公安局内归第三科直接管理。（3）收发娼妓执照事务所，是专门管理收发娼妓执照事务的机构。收发娼妓执照是为限制及管理娼妓而采取的一种方法。关于管理娼妓，北平市公安局先后制定了《取缔娼妓规则》《管理乐户规则》及《取缔旅店饭庄招妓规则》等。收发娼妓执照事务所即为执行这些规则而成立的一个专门机关。该所每年所收娼妓执照费200元，所内设管理员1人，书记1人，巡官长警5人，负责管理全所一切事宜。（4）乐队，直接隶属于第一科，专司典礼奏乐及大会奏乐事宜。该队中设队长1人，队副1人，班长1人，书记1人，乐队警30~50人。队长由局长委任，队副、班长及乐队警均由第一科派拨；队长承局长之命并第一科科长之指导，办理乐队事务，队副为队长之佐理员，班长任教练及管理乐器及服装事务，队警分司奏乐。（5）警士教练所，是专门训练警察的机关。设所长1名，承局长之指挥，负责办理所内一切事宜，所长之下，设队长1人，分队长4人，教务主任1人，教官7人，助教2人，教习2人，办事员2人，文牍及会计各1人，分任学科术科及总务各事宜。入所学习资格以各区未受训练之募警及招考高小毕业或有同等学力者为限。[2]除以上直属机关外，还有卫生区事务所、各医院诊治所、卫生陈列所、卫生试验所、接生婆讲习所、药剂学讲习所、卫生稽查教练所、妓女检治事务所、贫民营业资本基金保管委员会等附设机关。[3]

北平市公安局直辖的警队，为普通警察、侦缉队、保安队、骑警队、

---

① 此处所谓"刑事期满人犯"，以吸食海洛因、打吗啡针及偷窃、绺窃等罪犯且无一定居住职业者为限。
② 姜春华：《北平警政概观》，第26~27页。
③ 内政部警政司编《中国警察行政》，第49页。

警车队、消防队、自行车队、特务督察队及女警队。① 其中普通警察即普通的制服警察，也就是一般人所说的警察。侦缉队创立于1905年，当时名为探访局，后又改为缉探局，民国成立后隶属于京师警察厅，改为侦缉队，后扩充为侦缉处，1928年又改为侦缉队，直隶于公安局。侦缉队是一种便衣警察，其主要的职责在缉捕罪犯与预防犯罪。侦缉队队部设队长1人，队副1人，办事员3人，全队共分四个分队，每分队各再分两个小队，每小队再分两班；分队设分队长，小队设排长，班设班长。第一分队及第二分队各有探警40名，第三分队及第四分队各有探警25名，合队长、分队长、排长、班长及探警等总计500余人。队部分司法、文牍、庶务三股，分掌审理案件、办理公文及处理杂务等事，此外并有队长办公室、队副办公室、审讯室、暂押所、内勤室、军装库及收发室等部门。②

保安队为武装之步警队，1914年为保护旅京外人的生命财产安全而设立。保安步警队共分四队，即保安一队、保安二队、保安三队、保安四队。各队设队长1人，由公安局长遴员呈请市长派充，负责指挥监督各职员管理本队一切事务，队长之下，设队副1人，分队长2人，承长官之命管理各分队事务。骑警队即保安骑警队，是为武装骑警队，只有一队，下分六个小队，设队长1人，队副1人，小队长6人，承长官之命，管理各队一切事宜。警车队是1933年底增添的摩托脚踏车警察队，专为取缔违警车辆及缉捕盗匪而设，共计车12辆，队长1人，机士7人，警长8人，警士33人，队部设在公安局内，受局长及勤务督察长的指挥，以处理紧急警卫事务及要路巡逻诸事宜。③

消防队创设于1903年，专门负责防止及消灭火灾。1913年，改名为消防督察处，直隶于京师警察厅，中队名称改为分队。1915年，又改名为消防处，仍辖六个分队。1917年，由各分队抽调30人编为汽车队。1922年，购进大汽车及大云梯等器械。1928年，消防处裁撤，另设消防队部，仍隶属于公安局，共辖6个分队及1个汽车队，不久，合原有的汽

① 姜春华：《北平警政概观》，第29页。
② 姜春华：《北平警政概观》，第30页。
③ 姜春华：《北平警政概观》，第32~33页。

车队为一分队，后又裁撤五六两分队，缩编为四个分队，以后一直沿用。消防队设队长 1 人，由公安局局长遴员呈请市长派充，负责指挥监督各职员办理消防各事务，队副 1 人，办事员 4 人，书记 3 人，体操教员 1 人，医士 1 人，承长官之命，分别佐理分任消防队事务。每分队设队长 1 人，消防巡官、消防班长、正副机关士及消防队员各若干人。各分队为救护水火灾难起见，在消防区域内酌设分遣队、派出所，以补助分队之不及。1934 年，消防队设置有四个分队、四个分遣队、二个派出所、五座警钟台，分驻内外城适中地点，办理消防事宜。各队警士人数，计有消防第一、第二两分队各置巡官长警 104 人，第三、第四两分队各置巡官长警68 人，共为 344 人。①

自行车队是为发挥警察效能及谋求巡逻便利而设的一个特种警察队。该队设队长 1 人，直辖于局长，队副 1 人，协助队长处理队中各事务，共分四小队，每小队设队长 1 人，小队长下有正、副班长各 1 人，每小队分为两班，共计八班，每班又分两组，每组有队警 5 人，共计队警 80 人，班长 16 人，小队长 4 人，队副及队长各 1 人，合其他雇员在内，全队共104 人。特务督察队是为稽查各区队勤务事宜而专设的特种警察队。该队直隶于勤务督察处，共分三分队及九小队，队设队长，分队设分队长，小队设小队长，小队长下设班长，班长下为队警。每小队中，队警 6 人。全队共计队长 1 人，队副 1 人，分队长 3 人，小队长及班长各 9 人，队警 56 人。小队长视同巡官及一等巡长，9 人中计二等巡官 2 人，三等巡官 1 人及一等巡长 6 人。班长视同巡长，9 人中计二等巡长 6 人及三等巡长 3 人。队警则视同警察，56 人中计一等警 10 人，二等警 11 人，三等警 14 人及募警 21 人。②

女警是新添设的一个警队。1933 年 2 月，北平市政府接到内政部咨送内政会议决议推行女子警察案后，令市公安局酌量办理。这年 4 月，北平市政府公安局警士教练所招收 20 名女学警，毕业后分配到市公安局二、三、四科服务，并在局内增设女警室派员管理。后又于 1937 年陆续招收

---

① 《北平市警察概况及历年沿革》，北京市档案馆藏，档案号：J181-001-00368。
② 姜春华：《北平警政概观》，第 33 页。

女学警 55 名，毕业后派往各城门、车站执行检查行李勤务。①

在人员组织构成上，北平特别市公安局设局长 1 人，在官制上是市长的属员。1928～1937 年的历任公安局长分别为：何成濬、赵以宽、张荫梧、王锡符、鲍毓麟、余晋龢、祝瑞霖、张维藩、陈继淹、潘毓桂等。②其次设秘书 3 人，每科设科长 1 人，共有科长 5 人，督察长 1 人，特务督察 2 人，科员 90 人，督察员、稽查员、办事员各若干人。各区署每署设署长 1 人，署员、办事员各若干人。区署之下设分驻所及派出所，四郊区署下设的分驻所改称为驻在所，每分驻所设办事员 1 人，负该所全责，每派出所设巡长 2 名，巡警 7 名，户籍警 2 名。公安局是市府各局中最庞大的一局，内部职员包括雇员在内，合计 200 余人。③

由上可知，进入南京国民政府统治时期，北平警察在原有基础上经过一番整顿，组织机构更加严密，所属事务越来越专业化，警种日益丰富，警政建设向着更为完善的方向靠近。警察制度的发展是中国社会近代化转型的一个重要体现，北京警察也不例外，它的发展成为整个城市向近代化迈进过程中的一项重要内容，并在一定程度上影响着北京城市近代化的进程。

二　警察力量的演进情况

随着北伐战争的推进，北京政府受到冲击进而发生变动。1927 年 4 月，蒋介石在南京建立国民政府，南北统一完成后，1928 年 6 月改北京为北平，成为行政院直辖特别市，京师警察厅改组为北平特别市公安局。这一时期北京的重要性仍不可小觑，北平特别市公安局在行政院直辖下继续发展，其警察群体的力量也不断演进。

1928 年 7 月至 1929 年 6 月间，北平特别市公安局巡官长警的人数配置，据统计如表 1-9 所示。

---

① 蔡恂：《北京警察沿革纪要》，第 42 页。
② 蔡恂：《北京警察沿革纪要》，第 17 页。
③ 姜春华：《北平警政概观》，第 22～24 页。

表 1-9　1928 年度北平特别市公安局巡官长警配置

单位：人

	内一区	内二区	内三区	内四区	内五区	内六区	外一区	外二区	外三区	外四区	外五区	东郊	南郊	西郊	北郊
巡官	20	20	17	17	17	17	20	20	17	17	17	28	21	29	16
巡长	50	50	44	44	44	46	50	50	44	44	46	67	53	76	46
巡警	410	410	359	359	359	377	410	410	359	359	377	501	529	653	396

资料来源：北平特别市公安局编《北平特别市公安局统计图表》（1928 年 7 月至 1929 年 6 月），北京市档案馆藏，档案号：J181-004-00037。

由表 1-9 可知，1928 年度，各区巡官共计 293 名，巡长共计 754 名，巡警共计 6268 名，总共 7315 人。

1929 年 7 月至 1930 年 6 月间，情况有所改变，北平警察群体的整体规模有所扩大，在具体配置上，如表 1-10 所示。

表 1-10　1929 年度北平特别市公安局所属职员暨巡官长警配置

单位：人

类别		警察职员							巡官长警				总计
		简任	简任待遇	荐任	荐任待遇	委任	雇员	合计	巡官	巡长	巡警	合计	
公安局	局长室	1	1			3		5					5
	秘书室			1	2	6	8	17					17
	第一科			1	4	35	43	83					83
	第二科			1	4	59	193	257					257
	第三科			1	3	18	33	55					55
	第四科			1		37	7	47					47
	守卫收发差警法警拘留各室								36	63	188	287	287
训练部	主任室				1			1					1
	特务科					9	2	11					11
	训练科					12	2	14					14

续表

类别		警察职员							巡官长警				总计
		简任	简任待遇	荐任	荐任待遇	委任	雇员	合计	巡官	巡长	巡警	合计	
内外城	内一区				1	7	4	12	20	50	400	470	482
	内二区				1	7	6	14	20	50	400	470	484
	内三区				1	6	4	11	17	44	349	410	421
	内四区				1	6	4	11	17	44	349	410	421
	内五区				1	6	4	11	17	44	349	410	421
	内六区				1	6	4	11	17	46	367	430	441
	外一区				1	7	6	14	20	50	400	470	484
	外二区				1	7	5	13	20	50	400	470	483
内外城	外三区				1	5	4	10	17	44	349	410	420
	外四区				1	6	4	11	17	44	349	410	421
	外五区				1	6	4	11	17	46	367	430	441
四郊	东郊				1	10	8	19	24	62	444	530	549
	西郊				1	17	13	31	30	80	594	704	735
	南郊				1	12	10	23	24	62	444	530	553
	北郊				1	8	8	17	18	50	332	400	417
保安队	一队				1	4	4	9	4	30	270	304	313
	二队				1	4	4	9	4	30	270	304	313
	三队				1	4	4	9	4	30	270	304	313
	四队				1	4	4	9	4	30	270	304	313
	马队				1	2	1	4	6	13	136	155	159
侦缉队					1	8	14	23	16	64	456	536	559
消防队					1	9	3	13	14	42	288	344	357
乐队						1	1	2	1	6	40	47	49
附属机关	警士教练所				1	13	4	18			9	9	27
	检验牲畜事务所				1	17	4	22	1	3	48	52	74
	收发娼妓执照事务所					1	1	2	1	1	3	5	7
合计		1	1	5	40	362	420	829	386	1078	8141	9605	10434

资料来源：北平市公安局编《北平市公安局统计图表》（1929年7月至1930年6月），北京市档案馆藏，资料号：ZQ012-002-00266C$_1$。

另据一份同时期的北平市民职业状况的调查统计，可见警察是当时北平社会中一种重要的职业，其从业人数在整个社会职业群体中占有相当的比重（见表1-11）。

表1-11 1929年度北平市人口职业细别

单位：人

体性	官吏	公务员	军人	警士	教员	学生	农业	矿业	工业	商业
男	14378	4451	6831	7631	2787	44161	95292	622	75743	95114
女	5	10			354	29253	28228	28	5266	4005
合计	14383	4461	6831	7631	3141	73414	123520	650	81009	99119

牧畜业	渔业	律师	医士	新闻记者	劳力	娼妓	其他	无职业	总计
379	442	185	1012	242	136160		215288	142134	842852
28	19		15	4	42524	2919	127037	292905	532600
407	461	185	1027	246	178684	2919	342325	435039	1375452

资料来源：北平市公安局编《北平市公安局统计图表》（1929年7月至1930年6月），北京市档案馆藏，资料号：ZQ012-002-00266C$_1$。

1930年7月至1931年6月，北平市公安局巡官长警的配置较1929年度出现缩减，情况如表1-12所示。

表1-12 1930年度北平市公安局巡官长警配置

单位：人

	内一区	内二区	内三区	内四区	内五区	内六区	外一区	外二区	外三区	外四区	外五区	东郊	南郊	西郊	北郊
巡官	20	19	18	17	17	18	20	20	17	17	18	24	24	30	18
巡长	41	51	44	42	44	43	50	50	44	44	45	64	60	80	50
巡警	398	395	340	342	344	362	379	394	345	349	364	443	443	589	329

资料来源：北平市公安局编《北平市公安局统计图表》（1930年7月至1931年6月），北京市档案馆藏，资料号：ZQ012-002-00266C$_2$。

从表1-12可见，1930年度，北平市公安局各区合计巡官297名，巡长752名，巡警5816名，共计6865人，较1928年度也略有下降。

随后在 1931 年 7 月至 1932 年 6 月间，北平市公安局各区巡官长警的配置进一步缩减，情形如表 1-13 所示。

表 1-13　1931 年度北平市公安局巡官长警配置

单位：人

	内一区	内二区	内三区	内四区	内五区	内六区	外一区	外二区	外三区	外四区	外五区	东郊	南郊	西郊	北郊
巡官	20	21	18	17	17	17	21	22	17	17	17	25	25	30	19
巡长	50	50	44	44	45	40	49	51	44	42	45	64	62	80	49
巡警	384	383	335	345	331	337	375	388	343	341	365	429	439	580	322

资料来源：北平市政府公安局编《北平市政府公安局统计图表》（1931 年 7 月至 1932 年 6 月），北京市档案馆藏，资料号：ZQ012-002-00268。

由表 1-13 可知，1931 年度，北平公安局各区合计巡官 303 名，巡长 762 名，巡警 5697 名，共 6762 人，整体规模较之 1930 年度又进一步缩小。1932 年 7 月，北平财政整理委员会核定减政案，据此公安局内各区减去巡官、巡长各 15 名，另外还减去全体巡警的 1/10，计 800 名。[1] 至此，北平特别市警察群体的规模降到一个历史的低谷。

之后，因事务关系，北平警察群体的人数又有所回升。据 1933 年 11 月的统计，北平特别市公安局共有各级官警 9046 人，其中巡官 397 名，巡长 1021 名，巡警 7628 名。[2] 到 1934 年 10 月，该局全部职员长警，据调查，计局内各科处共有办事员以上职员 248 人，附属各机关共有稽查员以上职员 285 人，巡官内外共有 388 人，警长内外共有 1050 人，警士内外共有 5891 人，各队队警共有 1967 人，总计 9829 人。[3] 从 1935 年的全国警政统计报告中（见表 1-14）可见这年北平警察群体总数较 1934 年又有所增加，在全国的重要城市中排在第一位，警察员额达到 10036 人。

---

[1]　蔡恂：《北京警察沿革纪要》，第 98 页。
[2]　北平市政府秘书处编印《北平市政府统计月刊》（第 1 号），1934 年 1 月 1 日，第 48 页。
[3]　内政部警政司编《中国警察行政》，第 50 页。

表 1-14　1935 年警察组织统计

单位：人

城市别	警察员额												警察队队员	保安队队员
	共计		警官		警长		警士		雇员		夫役			
	男	女	男	女	男	女	男	女	男	女	男	女		
总计	79612	326	6877	91	5320	2	54163	115	2177	57	11075	61	9913	6298
南京	5239	17	762	10	349	—	3338	6	—		790	1	409	439
上海	6592	19	457	1	460		4684		359	17	632	1	626	—
北平	10036	18	891	—	1000		7681	11	377		87	7	38	24
天津	7446	—	361		523		5797		52		713		4227	2311

资料来源：内政部统计处《民国二十四年上半年份全国警政统计报告》，第 17~18 页，北京市档案馆藏，资料号：ZQ012-003-0030。

1936 年，据调查，北平警察情况如表 1-15 所示。

表 1-15　1936 年北平市警察机关概况报告

辖境户口		警察员额（人）										警察队员额（人）	保安警察队员额（人）	消防队员额（人）
户数	口数	警官数		警长数		警士数		雇员数		伕役数				
		男	女	男	女	男	女	男	女	男	女			
295061	1533083	951	—	1201	—	7897	20	375	—	87	8	916	1809	474

注：警察队包括侦缉、消防、督察等三队。保安队包括保安总队所属步警第一、二、三、四、五、六、七队，机关枪队、警车队、自行车队、军乐队等十二队。队员总数各栏所列数目系各该队职雇员及巡官长警总数。

资料来源：《警察机关概况表》（1936 年 1 月至 6 月），北京市档案馆藏，档案号：J181-004-00039。

由表 1-15 可见，北平警察员额这年共有 10539 人，较上年又增加 500 多人。至 1937 年 6 月，据统计，北平市警察员额共计 10544 人，其中警官 950 人，警长 1189 人，警士 7903 人，雇员 381 人，夫役 121 人。[1] 北平警察的规模稳中有扩。

综上可知，1932 年北平警察群体规模缩减降到一定程度后，随后又有所回升，到 1937 年抗日战争全面爆发前，这种攀升的势头一直不减。警察群体的规模相当庞大，有文献载："20 年代和 30 年代，北京每 20 名

———————————

[1]　内政部统计处编《警政统计》，出版地不详，1938，第 183 页。

雇员中便有 1 人是为警察局工作的。"① 概括而言，自清末到 20 世纪 30年代，北京警察整体规模的发展呈现较为明显的波动性特征，这从图 1-1中可以得到比较直观的认识。

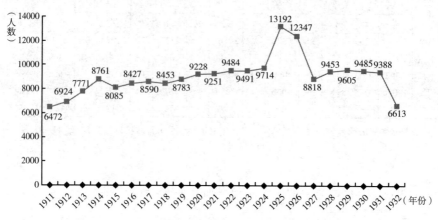

图 1-1　1911～1932 年北京所属巡官长警累年比较

资料来源：①京师警察厅编制《中华民国十一年京师警察统计图表》，北京市档案馆藏，资料号：ZQ012-002-00261；②北平特别市公安局编制《中华民国十四年前京师警察统计图表》，北京市档案馆藏，档案号：J181-004-00034；③北平特别市公安局编制《中华民国十四年前京师警察统计图表》，北京市档案馆藏，档案号：J181-004-00035；④北平特别市公安局编制《中华民国十六年前京师警察统计图表》，北京市档案馆藏，档案号：J181-004-00036；⑤北平特别市公安局编制《北平特别市公安局统计图表》（1928 年 7 月至 1929 年 6 月），北京市档案馆藏，档案号：J181-004-00037；⑥北平市公安局编制《北平市公安局统计图表》（1929 年 7 月至 1930 年 6 月），北京市档案馆藏，资料号：ZQ012-002-00266C₁；⑦北平市公安局编制《北平市公安局统计图表》（1930 年 7 月至 1931 年 6月），北京市档案馆藏，资料号：ZQ012-002-00266C₂；⑧北平市政府公安局编制《北平市政府公安局统计图表》（1931 年 7 月至 1932 年 6 月），北京市档案馆藏，资料号：ZQ012-002-00268。

第五节　日伪统治时期及抗战胜利后的北平警察

1937 年 7 月，卢沟桥事变爆发，随后北平沦陷。沦陷时期的北平在日伪政权统治下，警政建设及警察发展明显受到殖民侵略的影响。1945

---

① 〔美〕史明正：《走向近代化的北京城——城市建设与社会变革》，王业龙、周卫红译，北京大学出版社，1995，第 48 页。

年 8 月抗日战争胜利后，北平光复，北平市警察局收归国民政府统辖，北平警察建制及人员力量进一步发展。

一　日伪统治下的治安体制

1937 年 7 月 7 日，日本侵略军假借搜寻失踪的演习士兵的名义，发动了震惊中外的卢沟桥事变。7 月 29 日，侵华日军占领北平。7 月 30 日，"北平市地方维持会"成立，这是日本侵略者扶植汉奸分子组建的临时傀儡组织，其会长、成员均由汉奸、亲日分子、日本特务担任，并聘用日本人担任"顾问部长"等重要职位，负责北平地区的"治安维持"事务。"北平市地方维持会"设立管理公私产业委员会，8 月 31 日通过《管理公私产业委员会简则》，规定"本市公私产业现无主管或业主逃亡，由本会特设管理公私产业委员会代为管理之。管理之事项为检查登记封存防护等，其收益及使用由地方维持会定之"。[①] 10 月 12 日，"北平市地方维持会"常务会议决议，"将北平仍改称北京，凡机关团体上冠北平者均改北京，商民人等公私文书悉予遵改，以昭划一"。[②] 至 12 月 17 日，伪中华民国临时政府成立，"北平市地方维持会"宣告解散。

1938 年 1 月 7 日，伪临时政府任命余晋龢为伪北平特别市市长兼警察局长，余晋龢在就职典礼上强调掌固治安力极为重要，特提出"严肃纪律，廉洁奉公，忠勤职务，捍卫闾阎"[③] 四项主张。此时伪政府下除原有社会、财政、工务、卫生、警察五个局外，又增设教育、公用两局，共七个局。4 月 17 日，伪临时政府决定改北平为北京，北平特别市政府改称"北京特别市公署"，原北平特别市警察局改称"北京特别市公署警察局"。为了加强对北平的控制和统治，镇压人民的反抗运动，日本侵略者除了把持警察局，安插进大量特务外，还设置了宪兵队和特务机关，向市

---

① 《北京地方维持会为将北平改为北京等训令》，北京市档案馆藏，档案号：J065-003-00675。

② 《北京地方维持会为将北平改为北京等训令》，北京市档案馆藏，档案号：J065-003-00675。

③ 《北京警察局长余晋龢昨晨就职　以四事勖勉各职员》，载季啸风、沈友益主编《中华民国史史料外编：前日本末次研究所情报资料》第 65 册，广西师范大学出版社，1997，第 104 页。

府及各局派遣"顾问官"和"辅佐官"，他们出席会议，批发文件，俨然是市府和各局的"太上皇"。日伪北京特别市公署警察局是伪政府的直属职能部门，完全被日本人控制，警察局长沦为日本人的傀儡，日本高级专员里电太郎参与伪警察局的领导，角田少佐任伪警察局的指导官，原日本领事馆警察署的警官冈野诚治为首任顾问。

日伪警察局设局长 1 人，简任，历任局长分别为潘毓桂、余晋龢、钱宗超、游伯簏、崔建初。日伪北京特别市市长许修值，还任命日本人山田米三郎、大加户久一两人为市政府临时嘱托，分别在警察局外四区分局和北郊分局"服务"。日伪北京特别市公署警察局内部机构曾先后设置过秘书室、督察室（处）、总务科、行政科、司法科、警务科（前述各科曾改称为一、二、三、四科）、特务科、保安科、警法科、经济科等。其中，秘书室主要职责是审核收发文件；督察处下分监察、考勤二室，监察室主要负责监督检举伪警官吏贪污受贿等违法乱纪行为，考勤室主要负责考查各分局及直属单位的值勤情况，两室共有督察员约 30 人；警务科主要职责是指挥武装警察部队，运用暴力手段维持"社会治安"；特务科的设置是"期与外方密切联系，检举不良分子，以谋市内之安定"。① 其主要职责是侦查破坏非武装的抗日活动和管制民众的爱国思想，专抓"政治犯"和"思想犯"；保安科主要负责"防范破坏治安行为之发生"；警法科主要职责是对已发生的刑事案件进行侦查及处理违警案件；经济科主要负责监督检查"统制经济"的执行情况。② 另设有局务会议（参加人员有局长、科长等）、警官长士甄别委员会、铨叙委员会、警察共济社、警察妇女有志会、《京警半月刊》等机构。为保障警察局工作开展，伪政府相继出台一系列规则章程。例如，1940 年 1 月通过《特别市警察局组织规则》，规定"特别市设警察局直隶于特别市公署，受市长之指挥监督处理全市警察事务。特别市警察局设秘书督察及下列各科：一、警务科；

---

① 《北京特别市公署二十七年市政述要》，北京市档案馆藏，档案号：J001-007-00064。
② 中国人民政治协商会议北京市委员会文史资料研究委员会编《日伪统治下的北平》，北京出版社，1987，第 261~263 页。

二、保安科；三、警法科；四、特务科"。① 1941年9月，《北京特别市公署警察局分局组织暂行规则》修正公布，规定"警察分局分设警务、保安、警法、特务四系，每系各置主任一人，以局员充之。分局各系所管事务以本局各科为准。关于局员以下细目业务分担由分局长规定之"。②

日伪时期"北京特别市公署警察局"的机构不断调整。1937年8月，增设外务室，由原警察局组织系统内的高等侦探室及联络室改组而成，并附设经租所，专门办理中外人租房事宜。1938年2月，督察处增设教练股，由教练室改组而来。同年6月，外务室改组为特务科，分设第一、第二、第三各股，置科长1人，股长3人，科员15人，办事员15人，书记若干人。10月，督察处改组为第四科，分设防卫、检查、教练、考勤四股，后于11月改称警务科。1939年5月，总务、行政、司法、警务各科改称为第一科、第二科、第三科、第四科，同时特务科增设经济班。8月，第二科增设汽车股。9月，第四科增设保甲股。10月，特务科第一、二、三各股改称外务股、高侦股、密察股。1940年9月11日，《北京特别市公署警察局组织规则》修正通过，规定第一科分设文书、会计及庶务三股；第二科分设治安、交通、调查、户籍、消防及汽车六股；第三科分设刑事、侦查及警法三股；第四科分设防卫、检查、教练、考勤及保甲五股。特务科分设外事、特高及经济三股。③ 1940年12月，经租所裁废，所有事务划归第二科保安股办理。1941年2月，进一步进行机构改组，第一、第四两科合并称警务科，设警务、文书、人事、教练、会计、庶务六股；第二科改称保安科，设保安、交通、车辆、户籍、稽征五股；第三科改称警法科，设警法、侦查、刑事、鉴识四股；特务科设特务、特高、外事、经济四股；督察处设监察室、考勤室，监察室分监察、调班、查班，考勤室分为内勤班和外勤班。1942年10月，特务科经济股改组，设经济室，置主任1人，班长3人，科员14人，办

① 《北平市警察局抄发该局组织规则、各区署组织章程和案件处理日报表》，北京市档案馆藏，档案号：J181-001-00005。
② 《北平市警察局令发警察局办事细则、各分局组织规则和督察处联络员办事细则等》，北京市档案馆藏，档案号：J181-002-00002。
③ （伪）北京特别市公署参事室编《北京特别市市政法规汇编》第3辑，（伪）北京特别市社会局救济院印刷组，1940，"第三类　警察"第1~5页。

事员 20 人，书记 9 人，内分总务、检举、调查三个班；各警察分局增设经济分室，受指导于市局经济室。同年 12 月，督察处改组为督察室，设审议会和考勤、监察、教养三股，警务科原属教练股编入教养股。1943 年 1 月，保安科稽征股改隶财政局。同月，经济室改组为经济科，下分企划、情报、检举三股，置科长 1 人，股长 3 人，科员 25 人，办事员 22 人，书记 14 人。同年 4 月，警察局接收东交民巷使馆界，设置内七区警察分局，置分局长 1 人，首席局员 1 人，局员 4 人，办事员 1 人，书记 2 人，警官 3 人，警长 10 人，警士 75 人，公役 20 人。1944 年 3 月，裁废督察室审议会，同年 4 月，保安科车辆股合并于交通股。①

　　日伪北京特别市公署警察局直辖内六区警察分局、外五区警察分局、四郊警察分局、警察教练所、侦缉队、消防队、女警队、车警队、警察五队、乐队、牲畜管理处、感化所、临时乞丐收容所、收发娼妓执照所、警察医院、新闻检查所、邮电检查所、野犬豢养场等。分局下设分驻所，分驻所下设派出所。内一区警察分局下设分驻所 5 个，再下设派出所 20 个；内二区警察分局下设分驻所 5 个，再下设派出所 19 个；内三区警察分局下设分驻所 5 个，再下设派出所 18 个；内四区警察分局下设分驻所 5 个，再下设派出所 20 个；内五区警察分局下设分驻所 5 个，再下设派出所 19 个；内六区警察分局下设分驻所 4 个，再下设派出所 16 个。外一区警察分局下设分驻所 4 个，再下设派出所 16 个；外二区警察分局下设分驻所 4 个，再下设派出所 16 个；外三区警察分局下设分驻所 4 个，再下设派出所 20 个；外四区警察分局下设分驻所 5 个，再下设派出所 20 个；外五区警察分局下设分驻所 5 个，再下设派出所 20 个。四郊分局下设支局，各支局下设驻在所，驻在所下设派出所。东郊分局下设驻在所 4 个，再下设派出所 25 个；西郊分局下设支局 4 个、驻在所 4 个，再下设派出所 40 个；南郊警察分局下设支局 1 个、驻在所 4 个，再下设派出所 30 个；北郊警察分局下设支局 1 个、驻在所 2 个，再下设派出所 23 个。警察教练所下设学警教育班、警长教育班，再下学警教育班设分队 4 个，警长教育班设分队 1 个。侦缉队的主要任务是秘密侦查刑事犯罪活动，下设分队 4

①　蔡恂：《北京警察沿革纪要》，第 12 页。

个，再下设小队 8 个、分遣所 8 个。消防队分驻内外城，下设分队 4 个，再下设小队 6 个、分遣所 4 个、派出所 2 个，再下小队设有 32 个班。车警队是快速机动武装警察部队，下设分队 4 个，再下设小队 8 个，再下设班 31 个。警察队是主要担任警卫工作的武装警察部队，警察一队、警察二队、警察三队、警察四队和警察五队分别下设分队 3 个，再下设小队 6 个，再下设班 24 个。乐队下设 6 个班。牲畜管理处下设屠宰场分场 1 个、稽征所 19 个。① 在具体人数方面，侦缉队共约 200 人；车警队共约 100 人，配有军用三轮摩托车二三十辆，轻机枪数挺；消防队共约 300 人，主要任务应是"防火""救火"；女警队共约 80 人，专门负责对妇女进行人身搜查。②

日伪统治时期，北平警察规模呈现稳中略有波动的发展态势，1937～1942 年警察局员额从表 1-16 可见一斑。1943 年 1～3 月，伪北京特别市公署警察局及所属各机关巡官长警配置为巡官 316 人，警长 1255 人，警士 9044 人，总计 10615 人。③ 1943 年 4 月增设内七警察分局，增添警官 3 人，警长 10 人，警士 75 人。1944 年 3 月，警察局调整人事配置，核减长警 1000 人。④ 总体来看，此时期北平警察的规模是比较可观的。

在日伪统治下，警察成为日本当局控制北平进而侵略中国的重要工具。日伪北京特别市公署警察局主要发挥的职能即依照日本侵略军华北方面军司令部、日伪华北政务委员会、日伪北京特别市公署及日本驻北平陆军特务机关的命令，对各种革命组织、进步团体、爱国志士和抗日民众实行残酷的镇压、迫害，强化日本帝国主义在北平的统治，其组织机构的设置及警察力量的配备，均围绕此任务的需要而调整变动。

---

① （伪）北京特别市公署警察局秘书室编《北京特别市公署警察局业务报告（1939 年度）》，"北京特别市公署警察局组织系统表"。

② 《日伪统治下的北平》，第 263～264 页。

③ （伪）北京特别市公署秘书处编《市政统计月刊》第 3 卷第 1 号，1943 年，第 26 页；（伪）北京特别市公署秘书处编《市政统计月刊》第 3 卷第 2 号，1943 年，第 26 页；（伪）北京特别市公署秘书处编《市政统计月刊》第 3 卷第 3 号，1943 年，第 24 页。

④ 蔡恂：《北京警察沿革纪要》，第 102～108 页。

表 1-16　　1937~1942 年北平警察统计

单位：人

	警官	警长	警士	共计	附记
1937 年	351	1190	8025	9566	是年改编各队
1938 年	350	1194	8688	10241 *	是年派设户籍警士
1939 年	363	1225	8787	10374 *	是年开辟长安门又接管西苑北苑
1940 年	373	1245	8827	10445	是年开辟启明门
1941 年	373	1295	9097	10767 *	是年改编女警队增编第六队
1942 年	361 *	1255	9044	10615	

注：标 * 处，原文如此，疑计算有误，经核对，10241 应为 10232，10374 应为 10375，10767 应为 10765，361 应为 316。1942 年警官数目应为 316，系参考对照伪北京特别市公署秘书处编《市政统计月刊》第 2 卷第 10 号第 28 页所载 "警察局及所属各机关巡官长警配置（1942 年 10 月份）"、伪北京特别市公署秘书处编《市政统计月刊》第 2 卷第 11 号第 26 页所载 "警察局及所属各机关巡官长警配置（1942 年 11 月份）"、伪北京特别市公署秘书处编《市政统计月刊》第 2 卷第 12 号第 26 页所载 "警察局及所属各机关巡官长警配置（1942 年 12 月份）" 所得。

资料来源：蔡恂《北京警察沿革纪要》，第 101~102 页。

二　抗战胜利后北平警察建置的演变

1945 年 8 月，日本宣布投降，抗日战争胜利。北平光复后恢复北平市原称，8 月 16 日国民政府任命熊斌为北平市市长，市政府下设社会、警察、财政、教育、卫生、工务、公用、地政 8 个局，至 1947 年时增设民政局。国民党北平市政府对日伪时期的警察机构进行了调整和重建，名称改为北平市警察局，设正副局长各 1 人，历任局长分别为陈焯、汤永咸、杨清植、徐澍（代理）。

北平市警察局接收日伪时期的警察局以后，中心工作侧重整理。其中，在组织方面，力谋健全合理。依据国民政府院辖市警察局组织条例，参照实际状况与环境需要，北平市警察局对内部组织机构进行调整，将特务科、经济科、警务科裁撤，设督察处，秘书、人事、会计、统计 4 室以及总务、行政、司法、户政、政训、外事 6 科。此外，北平市警察局接收各分局，并在东交民巷旧使馆界增设内七分局，将内一分局所辖崇文门内大街以西，东长安街以南，及内二分局所辖宣武门内大街以东，西长安街以南地段，划归该分局管理。后以四郊面积辽阔，村镇棋布，原设 4 个分局不足控制，故于每郊增设分局一处，计 8 个分局。① 至此，北平市警察局下辖内一至内七、外一至外五及四郊 8 局，共计 20 分局。分局内部组织各设三组，第一组主办警备、外事、政训、总务，第二组主办行政、户政，第三组主办司法各事项，并设置差警处、骑车队、拘留所、侦缉班。外勤组织方面，根据辖境大小以及户口疏密情况，分设分驻所 4~6 处，全市共 87 处；派出所 11~23 处，全市共 334 处，并根据业务需要，酌设交通队、交通派出所共 18 处，城门检查所 34 处，车辆检查所 3 处。警察局直属各队有保安警察总队，统辖 6 个大队，除消防、侦缉、车巡三大队及刑事警官队一队和乐队一队外，其余一队以军政部监护第一总队第十二大队编充。各大队组织为：保警大队及车巡大队每大队各辖三中队，侦缉、消防两大队各辖四中队，刑事警官队辖三区队。另外，警察局附属机构有学警训练所、感化所、警察医院各二处。其中，学警训练所设学警一总队，分三大队，警官训练班一班，暨教务训育事务三系。感化所分织布、纳底、糊匣、缝纫、印刷、磨麦、木工、土工、园圃等各组，警察医院分设内科、外科、五官科、理疗科、助产科。② 1947 年时，北平市警察局所属各机关分布状况如表 1-17 所示。

表 1-17　1947 年 6 月北平市警察机关分布统计

机关名称	驻在地	机关名称	驻在地
警察局	公安街	郊七分局	德胜门外
内一分局	王府井大街	郊八分局	安定门外
内二分局	二龙路	保安总队	帽儿胡同
内三分局	东直门大街	第一大队	东岳庙
内四分局	报子胡同	第二大队	西柳树井
内五分局	刘海胡同	第三大队	紫竹院
内六分局	银闸	第四大队	德外下关

① 北平市政府编《光复一年之北平市政》，出版地不详，1946，第 30 页。
② 《北平市警察局民国三十五年度工作报告书 + 目录 + 各股室工作报告资料 + 城郊搜查据点预定表、防御工事调查表 + 通信网联系图 + 冬防夜巡人数等各统计表》，北京市档案馆藏，档案号：J181-001-00117-001。

续表

机关名称	驻在地	机关名称	驻在地
内七分局	东交民巷	第五大队	新街市（警察训练所内）
外一分局	东珠市口	第六大队	养蜂夹道
外二分局	粱家园	车巡大队	东交民巷
外三分局	手帕胡同	侦缉队	鹞儿胡同
外四分局	广安门大街	消防队	公安街
外五分局	灵佑宫	乐队	府右街
郊一分局	芳草地	警察训练所	新街市
郊二分局	元老胡同	警察医院	绒线胡同
郊三分局	永定门外	感化所	酒醋局
郊四分局	广安门外	刑事警官队	鹞儿胡同
郊五分局	香山买卖街	清洁总队	公安街
郊六分局	海淀三角地		

资料来源：北平市政府统计室编《北平市政统计手册》，1947 年 8 月，第 107 页。

　　警察局内部各部门职掌的权限分别如下。秘书室掌管机要事务、核阅文稿，编纂、审核和处理一些交办事宜，并代表局长执行有关事宜。统计室根据市统计局的指令对全局的数字、报表进行统计、上报。会计室主要职掌本局的财务事宜。人事室下设甄叙、典职、记录三个股，主要执掌员警资历审查及送审事项、员警成绩的考核、员警伤亡、退休及抚恤事项，员警的任免迁调、俸饷的签拟及员警的卡片整理保管等。督察处下设勤务、校训、调查、警备、整理五个股，职责是负责全局勤务制度的拟订和改进；各分局、队的勤务考核和督促；内部武器的检查、警风的纠正；员官长警的常年教育及各种临时训练；各种危害社会治安案件的调查、各项弹压警卫戒备之计划的调遣配备等。

　　总务科下设文书、管理、出纳、庶务、装械五个股，主要负责典守印信及收发文件保管档案、图书刊物的编纂、发行及搜查保管、编纂工作报告及行政计划；工程营缮、电话电灯自来水安装修理撤销、车辆调配管理指挥、公产保管、公役管理、经费领发及保管；本局员警薪津关发供支、公款缴解提交、公物器具购置配发及保管修缮、食粮燃料配发、服装制备收发保管及修理；警械警枪购备、检查保管及修理等。

行政科下设治安、交通、整洁、管制四个股，主要管理警备设计、集会结社之调查、准驳、监视；自卫枪照发给、枪炮弹药军用品取缔、交通设备计划、交通车辆管理与取缔；饮食店协助取缔，街巷清洁整理以及饮食摊贩、公共场所之卫生取缔；剧场、影院、旅栈、公寓之查缔；女招待之登记及解雇管理，乐户娼妓执照之核发和查缔等。

司法科下设审讯、鉴定、事务三个股及法警队拘留所，管辖范围包括：违警案件的判处，行政处罚的执行，刑事案件的侦讯及缉捕，不良少年的感化，协助查缉案犯；警察指纹的分析、储存及照相，案犯指纹的分析及储存，案犯卡片的登记及储存，枪弹的鉴定；司法文件的撰拟收发保管，各种案件的统计登记，各项文书证件票证的管理填发，漂流物品的收发保管处置；寄押人犯的收提，案犯的提收解送看守，调查及搜索，传唤逮捕及取保，收押拘留看守、拘留所内的安全、卫生及案犯起居饮食管理等。

户政科下设登记、查核、统计三个股，主要职能是：国民身份与人事异动的登记，外侨户口的登记，户口卡片的登记编插，保甲户籍的联系和特种户口登记；户口清查与抽查，有关户籍各项申请的审查，各级户政人员工作的督导考核，调查报告整理；户口及人事异动统计、户口统计及各种表报之整理纂编及绘图制表，各种统计资料整理保管等。1947 年 2 月，户政事项划归民政局管理，户政科改辖民政局，其关于特种户口调查及登记事项，并归行政科办理。①

外事科下设政务、外务、编译三个股，主要承担外事行政计划，外侨护照签发，外侨户口及宗教团体营业调查统计，外侨保护与取缔；对外交际联络接洽，外事侦察监视，外事情报搜集；外事译述、编审及外事文件编拟、翻译等。

政训科下设组训、督导、宣传三个股，主要负责组训民众及人民团体

---

① 北平市政府警察局编《一年来之北平警政》，第 2 页。北京市档案馆藏，资料号：ZQ012-002-00147。

和本局员官长警政治训练；督导考核民众及人民团体思想行动，考核员警思想动态和有关政治警察的监督考核；新生活运动的宣传执行，地方自治的宣传，中央国策的宣传以及有关政训的宣传等。

1948 年 1 月，北平市警察局警察训练所改制为北平市警察学校。至 11 月，随着人民解放军挥师入关，北平即将解放，国民党当局为加强对北平市警察局的控制，加派大批特务和嫡系军官到警察局把持各要害部门。到北平解放前夕，北平市警察局机构进一步调整为："督察处、机要室、人事室、专员室、统计室、组训室、户政科、外事科、行政科、政工科、刑警大队、消防大队、保安警察大队、车巡大队、通讯大队、乐队、感化所、警察医院、警察学校。下属分局有内城 7 个、外城 5 个、郊区 8 个，共 20 个分局。全局共有 84 个分驻所、322 个派出所。"① 随着警政建设的不断改进，清末民国以来北京警察的发展至此达到一个历史的节点，为新中国成立后北京治安秩序的维护奠定了基础。

据 1946 年 12 月统计，北平市警察局的员额编制，设局长 1 人、副局长 1 人，局长为简任；本局内部职员为 266 人、雇员 34 人、公役 90 人，各分局职员 613 人、雇员 140 人、长警 7278 人，公役 140 人，各队院所职员 389 人、雇员 100 人、长警 4412 人、公役 428 人，总计职员 1268 人、雇员 274 人、长警 11690 人、公役 658 人，共计 13890 人。② 此外，在这年的政府工作计划中，为进一步健全警察机构，在原一处四室六科的基础上，增编为秘书、专员、人事、会计、统计五室，督察、行政、司法、外事、总务五处；置简任 8 员，荐任 57 员，委任 364 员，雇员 110 员，警长 83 名，警士 492 名，工役 337 名，共 1451 名。侦缉队并于刑事警官队，增设通信大队，保安警察大队增设特务连、重机枪连，车巡大队及警察训练所增特务排。③ 到 1947 年 6 月，据全国各大城市警力与人口

① 《北京志·政法卷·公安志》，第 26 页。
② 《北京志·政法卷·公安志》，第 52~53 页。
③ 《中华民国三十六年度北平市政府工作计划（行政部分）》，北平市政府，1947，第 13 页。按，原引文记载"共一千四百五十七名"，疑计算有误，经核对，应为"共一千四百五十一名"。

数分配比例的统计（见表1-18），不难发现北平警察的员额设置比例在全国还是比较领先的。随着国内战争形势发展，1947年8月15日以《修正北平市政府组织规程》规定"本市警察局员额不敷支配，为配合建警工作应付本市环境"，经呈请行政院于当年12月15日指令，准自1948年1月起增加编制。① 不断增加的警察员额成为国民党加强地方控制，维护社会治安秩序的依靠力量。

表1-18　1947年6月全国各大城市警力与人口比较

城市别	人口数（人）	警察数（人）	警力与人口之比较
南京	1060037	8000	每133人设警察1人
上海	3925621	18358	每204*人设警察1人
北平	1672438	12209	每137人设警察1人
天津	1707670	11795	每147*人设警察1人
青岛	759057	3309	每229人设警察1人

注：标*处，原文如此，疑计算有误，经核对，204应为214，147应为145。

资料来源：内政部警察总署编《中国警政概况》，中国警政出版社，1947，第11页。

总体而言，北京警察自清末创建以来，经过民国时期的不断改组改建，在几十年的时间里发生了巨大的变化，不仅在整体规模上日渐壮大，在组织建构上也日趋完备，尽管其间出现过迂回曲折，但总体趋势是不断向前发展的。这是多种因素互相作用、互相影响的结果，其原因主要有以下方面。

首先，政府的扶持至关重要。警察是维护国家统治秩序和社会治安的具有武装性质的专职人员，在本质上是国家意志的体现，是国家实行统治最有力的工具。创办现代警察是晚清政府为挽救统治危机而采取的一项改革措施，当时清朝经历了义和团运动和八国联军入侵，统治秩序受到严重威胁，原有的治安体制已不适应形势发展的需要，于是清政府不得不决定学习西方的治安之法，由朝廷出面办理警政。北京作为首

---

① 《北平市警察局及各分局编制案》（1947年11月-1948年12月），中国第二历史档案馆藏，内政部档案，档案号：12-2-614。

都，是首要保卫的地区，所以在政府支持下，北京成为"创设现代警察最早的都市"。① 清朝灭亡后，中华民国肇始，1912年袁世凯开始执掌北京政府。袁世凯早在清末新政时期就认识到警察对维护统治的重要性，所以他在执政后，将军队和警察看作维持统治地位的两大支柱。为巩固其独裁统治，袁世凯开始执政不久，即提出"注重治安警察则实为目前最急最要之图"。② 这样，自清末直到北京政府时期，统治者对北京警察的发展均非常重视，无论在招募、编制训练，还是设施装备方面均以"全国模范"的目标去创办，因此，其在社会中的影响也与日俱增。1927年南京国民政府建立后，警政建设依然颇受政府重视，蒋介石曾说过："现在警察的地位，尤其在中国，具有超越一切的重要性。我们要建立新的国家，必须建立新的社会。要建立新的社会，必须首先建立现代国家的警察。"③ 可见，政府的重视对警政建设影响较大，警察发展随警政建设而变化。近代北京尽管经历了由首都到特别市的变动，但警察问题始终受到政府重视，所以，总体而言近代北京警察呈现波动中前进的发展趋势。

其次，经费问题是关系警察建设与发展的一个重要物质因素。北京警察在创办之初，经费仅从步军统领衙门费用裁余中支付，设立工巡局后，渐拨部款。至改组为巡警总厅，才开始完全由国库支发经费。1906年，内城总厅刚开始设立时，全年支出638000余元。1907年，内外两厅共支出1781000余元，以后逐年增加。到1926年时，达到4119000余元，成为发展历史中的一个高峰。④ 1927年，京师警察厅改组为北平特别市公安局后，因财政部陆续积欠警饷，不能按时发放，空额警察无人应募，优秀警吏多纷纷求去，为谋挽救起见，北平开始举办警捐，其收捐数目以各户

---

① 姜春华：《北平警政概观》，第3页。
② 陈瑞芳、王会娟编辑《北洋军阀史料·袁世凯卷》第2册，天津古籍出版社，1996，第84~85页。
③ 李士珍主编《增订警察服务须知》，上海警声印刷厂，1946，第56页。北京市档案馆藏，资料号：ZQ012-002-00086（一）。
④ 蔡恂：《北京警察沿革纪要》，第109页。

房屋为标准，几经接洽疏通，市民始认交纳。① 北平警察经费划归地方专款支应后，主要依靠警捐及市库补助部分临时费，因经费支绌，警察建设不得不因陋就简。于是，1928 年改制后，警察经费骤然缩减为 2315000 余元，接着又以收支不抵而陆续减少，至 1932 年仅余 2045000 余元，较之中盛时代不及半数。警察经费的历年变化，直接影响着警察规模建制的发展，将表 1-19 "1906~1936 年北京警察经费支出数目" 和图 1-2 "1911~1932 年北京警察经费累年比较" 与图 1-1 "1911~1932 年北京所属巡官长警累年比较" 相对照，可以很清楚地看到，自清末至 20 世纪 30 年代几十年的历程中，北京警察的发展与经费变化紧密关联，其发展趋势相近。

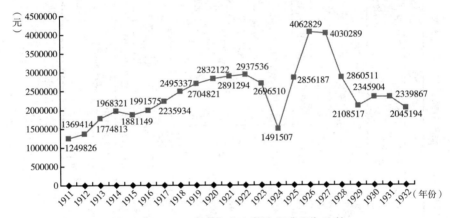

图 1-2　1911~1932 年北京警察经费累年比较

资料来源：①京师警察厅编制《中华民国十一年京师警察统计图表》，北京市档案馆藏，资料号：ZQ012-002-00261；②北平特别市公安局编制《中华民国十四年前京师警察统计图表》，北京市档案馆藏，档案号：J181-004-00034；③北平特别市公安局编制《中华民国十四年前京师警察统计图表》，北京市档案馆藏，档案号：J181-004-00035；④北平特别市公安局编制《中华民国十六年前京师警察统计图表》，北京市档案馆藏，档案号：J181-004-00036；⑤北平特别市公安局编制《北平特别市公安局统计图表》（1928 年 7 月至 1929 年 6 月），北京市档案馆藏，档案号：J181-004-00037；⑥北平市公安局编制《北平市公安局统计图表》（1929 年 7 月至 1930 年 6 月），北京市档案馆藏，资料号：ZQ012-002-00266C₁；⑦北平市公安局编制《北平市公安局统计图表》（1930 年 7 月至 1931 年 6 月），北京市档案馆藏，资料号：ZQ012-002-00266C₂；⑧北平市政府公安局编制《北平市政府公安局统计图表》（1931 年 7 月至 1932 年 6 月），北京市档案馆藏，资料号：ZQ012-002-00268。

---

① 魏树东：《北平市之地价地租房租与税收》，台北：成文出版社有限公司，1977，第 40601~40602 页。

表1-19　1906~1936年北京警察经费历年支出数目

巡警总厅

	1906年	1907年	1908年	1909年	1910年	1911年	1912年
全年支出（元）	638863.00	1781588.70	1479345.00	1273645.00	1190424.00	1249825.00	1363800.80
附注	上数系内城总厅支出者	上数系内外城总厅合计支出者	本年裁并分厅	本年裁撤分厅划归并区署			

警察厅

	1913年	1914年	1915年	1916年	1917年	1918年	1919年	1920年	1921年	1922年	1923年	1924年	1925年	1926年	1927年
	1966069.00	1968321.63	1881149.70	1991575.11	2235934.18	2495337.39	2704822.09	2832129.20	2891294.13	2996173.00	同上年	同上年	4119349.00	同上年	同上年
	本年合组警察厅侦缉、消防各队归厅增支如上					本项巡长、巡警各加饷二元				本年增编保安五六两队			本年添设四郊警察并增编五六两队		以上年增编保安总队

公安局

	1928年	1929年	1930年	1931年	1932年	1933年	1934年	1935年	1936年
	2882173.85	2315491.17	2411802.68	2339867.89	2045195.00	2270468.00	2130201.00	2176400.00	2322933.00
	本年改组公安局缩小范围经费锐减	本年因市款支绌减支如此	本年接管卫生局	本年卫生经费减去23000余元	本年财政整理委员会核定裁减如上数	是年增设车警队	是年卫生各机关移支卫生局		

资料来源：蔡恂《北京警察沿革纪要》，第109～111页。

到日伪时期，统治当局为维护统治秩序，强化武装力量，不断加大警察经费投入，这在表 1-20 中有着鲜明体现。

表 1-20　日伪统治时期北平警察经费历年支出数目

时间	1937 年	1938 年	1939 年	1940 年	1941 年	1942 年
全年支出（元）	2327009.00	2929638.00	3276194.64	3665359.00	5588504.00	6046149.00
附注	是年增设外务室又增加长警津贴	本年增设特务科	本年增加警官长士津贴	本年增加警官长警津贴	本年改革机构又增加长警津贴	本项增设经济室特别警察班又增加月饷

资料来源：蔡恂《北京警察沿革纪要》，第 111 页。

北平光复后，警政建设重在接收日伪警察局的基础上进行调整，在人事方面力求健全，鉴于员警大多年龄不小，其精神体力殊难担当其责的情况，"爰订定退休资遣办法，将老弱员警实施分期退休或予资遣，第一期业经办竣，惟以经费及目前平市环境关系，一时尚未便遽予贯彻"。[1] 经费问题对警察发展的制约由此可见一斑。

最后，北京警察的发展从根本上说是适应社会需要的结果。无论是清末开始创建北京警察，还是北京政府时改组扩建警察队伍，抑或是南京国民政府统治时北京警察的波折前进，其总体发展的一个动力源泉是维护社会秩序。由于有了社会的需要，侦缉队、保安队、消防队、警车队、女警队等特殊警队逐步设立。同样由于社会形势的发展，到 1926 年左右，在北伐战争的影响下，北京社会秩序处于非常状态，北京警察规模因之有较大扩充，尔后随着北京城市地位变动以及战争形势影响，北京警察的发展在波动中前行。

概而言之，警察制度是清末为挽救清王朝统治而实行新政的产物。进入民国后，北京警察制度历经北京政府、南京国民政府以及沦陷时期日伪政府的改组改建，其组织构成、人员配备、运行体制及相关法律规

---

[1]　北平市政府警察局编《一年来之北平警政》，第 41 页。北京市档案馆藏，资料号：ZQ012-002-00147。

定等各方面建设逐步由幼稚向成熟迈进，在曲折中前行。伴随现代警察制度的诞生和发展，警察群体出现在北京市民社会中，其规模受到政府与社会形势等多种因素影响而在波动中发展。总体而言，警察在近代北京城市社会中扮演着重要的社会角色，成为影响城市近代化进程的重要力量。

第二章
近代北京警察的构成

探究一个社会群体的整体风貌，了解这一群体的内部构成情况，是深入认识他们的一项基本内容。随着警察制度的建设发展，近代北京警察群体的来源、内部的分工类别，以及年龄分布、教育程度等方面都在不断演进，其总体趋势是朝向专业化、严格化，这在一定程度上也反映出近代北京城市管理的发展路径。

第一节　警察来源

警察是为国家服务的特殊社会职业群体，其来源构成状况直接关系到工作的效能，影响着社会秩序的运转。考察近代北京警察的来源，对深入了解这一群体概貌具有重要意义。观察近代北京警察的内部构成，不难发现其层级划分十分明显，但总体而言主要分为警官和普通警察两大层级。下面主要从警官和普通警察两个群体剖析近代北京警察的来源构成状况。

一　警官群体

警官是警察群体中级别居于普通警察之上的长官，在职位上属于政府官员的行列，广泛地说，最基层的巡警以上的警察官员均可列入警官的队伍。当然，在警官群体内部，因职权、作用的不同又可分为高级警官和一般警官两种，其中高级警官多指警察机关的主要负责人员，掌有一定的决策权力，相对而言，一般警官多为警察群体中的普通官员，其地位相较于普通警察有一定提高。关于警官的来源构成状况，下面拟分三个时段分别加以说明。

（一）清末北京警官的来源

清末，北京创建现代警察之初，高级警察官员的来源几乎全部为旧官僚。1901年，善后协巡总局成立时，其主要负责人都是旧官僚，如专职大臣为庆亲王奕劻，兼职大臣分别为礼部尚书世续、大理寺少卿铁良、正黄旗汉军都统广忠、署仓场侍郎荣庆。1902年，工巡局成立后，首任大臣是肃亲王善耆，继任者为外务部左侍郎那桐。1905年，巡警部成立，兵部左侍郎徐世昌为该部尚书，内阁学士毓朗署左侍郎，直隶候补道赵秉钧为右侍郎。1906年，巡警部改为民政部后，按照章程规定："部丞参议及内外城厅丞均由臣部开单奏保请旨特简，佥事知事由臣部奏补，其五六七品警官由厅申部奏补，八九品警官由厅丞申，由臣部委用，咨明吏部立案。"[①] 高级警官大多原为朝中官僚，在署任警官之时，一般直接由朝臣保荐或朝廷点派署理。如1907年8月，外城巡警总厅厅丞朱启钤请假修墓，经民政部入奏奉旨依议，所遗厅丞一缺即点派总务处佥事陈时利署理。[②] 1908年，军机大臣以京师外城总厅厅丞王善荃学识宏通，才堪大用，力保升为民政部左丞，[③] 而王善荃本身即拔贡出身。1909年，王善荃自请开缺回籍，其厅丞一缺经肃亲王奏调前奉天巡警总局总办王治馨观察到京继任。[④]

一般警察官吏的来源，要比高级警官广泛一些，主要有两种类型：一种是由旧官吏转化而来，这种占多数；另一种是学生，有警官学堂、法政学堂的毕业生，也有留洋回国的学生。清政府办理警政初期，急需用人，但又缺乏学有专长的警官，1901年10月，清廷为培养高级警政人才，作为推广警务的干部，派遣满人长福、忠芳、连印、钟音、桂龄、全兴、玉麐、长敏、崇岱、彦德、春寿、文英、昆山、世昌、兴贵、德铨、延龄、

① 《奏为厘定民政部及内外城巡警总分厅权限章程事》，中国第一历史档案馆藏，民政部档案，档案号：21-0011-0012。
② 《时事 北京 点派署理厅丞》，《大公报》（天津版）1907年8月24日，第3版。
③ 《王善荃将保左丞》，《大公报》（天津版）1908年11月16日，第5版。
④ 《外城厅丞将更动》，《大公报》（天津版）1909年2月21日，第5版。

玉权、立佩、全顺、世乐、延鸿、裕振、联成、宜桂、柯兴昌，以及汉人刘景沂等 27 人前往日本弘文学院学习警务。① 在工巡总局时期，一般警官由满人或汉军旗人充任，他们多是日本弘文学院和北京警务学堂的毕业生。② 到巡警部时期，专门制定了《京师现设各等巡警学堂毕业生升转暂行章程》，规定："寻常巡警学堂毕业生准以三等巡警录用（其当差得力者准以劳绩擢升至一等巡官不再升转）；寻常巡警学堂高等科毕业生准以巡官录用（其当差得力者准以劳绩擢升至九品警官后兼可送入高等巡警学堂肄业）；高等巡警学堂毕业生准以头等巡官或警官录用（升转不予限制），并可充当各巡警学堂教员及管理员。"③ 这为警校毕业生充实到警官队伍提供了法律保障。巡警部改为民政部后，一般警官选用基本沿用前期旧制。

实际上，就整体而言，警官选任一般没有严格的限制，往往是主管官员从旧官吏中抽调派充或任用警校毕业生，其中以旗人为多，这种情况一直延续到清末。以《大公报》所载为例，1906 年 6 月，警部札派祝书元署东分厅知事，派陈友璋署南分厅知事，派林炳华署西分厅知事，派贺国昌署北分厅知事。④ 1907 年 8 月，民政部堂官点派内城行政处佥事铨林署理总务处佥事，所遗行政处佥事派左分厅知事金梁兼署，外城总务处佥事派左分厅知事祝书元署理，行政处佥事派五品警官殷铮署理，左分厅知事派五品警官曾维藩署理。⑤ 1908 年 1 月，民政部将高等巡警学堂简易科最优等毕业生派充各处委员，其余则分别派充警官警长。⑥ 1910 年 2 月，民政部议拟将高等巡警学堂毕业生中最优等者一律留部差遣，优等者挑选 30 名分发内城总厅录用。⑦ 另据 1906 年《内城巡捕西局查明镶蓝旗满洲人在局充当巡队长兵及警巡长捕花名册》所载，队长钰珍原为英鉴佐领

---

① 王家俭：《清末民初我国警察制度现代化的历程（1901~1928）》，第 242~243 页。

② 《中国警察制度简论》，第 303~304 页。

③ 《本部具奏开办高等巡警学堂情形有关文书 附课程、毕业升转章程》（1906 年），中国第一历史档案馆藏，巡警部档案，档案号：37-1-248。

④ 《时事 北京 分厅知事派人》，《大公报》（天津版）1906 年 6 月 5 日，第 2 版。

⑤ 《时事 北京 点派内外警厅佥事》，《大公报》（天津版）1907 年 8 月 24 日，第 3 版。

⑥ 《时事 北京 警生派差》，《大公报》（天津版）1908 年 1 月 11 日，第 3 版。

⑦ 《警生之希望》，《大公报》（天津版）1910 年 2 月 21 日，第 5 版。

下闲散；分队长福志原为忠连佐领下护军；警巡奎福原为庆福佐领下技勇兵，荣瑞原为恩常佐领下养育兵；巡长清秀原为隆音布佐领下技勇兵，廷勋原为英志佐领下领催，玉秀原为忠连佐领下闲散等。① 又据《内城巡捕中局隶镶蓝旗满洲之警巡巡长巡捕花名清册》载，警巡锡纶原为英连佐领下步军校，警巡启元原为英斌佐领下七品领催，巡长清福原为全泰佐领下技勇兵，巡长绪奎原为双林佐领下马甲。② 在《外城巡警总厅各员出身履历清册》中也有记载：陈时利由都察院经历职衔监生报捐主事，1906年3月蒙巡警部派署外城巡警总厅总务处参事官；警务处参事官许世英，由丁酉科拔贡，应戊戌朝考奉旨以七品小京官用签分刑部任事，后到巡警部经咨派任职；警事股办事委员、六品警官兼预审厅行走顾鏊，由优廪贡生应癸卯恩科本省乡试中式举人，后赴日本留学，于法政大学校毕业后归国在巡警部任事；警事股委员、六品警官王文豹，曾赴日本警视厅学习警察业务，后由附贡生捐纳通判职衔，经巡警部派署现职；柏年，内务府正白旗汉军文淇佐领下人，曾补捐监生，1906年蒙原外城总厅厅丞调充总厅委员，后被派署外城七品警官；丁永铸，北洋巡警学堂毕业，后奉巡警部咨调任外城总厅办事委员；曾维藩，曾考取内阁中书，1906年蒙派外城巡警总厅委员，派署六品警官；许家培，1903年逢恩诏给予四品荫生，后考取北洋巡警学堂，毕业后奉巡警部咨调派充外城总厅委员；桂鑫，正黄旗满洲三甲喇松山佐领下人，二品荫生，1904年经吏部带领引见奉旨以侍卫用，1905年奉札委充外城工巡局稽查差使稽查委员，1906年改设巡警厅，复充办事委员；殷铮，江苏甘泉县附生，1905年经前工巡总局派充文案处委员，1906年奏设巡警总厅后仍留充办事委员，后奉巡警部堂宪派署外城总厅六品警官；全懋，镶白旗汉军署福明佐领下人，曾考中翻译生员，1905年蒙堂宪札派外城工巡局翻译委员，1906年外城巡警总厅加札改充办事委员；来存，镶黄旗满洲三甲喇玉海署佐领下人，1903年蒙原管理工巡局事务大臣咨调在内城总局充当值日处委员，1905年调

---

① 《本部咨行各旗营挑选兵丁充补内外城警巡长捕有关文书附名册（第1宗）》，中国第一历史档案馆藏，巡警部档案，档案号：37-1-88。
② 《本部咨行各旗营挑选兵丁充补内外城警巡长捕有关文书附名册（第1宗）》，中国第一历史档案馆藏，巡警部档案，档案号：37-1-88。

赴外城总局派充稽查委员，1906年蒙巡警部派署六品警官；俞迪新，由监生报捐州同，蒙厅丞委在卫生处学习行走兼充待质所医官；孔庆朝，陆军六镇随营学堂肄业，1906年由俊秀报捐府经历衔，后蒙外城总厅派充绘图委员兼教习警长事宜。① 另从一份清末时期京师警察官员名籍调查表中，也可见警察官吏的主要来源是旧官僚和警察、法政毕业生，其中旧官僚占主要部分（见表2-1）。

表 2-1　1906 年厅区警察官员名籍

职别	姓名	年龄	籍贯	原官
署厅丞	段书云	55	江苏徐州	法部郎中
厅丞	朱启钤	35	贵州开州	候选道
署参事	陈时利	32	四川合江	候补四五品京堂　农工商部候补郎中
署参事	许世英	30	安徽建德	法部主事
署参事	汪立元	39	浙江钱塘	开缺福建长泰县知县
署知事	祝书元	28	顺天大兴	候补直隶州知州
署知事	朱允中	38	浙江山阴	度支部主事
署知事	陈友璋	35	浙江临海	候选道
署知事	贺国昌	47	江西萍乡	补用知县　日本法政毕业
署六品警官	徐绍熙	37	安徽石埭	度支部候补主事
同上	钟鼎	36	四川新都	拣发广东知县
同上	锡瑄	22	镶黄旗满洲	法部候补主事
同上	来存	47	镶黄旗满洲	陆军部候补郎中
同上	殷铮	27	江苏甘泉	候选州同
同上	李固基	37	四川华阳	光禄寺署正衔　日本警察毕业生
同上	曾维藩	28	四川永川	内阁中书
同上	顾鳌	27	四川广安州	选用内阁中书　日本法政毕业生
同上	韩宝忠	31	安徽望江	法部候补主事
同上	沈焰	26	浙江嘉兴	拣选知县

① 《奏补内外城巡警总分厅丞参官缺及调委警务人员有关文件（第3宗）》，中国第一历史档案馆藏，巡警部档案，档案号：37-1-59。

续表

职别	姓名	年龄	籍贯	原官
署六品警官	贺廷桂	27	安徽宿松	度支部主事
同上	蔡肇元	27	广西宜山	考用内阁中书
同上	王文豹	31	湖南长沙	通判职衔　日本警察毕业
同上	廖世经	40	江苏嘉定	补用知县
同上	管象乾	28	山东莒州	委用分发同知
同上	沈承熙	29	浙江归安	工部学习主事
同上	侯奎	42	江苏元和	补用知县
同上	毕有年	30	云南昆明	试用知县
同上	胡位咸	32	安徽绩溪	礼部候补主事　进士馆学生
同上	黎宗岳	29	安徽宿松	内阁中书
同上	吴昌曜	36	江西南城	候选同知
同上	朱德裳	32	湖南湘潭	候选州同　日本警察毕业
同上	周先登	31	四川威远	拣选知县　日本法政毕业
同上	张殿魁	24	安徽颍上	候选布理问　日本法政毕业
同上	许宝蘅	32	浙江仁和	内阁中书
署七品警官	全懋	25	镶白旗汉军	国史馆誊录员
同上	宝琪	36	正白旗满洲	侍卫处贴写笔帖式
同上	黄曾善	34	福建龙溪	分省补用知县
同上	谢永炘	29	江苏上海	内阁中书
同上	朱夔章	29	江苏江阴	候选州同
同上	柏年	20	正白旗汉军	内务府笔帖式
同上	张诒	31	陕西潼关厅	议叙从九
同上	何庆本	47	贵州贵筑	候选府经历
同上	桂鑫	20	正黄旗满洲	四等侍卫
同上	赵毓衡	35	安徽怀宁	候选布理问
同上	乐达义	27	顺天大兴	分省补用知县
同上	张炳炎	27	奉天辽阳州	试用从九品
同上	惠佳枚	26	山东诸城	选用直隶州知州
同上	郑淑纶	36	山东日照	试用从九品

职别	姓名	年龄	籍贯	原官
署七品警官	吴文炳	27	安徽桐城	候选从九品
同上	吴曾源	28	江西南城	候选布经历
同上	丁泽贵	28	贵州平远州	警察毕业生
同上	王镜澄	27	江苏无锡	警察毕业生
同上	甘景煌	25	福建侯官	县厅职衔
同上	许家培	24	贵州贵筑	恩阴主簿
同上	李德铨	35	顺天固安	议叙未入流
同上	寿恩成	37	浙江山阴	即选知州
同上	马荣	38	直隶天津	候选府经历
同上	李春膏	26	四川大宁	试用典史
同上	陈家驹	28	四川荣昌	候选州同
同上	张遇辰	35	四川营山	北河候补县丞
同上	王兆钧	39	顺天通州	候选从九
同上	杨光海	32	四川成都	光禄寺署正衔　日本警察毕业
同上	朱成勋	23	四川彭县	日本警察毕业生
同上	丁永铸	28	江苏金匮	警察毕业生
同上	倪钦	37	江苏镇洋	候选布理问
署八品警官	林襄	28	福建长乐	州同职衔
同上	孙启鸿	25	安徽怀远	县丞职衔
同上	俞迪新	38	安徽婺源	州同职衔
同上	黄敦焘	24	湖南浏阳	候选县丞
同上	章翰	35	浙江会稽	分省试用典史
同上	龚义鋆	33	福建侯官	北河候补主簿
同上	龚守仁	38	福建闽县	候补盐经历
同上	孙秉璋	26	山东乐陵	县丞职衔
同上	李锐	23	江苏吴县	直隶试用典史
同上	朱璞	29	浙江归安	县丞职衔
委员	徐肇敬	23	四川合江	候选巡检
同上	李组绶	38	安徽霍邱	世袭云骑尉

续表

职别	姓名	年龄	籍贯	原官
署八品警官	刘传经	33	安徽霍邱	法部候补主事
同上	景惠	20	正黄旗满洲	县丞职衔
同上	徐象先	28	浙江永嘉	补用知州
同上	王鸣鹤	29	浙江山阴	候补从九
同上	王云章	38	直隶通州	议叙县丞
同上	孟万章	23	直隶武清	县丞职衔
同上	孔庆朝	20	安徽合肥	州同职衔
同上	李建初	26	安徽亳州	县丞职衔
同上	史长庆	32	直隶阜城	补用守备
同上	曹孝荣	25	山东高密	日本警察毕业生
同上	戴绳祖	24	江西大庾	候补从九
同上	梁济	48	广西临桂	内阁候补侍读
同上	张祖溶	27	奉天承德	候补典史
同上	刘振东	26	山东平阴	府经历衔
同上	王丙彝	28	山东潍县	候选县丞
同上	章孚	28	浙江宁海	州同职衔
同上	邓熙明	37	顺天宛平	州判职衔
同上	尹聘莘	30	四川南充	候选巡检
同上	王瑞颐	34	顺天宛平	议叙州同
同上	黄培元	38	江苏甘泉	候选县丞
同上	邢秉鉴	25	浙江山阴	候补从九
同上	韩宝贤	35	安徽望江	试用布库大使
同上	王钟榕	35	广西永福	内阁中书
同上	钟昌祚	34	贵州开州	日本法政学校学生
同上	胡家勤	24	广西临桂	拣选知县
同上	陈承昭	27	福建侯官	候选通判　日本法政毕业
同上	陈德润	29	浙江桐城	补用从九
同上	周文瀚	30	江苏江阴	试用县丞
同上	周宗颐	23	安徽霍邱	候选县丞

续表

职别	姓名	年龄	籍贯	原官
署八品警官	汤纶	35	安徽桐城	县丞职衔
同上	高杰	27	直隶天津	县丞职衔
同上	左世镛	30	浙江会稽	盐大使职衔
同上	耆凤	29	镶蓝旗满洲	候选笔帖式
同上	平国恩	24	浙江山阴	县丞职衔
同上	史凤章	29	直隶献县	县丞职衔
同上	冯朝宗	25	安徽蒙城	县丞职衔
同上	孙兰芳	26	山东德州	县丞职衔
同上	李韬	27	顺天涿州	员外郎职衔
同上	陈冠瑶	28	广东番禺	候选州同
同上	朱约之	29	直隶滦州	候选未入流
同上	马之襄	30	山东历城	府经历衔
同上	陈宗武	29	浙江临海	从九职衔
同上	丁庆熙	22	浙江上虞	议叙县丞
同上	丁惟良	32	山东日照	盐大使
同上	王者香	43	直隶束鹿	县丞职衔
同上	王世勋	24	江苏吴县	议叙县丞
同上	康达	29	安徽祁门	内阁中书 日本法政毕业
同上	韩玉庭	32	山东汶上	候选县丞
同上	张树荃	27	浙江山阴	候补州吏目
同上	许维锜	22	安徽桐城	中书科中书衔
同上	汪超	39	安徽祁门	拣选知县
同上	王善藻	40	安徽庐江	候选通判
同上	李振江	42	河南长葛	补用典史
同上	张世基	28	顺天通州	候选训导
同上	张延熙	32	湖南长沙	候选知县
同上	王光寿	25	安徽桐城	议叙按经历
同上	金万枢	38	四川广安州	前直隶房山县县丞 日本警察毕业
同上	吴维泽	28	河南固始	州同职衔

职别	姓名	年龄	籍贯	原官
署八品警官	卢瀚	36	顺天大兴	候选未入流
同上	朱锡麟	30	江苏嘉定	监生
同上	刘晋荣	36	直隶沧州	内阁中书
同上	闵锡来	34	浙江归安	拣选知县
同上	夏芳润	36	四川广安	州同职衔　日本警察毕业
同上	郑明达	25	四川华阳	日本警察毕业生
同上	区孝达	38	广东顺德	候选知县
同上	黄承璋	32	湖北武昌	委用同知
同上	萧晋荣	30	广西平乐	候选知州
同上	萧乃昌	30	浙江钱塘	前兵马司副指挥

资料来源：顾鳌编《京师外城巡警总厅第一次统计书（1906 年）》，第 5~9 页。

此外，据 1911 年职官录载，民政部警政司警官人员籍贯及出身情况为：郎中琦琛，满洲镶红旗人，荫生；郎中熙栋，蒙古正黄旗人，荫生；员外郎何洞仁，四川资州人，监生；员外郎金镜芙，顺天通州人，进士；员外郎祥寿，满洲正黄旗人，举人；员外郎裕振，满洲镶红旗人，附贡；主事秦望澜，甘肃会宁县人，进士；主事沈承熙，浙江归安县人，举人；主事吴昌曜，江西南城县人，监生；主事杨兆奎，湖北东湖县人，廪贡；主事柏年，汉军正白旗人，监生；七品小京官书林，满洲正黄旗人，贡生；习艺所员外郎世常，满洲镶白旗人，附生；习艺所主事崑山，汉军正白旗人，廪生；习艺所主事松年，汉军正白旗人，监生。① 京师内城巡警总厅警官人员籍贯及出身情况为：厅丞王善荃，安徽庐江县人，拔贡；总务处佥事董玉麐，汉军正蓝旗人，拔贡；行政处佥事王扬滨，湖北江夏县人，进士；司法处佥事顾鳌，四川广安州人，举人；卫生处佥事朱德裳，湖南湘潭县人，廪贡。五品警官德澅，汉军镶红旗人，毕业生；多福，满洲镶蓝旗人，毕业生；耆祥，满洲镶红旗人，生员；尹朝桢，四川乐山县

---

① 内阁印铸局编《宣统三年冬季职官录》，沈云龙主编《近代中国史料丛刊》第 29 辑第 290 册，台北：文海出版社，1968，第 225 页。

人，举人。六品警官陆长荫，江苏太仓州人，附生；祥胜，满洲镶红旗人，生员；文华，满洲镶红旗人，官学生。七品警官宋邦奇，直隶天津县人，监生；金奎，蒙古正蓝旗人，毕业生。八品警官兴福，满洲镶白旗人，监生；英霖，满洲正蓝旗人，毕业生。九品警官联佩，汉军正蓝旗人，毕业生；刘启安，江苏宝应县人，荫生；来增，蒙古镶白旗人，监生。① 外城巡警总厅警官人员籍贯及出身情况为：厅丞吴篯孙，河南光州人，举人；总务处佥事春寿，满洲镶红旗人，廪生；行政处佥事殷铮，江苏甘泉县人，附贡；司法处佥事高祖佑，陕西米脂县人，拔贡；卫生处佥事汪立元，浙江钱塘县人，附贡。五品警官乐达义，顺天大兴县人，监生；来存，满洲镶黄旗人，生员。六品警官黄承璋，湖北京山县人，荫生；李德铨，顺天固安县人，供事。七品警官李春膏，四川大宁县人，监生；陈家栋，江苏嘉定县人，毕业生。八品警官卢瀚，顺天大兴县人，廪贡；蒲志中，福建侯官县人，毕业生。九品警官英斌，汉军镶黄旗人，毕业生；孙树人，安徽舒城县人，廪生。② 从诸多文献记载可见，清末北京警官主要来源为旧官僚和一些警察、法政学校毕业生，其中旧官僚所占比例较大。

清末警察制度处于初建阶段，体制建设很不完善，警官任用未形成严格的选拔程序，多由负责长官因需调派旧官僚或毕业生充任，这不可避免会出现一些弊端，如任人唯亲、不清流品、不论学识、结党营私等。针对警官选用中的问题，清政府也采取应对措施，如制定相关警官任用考选章程，建立警察官吏的考核选拔制度。其中，出台的章程有《考核巡警官吏章程》《选用区官办法》《巡官长警赏罚章程》等。法规章则是实践运行的前提，也需要实际执行才能发挥其作用。在实践中，警部适时采取行动，加强对警察官吏的考核，力图保障用人质量。据《大公报》记载，1906 年外城总厅厅丞朱启钤下令对各厅区所属巡官长警进行甄别考核，按照所发表式分别填注等第功过赏罚等项次数及请假日期送厅核办，以示劝惩。③ 1907 年 2 月，警厅会议议定新章："嗣后凡拔升巡长，非于外城

---

① 《宣统三年冬季职官录》，第 241~243 页。
② 《宣统三年冬季职官录》，第 244~247 页。
③ 《时事 北京 拟考警官》，《大公报》（天津版）1906 年 11 月 15 日，第 2 版。

教练所内城初级巡警学堂考列最优等者不得与选，以免滥竽，而示慎重。"① 同年 5 月，民政部传知内外城总厅，将所有各区区官以及各等巡官详细履历造册报部，以备定期考试。② 1909 年 12 月，民政部尚书善耆以京师警务种种腐败屡被人言，特与内外厅丞筹议整顿之策，"拟将警官大加甄别并添募巡警，认真振作，以期逐渐改良"。③ 此外，清政府还着力发展警察教育，注重警务培训，并强调从警学毕业生中录用、培养警官。据 1906 年《大公报》载，"警部近日所改之高等警务学堂除招考学生外，凡各厅警官委员有愿就学者准其报名入堂肄业，并不开去差使，以期广为造就而得真才"。④ 1908 年，民政部堂宪集议，在筹设外郊巡警时，所需警官巡官巡长均在内外厅区并高等警务学堂毕业生内拣选派充。⑤ 随后，进一步明确"将高等巡警学堂预科毕业各生择其最优者派为外郊头等警官，优等者派为外郊二等警官，以资得力"。⑥ 清廷采取上述措施，试图规范警官选用体制，提高警察官员的素质。但在实践中这些规章未必都能切实贯彻执行。对此，御史江春霖即曾上《警员权重秩崇，漫无限制，请饬妥订升转并处分章程》一折，后经民政部议定准奏。⑦

（二）北京政府时期京师警官的来源

北京政府统治时期，警官任用渐形成一套较为严整的体制，北京地方与全国的规制基本一致，警官任用有特任、简任、荐任、委任的区别。特任警察官的任命，取信任主义，不限定资格，以期政治上选得非常人才。如京师警察厅总监，掌管首都治安，地位显要，初为简任，1925 年后改为特任，由大总统直接任命。《大公报》曾载："警察总监吴炳湘才具为政界老手，故蒙大总统任以总监，保维京师警政。"⑧ 简任警察官的任命，采法定主义，分别明定资格，以期行政上或事务上选得同等相当的人才。

① 《时事　北京　慎派巡长》，《大公报》（天津版）1907 年 2 月 24 日，第 3 版。
② 《时事　北京　考试警员》，《大公报》（天津版）1907 年 5 月 9 日，第 2 版。
③ 《整顿京师警务之计划》，《大公报》（天津版）1909 年 12 月 9 日，第 5 版。
④ 《时事　北京　警官准请入学》，《大公报》（天津版）1906 年 8 月 30 日，第 2 版。
⑤ 《京师新闻筹设外郊巡警》，《顺天时报》1908 年 4 月 29 日，第 7 版。
⑥ 《时事　北京　选派外郊警官》，《大公报》（天津版）1908 年 6 月 12 日，第 5 版。
⑦ 徐世昌：《退耕堂政书》卷 8，第 427 页。
⑧ 《警察总监更动消息》，《大公报》（天津版）1914 年 5 月 1 日，第 5 版。

简任警察官以警务处处长最为重要，其选任程序比较严密，在任命之前须经过预保，然后由内务总长呈请大总统任命。根据 1915 年 8 月 12 日大总统批令照准的《警务处处长预保资格》和《警务处处长预保办法》规定，警务处处长的任职资格有九项，即"一、现任内务部荐任职，历办警政五年以上著有成绩者；二、现任京师警察厅都尉、地方警察厅厅长，历办警政五年以上著有成绩者；三、现任京外警察厅警正，历办警政五年以上著有成绩并警法毕业者；四、现任简任文职或高等军职，历办警政五年以上著有成绩者；五、现任各部院荐任职，曾办警政五年以上著有成绩并警法毕业者；六、曾任简任职警察官吏，历办警政三年以上著有成绩并警法毕业者；七、曾任高等军职，历办警政五年以上著有成绩并陆军毕业者；八、曾任京外高等荐任职警察官吏，历办警政八年以上著有成绩并警法毕业者；九、有简任职相当资格，历办警政八年以上著有成绩并警法毕业者"。① 可见，各省区警务处处长的任用非常强调警官资历及在警界任职的经验、成绩和学历。

　　荐任、委任警察官的任命，在《警察官任用暂行办法》未施行时，以 1915 年 9 月公布的《文职任用令》所列的资格为标准。其任命的程序，荐任警官由内务总长呈请大总统任命，京师警察厅都尉、警正、技正等即属此类。委任警官由内务部行知该管最高长官，令行该警察厅、警察局或警察所委任，如各警察厅警佐、技士等。1917 年 10 月，内务部通咨各省区、各地方警察机关："遇有荐委任警察官缺出，在警察官任用各法未规定公布以前，均应尽先遴选警察学校毕业人员，按照资格分别录用。"②

　　这一时期，政府先后制定了许多警察官任用法规，为警官任用提供了一定的章法依据。如 1915 年 1 月，由内务部呈奉大总统批令照准《关于警察厅稽查员任用程序案》，规定"稽查员应作为职务，由额定警佐及学习警佐中或择曾充委任警察官吏富有经验之员派充，呈由本部查核"。③

---

① 内政部警政司主编《现行警察例规》，1919，第（甲）325 页，北京市档案馆藏，资料号：ZQ012-002-00035-004。

② 内政部警政司主编《现行警察例规》，第（甲）345 页，北京市档案馆藏，资料号：ZQ012-002-00035-004。

③ 内政部警政司主编《现行警察例规》，第（甲）335 页，北京市档案馆藏，资料号：ZQ012-002-00035-004。

同年 2 月，内务部通咨《关于警察厅勤务督察长任用程序案》，规定："勤务督察长应作为职务，以资深之高等警察官吏或军官由该管长官造具履历事实加具考语，咨部呈明派充。"① 在警察官任用程序上，1918 年 6 月内务部警政司呈奉部长批准《警政司审查警察官资格会议规则》，规定"凡待任警察官之资格得依本规则之规定召集会议共同审查。本会议最终决定之件应交由主管科拟稿呈侯部长核定施行"。② 1924 年 8 月 1 日，内务部呈准公布《警察官任用暂行办法》，警察官吏任用的标准较前更为完备，基本统一了荐委警察官的任用资格及任用程序。其中，规定荐任警官的资格如下："1、曾任荐任警官者；2、警官高等学校正科毕业，分发实习期满有成绩者；3、依地方警察传习所毕业奖励规则，有荐任之资格者；4、京师或各省高等巡警学堂及京师警察学校三年以上毕业，经内务部核准注册有案，并曾办理警察有成绩者；5、现任委任警官三年期满，著有成绩，经内务部呈准，以荐任警察官升用者；6、现充警察官署候补警正，或其他荐任待遇警察职，经内务部核准有案者；7、警察学校修业一年以上得有文凭，并曾任荐任相当警察职务，满三年以上有成绩者；8、国立及教育部认可或指定之专门以上学校修习政法学科三年以上毕业得有文凭并曾办警务有成绩者；9、现任荐任以上陆军军职之曾在陆军学校毕业得有文凭，并曾办警务二年以上，有成绩者；10、荐任以上文职之曾办警务三年以上有成绩者；11、曾办警务五年以上著有特别劳绩，经内务部专案呈准以荐任警察官任用者；12、曾任简任警察官，或奉令准以简任警察官存记者，但仍留简任资格。"委任警官的资格为："1、曾任委任警察官者；2、依地方警察传习所毕业奖励规则有委任之资格者；3、现充警察官署学习警佐或其他委任待遇警察职，经内务部核准有案者；4、警察学校修业一年以上，得有文凭，并曾任委任相当警察职务满一年以上有成绩者；5、现充最高级巡官三年期满著有成绩，经内务部呈准以委任警察官升用者；6、曾办警务三年以上著有特别劳绩，经内务部专案呈准以委任

---

① 内政部警政司主编《现行警察例规》，第（甲）331 页，北京市档案馆藏，资料号：ZQ012-002-00035-004。

② 内政部警政司主编《现行警察例规》，第（甲）321 页，北京市档案馆藏，资料号：ZQ012-002-00035-004。

警察官任用者。"①

　　实际上，警官除依照法规要求的资格及程序审核任用外，积资擢升也是较为常见的一种任用途径。例如，1927 年 3 月，京师警察厅指令外右三区警察署："呈悉三等巡长谭兆岐、章富凌等二名业经先后开除，遗缺及递遗各缺请予升补，经厅考验一等巡警贾鸿恩、赵景霖均着升补三等巡长，加饷八角。"② 不久，警厅又指令北郊警察署："呈悉二等巡官孟贤当差得力，拟请升补一等巡官，经厅考验尚属合格，应予照准，递遗之缺着暂行停补。"③ 此外，对警察技术人员及其他特种官吏的任用，另定办法，强调学历方面的要求。按规定，警察机关的荐委任技术人员必须从警察高等学校技术专业毕业，实习期满，或经教育部指定和认可的技术专门学校三年以上毕业，得由有文凭的人员中遴用，其任用程序与荐委任警察官相同。④

　　总体说来，北京政府时期针对警官的任用，一方面，政府制定了许多的法规作为法律依据，管理更加规范化；但另一方面，实际操作中仍保留一些清末时的传统，在任用资格的掌握及任用程序上往往与规定存有出入。这使此时警官的来源虽较清末扩大了范围，但也不可避免会有一些弊病。例如，1916 年京师警察厅总监吴炳湘辞职后多日仍未见批准实行，报载："据闻其中有两项原因，第一在段总理意见，拟吴总监于辞职后亦不能退休，须另任别项位置始能批准；第二目下各方面主持继任者不一，大总统、段总理、孙总长均有相当之人，必须详核妥定后始能发表云。"⑤ 1922 年 1 月，《大公报》载："该署左参议薛之珩已任警察总监，右参议李际春已任卫戍总司令部，参谋长昨特派总务厅厅长刘景沂为左参议、于秉良为右参议、秘书长王梦林为总务厅厅长，又统计股调任联成调任延吉，警察厅厅长遗缺特派科员刘昆山充任，遗科员派办事员颜玉泰充任，遗办事员派办事员吴铸调任。"⑥ 由此可见，北京政府时期京师警官的任用，在法律的规定与实际的运行之间还存有差距。

---

① 陈允文：《中国的警察》，第 68~70 页。
② 《京师警察厅指令》，《京师警察公报》1927 年 3 月 3 日，第 2 版。
③ 《京师警察厅指令》，《京师警察公报》1927 年 3 月 7 日，第 2 版。
④ 韩延龙、苏亦工等：《中国近代警察史》上册，第 439 页。
⑤ 《京兆　警察总监暂缓更动之原因》，《大公报》（天津版）1916 年 9 月 15 日，第 6 版。
⑥ 《各地新闻　京兆提署署员之更动》，《大公报》（天津版）1922 年 1 月 8 日，第 6 版。

（三）1928~1949 年北平警官的来源

南京国民政府成立后，北京变为特别市。政权变动之初，为维护京城社会秩序稳定，政府对警政建设颇为注重，蒋介石亲自电令国民革命军总参议何成濬任北京特别市市长兼公安局局长。① 内政部成立后，对于警察官吏的任用重新制定计划，1928 年 7 月 3 日公布《警察官吏任用暂行条例》，规定警官任用资格有三项："一、警察学校三年以上毕业者；二、法政学校三年以上毕业者；三、曾办警政或行政事务三年以上著有成绩者。"其任用程序是："简任警官由国民政府任命之；荐任警官由本管官署遴选，经内政部荐请国民政府任命之；委任警官由本管官署委用，按月汇报内政部审核备案。"② 这时的警官任用制度有一定的过渡性质，所以规定条件较为笼统，颁行后执行情况也比较混乱，大多数情况下因实际需要而变通执行，有时直接调任。如 1928 年 7 月 14 日《大公报》载，"公安局长赵以宽昨亦于上午十一时就职，旧人员概未更动，赵原为山西炮兵监，日本士官毕业生"。③ 同年 10 月，报纸又载，北平公安局局长赵以宽训令撤销各区署长，分别调委或候差。中二区署长廖运炎、内左二区署长沈鸿寿、内左四区署长段世澄、内右三区署长钱宗超、外右三区署长沈继翰，均调委本局勤务督察。④ 1933 年，北平市政府奉行政院电令，决议"北平市公安局长鲍毓麟另有任用，应免本职，遗缺以青岛市公安局长余晋龢调任，合行电令转行知照"。⑤

1933 年 4 月 1 日，南京国民政府公布《公务员任用法》后，各地警官任用均依此办理。警察官员虽属公务员性质，但又与普通文官不同，适用公务员任用法难免存在一定困难。因此，内政部于 1933 年夏与铨叙部会商制定警察官任用专门法规，并由内政部加订原则五项，9 月呈行政院

---

① 《何成濬就北平两要职　市长兼公安局局长　昨日就职时之情形》，《大公报》（天津版）1928 年 6 月 27 日，第 2 版。
② 徐白齐编《中华民国法规大全》，商务印书馆，1936，第 829 页。
③ 《北平市长何其巩就职　公安局长为赵以宽》，《大公报》（天津版）1928 年 7 月 14 日，第 2 版。
④ 《赵局长训令调撤职员　已撤销各署长分别调委候差 委任局员队长接收各区事件》，《顺天时报》1928 年 10 月 25 日，第 7 版。
⑤ 《余晋龢谈警察施政方针　平市公安局准备交接中》，《大公报》（天津版）1933 年 9 月 8 日，第 4 版。

转送中央政治会议核准。同年 10 月 17 日，行政院第一百三十次院务会议议决修正通过《警察官任用法（草案）原则》。1934 年 3 月 21 日，《警察官任用法原则》通过，规定警官任用资格以合于下列条件为限：1、有警察专门学识与警察行政经验者；2、现任或曾任警察官，经甄别审查合格者；3、经高等或普通考试警察行政人员考试及格者；4、国内外正式警官学校毕业者；5、经核准取得荐任警察官候补证书者；6、法科大学毕业，有警察专门著作，经审查合格，并在警察机关学习满期者；7、正式军官学校毕业，在国民政府统治下任校官二年以上或尉官三年以上，确有警察学识经验者，得任为保安警察队荐任职队长或委任职队长。警官任用程序为：1、简任职、荐任职警察官，由该管官署遴选，经内政部核请国民政府交由铨叙部审查合格后分别任命之；2、委任职警察官之任用，由该管官署送内政部核转铨叙部审查合格后委任之。① 根据以上原则，警官来源大致以警法军事等校毕业生，或有警察行政经验经考试及格人员为主，但普通学校毕业及其他出身，积资升用为警官者也不少。据载，北平市公安局简荐委任各级人员（连巡官计入）共有 900 余人，任用分两种标准：一是依照警察官吏任用暂行条例第二条规定之资格任用；二是积资擢升。据 1934 年 10 月调查，该局现任荐、委两级职员均以警察学校出身者为最多，计荐任 12 人，委任 445 人，合计占全数 1/2，在各大城市中居第一位。② 由积资擢升为警官的情况也很常见，例如，1935 年 7 月，北平市公安局局长余晋龢因病辞职后，遗缺以内一区署长祝瑞霖升充，内一区署长遗缺，决定推荐内一区署员韩世清代理。③ 1936 年 2 月，内六区署长关隆文调任公安局额外督察，遗缺由外二区署员庆印升任。④

　　1935 年 11 月 9 日，《警察官任用条例》颁行，1937 年 6 月 15 日修正公布。最终确立的警官任用制度的原则是，对特任警官的任用采信任主义，不限定资格；对简任、荐任、委任警官的任用采法定主义，根据

① 徐白齐编《中华民国法规大全》，第 828 页。
② 内政部警政司编《中国警察行政》，第 94 页。
③ 《余晋龢辞职　祝瑞霖继任公安局长　局内职员拟略加裁汰》，《大公报》（天津版）1935 年 7 月 29 日，第 4 版；《平公安局长祝瑞霖昨视事　余晋龢就市府参事职》，《大公报》（天津版）1935 年 7 月 30 日，第 4 版。
④ 《北平短讯》，《大公报》（天津版）1936 年 2 月 1 日，第 5 版。

学历和年资分别明定不同的资格要求。警官任用的程序是：简任警察官的任用，由内政部呈行政院转呈国民政府交铨叙部审查合格后任命；荐任警察官的任用，由内政部送铨叙部审查合格后呈行政院转呈国民政府任命；委任警察官的任用，除机关主管人员及警察教育主持人员由内政部送铨叙机关审查合格后委任外，由各该管官署送铨叙机关审查合格后委任，并报内政部备案。① 这一全国性的警官任用法规，自然也在北平适用。

七七事变后，北平警察局由日伪政府控制，警官任用完全听命于日伪统治者，高级警官主要由亲日派分子、汉奸头目担任。例如，1937 年底至 1942 年底，伪警察局局长由日本陆军士官学校出身的亲日派汉奸余晋龢担任，他和日本华北派遣军司令寺内寿一、多田骏、冈村宁次等人都有较密切的关系。1943 年初，余晋龢调任伪华北政委会建设总署督办，提拔"警务科科长"钱宗超为局长。以后有青岛伪警察局局长游伯麓、伪山东省警察厅厅长崔建初相继担任伪北平警察局局长，直至抗战胜利。② 此外，为拉拢人才，在普通警官教育方面，伪政权也曾制定《高等警官学校招生简章》，公布招考资格为："（甲）法政学校一年半以上修业者；（乙）陆军军官学校毕业或陆军中学校毕业者；（丙）高级中学毕业及大学预科毕业者；（丁）前三项同等学力者；（戊）现任警官以上阶级人员而未受警察官教育者。凡年在二十岁以上三十岁以下之男子具有上列资格之一者均得与考。"并提供特别待遇："1、凡在本校毕业者得为警察干部，各省市警察机关应尽先委用。2、凡毕业成绩优秀者得蒙选送日本留学。3、凡现任警察官吏投考入学者仍可保留其原职并支给八折薪俸。4、凡学生在校所用之被服伙食均由学校供给。"③

抗日战争胜利后，北平光复，北平特别市仍归南京国民政府统辖。此时期根据国民政府的命令，委任警官被分为两类，分别实行不同的任用程

---

① 郑宗楷：《警察法总论》（增订本），第 179~180 页。
② 中国人民政治协商会议北京市委员会文史资料研究委员会编《日伪统治下的北平》，第 259~260 页。
③ 《北平市警察局抄发该局组织规则、各区署组织章程和案件处理日报表》，北京市档案馆藏，档案号：J181-001-00005。

序。警察机关的主管人员及警察教育机关主持人员，即委任的警察局局长或警佐及各省市警察教练所的教务主任和大队长，因职务重要而改由内政部送铨叙部审查合格后委任；其余委任警官的任用仍由各该主管官署送铨叙机关审查合格后委任，但须报内政部备案。① 此外，针对由军官转任警官的情况，专门出台《复员编余军官转任警察人员任用办法》，规定："具有下列各款资格之一者准以简任警察官试用：1、曾任少将以上军官佐属经铨叙合格并受警官补习教育毕业者；2、在国内外认可之军官学校毕业，曾任上校军官佐实职（在编制以内人员）二年以上，经铨叙合格并受警官补习教育毕业者。具有下列各款资格之一者准以荐任警察官试用：1、曾任中校军官佐属经铨叙合格并受警官补习教育毕业者；2、在国内外认可之军官学校毕业，曾任少校军官佐实职（在编制以内人员）二年以上，经铨叙合格并受警官补习教育毕业者。具有下列各款资格之一者准以委任警察官试用：1、曾任上尉以上军官佐属一年以上经铨叙合格并受警官补习教育毕业者；2、在国内外认可之军官学校毕业曾任少尉以上军官佐实职满一年，经铨叙合格并受警官补习教育毕业者；3、其在前项规以外者任用办法另订之。试用期间定为一年，期满经考核成绩优良者认为铨叙合格予以任用。"②

总体而言，南京国民政府时期警官任用较清末及北京政府时期更加注重资历、学历、成绩等方面的资格审查，在任用程序上也更加规范，其来源较前范围有所扩大，构成更加丰富，全国的情况基本如此，北平也不例外。

二　普通警察

普通警察是北京警察群体中的主体力量，他们的来源情况，自清末到南京国民政府统治时期，在几十年发展过程中经历了不少变化，分时段阐述如下。

（一）清末北京普通警察的来源

清末北京普通警察的来源主要有三方面，具体情况如下。

---

① 韩延龙、苏亦工等：《中国近代警察史》下册，第691页。
② 北平市政府编审室编印《北平市政府公报》第2卷第8期，1947年4月，第5页。

第一，从旗兵转化而来。清末，八旗制度陷于崩溃，一部分旗兵转化为警察。1901 年，京城善后协巡总局创立，该局依照八旗旧制创设，其办事人员巡捕大都由八旗兵转化而来，有史料记载："各局应派官绅，先尽原办各绅酌量派充。所需巡捕弁兵，亦尽各公所堪用者酌留。不敷之数，均经行文步军统领衙门，咨取技勇兵拨补。"① 1902 年，工巡总局成立，原善后协巡总局的一部分人员转入工巡局。外城工巡局成立后招募巡捕时，内城工巡局为其选送了一大批旗人。② 此时招收旗人兵丁为巡警以维持旗人生计，也是清廷稳定统治秩序的一种考虑，因北京为旗人聚居之地，大量旗人无业闲散，于社会治安不利，因此清末北京创办现代警政后，普通警兵的来源多为旗人。及至清朝灭亡，北京普通警察以旗人为主的状况依然未变。据 1906 年《内城巡捕西局查明镶蓝旗满洲人在局充当巡队长兵及警巡长捕花名册》载，计队长、分队长、队兵及警巡、长捕共 91 名均为镶蓝旗满洲人，如队兵双庆是贵昂佐领下闲散，常保是广恩佐领下技勇兵，巡捕玉道是荣岱佐领下护军，玉禄是恩喜佐领下养育兵，成福是柏印佐领下领催，奎连是斌岳佐领下马甲，等等。另在 1906 年《外城巡警总厅招募镶蓝旗满洲巡捕旗佐花名册》《外城西分局申呈镶蓝旗满洲人充当巡捕花名清册》《申报内城巡捕东局所有镶蓝旗满洲官兵在本局充当警巡长捕花名清册》《内城巡捕中局隶镶蓝旗满洲之警巡巡长巡捕花名清册》等名册中，③ 也记载了大量旗人充当巡捕的情况。1908 年，民政部尚书集议，外郊巡警局所需巡警在八旗精壮兵丁内挑选。④

第二，由绿营、练勇、营兵转化而来。绿营原为清代的经制之兵，日久废弛。1901 年，清廷谕令裁汰绿营，改练巡警。外城归工巡局管辖以后，所有练勇一律改为巡捕，名目并不裁撤。⑤ 练勇改为巡捕之后还要取保为凭，据报载，"自五城练勇改为巡捕以来，不遵教育之徒皆纷纷告退，有志趣向上愿充巡捕者，近日皆取具铺保水印，听候差遣或归警务学

① 故宫博物院明清档案部编《义和团档案史料》下册，第 1333 页。
② 韩延龙、苏亦工等：《中国近代警察史》上册，第 178 页。
③ 《本部咨行各旗营挑选兵丁充补内外城警巡长捕有关文书附名册（第 1 宗）》，中国第一历史档案馆藏，巡警部档案，档案号：37-1-88。
④ 《京师新闻　筹设外郊巡警》，《顺天时报》1908 年 4 月 29 日，第 7 版。
⑤ 《时事　北京　工巡局之近状》，《大公报》（天津版）1905 年 8 月 24 日，第 2 版。

堂训练云"。① 1906年，内城工巡局拟添设侦探队，其队员即咨行步军统领衙门于五营内挑选精明强干、善于办案弁兵若干名咨送工巡局，授以浅近侦探法，以为探访之用。② 同年，巡警部曾咨行内外火器营，"如有年在二十五岁以下，身长五尺有余，筋力强壮，能识字，性情循谨耐劳，平日并无过犯，不论马甲、敖尔布、养育兵、闲散，如愿充当巡捕者，各将年岁旗佐造册送部，再行订期考验"。③ 这年三月，政务处奏："议准巡警部奏将绿营一律改为巡警，得旨，如所议行。"④

第三，招募、考选的壮丁。通过招募、考试、挑选壮丁成为巡捕，也是清末北京警察的一种普遍来源。这也多有报道，例如，1905年4月17日，内务府出示招募捕役，"三旗内如有闲散之旗丁，年在二十岁以上，愿当捕役者，于十日内报名"。⑤ 同年12月，巡警部出示招募兵丁以为警兵，"以年在二十岁至二十五岁以内，素无嗜好，且无隐疾，略能识字，未曾犯罪，力能举百斤，目能察数码以外之目标者为合格，方准赴部报名当面考试"。⑥ 后为扩大巡捕来源，1906年初，经巡警部尚书、侍郎商议，"北京巡捕只招旗丁不招汉人，未免歧视，自明年一律添招汉人"。⑦ 这年6月，巡警部经考试各队各段及消防队巡官巡兵等，计取定毓琨等110人调归巡警部分别派差。⑧ 到1911年，八旗兵丁不愿再充当警兵，招募汉人成为北京警察的重要来源途径。据《大公报》载，"民政部桂大臣因京师戒严，奏准临时续招警兵二千人，分配内外城各警区任差，借资保卫。原议由京旗及香山火器等营咨送，讵今各旗之咨送者甚属寥寥，曾由部迭催依然无效。闻各旗丁均不愿当此差，因月饷不丰，且多存畏葸之故。桂大臣对于此事甚为棘手，拟仍由民籍酌量挑取以期足额。"⑨ 此外，

① 《时事　北京　练勇取保》，《大公报》（天津版）1905年9月8日，第2版。
② 《时事　北京　挑送侦探兵弁》，《大公报》（天津版）1906年2月22日，第2版。
③ 《本部咨行各旗营挑选兵丁充补内外城警巡长捕有关文书附名册（第1宗）》，中国第一历史档案馆藏，巡警部档案，档案号：37-1-88。
④ （清）朱寿朋编《光绪朝东华录》第5册，第5499页。
⑤ 《中外近事　北京　招募捕役》，《大公报》（天津版）1905年4月17日，第2版。
⑥ 《时事　北京　警部募兵》，《大公报》（天津版）1905年12月17日，第2版。
⑦ 《时事　北京　巡捕旗汉并招》，《大公报》（天津版）1906年1月9日，第3版。
⑧ 《时事　北京　考试警员揭晓》，《大公报》（天津版）1906年6月1日，第2版。
⑨ 《闲评二　北京　八旗人士不愿充当警兵》，《大公报》（天津版）1911年10月28日，第5版。

警务学堂学生也是北京巡捕的一个重要来源。如 1903 年 3 月，消防队在警务学堂内创设，其组成人员中除机器工、医生外，皆为警务学堂毕业后现任警巡、巡捕长、巡捕等，且通过体格、读书、作文、口述等测验，从其优等者中依名次选拔录用，分别任命为小队长、分队总长、分队长、兵等。① 另据 1905 年报载，京城中各城门所有守门者均是新由警务出学的巡捕。② 1906 年 8 月，巡警部议于各区增置巡警，决定添招警兵 600 名拨入巡警学堂训练，卒业后分布各区一律当差。③ 1907 年 6 月，外城东教练所四班学生均已毕业，外城巡警总厅厅丞谕令，"一律当堂考试取列入优等之学生十分之一，不列等各学生饬令入学补习，所有取录四名均已拨在左右两分厅各区当差"。④ 又据载，警务学堂时期的毕业生达近 3000 人，清朝灭亡前北京内城的巡捕大多是该学堂毕业生。⑤ 此时期，清政府为保证警察的来源和素质，还制定了一些法规，如《募警入学简章》《巡警教练所章程》《考取巡警章程》等。

　　清末北京警察初建时期，不仅来源如上所述较为广泛，而且称谓也十分混乱，随制度建设的发展前后经历过多次变化。1901 年，清政府仿照西方警察制度设立善后协巡总局，其普通警兵称为"巡捕"，中下层警察官员称为"巡捕官"和"巡捕长"。其后开办工巡局，普通警兵仍称"巡捕"，中下层警察官员有"警巡""巡长"等不同级别的称谓。至 1906 年6 月，巡警部议定京师内外城所有警兵一律改称为"巡警"，以便与警部警厅名实相符。⑥ 同年 8 月，巡警部尚书徐世昌在奏折中提出统一各地警察称谓的计划，其方案是：将原设警巡改名为巡官，以备挑充警官之用；巡捕之名与各督抚衙署文武巡捕差使及京城巡捕五营相混，拟请改名为巡警；至巡长名目应仍其旧，各省巡警兵亦应统改名为巡警。⑦ 随后，8 月，巡警部进行警政改革，议定划一办法，"凡素日所称巡捕者全行改为巡

---

① 〔日〕服部宇之吉等编《清末北京志资料》，第 255 页。
② 《中外近事　北京　各城已换巡捕》，《大公报》（天津版）1905 年 7 月 18 日，第 2 版。
③ 《时事　北京　警部将招巡警》，《大公报》（天津版）1906 年 8 月 30 日，第 2 版。
④ 《京师新闻　学生毕业派差》，《顺天时报》1907 年 6 月 1 日，第 7 版。
⑤ 〔日〕服部宇之吉等编《清末北京志资料》，第 201 页。
⑥ 《时事　北京　议拟划一巡警名目》，《大公报》（天津版）1906 年 6 月 19 日，第 2 版。
⑦ 徐世昌：《退耕堂政书》卷 4，第 178~179 页。

警，以期内外城警章同归一律而免纷歧"。① 1906 年巡警部改为民政部后，还专门制定了《巡警人员称谓表》。经过一番整顿，警察的称谓逐渐统一。"巡警"既是对普通警察的称谓，也成为社会上对所有警察的一种通称。警察队伍内部因级别不同而区分为四种不同的称谓，由下至上依次为"巡警""巡长""巡官""警官"。

此外，《辛丑条约》签订后，东交民巷被划为使馆界。根据协议，使馆界组织"公使团"，在东交民巷设置了"联合警察署"和巡捕房，招募中国人充当巡捕，由外国警官指挥。这些很少数的使馆界内的中国巡捕也是北京警察群体中的一分子。

（二）北京政府时期京师普通警察的来源

北京政府统治时期，政府解决警源不足问题的主要办法是推行"招募制"。1914 年 2 月 20 日公布《招募巡警条例》，规定应募巡警须具备的资格是："年龄在二十四岁以上三十五岁以下，身量在五尺二寸以上，品貌端正，体质强壮，视听力完全，粗识文字，言语应对明了，熟习京师地面。"但有下列情事之一者不得应募："曾充巡警因事斥革或无故告退者；素有疾病或嗜好者；曾犯罪受刑者。"另外"已考取巡警须取具妥实铺保或厅区巡官长警名戳保结，但由各旗营用图片送考者可无庸另取保证"。② 可见，当时招募巡警的标准并不高，注重年龄和健康条件，对应募者文化水平要求低，这使应募者来源较为广泛，且对旗人有一定优待。据《大公报》载，1916 年 12 月，京师警察厅曾根据此标准招考巡警 500 名，14 日、15 日两日报名，18 日、19 日两日上午八时考试。③ 1917 年 11 月，内务部决定在全国范围内实行统一的巡警招募制，出台《招募巡警章程》，规定："凡中华民国之男子，年龄二十岁以上三十五岁以下，在国民学校以上毕业领有凭证者，得应巡警招募，但须具备下列资格：身体在五尺以上者；体质健全五官端正者；视听力充足言语明了者。与前条规定年龄及资格相符，粗通文义熟习本处地理及地方情形，虽未在学校毕业亦得应巡警招募。有下列各款情事之一者，不得应巡警招募：曾犯徒刑以上之罪

---

① 《时事　北京　内城警政之改革》，《大公报》（天津版）1906 年 8 月 24 日，第 2 版。
② 《京师警察法令汇纂》（总务类），第 61~62 页。
③ 《地方琐闻　京兆警察厅招考巡警》，《大公报》（天津版）1916 年 12 月 8 日，第 7 版。

者；素无正业并无确定住所者；素有暗疾或精神病者；曾充军警因事斥革者；其他查缉有案者。招募巡警须依下列方式考验之：一、身体检查；二、文字试验；三、口头问答。曾在学校毕业者得免文字试验，曾受教练之退伍军人领有凭证者得免身体检查。凡录取巡警须各具照片并妥实保结。"① 此章程通行全国，自然也适用于北京，较之 1914 年的《招募巡警条例》更为正规。但实际上，招募普通警察往往根据形势需要，对各种条款的执行因陋就简。如 1925 年 12 月《京兆日报》曾载："警厅以京师内外城各区警察悬有缺额甚多，值兹冬防，地方治安正在吃紧，时局不靖，治安重要，深恐警察不敷调遣，亟应招募，以维警政。昨日出示招募二百名，凡年在二十五岁以上，四十五岁以下，粗通文理，身体健壮，无宿疾无嗜好者，赴厅报告，订于本月九日在厅挑补。"② 由此可见，普通警察招募在时局紧张的特殊情况下会因势变通，以应需为要。

总体而言，普通警察在这一时期社会地位低下，经济收入也很低，在社会上颇不受尊重，甚至为民众切齿，所以应募者多为生活无着的城市无业游民，其中不乏地痞流氓等。这些人应募被录用后，被称为募警。一般说来，募警不能直接上岗服务，要进入当地警察机关开设的巡警教练所或募警训练所加以训练，毕业获得巡警资格才能作为正式巡警值勤。此外，改编退伍士兵也是此时期普通警察的一个重要来源。据报载，1917 年 4 月，内务总长范源濂在警务会议上即曾提议将退伍兵补充警察，后与陆军部会商妥协，交国务会议审议。③ 同年 10 月，内务部出台《尊重巡警品格办法》，要求"长官非因公事不得役使巡警。对于长官之称谓以官或以职不得沿用旧俗下对上之称谓"。④ 政府意图通过这些规定抬高普通警察地位，改变巡警社会形象，扩大其招募范围，提高警察队伍素质，但实际上这些规定可能仅对破除旧俗有一定作用，无法真正改变巡警社会地位低下的状况，也无法左右民众对巡警形象的认知。

---

① 内政部警政司主编《现行警察例规》，第（甲）357~358 页，北京市档案馆藏，资料号：ZQ012-002-00035-004。
② 《社会新闻　招募警察二百名》，《京兆日报》1925 年 12 月 6 日，第 3 版。
③ 《地方新闻　京兆　退伍兵改编警察》，《大公报》（天津版）1917 年 4 月 13 日，第 6 版。
④ 内政部警政司主编《现行警察例规》，第（甲）475 页，北京市档案馆藏，资料号：ZQ012-002-00035-004。

（三）1928～1949 年间北平普通警察的来源

1928～1937 年，北平普通警察的来源主要是下层民众，在录用方式上基本沿袭北京政府时期招考的做法。1928 年 5 月 31 日，内政部公布《警察录用暂行办法》，规定"凡录用警察，须经考试及检验，合于下列各款条件者为合格：年在二十岁以上三十岁以下者；高小毕业，或相当程度，文理粗通，具有普通常识者；身体强健者；仪容整肃者；言语应对明了者；视听力完足者；熟悉地面情形者；立志愿书肯充警察三年以上，并有切实保证者。合于前款而有下列之一者，不得录用：行为不正者；素有残疾或嗜好者；身体不满五尺者；性情懦弱者。考验分检验体格、笔试、口试三项，于投补时行之。凡考验合格录用之警察，于未到勤前，须具志愿书连同保结各一部存局。公安局所属各区署录用警察，须将被补人送局考验"。① 1929 年《警士教练所章程》颁布后，招考学警训练合格后再补充正式警察的制度开始实行。1930 年 4 月 9 日，北平市政府核准通过《北平市公安局招募巡警暂行规则》，明确招募巡警分学警和募警两种，要求为："具有下列各款资格者得应学警招募：一、高级小学毕业或有相当程度者；二、年在二十岁以上三十岁以下者；三、体力及视听力均健全者；四、身长在五尺以上者。凡与前条规定资格相符或粗通文义熟习本市地理及地方情形者得应募警招募。有下列各款情事之一者不得应学警及募警招募：一、素无正业及无确定住所者；二、素有暗疾或精神病者；三、曾充军警犯过斥革者；四、因犯罪被处徒刑或通缉有案者。招募巡警依下列规定考验之：一、身体检查；二、文字试验；三、口头问答。录取巡警须各具照片并妥实保结存局备查。"②

1934 年 4 月 17 日，北平市政府核准通过《北平市政府公安局巡官长警任免简则》，规定"警士缺额应由警士教练所毕业者补充之，其不足时由各区署征募志愿者，附具履历像片呈报本局听候考试检验"。征募标准如下："年龄在二十岁以上三十岁以下者；高小毕业或有相当程度者；身家清白品行端正者；身长在五尺以上体格健强并无暗疾嗜好

① 丁光昌编《警察法规》（增订本第三版），第 97～98 页。
② 北平市政府参事室编《北平市市政法规汇编》第 1 辑，北平市社会局救济院印刷组，1934，"第三类　公安"第 45～46 页。

者。各区署呈报征募到局，派员笔试口试检验均合格后，取具妥实保结列为备补警依次报到服务。长警合于下列事项之一者，得免其职：依照奖惩章程应斥革者；因伤痪疾病体质孱弱及年老不堪服务者；性质鲁钝能力薄弱不堪造就者。"① 1936 年 9 月 16 日，内政部修正公布的《警士警长教育规程》对学警录用考试的要求做了提高，规定"学警录用之笔试科目如下：一、国文；二、本国史地概要；三、常识测验；四、智力测验；五、算术。面试就笔试之主要科目及应试人之学术经历详加询问，面试分数作为五分之一，与笔试分数合并计算，以平均满六十分者为及格"。② 以上招考巡警的规章要求与北京政府时期相较有一定延续性，较为注重身体素质及基本的学识，从政策法规来看，招考程序越来越趋严格，考验包括体格检查、文字笔试及口头问答三项，但实际执行中也存有一定变通。据文献载，北平公安局录用警察，除由警士教练所招考的学警外，由局或区署直接招募者，由保荐人介绍后，经审查合格者即可。其他各队的队警，也大都如此，只需相当人员的介绍，不必经任何正式考验。③ 此外，转业军人也是普通警察的重要来源之一，确切地说，警察机关是容纳安置闲余军人的重要场所。这种情况在北平很常见。

　　1937 年北平沦陷后，日伪统治者控制了警察局，警察任用服务于日伪政府的统治，条件基本沿用之前北平市公安局的规章。当年 10 月 31 日修正通过的《北京特别市公署警察局警察训练所章程》规定："凡录用学警须具备下列各款条件：一、年在二十岁以上三十岁以下者；二、高级小学毕业或有同等学力者；三、体质强健身长五尺以上胸围约等于身长之半者；四、仪容端正言语明晰者；五、视听力锐敏者；六、精神畅旺者。有下列各款情事之一者不得录用：一、曾受徒刑之宣告者；二、曾受破产处分债务尚未清偿者；三、身有暗疾或特殊嗜好者；四、性情过于暴烈或怯懦者。学警考选及录用之笔试科目如下：一、国文；二、常识测验；三、数学。面试就笔试之主要科目及应试人之学术经验详加询问。笔试面试分

---

① 北平市政府参事室编《北平市市政法规汇编》第 1 辑，"第三类　公安"第 48 页。
② 丁光昌编《警察法规》（增订本第三版），第 77 页。
③ 姜春华：《北平警政概观》，第 73~74 页。

数合并计算，以满六十分者为及格。"① 随即，在制定的《北京特别市公署警察局巡官长警任免简则》中，又进一步明确："警士缺额应由警士教练所毕业者补充之，其不足时由各区署征募志愿者。征募之标准如下：一、年龄在二十岁以上三十岁以下者；二、高小毕业或有相当程度者；三、身家清白品行端正者；四、身长在五尺以上体格强健并无暗疾嗜好者。各区署呈报征募到局派员笔试口试检验均合格后，取具妥实保结，列为三等警士依次报到服务。三等巡官缺额由一等警长中服务满二年以上者，依照长警进级简则补充之。"② 另外，正值战争期间，因兵源紧张，为免与兵役机关发生争执，1941 年伪内政部与伪军政部会同制定《招募警察办法原则四项》，对警察录用提出要求："已中签之壮丁，警察机关不得再行招募为学警。未经中签之壮丁，警察机关得招募为学警，不受兵役之限制，但事先应由各警察及警察训练各机关预定名额通知当地兵役机关协助招募，事后应将招募学警姓名年籍住址清册分别通知该管当地兵役机关备查。至招募学警之年龄仍依照警长警士教育规程及警察录用暂行办法等规定。"③ 这对北平警察录用也有一定影响。

北平光复后，警察选任仍沿用南京国民政府的招考制度。此外，复员军人转任警察也是一种比较重要的方式。根据此时期的《修正复员军官佐转任警察人员分派服务办法》规定，"各级警察机关应将曾任伪职或未依法定期限送请铨叙或铨叙不合格之现任人员严格淘汰，以复员军官佐转任警察人员补充。……复员军官佐转任警察人员于任用时，其级俸依公务员叙级条例核叙之"。④

概而言之，自清末到民国，北京警察群体中无论警官还是普通警察的来源均发生了不小的变化，清末警察以旗人为主是一个很鲜明的特点，到民国时期招考成为重要的警察来源路径，除此之外，由军人转任警察也是比较普遍的一种来源。总体而言，警察资格要求及选任程序呈现日益严格

---

① （伪）北京特别市公署参事室编《北京特别市市政法规汇编》第 3 辑，"第三类　警察"第 9 页。

② （伪）北京特别市公署警察局编《北京市警察法规汇编》（1），1938，第 157 页。

③ 郑宗楷：《警察法总论》（增订本），第 189 页。

④ 《复员军官转任警察人员有关法规汇编》，中国第二历史档案馆藏，内政部档案，档案号：12-1-2534。

和规范的趋势，这与当时的社会时势有关，也是警政建设不断发展的结果。

第二节　警察类别

警察作为一个职业群体，按照不同的分类标准，可以分为多种不同的类别。如以警察权施行的区域划分，可将警察分为中央警察与地方警察两种。中央警察也叫国家警察，掌理关于国家主体的警察事务；地方警察掌理一个地方的警察事务。① 根据服务功能不同，可将警察分为行政警察与司法警察，其中"行政警察也叫预防警察，是国家用以达到行政全体的目的，凡是足以障害社会秩序的事情，不论天然人为，都在预防之列，故其范围比较广大。司法警察也叫压制警察，其目的在帮助司法上的成功，负防止已经发生的人为危害责任，如搜索证据及逮捕罪犯等，其范围比较狭小"。② 根据维护对象的不同，可将警察分为高等警察和普通警察。高等警察是把直接维持国家的秩序作为标准，不论个人或多数人，其势力危害于国家利益者，都由高等警察制限。普通警察以直接维护个人或少数人的秩序为标准，不论个人或少数人，其势力危害于个人或少数人利益者，都由普通警察制限。③ 此外，根据警察作用或其权限范围的不同而加以区别，可把警察分为保安警察、司法警察、交通警察、消防警察、卫生警察、税务警察、国际警察、军事警察等多类；因警察地位等级的不同，可分为警察官员和普通警察；因警察人员性别的不同，可以分为男子警察和女子警察等。了解警察的分类状况，是深入认识这一群体的重要一环。基于此，本节即对北京警察自清末到民国以来分类的演变状况展开系统阐述。

一　清末北京警察的类别

清末，警察的分类在观念和实践上存在着一定的差别。从观念上讲，

① 徐淘编著《警察学纲要》，第 36 页。
② 徐淘编著《警察学纲要》，第 37 页。
③ 徐淘编著《警察学纲要》，第 37~38 页。

清廷一经开办警察，有识之士就注意到不同警务活动的区别，懂得区分行政警察、司法警察、普通警察、高等警察、国际警察、地方警察等，并且认为清廷初办的警察，属于行政警察的性质。1905 年 12 月，巡警部在奏定的官制章程中规定，警政司下设行政科："掌凡关于警卫、保安、风俗、交通及一切行政警察事项，……并会同编辑科商订一切行政警察章程"；警法司下设司法科："掌审定司法警察办事章程"；国际科"掌审定国际警察事务规则，调查各省租界警政情形与一切交涉及翻译事件"。① 可见，此时期的警务已根据警察执勤时起到的特定作用，开始区分"行政警察""司法警察"和"国际警察"等不同种类。1906 年，巡警部改为民政部，在《民政部官制章程》中规定该部下设警政司，"掌核办行政警察、司法警察、高等警察及教练巡警各事"。② 又据《民政部分科章程》，行政警察勤务包括"考核巡警官吏""风俗警察""消防""营业稽核""交通警察""对待外国人之警察"等事项；高等警察勤务包括"非常保安""新闻杂志及各种图书出版检查""集会结社""凶器及其余危险物品检查"等事项；司法警察勤务包括"罪犯搜索、逮捕、解送""罪证搜索、检查""复核违警罪处分"等事项。③ 1908 年制定的《司法警察职务章程》明确规定司法警察职务为："逮捕人犯、搜查证据、护送人犯、取保传人、验检尸伤、接受呈词。"④ 从法令层面将行政警察、高等警察、司法警察等的类别区分更为明确。

结合对清末警察实际情形的考察，不难发现当时所进行的分类主要是依据工作性质而进行的简单分工，还没有达到现代警察职业专门性的分类水平。例如，当时的司法警察并不是现代意义上的专职司法警察，而只是把执行司法任务的警察视为司法警察。大致而言，清末时期警察分类处于起步阶段，还很不成熟，基本按照警察的作用及工作性质进行区分。除以上几类外，北京警察还有如下分工。

---

① 《巡警部变通工巡局旧章拟定官制奏稿》，中国第一历史档案馆藏，巡警部档案，档案号：37-1-2。
② 戴鸿映编《旧中国治安法规选编》，第 5 页。
③ 《呈民政部分科章程》，中国第一历史档案馆藏，民政部档案，档案号：21-0193-0007。
④ 戴鸿映编《旧中国治安法规选编》，第 28~30 页。

治安警察是使国家社会的秩序得以保持，对个人的生命、身体自由、财产进行保护的警察。① 巡警部成立后，在《变通工巡局旧章改设官制章程》中，警务处下设治安股，掌督察街市站店、大众集会并报刊出版暨商民刊布传单告白等事，所有一切维持治安，预防危险、潜察奸究的相关事务。② 此时的治安警察概指维护社会秩序运行的警察。

交通警察是行政警察的一种，指防止交通上的危害行为，直接维持交通秩序而限制个人行为的警察。③ 交通警察主管拆除道路上私盖小棚或房屋、清扫道路、路上洒水、看管路灯、取缔葬仪等事宜。④

铁路警察属交通警察的一种，1902 年英国交还京津榆铁路后，清政府在该路各主要车站始设铁路警察，其后京汉、津浦各路继续设立。铁路警察的职责是维护铁路交通秩序和铁路区域内的公共安全，职权范围主要限于铁路沿线的各主要车站，铁路沿线区域的治安工作仍由军队负责。铁路警察的职权有时易与地方警察相混淆，在最初也存有管理混乱、经费缺乏等问题。1905 年巡警部成立后，有人建议铁路警察的管理权应由巡警部掌握，但因种种原因，始终未能实现。到 1909 年，邮传部上奏提出整顿铁路警察的要求，清政府才着力调整，但未久清朝覆灭，铁路警察问题仍待改善。

卫生警察是行政警察的一种，其主管包括视察和消灭传染病、禁止于路上撒尿泼尿、东西妓院地区的检疫、取缔私娼、隔离取缔娼妓中带有病毒者等事宜。⑤ 1905 年，内外城巡警总厅下设卫生处，分厅下设卫生课，掌管清道、防疫、医务、医学事宜。1906 年，民政部成立后专设卫生司，管理卫生事宜。在这些卫生部门工作的警察人员即卫生警察。

消防警察是以防止火灾，救护生命财产为目的的警察。⑥ 北京正式组织消防队是在工巡局时期，1903 年京城消防队在京师警务学堂内创设。1905 年工巡总局改组为京师内外城巡警总厅，设总务、行政、司法、卫生、

---

① 治安总署警政局编《治安警察》，武德报社，1942，第 1 页。
② 蔡恂：《北京警察沿革纪要》，第 199 页。
③ 刘垚、谈凤池编《中国都市交通警察》，第 4 页。
④ 〔日〕服部宇之吉等编《清末北京志资料》，第 234 页。
⑤ 〔日〕服部宇之吉等编《清末北京志资料》，第 234 页。
⑥ 包明芳编《中国消防警察》，第 3 页。

消防五处，消防处有队兵 158 人。巡警部设立后，在警政司下设"消防队总理"，总揽全国消防行政。民政部成立后，设置北京消防公所，初期以巡警 60 人编制一个中队，之后陆续成立第二、三、四、五、六中队，形成一支专业消防队伍，到 1908 年该所共辖消防警察 326 人。①

军事警察是指为维持军人的风纪、卫生及纪律等事项而设于军队内部的警察。② 清末陆军部提出仿照西方和日本，在军队内部设立军事警察组织，从宪兵学堂内挑选若干毕业生组成一营陆军警察队，驻扎京师，监察附近的驻军。随后在陆军部拟订的《陆军警察队试办章程》中规定："陆军警察队为军事之警察，专司稽察海陆各军官长目兵应守纪律及一应规则等事宜，兼为地方行政、司法警察之辅助。"③ 另有学者提出，清朝的步军统领衙门一直担负着当时北京内外城及京郊的武装警卫工作，并兼管京城内外治安案件的侦破缉捕，步军统领衙门虽为"军队"，但所掌管的事务基本涵盖了现代警务内容，所以步军统领衙门可说是清朝的"武装警察部队"。④

侦探警察负责搜集证据、侦查犯罪、逮捕人犯。1905 年巡警部成立时，下设探访队，专门就案件及嫌疑人展开侦查探访，缉拿罪犯。1908 年 1 月，民政部专门设立稽查缉捕局。1909 年，民政部又将缉捕、探访归并为缉探总局，下设三个缉探队，从事秘密侦查活动。

此外，北京警察类别中还有户籍警察，专门负责户口清查等工作，巡警部成立时，警政司下有户籍科人员办理户籍警察事务。概括而言，清末时期北京警察虽然已开始出现分类，但很不成熟，主要是按工作性质不同而进行简单分工，还没有达到专门职业的程度，其人员会因实际需要而随时变更工作职能。尤其是一些特种专业警察队伍，还处于比较幼稚的阶段。随着警政建设的逐渐发展，警察分类也将进一步朝着专业化方向细分。

---

① 韩延龙、苏亦工等：《中国近代警察史》上册，第 467 页。
② 韩延龙、苏亦工等：《中国近代警察史》上册，第 228 页。
③ （清）北京政学社编《大清法规大全·军政部》（第一册）卷 2，1909，第 18 页。
④ 梁治寇：《清王朝的"武装警察部队"——步军统领衙门》，《武警学院学报》1999 年第 3 期，第 54 页。

二 北京政府时期京师警察的类别

北京政府统治时期，北京警政建设进一步发展，警察分类趋于规范。根据工作性质不同进行专业化分类，主要有以下几种。

司法警察是执行司法职能的警察人员，清末已出现，北京政府成立后沿设不改，只是专业化色彩有所加强。司法警察的出现不仅是清末警政改革的产物，与当时进行的司法体制改革也有密切关系。司法警察是适应审检二厅履行职务需要设置的，1910 年经法部奏定发布的《检察厅调度司法警察章程》，于 1914 年 4 月经北京政府增订后，继续适用。依此章程，司法警察的任务是秉承长官的指示，对犯罪实施侦查。具体包括：（1）逮捕人犯。司法警察可以直接逮捕现行犯，带交该管长官先行讯问，除违警及犯官署所定各项罚则属于行政处分者应即决或送该管官署办理外，其余由警署备文录供派警送交检察厅办理。（2）搜查证据。司法警察搜查证据有两种方法，一是经本管长官许可后径行搜查，二是会同搜查，即审判检察厅应行查取证据时，知照该管警署转饬司法警察人员会同前往进行搜查。（3）护送人犯。司法警察对下列人犯有护送职务：检察厅或预审推事委令逮捕的人犯；查获送案的人犯；取保听传的人犯；由检察厅发送监狱候决的人犯；由检察厅发交习艺所工作的人犯；监候待质送至监狱的人犯；上控提审的人犯，除同城近地者外应由各警署节次递传；实发及解配的人犯；递解的人犯及处决的人犯。司法警察护送人犯应遵官厅所定发送期限，不得违误。（4）取保传人。司法警察接奉厅票传讯原被告及其他诉讼关系人时，当即按照票内所开办理。（5）检验尸伤。司法警察检验尸伤时，应俟检察官到场会同办理。（6）接受呈词。凡关于命盗杀伤案件警署得接收呈词移送检察厅办理，其民事诉讼概不受理。① 司法警察是检察官的辅佐，协助检察官执行上述司法职务时须身着警察服装，如不穿制服则要携带所奉公文或厅票，以便随时展示。

交通警察，在这里主要指铁路警察。北京政府时期，交通部是总揽全

---

① 京师警察厅编《京师警察法令汇纂》（司法类），第 51~61 页。

国铁路行政的领导机关。但交通部对铁路实行不同于其他部门的集中统一管理，铁路警察也自成系统，受交通部及各铁路管理局的双重管理。铁路警察最初组建遵循的原则是"由各该路自练巡警，以资保卫"，① 由于组织机构和管理体制较为分散，铁路警务收效不佳。1913 年，交通部曾特设"铁路巡警教练所"以解决铁路警务人员缺乏的问题。尽管后来京汉铁路管理局、京奉铁路管理局、京绥铁路管理局等先后在其总务处下设警务课，负责全路警察事宜，但总体而言当时铁路警察处于极不完善的阶段。1921 年后，随着铁路运输业的发展及政府加强统治的需要，铁路警察的组织机构日趋严密。1922 年 10 月，北京政府制定颁布《铁路警察服务规则》，对铁路警察的职权范围和警卫规程做了详尽要求，规定"铁路警察凡关于轨道、桥梁、工程、材料、电线、厂站、仓库以及行旅、货物、列车开驶均应尽其保护之责。铁路警察执行职务以该管铁路界线为限，非奉有长官命令或追捕犯人不得越界擅离职守，干预外事"。② 依据该规则，铁路警察值勤方式分守望、巡逻和护车三种。守望须在一定地点，不得擅离，凡见闻之事均须注意。守望又分站台守望、票房守望、轨道守望、厂栈守望四种，其中，站台守望巡警有维持站台秩序，保护安全之责；票房守望负责劝令旅客买票宜和平依次进行，不得拥挤紊乱秩序；轨道守望须注意轨道有无障碍物及其他危险；厂栈守望对工料车厂货栈均应认真防范。巡逻所负责任与守望相同，护车警察须随时巡察。③ 1923 年8 月，交通部设立铁路警备事务处，作为督率全国铁路警政的首脑机关，由交通部次长兼任处长，下设稽查专员，负责稽核警务一切用款事项，12月该处改为路警总局。此后，围绕整顿铁路警政，又陆续出台一些管理规定，以使铁路警察建设趋向完备。

卫生警察。北京政府继承清末由警察管理卫生的体制，但仍没有形成一支以管理卫生事务为专责的警察队伍。所谓卫生警察仅就警察服务职能而言，主要包括环境卫生、药品管理、食品卫生和时疫防治等方面。当时

---

① 《关于铁路巡警特别犯罪适用军律案》，内政部警政司主编《现行警察例规》（第五编第三章），第（戊）451 页。

② 印铸局刊行《法令全书（中华民国十一年第四期）》，"第十六类　交通"第 9~13 页。

③ 印铸局刊行《法令全书（中华民国十一年第四期）》，"第十六类　交通"第 14~21 页。

内务部设立卫生司，作为全国卫生行政的主管部门，但实际上大量的卫生管理工作主要由地方各级警察机关负责，京师警察厅的作用尤为重要。

消防警察。北京政府时期，北京消防组织基本沿用清末体制，京师警察厅下设消防处，所掌事务为：（1）关于消防员弁的配置及进退赏罚事项；（2）关于消防区域及机关设置废止事项；（3）关于器械管理事项。①消防处下设六个消防分队，各设分队长 1 名，下有消防机关士、消防目、消防副目、放水手、喇叭手、旗灯手等，六个分队共计有 684 人。②消防分队分管京师六个消防区域。分别设于故宫文华殿、西安门内大街、正阳门外甘井胡同、宣武门外梁家园、西四牌楼广济寺和东安门外灯市口，其中第二、三、五、六消防分队还各下辖一个消防分遣所。这时期，北京消防警察称消防队兵，用招考的办法募集。京师警察厅对消防管理较为严格，消防处处长对各消防分队和分遣所随时巡视，消防分队长对该管段和分遣所每月必须巡视六次以上，检查消防器材，告诫消防注意事项。京师警察厅还设有望火台，内置警钟用以报告火警，各消防分队使用的消防器材较清末时已有较大进步。

侦探警察在民国时期基本沿袭旧制，由京师警察厅管辖，初设为侦缉队，后扩充组织为侦缉处。侦缉队共辖六个分队，驻城外者为一、二、三分队，驻城内者为四、五、六分队，探警人数总额达 1000 余名。③此外，1916 年 2 月，京师警察厅于本京各区警察队内选择精壮警察，编练军事警察队，专司拱卫京师。④北京政府时期，户籍警察等其他类别的警察在沿袭清末旧制的基础上进一步朝着完备的方向发展。

概而言之，北京政府时期京师警察的分类有着较为明显的承继清末体制的特点，随着警政建设的循序发展，警察分类渐趋向规范化，为下一阶段的警政建设奠定了基础。

三　1928～1949 年北平警察的类别

南京国民政府开始执政后，1928 年奉行政院令改北京为北平特别市，

---

① 包明芳编《中国消防警察》，第 5 页。
② 穆玉敏：《北京警察百年》，第 180 页。
③ 夏全：《侦探丛书》，京华印书馆，1935，"第三编第一章"第 101 页。
④ 《京兆　拟令警厅编练军事警察队》，《大公报》（天津版）1916 年 2 月 10 日，第 6 版。

京师警察厅改为北平特别市公安局。继而经过日伪统治时期，到抗战胜利后重归南京国民政府统辖，北平市警察局沿用北平特别市公安局时期的相关制度。历经 20 余年的变迁，北平警察分类随时势而调整，在继承原有体制的基础上出现诸多变动。

　　警察按职能不同，主要有以下分类。

　　司法警察。是为协助检察官或法院的审判员侦办刑事案件而设置的一个较为特殊的警种，其人员有专职与兼职之分。专职的司法警察又称狭义的司法警察，是指由各级法院自行设置，并受检察官及刑庭审判员指挥调度，驻院办理司法警察业务者，相当于现在的法警。兼职的司法警察又称广义的司法警察，是指沿袭清末和北京政府时期旧例，由刑事诉讼法规定的既无固定编制，也无统一服制，只是临时受检察官或审判员的指挥命令，执行拘捕人犯、搜查取证、解送人犯、取保传人、检验尸伤、接收呈词等职务的警务人员。兼职的司法警察人员范围广，人数很多，在实际工作中不尽力或不听指挥者为数不少，为加强对司法警察的管理，1945 年后检察官开始被赋予对司法警察有直接奖惩权，这对减少司法警察敷衍塞责的情况有所助力。

　　交通警察。自中国现代警察设立，指挥交通就是警察的职责之一，在清末还制定了马路规则、管理车辆通行规则等规章，为警察管理交通服务。但直到 20 世纪 30 年代，警察管理交通还仅仅是兼职。30 年代后，汉口、广州等地首先出现专职指挥交通的警察，并佩有醒目的专用标识，以与普通警察相区分。1934 年 7 月，全国交通警察专员会议做出决议，各都市警察教育机关内应设法设置交通警察专班或补习班，以培养专门人才，并决定统一全国交通警察的服制，统一交通警察的设岗标准，统一全国交通规则。交通警察仍隶属各警察机关，但专设交通科、交通股或交通组等机构。随后，北平市专职交通警察出现，均由普通警察中选拔身体强壮机警干练者充任，注重训练，其中特别注意四点，即交通法令务须解释记忆纯熟；警械使用；指挥手势及方法；车马繁杂处所应有相机指挥应付的能力。北平交通警察的配置采专务制，不负他责；唯交通较简地方的交通警察，因事实需要的可能，且限于原定警额，得在本管派出所轮值勤务。北平全市交通警察均设有固定岗位，地点一般选择在十字交叉路口、丁字路口、城门洞口等交通冲繁处所。交通岗位如在地势宽阔处所，均建有岗台，以便指挥。北平市公安局管辖区域共分为 15 区，各区交通繁简情形不同，设置交通岗位多寡不等，每一交通岗设置警察 3 名，轮流值班，各处交通警皆直接隶属于各区，受各该管派出所巡官巡长的督饬。①1934 年，北平市还一度设立了公路警察，以维持交通线路的畅通，但存在时间不长就并入交通警察。抗战胜利后，交通警察逐渐发展为一个独立的警种，1946 年 6 月 19 日，交通部专设交通警察总局，统一掌管全国的交通警察，其下设 20 余个交通警察总队，分布在全国各交通线，负责警备护路，后期还被投入各大战场，参加反共内战。

铁路警察。1928 年 10 月南京国民政府专设铁道部，铁路始有统一的专管机关。同年，各铁路警务处、警察队、护路队等路警机构相继改组为警务课。1932 年 5 月，经行政院核准，铁道部成立路警管理局，掌理全国铁路警察事宜。随后，各路警务课、路警分支机构等统一改组为铁路警察署，由路警管理局直接指挥监督。各警察署在线路区段内设警察段，警察段下设警察分段，警察分段之下，根据事务繁简设若干分驻所及派出所。到 1934 年 1 月，据统计，各铁路警察署及所属段、队的员司长警共计 16750 人。② 8 月，为协调地方警察与铁路警察勤务关系，铁道、内政两部会商制定了《地方警察铁路警察服务遵守规则》，规定："凡地方警察或保卫团奉有长官命令或持有票据至铁路界内逮捕人犯时，该管铁路警察应随时予以协助，如因案提传在路服务之员工，应先行通知该管铁路警段派警会同办理。"③ 1936 年 1 月，铁道部直辖路警管理局改为铁道队警总局，管理国有各路警察行政事宜，并指挥监督各路警察及护路队。④1938 年 1 月，铁道部并入交通部，铁道队警总局改为交通部队警总局，统辖铁道、交通、航路队警。沦陷时期，1939 年伪华北交通股份有限公司成立，下设警务局，综理铁路警察事务。抗战胜利后，1946 年 4 月，

---

① 刘垚、谈凤池编《中国都市交通警察》，第 21、30、15 页。
② 内政部年鉴编纂委员会编纂《内政年鉴》（警政篇），商务印书馆，1936，第（C）508 页。
③ 《地方警察铁路警察服务遵守规则》，《北平市市政公报》第 264 期，1934 年，"法规"第 1 页。
④ 麦健曾、朱祖英：《全国铁道管理制度》，和记印书馆，1936，第 40 页。

交通部重新设立交通警察总局，铁路警察移归该局管辖。铁路警察与驻在路职员工役享有同等待遇，由于长警对应为工人，与员司的薪饷差距很大。按照当时铁道部的统一规定，路警总局局长月薪600元，处长、署长300~450元，署员50~180元，警长13~24元，警士10~18元。①

卫生警察。自现代警察出现以来，卫生事务就一直由警察机关主管。卫生警察管辖范围涉及清洁、保健、防疫、医药和化验五方面。南京国民政府时期，于1928年专设卫生部，主管卫生行政事务，但警政与卫生并未能完全分离。卫生部还比照《警察制服条例》拟定了统一各地卫生警察服制标识的规定，报行政院于1929年11月核定公布。② 京师警察厅改组为北平特别市公安局后，还设有卫生科管理卫生事宜，1933年11月北平市政府独立设立卫生处，将原由公安局掌理的一切卫生事务划归该处，并将公安局二科的卫生股裁撤，这在公安局的职务上及北平警政史上是一个极大的变化，公共卫生与公安局从此脱离关系。③ 但实际上警察协助卫生事务仍有客观需要，1936年12月颁布的《省会警察局组织暂行规程》《市警察局组织暂行规程》《县警察机关组织暂行规程》均明确规定，各级警察机关行政科有兼管卫生事务责任。北平沦陷后，日伪警察机关中卫生警察消失。抗战胜利后，各级警察机关的组织法中虽仍规定有警察协助卫生事务之责，内政部警察总署第一处还掌有督导卫生警察业务的权力，但卫生警察作为一个警种已不复存在，1947年公布的警察新服制中也不再有卫生警察的标识。④

消防警察。1928年，北平市将原消防处裁撤，另设消防队部。到1935年时，消防队部下辖四个消防警察分队和一个消防警察教练所，于北平内外城设有分驻所四处（称为分遣队），派出所三处，警钟台五处，负责各区的消防事务。消防队内部设有队长、队副、分队长、办事员、教员、医生、书记、消防巡官、消防班长、正副机关士、消防警士及夫役

①　张起增：《中国铁路警察的由来和发展》，《铁道部郑州公安管理干部学院学报》2000年第2期，第7页。
②　赵志嘉编著《现行警察法令集解》第1册，上海警察学社，1930，第267~270页。
③　姜春华：《北平警政概观》，第17页。
④　韩延龙、苏亦工等：《中国近代警察史》下册，第676页。

等，共有 300 余人。① 平时，各分遣队安排一半数量的消防警组成备警班，24 小时在管区执勤，遇有火警立即出发扑救。北平消防队的设备有救火汽车、蒸汽泵、人力泵及水管钩斧等，还设有火警专用电话，号码为100。各处警钟台每日派四名消防警轮流值班守望，发现火警先用电话报告消防队，再击钟通知市民。警察机关对于火灾任务，除平时注意预防外，火灾发生时与事后也负有协助调查及呈报的责任。② 除消防警察专门负责消防业务外，北平市保安警察队也负有协助灭火的职责。到日伪统治北平时期，警察局内部仍设消防队，主要负责防火救火事务。抗战胜利后，在接收日伪警察局基础上，北平市警察局对于消防事务，曾要求内城各分局会同消防队开展防火检查，并饬令郊区各分局组织训练义勇消防队，以协助消防队办理救火工作。

外事警察。他们指根据国内法、国际法、条约处理涉外事件的警察人员。③ 外事警察的工作任务包括外国人入境护照的查验，外国人游历内地的限制与保护，外国人居留内地的限制与保护等。④ 清末警察厅成立时，京师外事警察事务由行政处第二科指派专员办理，并聘挪威人曼德编练保安队三、四队，专任保护外侨事宜。北京政府时期，京师外事警察事务办理基本沿用清末体制。到 1928 年，北平公安局改组后，外事警察办理的事务改由第二科交通股兼办，掌管外国人与国人的诉讼事项，办理外国人租房事项，办理外国人请领旅行护照及居留执照与枪照、运柩护照事项，及保护外侨事项等。除第二科交通股职员外，各区警察也兼负外事调查及外侨保护职责。北平公安局一般选用精明干练、通晓外国语者办理外事事务，平时对办理外事人员及一般长警均无特别训练。由于该市办理外事以日、俄、英三国语言为最需要，因而办理外事的职员长警大都谙悉这些外语。⑤ 1936 年底，各级警察机关的机构编制依照新颁组织法规调整后，外事警察一律由所属警察机关的行政科掌理。在日伪统治北平时期，伪警察

① 穆玉敏：《北京警察百年》，第 257 页。
② 包明芳编《中国消防警察》，第 54 页。
③ 赵炳坤编《中国外事警察》，第 1 页。
④ 内政部警政司编《中国警察行政》，第 157～161 页。
⑤ 赵炳坤编《中国外事警察》，第 114 页。

局特务科也曾设外事股，为其侵略统治提供服务。抗战胜利后，北平市警察局下设外事科，管辖政务、外务、编译三个股。1946 年 8 月，内政部警察总署成立，其下专设外事处，统一掌理外事警察与国境警察事务，后来两者合称为"外事国境警察"。①

刑事警察是 1947 年由各级警察机关设置的侦缉队（侦探队）整编而成的警种。1928 年南京国民政府成立后，京师警察厅改称北平特别市公安局，其附属侦缉机关恢复旧名侦缉队，内部组织分司法、文牍、庶务三股，并设有预审室、暂押室、内勤室、传达室、差遣室、警装库、官长办公室、探警宿舍等。侦缉队是一种便衣警察队，以侦查、缉捕、递解人犯为专职，编制员额由所属警察机关自定，在北平公安局时期一再裁汰，仅有四个分队，分队之下又分四个小队，小队之外，于市内紧要地点酌设分遣所，其三、四两分队驻城内，一、二两分队驻城外。② 侦缉队的任务通常由公安局交办，其余则系自行寻找案子。侦探勤务随时随地，耳闻目见，都足以作办案的参考，没有固定时间场所的限制。到日伪统治北平时期，伪警察局内设侦缉队，专司缉捕市内盗贼及协助各区警察侦查事务，其下设四分队，每分队各设两个小队，每小队各分为四班，分驻城郊适当地点，各依规定区域负责办理侦缉事务。侦缉队组织人员包括分队长 4 人，小队长 8 人，班长 16 人，一等探警 64 人，二等探警 64 人，三等探警 336 人，书记 12 人，夫役 14 人。③ 抗战胜利后，1946 年内政部警察总署成立，专设刑警处，负责掌管全国刑事警察的设置督导事项。到 1948 年，根据《各级警察局刑事警察整编规则》要求，各级警察局（厅）刑警队或侦缉队应斟酌实际情形，整编为刑事警察队，参照标准为：院辖市警察局（厅）刑警队编制分总队、大队两种，首都警察厅及人口在 300 万人以上的院辖市警察局，设刑事警察总队；人口不满 300 万人的院辖市警察局，设刑事警察大队。刑事警察总队设总队长 1 人，副总队长 1 人，辅助总队长分掌本队内外勤综理督导事项的总队附 2 人，掌理刑事侦防鉴识技术的技正 2~5 人，技士 5~8 人，掌理记录、总务事宜的课长 2 人，分掌记录及人事、会计、通信等事务的课员 7~

①　韩延龙、苏亦工等：《中国近代警察史》下册，第 639 页。

②　夏全：《侦探丛书》，第 101~102 页。

③　（伪）北京特别市公署警察局编《北京市警察法规汇编》（1），第 32~33 页。

11人，分掌政治、经济、暴行、社会侦防事宜的队长4人，区队长若干人，区队附若干人，办事员、雇员各3~5人，队员46~196人。① 刑事警察的主要职责为刑事案件的预防、调查、勘验及鉴识，刑事罪犯的侦查、缉捕、解送，保密防谍及社会治安调查，刑事罪犯记录及侦防设施记载，刑警业务的联络报告、通信及其他有关刑事侦防的执行等事项。

经济警察是日伪统治北平时期专门设置的警种。1939年3月，伪北京特别市公署警察局局长余晋龢向伪市长呈文："为统制本市附近物价起见，亟应设置经济警察以负诸种调查取缔之责，兹拟具经济警察实施办法十二条，理合备文呈报，伏乞鉴核备案。"② 该办法后经核准备案，4月10日由伪警察局特务科考选各区署长警40名，于15日受训一日，担任经济警察工作。7月，《北京特别市公署警察局设置经济警察办法》修正通过，规定"本局经济警察由各分局选拔警士若干名，专任其本区经济警察事务。本局经济警察由各分局局长承局长之命暨特务科科长之指示监督指挥之。本局经济警察依照北京物价统制委员会所规定之事项办理下列各事务：（一）关于执行一切经济商业法令上监督取缔事项；（二）关于物价之调查及监督取缔事项；（三）关于经济动静之侦查事项；（四）关于商业行为之监督取缔事项"。③ 可见，日伪政府设置经济警察的目的即为其统制北平经济服务。

驻卫警察。其前身是清末的请愿巡警，即由请愿人向当地警察机关自愿声请派警常驻守卫，并承担薪饷、服装、经费等费用。民国初年，《官署请愿巡警暂行章程》修订，明确请愿巡警设置办法及管理原则，规定："凡各部院衙门暨仓库局所请本厅拨派巡警作为请愿常川在署守卫者，均查照此章程办理，其临时派警照料弹压者不在此例。请愿巡警名数以岗位计算，每岗四名，各官署商请拨派时至少不得减至四名以下。请愿巡警须遵照警厅规则，以供各官署守卫弹压之职，其关涉服役

---

① 《各级警察局刑事警察整编规则》《各级警察局刑事警察队编制表》，《总统府公报》1948年12月25日，第3版。

② 《北平市警察局关于设置经济警察的呈及市公署的指令等》，北京市档案馆藏，档案号：J001-001-00201。

③ （伪）北京特别市公署参事室编《北京特别市市政法规汇编》第3辑，"第三类　警察"第16页。

杂项差使不得滥充。"① 南京国民政府成立初期，北平请愿巡警的设置范围有所扩大，据《北平特别市公安局请愿巡警暂行章程》载："凡公共机关暨铺户住宅声请本局拨派巡警常川驻守者，作为请愿巡警，均照此章程办理，其临时照料弹压者不在此例。请愿巡警名数以岗位计算，每岗四名，双岗七名，如仅驻卫不站岗者，可酌量情形减少。请愿巡警于领口上附有特别标志愿警，其职务以请愿处所守卫弹压为限，身着制服，不为请愿人跟车暨一切服役杂项差使。"② 根据章程，此时期北平的国家机关及国立大学相继出现了卫警和校警。卫警主要指驻卫各机关单位的警察，校警指驻卫各大学的警察。这些卫警和校警主要是警察机关拨派的"请愿"警察，少数是自行招募组建的，后来二者被统称为"驻卫警察"。北平沦陷后，日伪警察局针对"请愿"警察设置出台章程，规定："本市公共机关团体暨铺户住户请愿警察均依照本章程办理之。声请派驻请愿警察时应呈由该管区署转呈本局核办。请愿警察名数以岗位计算，每岗四名，双岗七名，如仅驻卫不站岗者，得酌量情形减少之。请愿警察之职务以守卫弹压为限，并于左臂缀以本局规定之标识。"③ 到1939年12月，国民政府内政部颁布施行《驻卫警察派遣办法》，之后驻卫警察的设置分为派遣与请派两种，政府机关适用"派遣"方式，各公私团体适用"请派"方式。

此外，警察按照性别分类，可分为男子警察和女子警察。自清末北京创办现代警察以来，及至北京政府时期，一直都只有男子警察。南京国民政府开始统治后，应社会形势需要，并受国际联盟倡议创办女子警察的影响，1929年于上海市公安局首设女检查员，这成为女子警察的先声。1932年12月，第二次全国内政会议通过推行女子警察的决议案，由内政部于1933年1月通咨各省市政府遵照施行。女子警察是社会发展的必然要求，对此时人也有评论指出："女警察终究是要设置的，她们的职务就是从事于稽查女子，防范妇孺，处理娼寮，以及男警察所不知道的事情，

① 京师警察厅编《京师警察法令汇纂》（总务类），第195页。
② 《北平特别市公安局公报》第1期，1928年，"法规"第7页。
③ （伪）北京特别市公署警察局编《北京市警察法规汇编》（1），第137页。

或是男警察所不便处置的事情。"① 女子警察的出现，成为警察种类上的
一大变化。

　　1933 年 3 月，北平市公安局于警士教练所第五期开始训练时招考女
学警 20 名，后在训练期间退学 2 名，到 9 月毕业时共有 18 名。② 当时对
女警的管理和女警服务规则还没有形成统一的制度，处于摸索阶段，北平
市政府结合本地区的实际情况，由公安局于 1933 年先后公布了《北平市
公安局募练女警办法》《北平市公安局警士教练所女学警暂行管理规则》
《北平市政府公安局女警服务管理规则》，对女警的招收、培训、管理、
服务等一系列问题做出比较详尽的规定，逐渐形成较为规范的女警制度。
根据规章，北平市招考女警的资格要求为："高级小学毕业或有相当程度
者；年在十八岁以上二十五岁以下未婚者；体力及视听力均健全者；身体
在四尺五寸以上者；未受一年以上徒刑者。"③ 考查方法包括文字试验、
口头问答、体格检查。女警执行的主要任务是侦查特殊要案、调查户
籍、检查行李、救护妇孺、维持风化。北平市公安局内专设女警室，设
女警长和女副警长各一人，选择资格优良者充任。她们的职责是：督饬
和分配各女警勤务，并按月列表报告第一科；指导女警遵守各项规章制
度和执行工作任务；女警因病因事请假，随时报告第一科核办；检查女
警的服装和室内卫生。首批从警士教练所毕业的女警，按其从事的警务
分为六组：甲组 5 人，负责调查户口；乙组 2 人，负责侦查案件；丙、
丁、戊三组各 2 人，负责东车站、西车站和东直门车站检查行旅；已组
5 人，专备临时差遣。女警在执行警务时，要与其他区队协作。④ 1936
年，北平公安局又先后招收女学警 55 名，毕业后派往各城门、车站执行
检查行李勤务。

　　七七事变后，日伪警察局招考女职员特限定资历，要求具备三项资
格，即"通晓日文日语并擅中文者；中学以上学校毕业，或有相当学识

① 郑宗楷：《女警察》，《福建警友》第 3 期，1933 年，第 3 页。
② 《北平市警察概况及历年沿革》，北京市档案馆藏，档案号：J181-001-00368。
③ 北平市政府参事室编《北平市市政法规汇编》第 1 辑，"第三类　公安"第 46 页。
④ 穆玉敏：《北京警察百年》，第 265 页。

者；能作骈体诗文者"。① 此外，日伪警察局还制定《北京特别市公署警察局女巡官长警服务管理规则》，规定："女警室设女巡官二人，女警长六人，均由女警中遴选学优资深者派充之。女长警勤务暂分为下列六组，由女巡官分别督促实施之。一甲组，调查户口；二乙组，侦查案件；三丙组，检查东车站往来人等及其行李；四丁组，检查西车站往来人等及其行李；五戊组，检查西直门车站往来人等及其行李；六己组，候补临时差遣。"② 这时期女警训练，其课程照学警队现用课本教授，训练满六个月毕业，学期及学业考试照学警队办理。在训练期间，所有训练、膳宿办法及毕业后待遇等项，均与男警相同。女警月饷为：一等巡官，33元；二等巡官，28元；三等巡官，23元；一等警长，21元；二等警长，19元；三等警长，17元；一等警士，15元；二等警士，14元；三等警士，13元。另外，各等巡官津贴均为26元，各等警长及警士津贴均为9元。③

　　抗战胜利后，北平市警察局招收女学警近百名，成立女警队，主要任务是协助男警在城门、车站检查行人。女警的创设，开辟了补充警力的新途径，扩展了警察种类，减轻了男警的负担，弥补男警之所不能及，在一定程度上促进了警察制度的发展。但是，受男尊女卑传统观念的影响，女警的作用没有得到充分发挥。对此，有学者也曾指出："她们的任务分配，虽不能完全合理化，但是总希望不久的将来，北平的将来，北平的女警察，能够负担起全市妇女的救济和防护的伟大事业，那才是女警察的本职。"④

　　综上，自清末至南京国民政府统治结束，北京警察经过几十年的发展摸索，由根据工作性质不同而进行的简单分工到逐渐有专门警种的建制，由分级混乱到逐步有划一规定，由单一的男子警察到女警出现，从不同侧面反映了北京警政建设逐步由不成熟朝着完善的方向发展。北京警察分类经历几多变化，背后也有其深层的原因。首先，警察分类观念不断提升。清末警察虽有简单分类，但主要是工作性质上的分工。警察

---

① 《警察局招考女职员　即日起报名》，《益世报》（北京版）1937年11月5日，第4版。
② （伪）北京特别市公署警察局编《北京市警察法规汇编》（1），第143~144页。
③ 赵念生：《北京特别市警察局女警室访问记》，《警声》第1卷第4期，1940年，第39页。
④ 体扬：《北平市的女警察》，《市政评论》第1卷合订本，1934年，第72页。

根据工作内容的变动随时可能发生类别的转变，还没有达到严格意义上的职业分类。民国以后，随着社会的发展进步，人们对警察的认识和理解不断加深，其分类也逐步规范化、细化，警察分类的专业化得到加强，这在一定程度上成为近代社会向着现代文明发展的一种表征。其次，近代北京警察类别的变动是适应社会需要的结果。从清末到国民政府时期，北京警察的类别有一定继承性，如司法警察、交通警察、卫生警察、消防警察、外事警察等，但随时势变化，警察分类出现了一些新的变动，这也是适应社会发展的需要。例如，1934 年，随着公路交通的大发展，为维持交通线路的畅通，北平特别市警察局专门设立了公路警察。又如，女子警察的创办一方面是响应国际联盟的倡议，另一方面也是认识到女子在维护社会治安检查等方面有特殊的作用，加之1929 年上海最先创办女检查员后收效良好，因此，1933 年北平开始仿效上海招收女警，以协助男警工作的开展。再如，卫生警察主要负责卫生事务，在市政建设不健全的清末乃至北京政府时期，卫生事务没有专门的机构管理，而是由警察厅负责，因此卫生警察在城市公共卫生管理方面关系重要。到 1934 年，随着现代市政机构的改革重组，卫生局成为专门负责市政卫生的机构，城市公共卫生与公安局脱离关系，卫生警察丧失在社会公共卫生管理方面的功用，逐渐走下历史舞台。

概而言之，警察分类是现代警察制度建设的一项重要内容，经历由清末到南京国民政府统治结束共计半个多世纪的发展，警察分类也不断变化，既有旧制的继承，也有应新的社会需要而进行的调整，无论如何，警察分类变动的趋势是逐步专业化、科学化，这是社会发展的需要，也是社会不断进步的表现。

第三节　警察素质

素质，按照《辞海》的解释，指“①人或事物在某些方面的本来特点和原有基础。②人们在实践中增长的修养”。[①] 对于一个群体来说，其

---

① 夏征农主编《辞海》（1999 年版缩印本），上海辞书出版社，2000，第 1479 页。

素质状况根据上面的解释可以概括为两大方面，即身体素质和文化素质，其中身体素质又包括体格素质和心理素质。了解一个群体的素质情况，是深入认识这一群体的一个基础。就警察群体而言，警察素质是指警察的身心健康、思想品德、知识文化、执法技能以及其他各方面能力在自身发展过程中积淀的总和。① 北京警察自清末创办以来，直到 1949 年南京国民政府统治结束，几十年的发展历程中其素质状况②也历经了诸多变化。

一　清末北京警察的素质

谈及一个人或一个群体的素质，一般是对其综合活动能力的一种概括，包括身体素质、文化素质及做事能力等方面。具体到警察群体来说，身体素质是一个非常重要的因素。身体素质的状况，一般从年龄、体质等方面可得到较为鲜明的体现。警察身体素质是清末北京初建现代警察时就非常重视的因素。例如，1905 年 12 月，巡警部出示招募兵丁以为警兵，要求"以年在二十岁至二十五岁以内，素无嗜好，且无隐疾，略能识字，未曾犯罪，力能举百斤，目能察数码以外之目标者为合格，方准赴部报名当面考试"。③ 在巡警部制定的组织办法中，对侦探巡警的资格要求如下：身家妥实；手脚灵活；年力强壮；言语缜密；性情坚忍；事理明白。④ 以上对警察身体状况的要求，为保障北京警察拥有良好的身体素质提供了一定的章法依据。实际上，以 1906 年《外城巡警总厅招募镶蓝旗满洲巡捕旗佐花名册》所载情况为例：玉润是镶蓝旗满洲明贵佐领下内火器营鸟枪护军，光绪三十一年十月十七日招考，年二十五岁；连兴是镶蓝旗满洲景厚佐领下闲散，光绪三十一年九月二十二日招考，年二十四岁；镶蓝旗满洲玉耩佐领下闲散连福，年三十岁；双林佐领下马甲英山，年三十岁；兆珏佐领下闲散来保，年二十八岁；印德赫佐领下闲散印宽，年二十三岁；忠顺佐领下人养育兵隆奎，年二十三岁；白印佐领下闲散连寿，年二

---

① 刘贵涛：《警察素质攻略》，中国人民公安大学出版社，2006，"前言"第 1 页。
② 按，由于资料所限，这里对警察素质构成中的心理素质状况略过，主要介绍他们的体格及文化素质情况。
③ 《时事　北京　警部募兵》，《大公报》（天津版）1905 年 12 月 17 日，第 2 版。
④ 《巡警部警政司行政科、军机处关于酌设协巡、探访队事给巡警部的片及"组织探访队办法"》，中国第一历史档案馆藏，巡警部档案，档案号：37-2-1。

十五岁。① 可见，此时的巡警年龄大多在 20~30 岁之间，正当身富力强，身体素质应该是不错的。至于警察官员，也大多在 30 岁左右，较为年轻，从表 2-1 "1906 年厅区警察官员名籍" 中可见一斑。

警察的文化素质是影响其履职能力的另一重要因素。警察的文化素质主要反映在其文化水平及受教育程度方面。通过考察清末北京警察的来源，我们已了解到此时期警察官员的来源大多为旧官僚及警察、法政毕业生，综合来说有一定程度的文化，而普通警察的来源则大多为八旗兵丁、营勇及招募而来的警兵，这些兵勇大多粗通文字，甚或目不识丁，对"警察"的内涵一无所知。因此，整体而言，清末警察的文化素质不高。对此官方也有所知，一些有识之士还就此提出过相应的补救措施，如端方曾上《整顿警察折》，指出"至于巡捕一项，现皆以营兵充补，实难望其诸事合宜，只有酌量先设警察学堂，更迭训练，以策后效，其余未尽事宜，一时亦难以尽行更改，惟有随时随事妥筹办理"。② 为提高巡警素质，清廷也尝试在教育方面做些努力，如 1901 年在北京创办警务学堂，延聘日本人川岛浪速为监督，负责训练巡警，订立合同以五年为期，训练期为三个月，每班招收 120 人，1903 年起特设高等科，以为教练警官之所，每班招取 40 人，先学六个月，后升入研究科，一年毕业。1906 年春，清廷正式自办警察教育，京师高等巡警学堂于 9 月成立。京师高等巡警学堂自成立以至结束，历时六年，共计有十班，毕业人数共 612 人。该校附设有教练所，选送在勤巡警入所训练，以三个月为期，毕业后仍回原处供职，共计开办 31 班，训练人数达 3000 人以上。③ 为提高警察的观念认识，工巡局也时常举办普及基本知识的演说。例如，1906 年《大公报》曾载："内城工巡东局现又添设演说课程，特派成恩波君讲演警察要义，饬令巡长兵前往听讲，以期洞明事理，攸往咸宜。"④

此外，清政府还制定了一系列的警察法规，如《募警入学简章》《巡

---

① 《本部咨行各旗营挑选兵丁充补内外城警巡长捕有关文书附名册（第 1 宗）》，中国第一历史档案馆藏，巡警部档案，档案号：37-1-88。

② 端方：《端忠敏公奏稿》卷 4，沈云龙主编《近代中国史料丛刊》第 10 辑第 94 册，台北：文海出版社，1967，第 445 页。

③ 陈允文：《中国的警察》，第 81~82 页。

④ 《时事　北京　演说警察要义》，《大公报》（天津版）1906 年 5 月 31 日，第 2 版。

警教练所章程》等，从法律层面为警察人员专业性的来源路径提供保障，以期保证警察素质。1909年，巡警总厅为提高京师巡警素质，专门拟定改良章程，通饬各区一律遵办。所订新章规定招募巡警要求：能作短简笔记者；熟悉京城地理者；通笔算或珠算之加减乘除者；品行端正者；年在二十岁以上三十五岁以下者；体质强壮者；视听力完全者；言语明了者；状态无怪异者。同时规定有下列情形之一者概不收录："（一）曾犯罪受刑者；（二）素有疾病及嗜好者；（三）曾充巡警而被斥革者。"① 根据这些规章，清政府逐渐建立起一套比较完备的警察人事制度，其中包括警察官兵的来源、选拔、录用、考核、奖惩、升降等。从制度来说，已很有条理，但在清朝统治摇摇欲坠的情况下，这些规章在落实过程中存在的问题仍很多。

综上，清末北京现代警察初建，由于经验不足、经费不充裕等种种原因，整个警察系统的构成人员素质普遍不高，尤其是基层的普通巡警。例如，1906年5月《大公报》报道："北新桥正值修筑马路之时，铺户拆移纷纷动作，而砖石木料置于道旁者，不肖之徒肆行偷绺，该处巡捕毫不过问，恍如此事之与伊决无干涉也，故一时颇有木偶巡捕之讥。"② 10月，《北京新闻报》刊登一则"巡警打人"的消息，详载："隆福寺东首现修道路，于本月十二日午后二钟时有顺天府二队马巡警经过该处，适有拉洋车人误将该巡警撞碰，随用鞭将拉车人击打，经人劝散。"③ 此时期北京警察的素质较低，工作不力是一种反映，但就全体而言，表现优秀的也有，作为一个新兴的职业群体，相比以往的差役，其进步的一面也是较为明显。如据报载："外城西局之巡兵近日居然能鹄立街头，大有严整气象，虽间有懈惰者，然已无练勇旧状。"④ 又有消息"巡警进步"一则，载："北京各段巡警于稽查一事颇为认真，各区之小赌场被查觉者颇多。"⑤ 甚至有因工作尽力而殉职的，如1908年《大公报》载："京师日

① 《北京　增高巡警程度》，《大公报》（天津版）1909年7月28日，第5版。
② 《时事　北京　巡捕负职》，《大公报》（天津版）1906年5月27日，第2版。
③ 《内城探访局〈按日报告〉、〈随时报告〉、〈秘密报告〉（之一）》（1906年2月至12月），中国第一历史档案馆藏，巡警部档案，档案号：37-2-119。
④ 《时事　北京　东逊于西》，《大公报》（天津版）1905年8月31日，第2版。
⑤ 《时事　北京　巡警进步》，《大公报》（天津版）1906年7月28日，第2版。

前拥挤钱铺之时，北新桥一带滋扰尤甚，幸经第四区警长启瑞尽力弹压，劝导有方，凡两昼夜未进饮食，至回区后口不能言，汗下如雨，顷刻而亡。"① 此外，这时有的警察还在思想上有了些许国家意识，如1906年《大公报》曾载："外城北分厅第一区司书巡官长警等各以薪饷余资愿报效国民，捐款共计铜币二千二百枚，汇缴区长，该区长复益以铜币五百枚，共计二千七百枚，前日由该区申缴总厅转交户部银行存储。"② 总而言之，清末北京警察群体随着现代警政的创建而诞生，在新的管理体制下其整体素质较清朝吏役有了一些提高，但初创阶段各种体制还不完善，旧时的不良习气影响仍在，结果警察在工作时表现出素质低劣一面的现象也时有发生。

二　北京政府时期京师警察的素质

进入北京政府时期，京师警察主要来源为招募，在招募过程中对身体素质的要求仍是首要条件，这体现在年龄及体质方面。例如，1914年2月20日公布的《招募巡警条例》规定应募巡警应具备资格："年龄在二十四岁以上三十五岁以下，身量在五尺二寸以上，品貌端正，体质强壮，视听力完全，粗识文字，言语应对明了，熟习京师地面。"③ 1917年11月，内务部决定在全国范围内实行统一的巡警招募制，制定《招募巡警章程》，规定"凡中华民国之男子，年龄二十岁以上三十五岁以下，在国民学校以上毕业领有凭证者，得应巡警招募，但须具备下列资格：身体在五尺以上；体质健全五官端正；视听力充足言语明了。与前条规定年龄及资格相符，粗通文义熟习本处地理及地方情形，虽未在学校毕业亦得应巡警招募"。④ 可见，此时普通警察的招募标准并不高，身体强健是首要考察的条件，在文化方面只要粗识文字即可。但到后来，随着警政建设的发展，对警察文化素质的要求越来越高，北京警察比较进步的一面也日益显

---

① 《北京　警长因公致命》，《大公报》（天津版）1908年12月3日，第5版。
② 《时事　北京　巡警捐款》，《大公报》（天津版）1906年12月18日，第3版。
③ 京师警察厅编《京师警察法令汇纂》（总务类），第61页。
④ 内政部警政司主编《现行警察例规》，第（甲）357页，北京市档案馆藏，资料号：ZQ012-002-00035-004。

现。时人曾有评论："警察所以进步的缘故，也实在由于教育的发达。北京的高等小学毕业生跟中学毕业生因为家里很穷，所以大多数都当了巡警了。警界的官吏也知道这个情形。所以考巡警的时候儿是一回比一回的严。七八块钱的巡警也要作个二三百字的文章才算合格。像这么样儿的严格儿拔选人才，警察怎么会不进步哪？"[1] 北京警察素质较好，与教育有密切关系，有学者指出："从前全国哪一个城，也没有警察学校，只北平有之，而且办得好，所以各处都管北平要警察，如上海、香港都要过。不但如此，平津、平绥各铁路之警察，亦多由北平警察考来。"[2] 还有学者分析，北京警察办得好，素质高，其中一个原因是"民国初头几年的警察，旗人最多。……这些生于城市的小伙儿，都念过几年书，眼皮儿宽，常识丰富，稍微一加训练，一加管教，真是要哪儿有哪儿，要比张勋的大辫子兵，可优秀多了"。[3]

至于警官的素质，政府也制定有一些专门规章，如1924年8月1日内务部呈准公布《警察官任用暂行办法》，对各级警官的任用资格做了较为详尽的规定，概括而言即注重对经验、资历、学历等的要求。从1927年的京师警察厅职员录中（见表2-2），可见当时的大多警察官员年龄在40岁左右，多毕业于警察学校或军事院校，与清末相较，整体有了一些进步，警察官员的专业水平有了一定提高。

表2-2　1927年京师警察厅职员录

现职	姓名	年岁	出身
陆军中将总监	陈兴亚	53	附贡/举人/日本宪兵科、陆军警察兵科毕业生
陆军宪兵少校办事	张蓝田	29	东北宪兵教练处毕业
办事员	李桂元	53	
荐任职任用警佐科员	杨鸿绅	43	江苏警察传习所毕业
办事员	赵世钦	43	新建陆军随营学堂北洋警务速成毕业

① 〔日〕加藤镰三郎：《北京风俗问答》，第11页。
② 齐如山：《北平　北平怀旧　北平小掌故》，中州古籍出版社，2019，第33页。
③ 陈鸿年：《北平风物》，九州出版社，2016，第50页。

续表

现职	姓名	年岁	出身
办事员	王恩荣	51	随营学堂
陆军步兵上尉差遣员	刘德本	31	
陆军步兵中尉差遣员	刘振海	32	奉天警察传习所毕业
陆军步兵中尉差遣员	陈凤阁	34	省立高小毕业
将军府将军/陆军中将/总务处长兼主任	李士锐	51	北洋武备毕业留日第一期士官毕业
荐任职任用办事	任镇亚	28	专门学校毕业
宪兵上尉差遣员/机密室办事	赵桂龄	37	京师宪兵一期毕业
差遣员	孙起智	25	义县师范讲习所毕业
办事员	佟植权	26	高等学校毕业
办事帮同监印	解赓飏	51	
调厅查看警正	王富三	44	附贡生
调厅查看警正	陈奎	54	京师警务学堂毕业
简任职升用都尉科长	秦翼恩	56	高等巡警学堂正科毕业
荐任职任用警正科员	成林	48	监生
荐任警察官升用警正科员	徐肇敬	46	高等巡警学堂毕业
警正科员	沈云程	45	测绘中华大学法科行政讲习所、财政讲习所先后毕业
荐任职任用警佐科员	景春	46	官学生
荐任职任用科员	谭国杰	37	高等警官学校正科毕业
科员	蔡恂	41	中学堂卫生警察传习所毕业
荐任警察官候补办事员	曾昭康	29	高等警官学校正科毕业
实习员	陈殳	28	华北大学警官高等学校毕业
简任职任用科长	戴常箴	41	北京国立法政大学毕业
警佐科员	吴文勋	48	文童
荐任职任用署学习警佐科员	延龄	34	
警佐署员	何庸	47	警务学堂毕业
署员	李伟	31	直隶警察传习所毕业
办事员	刘文海	46	警务学堂毕业
警正署长	周之润	42	高等巡警学堂正科毕业
警正署员	周瑞山	44	中华大学毕业
署警正队长	戴保安	48	警务学堂高等科毕业
督察员	周连康	45	北洋陆军速成学堂毕业

资料来源：总务处编印《京师警察厅职员录》，1927，第1~6、45、62页。

　　概括而言，北京政府时期京师警察的素质较清末有了一些提高，尤其是警官群体的专业水准有了较明显的改善，而普通警察的素质则高低不等，这主要由于当时社会形势复杂，巡警社会地位低下，经济收入又很单薄，应募者中既有受过一定教育的中小学毕业生，也有很多生活无着的城市无业游民，其中不乏地痞无赖等，这些人应募被录用后，到募警训练所接受一些简单训练，便可获得巡警资格，上岗值勤。文化水平的高低不齐，使普通警察的素质同样优差有别。当然，作为一个比较庞大的社会群体，警察内部成员的素质不可能整体划一，参差不齐是比较正常的现象。比如，在警官群体内部，据报载内城巡警总厅厅丞王善荃、总金事董玉麐即曾因任用私人、朋比为奸，劣端甚多，均有确证，而被该厅全体警员联名呈控。[1] 此外，报端也常登载巡警专门"打拉车"的消息，在一定程度上反映了巡警的蛮横，当然也要看具体情况而论，诚如时人所言："巡警打拉车的，我们看着固然可怜，可是拉车的那分可恶，也一言难尽。……有人说巡警跟拉洋车的，是八两半斤，一十跟二五，论程度可以画一个等号儿。这话您可听明白了，这说的是打人的巡警，跟不够资格的拉车的，高超一点儿的，不可一概而论。"[2] 在巡警中，有克尽厥职的，其案例也常见报道，如 1917 年 1 月《大公报》曾载，"北城交道口地方，有恒茂铁铺铺长并伙计一共四人，均受煤毒甚重……幸有该段巡长韩书珂同巡警高景玉、刘常德、曹恩绪等巡至该处，闻声将铺门拨开亟行救护，良久四人复苏，得脱毒毙之厄"。[3] 在巡警中，不法分子也大有人在，1925 年的《大公报》曾对此进行披露，"民国以来，各法院警察及行政机关传案警察，其行为完全与前清差役无异。如传唤当事人时，非以金钱运动，即任意骂詈凌辱，寻隙摧残。……如以金钱运动法警，可在门房内候讯，法警招待烟茶，非常殷勤，如敬上宾。非招待当事人……实招待金钱也。……又法官派法警或吏司随当事人找保时，如无金钱应付，法警必百方刁难，谓铺保不殷实，当事人因此被押者不知凡几"。[4]

---

① 《闲评二　北京　王厅丞将有更动消息》，《大公报》（天津版）1912 年 3 月 26 日，第 5 版。
② 梅蒐：《益世余墨：民国初年北京生活百态》，刘一之、〔日〕矢野贺子校注，北京大学出版社，2017，第 124 页。
③ 《地方琐闻　京兆　巡警一救四命》，《大公报》（天津版）1917 年 1 月 13 日，第 7 版。
④ 《法院警察之黑暗情形》，《大公报》（天津版）1925 年 1 月 7 日，第 6 版。

三　1928～1949 年北平警察的素质

南京国民政府时期，1928 年 5 月 31 日内政部公布《警察录用暂行办法》，1934 年 4 月 17 日北平市政府核准通过《北平市政府公安局巡官长警任免简则》，这些法规对录用警察均提出类似的限定条件：年龄在二十岁以上三十岁以下；高小毕业或有相当学历程度，粗通文理；身体强健；仪容整肃；品行端正；言语应对流畅；视听力正常等。① 可见，此时期招募警察仍侧重年龄及体格标准，但对文化的要求较前有所提高。1936 年 9 月 16 日，内政部修正公布《警士警长教育规程》，对警察教育进一步提出要求，由各级警察机关强制施行常年教育，旨在逐渐提高其教育程度，具体在教育期限方面，警士定为四年，警长定为三年，教育科目选用标准包括精神讲话、警察实务、警察学科、普通学科、术科，"警士之毕业于初级中学，警长之毕业于高级中学者，得免除其普通学科之修习。警士警长将各项科目修毕，均经考试及格者，由主管机关给予证明书，并造具各册呈报地方最高主管机关备案"。② 在警官层面，1928 年 7 月 3 日内政部公布《警察官吏任用暂行条例》，1933 年 10 月 17 日行政院会议议决通过《警察官任用法草案原则》，1935 年 11 月 9 日《警察官任用条例》颁行，这些条例对警官任用注重资历、经验及学历的要求，基本沿袭了北京政府时期的做法。

法规条文规定对选用警察进行资格约束，为保障警察群体的素质起到一定作用。在实际上，据 1934 年春统计，在北平市 7695 名警察中，其年龄分布情形如下：20～30 岁的有 4405 名；31～40 岁的有 2026 名；41～50 岁的有 1127 名；51～60 岁的有 132 名；61 岁及以上的有 5 名。在 1461 名巡官及巡长中，其年龄分布为：20～30 岁的有 128 名；31～40 岁的有 523 名；41～50 岁的有 683 名；51～60 岁的有 124 名；61 岁及以上的有 3 名。③ 显而易见，普通警察以 30 岁左右为多数，警察官员以 40 岁左右的

---

① 丁光昌编《警察法规》（增订本第三版），第 98 页；北平市政府参事室编《北平市市政法规汇编》第 1 辑，"第三类　公安"第 48 页。
② 丁光昌编《警察法规》（增订本第三版），第 80～81 页。
③ 姜春华：《北平警政概观》，第 75～76 页。

占多数，整体上比较年轻。

在文化素质方面，北平警察学历状况从当时的一些调查统计中可见一斑。其中，1933 年统计见表 2-3。

表 2-3 1933 年北平市公安局巡官长警学历统计

单位：人

机关	总计	警察学校毕业	军事学校毕业	大学校毕业	中学校毕业	小学校毕业	其他学校毕业	已受训练未经毕业
合计	8907	3970	30	1	41	240	522	4103
公安局各室所	297	168	5	1	—	—	13	110
各区署	6340	3282	—	—	15	67	432	2544
各队	2217	504	22	—	24	173	77	1417
各处所	53	16	3	—	2	—	—	32

资料来源：北平市政府公安局编印《北平市公安局统计表》（1933 年），北京市档案馆藏，资料号：ZQ012-002-0269。

1934 年 4~6 月，内政部在全国主要城市举办了一项警察受教育情况的调查（见表 2-4），统计结果显示，北平警察的素质在全国主要城市警察中整体居于中上水平。10 月，又有调查显示，北平特别市警察局全部职员长警总计 9829 人。巡官以上人员 900 余人，出身警校者居 1/2，余则积资升用及法政、军事等校出身者为最多。至于警长警士，在 8000 余人中曾受警察训练者不过百分之五十八九。①

表 2-4 1934 年 4~6 月南京、北平、上海、威海卫、青岛等市警察受教育状况

省会或市县名	公安局	受教育之占比（%）	
		警官	警士
南京	警察厅	警察学校毕业者为 46%，陆军学校毕业者为 16%，法政专门毕业者为 9%，国外留学者为 1%，其他学校毕业者为 28%	曾受警察教育者为 63%，曾受军事训练者为 36%，曾受高小以上学校教育者为 1%
北平市		88%强	60%强

———————

① 内政部警政司编《中国警察行政》，第 50 页。

省会或市县名	公安局	受教育之占比（%）	
		警官	警士
青岛市	青岛市公安局	80%	68%
威海卫行政区	管理公署公安局	80%	50%
上海市	上海市公安局	全受教育	全受教育

资料来源：《首都、北平、上海、威海卫、青岛等市一九三四年警察现状调查表》，中国第二历史档案馆藏，内政部档案，档案号：12-2-2557。

1935 年的情况，据调查如表 2-5 所示。

表 2-5　1935 年警察组织统计

单位：人

城市别	警官出身					警士出身		
	共计	考试及格者	警校毕业者	曾任军官者	其他	共计	教练所毕业者	招募
总计	6968	132	2759	1419	2658	59600	27450	32150
南京	772	—	276	191	305	3693	2392	1301
上海	458	—	247	211	—	5144	1416	3728
北平	891	—	479	107	305	8692	6444	2248
天津	361	—	145	92	124	6320	1673	4647
青岛	239	65	111	63	—	1992	1460	532

资料来源：内政部统计处编《民国二十四年上半年份全国警政统计报告》，第 19 页。北京市档案馆藏，资料号：ZQ012-003-0030。

很显然，此时期北平警官中有一半以上均为警校毕业，而普通警士大多从教练所毕业。

1936 年，北平市政府进行的一次全体职员学历调查结果如表 2-6 所示。

表 2-6　1936 年北平市政府全体职员学历统计

单位：人

机关名称	共计	小学	中学	专门以上学校		军警教育	特种教育	其他及学历不详
				国内	国外			
总计	2813	273	644	534	40	540	308	474
市政府	137	—	37	41	16	2	1	40
社会局	239	4	79	93	8	10	28	17

续表

机关名称	共计	小学	中学	专门以上学校		军警教育	特种教育	其他及学历不详
				国内	国外			
公安局	973	170	139	94	6	432	3	129
财政局	408	67	120	97	5	21	75	23
工务局	188	12	73	47	—	34	15	17
卫生局	460	12	85	43	1	25	158	136

资料来源：北平市政府秘书处第一科统计股主编《北平市统计览要》，1936，第28页。

很显然，在此时期北平市警察群体中警官毕业于警校的约占一半，普通警士受过警士教练所训练的在一半以上，整体文化素质较高。时人甚至有评说，北平警察"资质之佳，在各大市中居第一位"。① 除注重学历教育外，北平市公安局还特别开设讲习班，以不断提升警察文化素养，1934年8月制定《北平市政府公安局巡官讲习班简则》，保障巡官学习深造顺利进行。规章明确说明："本局为增进巡官知能起见，轮调各区署巡官授以职务上必要之学术科，以资深造。讲习班之教练科目如下：甲、学科：（一）警察学；（二）违警罚法；（三）刑法及刑诉摘要；（四）勤务章程要则（附捕绳术）；（五）实务讲话；（六）现行法令摘要；（七）交通规则（附室外交通手式演习）；（八）航空警察及战时警察学要旨；（九）公文程式；（十）典范令摘要。乙、术科：（一）军事训练；（二）国术。讲习班以三个月为期，期满考试及格者得予毕业证书，其考列前三名者酌予奖励，不及格者留班补习一期，再不及格予以降黜。入班讲习之巡官仍照支原薪，其职务由各原送区队所派员代理。"② 1935年11月，针对巡官讲习班暂行停课后继续开班事宜，北平公安局局长还专发训令，要求"所有训练事宜着派警士教练所所长依照原定简则办理，……仰即照章抽调应行受训巡官开单送所听候考验为要"。③ 经过不断努力，北平警察素质堪称全国模范，故曾多次被派调各地示范服

① 内政部警政司编《中国警察行政》，第94页。
② 《北平市政府公安局巡官讲习班简则》，《北平市市政公报》第265期，1934年，"法规"第34~36页。
③ 《训令警士教练所、各区署查本局巡官讲习班继续开课仰即遵照办理由》，《北平市市政公报》第331期，1935年，"命令（公安局）"第11页。

务。如据报载，1928年10月，南京市公安局局长姚琮发电给北平市市长何成濬，请转商市政府公安局，挑选警士200名赴南京服务。① 1932年3月24日，北平市公安局又接内政部令，要求拨派北平市警察500名赴上海维持治安。②

七七事变后，北平沦陷，在日伪统治下，北平警察的素质较前大有回落。曾有评论称："平市警察，夙有全国模范之誉，惟自'七七'事变至'八一三'全面抗战，华北相继沦陷以还，备受敌伪摧残，素质低落，渐趋腐败，昔日盛名，因而不复存在。"③ 日伪警察局为伪政府统治服务，对警察训练、考核等方面也都加强控制，相继出台一些规章。例如，1937年9月《北京特别市公署警察局警察日语训练所简章》通过，规定"本局为所属各区队巡官长警增进学识服务便利起见，特设训练所专授日本语文。各区队调送训练之巡官长警应备具下列资格：一、资质优秀者；二、文理通顺者；三、年龄在三十五岁以下者；四、身体健强者。本所训练期间为六个月，期满考试及格者准予毕业并酌发证明书，其成绩优良者得特别提升加给薪津"。④ 随后，又制定《北京特别市公署警察局警察训练所章程》，明确以训练警察实际应用，学术养成警察人才为宗旨，在训练所内设警长教育班、警士教育班及警察特别教育班，规定"警长教育以增进各分局队在职警士之实务学识，训练下级干部，养成警长人才为目的。警士教育以养成一般警士服务上必须具备之精神与学术及应用技能为标准。警察特别教育应视事实需要选拔警士或警长或巡官予以特别训练，如外国语、外事、交通、消防、户籍……"学警教育的科目包括精神教育、学科、术科三方面。警长训练期限定为六个月，警士训练期限定为三个月。"学警毕业考试及格者，由本所分别造具名册呈请警察局分派各区

① 《调用北平警察》，《大公报》（天津版）1928年10月8日，第2版。
② 《北平警士调往上海 已挑选警士四百六十名》，《大公报》（天津版）1932年3月25日，第4版。
③ 《北平市警察局民国三十五年度工作报告书＋目录＋各股室工作报告资料＋城郊搜查据点预定表、防御工事调查表＋通信网联系图＋冬防夜巡人数等各统计表》，北京市档案馆藏，档案号：J181-001-00117-001。
④ （伪）北京特别市公署参事室编《北京特别市市政法规汇编》第3辑，"第三类 警察"第18页。

队服务并制发证书或证章；毕业考试不及格者（平均六十分未满），继续训练再满一期，仍不及格者除名；毕业考试成绩平均在九十分以上者得酌予提升。"① 此外，日伪警察局为提高巡官长警服务能力，加强考核，制定有《北京特别市公署警察局巡官长警甄别考试方案》，要求巡官在 6 月考试，警长警士分别于 6 月和 12 月在本局考试，考核范围包括学科（勤务章程、违警罚法、警察要旨、警察法令）和术科（操典、礼节、指挥手势），根据考试成绩，判定奖罚，"考列甲等者予以尽先进级，考列乙等者照旧服务，考列丙等以下者降级"。② 在实际执行中，据统计，到1939 年 10 月，各区分局日语讲习班举办两期，受训者共计 1129 名。③ 可见，此时期，日伪警察局加强警察训练及教育，维护日伪统治的目的非常明显。

抗战胜利后，国民政府在警察局人事方面裁弱留强，并以广收慎用为原则，以提高警察素质。之后，北平警察局所属长警经考核，其素质不良、工作不力以及年老多病不堪任用者，陆续予以淘汰。截至 1946 年 6 月，计共汰除 1100 名。④ 同时，招考新警注重素质要求，尽量提高为初中及同等学力程度，训练时间也延长为 6 个月，教材力求新颖实用，并注重常识及实习，且为充实在职长警学术技能，轮流召集交通、消防、户口、刑事、政治、外事警察分别予以专门补充教育，经过调整，北平一般长警服务成绩均有提高。⑤ 此时期，北平警察局确定开展警察常年教育，并依中央规定编订交通手势图解及各种学科教材，由警察局令发各分局队遵照实施，训练时间就长警勤前及休勤时间施以机会教育。⑥ 此外，此时期北平警察教育还明确，"以培植警察之新精神，灌输警察之基本学识，激发革命思想，熟练

---

① （伪）北京特别市公署参事室编《北京特别市市政法规汇编》第 3 辑，"第三类　警察"第 8~11 页。
② （伪）北京特别市公署警察局编《北京市警察法规汇编》（1），第 150 页。
③ （伪）北京特别市公署警察局秘书室编《北京特别市公署警察局业务报告（1939 年度）》，第 173 页。
④ 《北平市政府三十五年度上半年工作报告》，出版地不详，1946，第 26 页。
⑤ 北平市政府警察局编《一年来之北平警政》，第 41 页。北京市档案馆藏，资料号：ZQ012-002-00147。
⑥ 《北平市政府三十五年度上半年工作报告》，第 24 页。

应用技能为宗旨"，① 除日常教育外，更侧重"新生活精神"教育。1946 年，北平市政府曾对市政府暨各局职雇员学历状况进行调查，统计结果见表 2-7。

表 2-7　1946 年北平市政府暨警察局职雇员学历统计

单位：人，%

学历			共计	市政府	社会局	教育局	工务局	公用局	财政局	卫生局	警察局	地政局	百分比
总计			1518	269	143	136	148	116	171	139	275	121	100
国外留学	研究院	毕业	2	—	—	—	—	—	—	2	—	—	0.13
		肄业	1	—	—	—	1	—	—	—	—	—	0.07
	大学	毕业	29	12	1	1	3	6	—	4	1	1	1.91
		肄业	2	1	—	—	—	1	—	—	—	—	0.13
研究院		毕业	7	1	3	3	—	—	—	—	—	—	0.46
		肄业	7	—	1	4	—	1	—	1	—	—	0.46
大学		毕业	431	71	70	68	54	35	28	32	46	27	28.39
		肄业	49	14	2	3	6	6	4	4	6	4	3.23
专科学校		毕业	211	40	20	12	20	9	16	38	24	32	13.90
		肄业	11	2	—	—	1	3	—	1	2	2	0.73
军事学校		毕业	39	13	1	1	—	—	7	4	12	1	2.57
警官学校		毕业	127	3	2	—	—	4	6	1	110	1	8.37
中学	高中	毕业	67	7	9	2	4	11	8	9	11	6	4.41
		肄业	3	2	—	—	—	—	—	—	1	—	0.20
	初中	毕业	280	43	18	23	19	24	61	24	34	34	18.45
		肄业	36	4	1	4	2	2	3	3	12	5	2.37
师范学校		毕业	53	10	6	2	5	4	12	8	2	4	3.49
		肄业	4	—	1	—	—	1	—	1	—	1	0.26
职业学校		毕业	62	15	2	4	21	4	9	5	2	—	4.08
		肄业	2	—	—	1	1	—	—	—	—	—	0.13
高小		毕业	22	1	1	—	—	6	4	—	4	—	1.45
		肄业	1	—	—	1	—	—	—	—	—	—	0.07
训练班或讲习所			39	4	5	7	4	1	8	2	5	3	2.57
私塾			7	3	—	—	1	—	—	—	3	—	0.46
其他			7	4	—	—	—	—	3	—	—	—	0.46
不明			19	19	—	—	—	—	—	—	—	—	1.25

资料来源：北平市政府编《光复一年之北平市政》，第 145 页。

---

① 北平市政府编《光复一年之北平市政》，第 29 页。

由表 2-7 可知，此时警察局职雇员总体受教育水平较前有一定提高。另据同年进行的职雇员年龄统计，警察局职雇员总计 275 人，其中 31~35 岁的人数为 63 人，36~40 岁的人数为 58 人，合计 31~40 岁的人数为 121 人，占总人数的 44%。① 可见，警察局职雇员多较为年轻，身体素质也较好。1947 年底，北平警察局局长在市参议会报告中，对警察在维持治安方面的工作予以肯定，对其勤务能力比较认可。以盗匪案件为例，"颇能迅速破获，达成保安的目的，计自今年正月至十月，共破获盗劫案件 97 起，得男女犯 147 名，其中有 22 起，是当场破获的"。②

概括而言，近代北京警察素质在不同时期不同层级中有着比较明显的差异，这一方面与其来源构成有着密不可分的联系，另一方面也与当时社会形势密切相关。社会经济的状况对警察素质也有一定的影响。清末民国时期，北京警察的素质相对全国警察来说，整体较佳，这与地方政府注重教育训练，长官负责督导考核也有很大关系。据 1928 年 11 月报载，北平公安局局长赵以宽，为增长巡官具有三民主义知识及高深警察能力起见，特设一教练班，并传令各区署长，每区派出巡官两人听受新教练。③ 12 月又有报载，北平特别市公安局拟将各区署原有巡官长警等级切实进行考核，对勤务重要的巡官长警均酌量予提升一级或二级。对于消防、侦缉、马巡、保安各队事务，也拟有改善办法。④ 1931 年 3 月 30 日，内政部制定《长警补习所章程》，要求各省市县公安局依照章程规定，每次酌抽局内现役长警 2/10 或 3/10，轮流训练。训练时长以两个月为限，期满考试，及格者给予修业证书，饬回服务；成绩优良者，得存记提升；不及格者，得留入下期补习；如认为不堪造就者，应即开除。⑤ 北平市响应号召，专设警士教练所。警士教练所的训练，不限于知识方面，对于体格和精神两方面，也同样注意。"体育"和"兵操"两科是为训练姿势和仪容的，"精神讲话"是为训练品性的，"精神讲话"中又特别注意"民族意

---

① 北平市政府编《光复一年之北平市政》，第 147 页。
② 北平市政府编审室编印《北平市政府公报》第 3 卷第 1 期，1948 年 1 月，第 2 页。
③ 《各区署选派巡官受新教练　昨由公安局加以考试》，《顺天时报》1928 年 11 月 6 日，第 7 版。
④ 《各区署将改善官警待遇　并责成长警勤务》，《顺天时报》1928 年 12 月 10 日，第 7 版。
⑤ 陈允文：《中国的警察》，第 95~96 页。

识之灌输"。① 据统计，警士教练所的学警第一期从 1930 年 4 月入所，1930 年 10 月出所，额定人数 80 人，毕业人数 69 人。1936 年 1 月，警士教练所改称警察训练所，并将在所的第十期学警改为学警教育班第一期，1936 年 3 月出所，额定人数 160 人，毕业 158 人。从 1936 年 3 月开始进行新警第一期训练，每期一个半月，第一期额定人数 160 人，毕业 155 人，第二期额定 160 人，毕业 158 人。② 此外，北平市公安局历任负责长官都很重视对官警的训导，如 1935 年元旦之际，局长余晋龢发表演讲《警察官吏的素养及团结》，要求各警官："（一）明白事理，存心要廉。（二）处治事务，存心惟仁。"③ 同年 10 月，局长祝瑞霖训令警察官吏："一方固宜注意重学识，一方更须注重品格。……各该科处署队长官，对于所属人员及巡官长警，应本此意严加注意考核，其有行止不检，逾常轨者，应即认真检举，以保警誉。"④ 11 月，局长张维藩训令："在事员警，一方面固要通上澈下，切实合作，一方面尤要真诚和蔼，树立表率……平市警察，向有好评，……今后应如何本其服务心得，使固有荣誉，益发扬而光大，……望我同仁加以深刻注意：（一）遵守纪律；（二）注重容装；（三）勤慎职守；（四）应付事务。"⑤ 1936 年 1 月，局长陈继淹对巡官长警训话，要求"第一要尽职守爱名誉。第二要爱护人民处事和蔼。第三做事说话要诚实。第四要爱护身体。第五要暇时务自修"。⑥

　　当然，北平警察整体素质较佳也只是相对而言，主要在 20 世纪二三十年代较为突出，随后趋于低落，及至 1948 年时北平警察局局长深感"员警的素质尚待提高。本市旧有的警察，积习太深，以致影响工作的效

---

① 姜春华：《北平警政概观》，第 65 页。
② 北平市政府秘书处第一科统计股主编《北平市统计览要》，1936，第 61 页。
③ 北平市政府公安局编辑处编印《警务旬刊》第 1 期，1935 年 1 月，第 1 页。北京市档案馆藏，档案号：J181-001-00379。
④ 北平市政府公安局编辑处编印《警务旬刊》第 21 期，1935 年 11 月，第 7~8 页。北京市档案馆藏，档案号：J181-001-00381。
⑤ 北平市政府公安局编辑处编印《警务旬刊》第 22 期，1935 年 12 月，第 9 页。北京市档案馆藏，档案号：J181-001-00381。
⑥ 北平市政府公安局编辑处编印《警务旬刊》第 24 期，1936 年 1 月，第 5~6 页。北京市档案馆藏，档案号：J181-001-00381。

率，遇事很难达到理想的要求"。[①] 北平警察素质下滑的原因是多方面的，日伪统治北平时期的社会形势是最为重要的因素。此外，军人转入警界服务，把军队中粗暴的不良作风带到警察队伍中，也对警察队伍建设产生一定影响。时人曾有言："我国警界，从前成了钻营幸进之人的麇集地方。过去的地方长官，每喜任用军人做警察局长，以为军人有魄力，只要能够镇压地方，他非所问。"[②] 这是对全国警察情况的一种描述，北平警察多少也会如此。

总之，北京警察自清末诞生以来，到南京国民政府统治结束前，一方面其整体素质有了较为明显的提高，尤其是在专业化方面，对现代警察的认识也更加深入；另一方面亟须改善之处也客观存在。这与警政的建设是紧密相连的，也是紧扣社会变化的。

---

① 北平市政府编审室编印《北平市政府公报》第 3 卷第 1 期，1948 年 1 月，第 2 页。
② 郑宗楷编著《现代警察之理论与实际》，上海正中书局，1942，第 3 页。

第三章

警察与近代北京城市管理

　　警察是城市管理的一支重要力量，但不同历史时期的警察在城市管理中扮演的角色和起到的作用是不断变化的。根据陈允文先生对警察的界定，警察要"维持国家社会的秩序与安宁，并且预防公共一般的危害"。①可见，警察首要负责的是关系公共安全的工作。公共安全是社会进步和文明的标志，是人民群众最现实、最关心、最直接的利益所在。因此，警察是国家内政的重要组成部分。在美国，城市的警察部门是执行法律和维护公共安全的重要力量。它的主要任务是维护城市秩序，缉捕罪犯和维护交通秩序。② 而在近代中国，城市警察的职责要更为广泛，尤其在现代市政制度未建之时，警察甚至扮演着城市综合管理者的角色。北京创建现代警察制度后，警察出现在市民社会中，成为城市管理的多面手，几乎负责城市所有的事务，包括社会治安、道路交通、消防安全、公共卫生、户口编查、商业营业、慈善救济等，触及民众生活的方方面面。对此，美国学者史明正也曾指出："巡警总厅对民政部负责，在清朝最后数年的市政管理中起着重要作用。由于北京警察接管了前市行政管理机构的许多责任，它的职责范围要比西方警察广泛得多。……至1914年市政公所成立前，京师警察厅一直是北京全城的管理机构。除了管理北京城的交通、维持法律与秩序外，警察还负责征收捐税，进行人口普查，对新闻媒介进行检查监督。"③ 1914 年 6 月，京都市政公所成立。从

---

① 陈允文：《中国的警察》，第 5 页。
② 尹艳华：《现代城市政府与城市管理》，上海大学出版社，2003，第 132~133 页。
③ 〔美〕史明正：《走向近代化的北京城——城市建设与社会变革》，第 29 页。

1914 年到 1928 年，北京的市政管理体制由京都市政公所和京师警察厅两个官僚机构组成。它们彼此独立，各有明确的职责范围，市政公所负责城市的总体规划和基础设施管理（如道路和沟渠的建造与维修），京师警察厅集中负责维持秩序、征收捐税、人口调查、消防和商业管理，但两者在许多方面进行合作。

1928 年国民政府将北京改名为"北平"，被定为特别市。北平市政府机构进行了大幅重组，成立财政、土地、社会、公安、卫生、教育、工务、公用八个局。原京师警察厅改组为北平特别市公安局，后来又改称为警察局，伴随机构的调整变动，警察职责也日趋专业化，主要负责治安和维持秩序，其他职责转给其他各局。近代北京警察自诞生后，经过几十年的发展演变，由城市的综合管理者的角色转变为专门负责维护社会治安秩序的角色。近代北京警察管理职责的调整和变化，在一定程度上反映了城市近代化转型的历程，也是近代中国城市管理由粗放向精细转化的生动写照。

第一节　警察与城市社会治安管理

所谓社会治安，是指国家通过法律、法规和运用警察职能以及行政管理手段所建立起来的一种稳定、安宁的社会秩序。治安管理，指国家为维护社会秩序和公共安全，保护公民合法权益和国家经济建设，对社会实行的行政管理工作。[1] 自清末现代警察诞生后，及至民国时期，管理城市，维护社会治安是警察最为主要的职责所在。在近代北京，警察的社会治安管理范围比较广泛，包括维护城市社会治安秩序，保障市民的生命财产安全，预防和打击犯罪，维护社会风化，管理商业营业秩序，进行户口调查，保护城市公共设施，管理和控制公共集会与结社，管制危险物品以及减少其他一切人为或自然灾害对市民造成的人身和财产损害，等等。社会治安是政府和广大民众都十分关心的问题，需要政府和民众都参与互动。近代北京警察在城市治安管理工作中经过不断摸索，逐渐形成一种政府、

---

① 夏征农主编《辞海》（1999 年版缩印本），第 1102 页。

警察与民众互动作用的模式。在具体实践中，政府首先制定一系列的法规条例作为警察执法的依据，进而警察在履职中与民众互动，其间有成效，也不免有不当之处。

一　一般社会秩序维护

维护社会治安是警察的首要责任，也是国家执政的基础。"警察之行政俱须根据于法律命令以行其职务。"① 因此，在现代警政引入中国并不断推行的过程中，为充分发挥警察职能以维护社会治安，政府尤为重视警察法制建设，先后出台一系列法律规章。这些警察法规是调整警察机关和警务人员活动的法律规范，也是警察履职的法律依据，为社会治安管理工作提供了法律保障。近代关于社会治安管理的法规章则种类繁多，涉及范围广泛，例如，清末民政部先拟订了《酌拟集会律草案》，随后 1908 年 3 月 14 日奏定《报律》，5 月初制定《违警律》。民国时期，1912 年 12 月 15 日北京政府公布《戒严法》；1914 年 3 月 2 日制定《治安警察条例》和《警械使用法》，同月通过《预戒条例》，4 月 2 日公布《报纸条例》，12 月 5 日颁行《出版法》；1915 年 11 月 7 日公布《违警罚法》；1928 年 7 月国民政府再次公布施行《违警罚法》；1933 年 9 月 25 日国民政府又公布了《警械使用条例》；1936 年 2 月 20 日《维持治安紧急办法》公布；1943 年 9 月国民政府再次公布《违警罚法》；等等。关于警察事务的法规章程，多是面向全国施行，北京自然也适用。在这些法规中，较重要的是清末制定的《违警律》，它的出台带来了一种全新的依法行政、依法治理的理念。清末《违警律》所确定的法定违警罪，使近代罪刑法定主义原则得到了体现。该法律的实施，使这一原则在中国法律史上第一次具有了实践意义。诸多与维护治安相关的法律相继出台，反映了政府为维护社会治安所做的努力，但实际如何执法则主要依赖警察的行动。

---

① 《言论　南京警察学堂潘瑨华张侠琴二君上江督警务条陈纲要八则（附消防一则）》，《大公报》（天津版）1905 年 9 月 2 日，第 1 版。

　　近代北京的警察在维护城市治安工作中不断摸索，逐渐形成一种预警为先、违警惩罚教育继后的管理模式。城市社会是无穷复杂的，尤其是北京这种五方杂处的大城市，每天发生的涉及治安的事件无法计算。美国学者威尔逊曾言："秩序是一个观念问题，而且维持秩序的方法是一种艺术，而不是科学。尽管这是警察最头疼的工作，却也是他们最常见的工作。"① 伴随现代警察制度的创建，警察出现于北京市民生活中，在维护城市社会治安方面逐渐发挥出他们的作用。

　　为预防违警现象出现，除由政府制定许多规章，警察机构也时常通过出示告示的方式向广大民众宣传各种违禁事项，以期毋犯。例如，据报载，1902年肃亲王善耆发布告示："近闻有无知匪徒假冒本府宗族亲戚暨当差人等以及本衙门工巡总局员弁差役等在外招摇，借端需索，种种情弊，殊堪痛恨，亟应严行查禁，为此示仰各该地面官兵巡捕人等一体访查，如查有前项各情，无论何人，立即按名锁解本衙门，从重究治，决不姑宽，该官兵有扶同徇隐庇纵情事，定行一并惩办。"② 1916年4月1日，为维护社会秩序稳定，京师警察厅通告各界人民，凡在京城居住者，"如有无故惊疑搬家出京者，即系扰乱秩序，本厅亦当施以干涉，业经通饬各区署随时注意，遇有此等情事立即劝导，如不服阻止即严加干涉，以维公安"。③ 1928年1月5日，为维持秩序、保卫治安，京师警察厅发布布告，"此后无论何项匪徒假借何项机关名义侵入宅内者，倘无巡警在场，务须登时派人密向就近警察路段区署驰报，以便扣留严办示儆，幸忽隐忍不言自贻伊戚也"。④ 11月底，北平公安局局长针对内外城抢案接连而起的情况，除令侦缉队加强破案外，还召集各区队长等就防缉盗匪事情会同议定周密布置办法，并将防盗布置办法印刷多张公布周知，以安人心。防范盗匪办法列有数条，包括"昏暮慢开门，各户宜协助""遇有可疑者，应随时报警""侦知匪踪迹，

① 〔美〕詹姆斯·Q.威尔逊：《官僚机构：政府机构的作为及其原因》，孙艳等译，生活·读书·新知三联书店，2006，第51页。
② 《中外近事　北京　肃王告示》，《大公报》（天津版）1902年6月29日，第1版。
③ 《京兆　京师警察厅之通告》，《大公报》（天津版）1916年4月3日，第6版。
④ 《京师警察厅布告（司法）》，《京师警察公报》1928年1月6日，第2版。

密告者有奖"等。① 1929 年 10 月底，北平警备司令部、宪兵司令部、公安局会商厘定戒严办法五条，布告商民人等一体遵照。② 七七事变后，为"维持治安"，日伪北京地方维持会特制定《特种犯罪临时处理法》，布告指出特种罪包括"暴动及骚扰罪""妨害交通及通信罪""间谍及通谋罪""有害治安之政治运动及思想运动罪"等共计 15 条，"犯前项各条款之罪者处死刑，但对于犯罪情有可悯者得酌量减轻其刑"。③ 随后，为"强化地方治安"及清理户籍，伪华北政务委员会制定《居住证及旅行证颁发办法》，伪北京特别市公署接令后特发布告："凡在本委员会所辖区域内居住之人民，年满十二岁至六十岁者，均须依本办法向发给机关请领居住证。凡持有居住证者，在本委员会所辖区域内得以通行无阻。凡未持有居住证或旅行证者，不得乘坐火车、长途汽车、船舶或飞机。"④ 日伪警察局随即饬令各分局于 8 月 1 日以前挨户发放申请书证，并加紧办理申请登记手续。后为推动工作深入进展，又发通告："凡未领有居住证者，统限于 8 月 15 日以前，自行径赴该管派出所具保申请领证（住旅店者仍赴警局请领）。即定于 16 日开始实行大检查，至时倘仍有匿不具领，决予罚办。"⑤

除开展治安宣传外，布置防务工作是警察治安管理中的另一项重要内容。例如，1933 年，北平特别市公安局为"戢盗安民"，特厘定"防匪缉匪办法"，内容包括配置法、预防法、侦查法、联防法、兜拿法、奖罚法，以及调查在乡军人、检查自卫枪械、试办连坐法、扩充请愿警等十项，其中联防法又分为三方面："（一）区段联防，平时各区巡官长警，仍各就其派定地段服务，遇有匪警发生，邻区邻段，一体动员，前往兜拿。（二）军警联防，各地区内之警宪，应与各该地区之警戒部队，

---

① 《公安局议定防盗布置法》，《顺天时报》1928 年 11 月 30 日，第 7 版。

② 《北平实行戒严（布告戒严办法五条）》，《大公报》（天津版）1929 年 10 月 31 日，第 4 版。

③ （伪）北京地方维持会编《北京地方维持会报告书》（上），1938，"章则"第 35～36 页。

④ 北京市档案馆编《日伪在北京地区的五次"强化治安运动"》，北京燕山出版社，1987，第 157～159 页。

⑤ 北京市档案馆编《日伪在北京地区的五次"强化治安运动"》，第 164 页。

协力达成警戒巡查任务。(三)省市联防。"① 为加强治安防控,公安局还提出"装设防匪专机电话、设置防匪警车队、劝设警报电铃、劝募巡夜更夫、遣送散兵游勇、举行临时总检查"等举措。此外,为协助警察侦防盗贼,还制定了"添募更夫协同巡夜办法"12 条,由公安局饬令各区署会同自治区坊人员劝募,并责成管段巡官巡长切实指挥训练,随时考查。1934 年,公安局为戒防匪类出入市境,危害治安,特就扼要处所设立盘查所 15 处,加强匪患排查。此外,为便于辖境四郊通信联系,维护治安秩序,公安局还加强四郊电话设备的装置,第一期就四郊冲要及偏僻处所安设 57 具,又于警段适中地点,加设交换机 9 具,共 66 具。② 日伪统治北京期间,为维持统治秩序,从 1941 年 3 月至 1942 年 12 月,相继进行五次"强化治安运动",其中第一次运动期间着重开展"非常警戒"演习,在天安门迤东举行警察队非常呼集训练,参加官长警共计 300 名,均能于十分钟内到达集合地点。③ 在第三次"强化治安运动"期间,伪警察局为加强经济封锁,特发"城门检查实施办法"及员警配备表,要求驻守城门职员"凡实施检查时,有关治安及经济警察事项列下:A、对于私运枪械弹药者;B、未带居住证或身份证者;C、携带鸦片及烈性毒品者;D、携带有妨害治安之文书及图画者;E、关于经济警察上之取缔之物品种目另定之。"④ 抗战胜利后,北平城郊防务由警察局统筹治安方策,城区加强城门检查,夜间巡哨,增驻军队,郊区主要办理清查户口、修筑碉堡、增驻警队、训练民团等工作。此外,警察局与警备司令部会商于城郊扼要地方,增设防御工事,共完成414 处。⑤ 1947 年 4 月 25 日,《北平市各区户长联保连坐实施办法》公布,规定"各区取具联保连坐切结应由区长督同保甲长,并会同当地警察机关人员指导各甲户长办理。各区保甲之住民有下列行为之一者,除将本人依法治罪外,其具结之各户长应一律连坐,各科以五千元以下之罚锾或十日以下之拘

---

① 北平市政府秘书处编《北平市政府二十二年下半年行政纪要》第 1 期,1934,第 15～16 页。

② 北平市政府编《北平市政府二十三年上半年行政纪要》第 2 期,1934,第 27 页。

③ 北京市档案馆编《日伪在北京地区的五次"强化治安运动"》,第 35～36 页。

④ 北京市档案馆编《日伪在北京地区的五次"强化治安运动"》,第 212 页。

⑤ 北平市政府编《光复一年之北平市政》,第 28 页。

留。一、为盗匪或危害治安者；二、勾结或窝匿盗匪及危害治安者；
三、窝藏匪脏［赃］或持有危害治安证件者；四、私藏军火不依法登记
者；五、为贩卖吸售鸦片或毒品者"。① 这些防务工作的开展，为维护城
市治安奠定了基础，提供了基本保障。

　　然而，实际上，尽管警察机关为预防违警犯罪行为一再发布安全通
告，并施行了多种防务举措，不遵令者仍不可避免。面对这种情形，警
察根据法律赋予的权力，缉捕查拿违警犯罪之徒。由于关乎治安事项异
常繁杂，警察维持治安的任务尤多，涉及民众生活的方方面面。

　　首先，警察有注意巡查路人、盘问可疑人犯、查验邮件传单等职权，
以防匪徒潜匿，危害社会治安。据报载，1903 年，北京哄传"拳匪闹
教"，致使人心浮动，为稳定秩序，每天各巷口驻扎巡捕数人，至深夜遇
行人必盘问详细然后放行。② 1909 年 7 月，民政部除谕令各警探严行查缉
匿名函帖外，并咨行邮传部转饬各邮局，对于可疑邮件务必详细稽查。③
1916 年 5 月底，为"严防奸宄潜入北京"，京师警察厅总监传令各岗警每
夜 12 点以后遇有行人，无论是否持灯，稍有可疑即应深加盘诘。④ 1925
年又有报纸报道《盘获可疑之车夫》新闻一则，讲西直门内横桥地方守
望巡警于夜内值勤时，见一人力车夫拉着大行李一件，并无人跟随，形迹
可疑，上前盘诘，后因车夫说得离奇，遂即一并带往内右四区讯办。⑤
1932 年 7 月，报纸又载消息，称外五区署及公安局侦缉队在天桥地方缉
查散发传单的四名青年，解送公安局讯办。⑥ 警察严查可疑人员及可疑邮
件传单等的报道还有很多，通过这些媒体报道，可大致管窥警察维持社会
治安工作的一般实景。

　　其次，针对盗窃劫掠诱骗欺诈等一般案件，警察均负有侦缉逃匪、拘

---

① 《北平警察处关于抄发各区户联保连坐实施办法及防止适龄壮丁增减年龄及逃避纵横办
　法的训令》，北京市档案馆藏，档案号：J184-002-02303。
② 《中外近事　北京　巡警颇严》，《大公报》（天津版）1903 年 3 月 13 日，第 2 版。
③ 《北京　严侦匿名函帖》，《大公报》（天津版）1909 年 7 月 20 日，第 5 版。
④ 《京兆　警察厅之盘诘夜行》，《大公报》（天津版）1916 年 5 月 28 日，第 6 版。
⑤ 《社会新闻　盘获可疑之车夫》，《京兆日报》1925 年 10 月 2 日，第 3 版。
⑥ 《北平发现反动传单　军警昨捕获四人》，《大公报》（天津版）1932 年 7 月 28 日，第
　4 版。

捕人犯的责任，由侦缉队主要负责。这方面的案例很多，据报载，1911年10月，外城一带屡有明火抢劫之盗，由巡警拿获30余人解交地方审判厅审讯。① 1919年2月7日，灯市口发生王方铺家二人被人砍伤，丢失金镯、皮衣等案件，警察厅侦缉队展开侦查，一日之内即破获案件，将案犯抓捕。② 1925年11月21日，在东珠市口地方，侦缉队拿获南城外六个女扒手，旋送警察厅惩办。③ 1936年4月，侦缉七小队小队长文成富、西郊署长林艳宾，会同外四区长警，在西便门内大街96号捕获盗墓匪马福山一名。④ 至1947年8月，北平警察局在工作报告中总结称："本市近三个月来共计破获抢劫案件29起，男女人犯60名，内有当场破获者8起，分别解送有关机关法办。"⑤ 大大小小的盗窃劫掠诱拐等案不时在京城发生，尽力查拿匪犯是警察工作的日常。这些案件的及时处理看似平常，却又直接关系着整个社会治安网络的运转。

再次，针对集会结社、游行示威、罢工罢课等群众性事件以及涉及命案的案件，因其社会影响更为广泛，关系治安尤甚，警察特别注意，在实际执法过程中，努力从多方采取举措，力图和平解决，平息纷争，迅速破获人犯，不致引发大的社会动乱。

先看集会结社与游行示威管理方面。自现代警察制度创建以来，结社管理是警察的一项重要职责。所谓结社，按照《结社集会律》的解释，即"凡以一定之宗旨，合众联结公会，经久存立者皆是"。⑥ 结社管理，即社会团体管理。社会团体在清末称会社、学会，民国时期称人民团体或民众团体，它是具有某些共同特征的人相聚而成的互益或公益性组织。⑦ 清末，针对结社集会管理，1906年由巡警部拟定《集会律草案》，首次赋予警察机关有对各项政治集会及游行活动审核批准、监督查询直至禁止和

---

① 《北京　都中拿获匪徒》，《大公报》（天津版）1911年10月21日，第5版。
② 《本京琐闻　灯市口命案破获》，《京报》1919年2月9日，第3页。
③ 《社会新闻　拿获六个女扒手》，《京兆日报》1925年11月23日，第3版。
④ 《一批盗墓匪落网》，《大公报》（天津版）1936年4月23日，第6版。
⑤ 北平市政府编审室编印《北平市政府公报》第2卷第17期，1947年9月，第1页。
⑥ 戴鸿映编《旧中国治安法规选编》，第43页。
⑦ 参见郭凡《近代广州警察城市管理史话》，花城出版社，2015，第74页。

处罚的权力。① 1908 年初，清政府颁布《结社集会律》作为依法管理的依据，其规定：政事结社应由倡始人于该社成立前，将宗旨、名称、社章、办事处、现有入社人数等情况呈报该管巡警官署或地方官署，在京呈由民政部核准；政论集会及室外道旁集众开会或游行，应由倡始人于会前 1 日将宗旨、开会时间、会场、倡始人姓名、履历、住址及现有入会人数等情况呈报所在地方该管巡警或地方官署；政事结社人数以一百人为限，政论集会人数以二百人为限；无论何种集会或整列游行，巡警或地方官署为维持公安起见，得量加限禁或饬令解散；凡秘密结社，一律禁止。② 很明显，此时期警察作为政府进行社会行政管理的重要力量，管理结社是其职责所在。

进入民国后，在北京政府时期，1914 年公布的《治安警察条例》对集会结社管理进行规定，明确指出："行政官署对于下列事项，得行使治安警察权：政治结社及其他关于公共事务之结社；政谈集会及其他关于公共事务之集会；屋外集合及公众运动、游戏或众人之群集；劳动工人之聚集。"③ 到南京国民政府时期，由于政府管理职能的细化，结社管理的职责转由社会和警察两局共同承担，相应制定了一系列管理规章。日伪统治北平时期，为维护统治秩序，对结社管理非常重视。1939 年 10 月 20 日《北京特别市自由职业团体管理规则》公布，规定："凡组织自由职业团体必须先拟具章程草案，连同发起人履历表，经呈报本市警察局核准筹备后，再向社会局声请立案。自由职业团体经社会局批准立案后，筹备竣事应先造具会员名册，定明开成立会日期呈报社会局派员监视投票选举职员，并分呈警察局派员参加。"④ 同时期还公布了《北京特别市宗教团体管理规则》和《北京特别市文化团体管理规则》，前者规定："凡拟组织宗教团体必须先拟具章程草案，经呈报警察局查核批准筹备后，再向社会局声请立案。宗教团体每年必须开总会一次，开会时应先期呈报社会局及

① 北京市地方志编纂委员会编《北京志·政法卷·公安志》，第 106 页。
② 戴鸿映编《旧中国治安法规选编》，第 43~45 页。
③ 戴鸿映编《旧中国治安法规选编》，第 107 页。
④ 《北平市警察局令发城区街巷公益会章程办事细则、自由职业团体文化宗教团体管理规则》，北京市档案馆藏，档案号：J181-017-00066。

警察局派员监视。本规则除宗教团体外，于公益团体及妇女团体亦准适用之。"后者规定："凡欲组织文化团体者，先由发起人向警察局申请许可筹备，然后将章程草案、发起人履历表连同许可文件呈报教育局，经派员视察认为合格时方得核准立案。"① 北平光复后，针对结社、集会、游行等关乎治安问题的管理，也制定相关规章法令作为执法依据。1946 年内政部谕令《人民团体游行注意事项》："凡在各地团体游行者，其负责筹备人员须于事前叙明下列事项：（一）负责筹备人姓名年龄职业住址；（二）游行宗旨；（三）集会地点；（四）游行日期及时间；（五）经过路线。"呈报当地治安主管机关（警察居所或县政府），以便保护，游行时间以白昼为原则。② 随后，北平市政府制定公布《北平市人民团体集会游行遵守事项》，规定凡团体游行，其负责筹备人员须于事前七日叙明游行宗旨及人数、集会地点、游行日期及时间、经过路线及负责筹备人姓名、年龄、职业、住址事项，呈报警察局转北平行营候核准后方得举行。游行时如散发印刷品张贴标语须事先检送警察局备考。未经核准之人民团体不得集会或游行，其核准之团体集会不得临时发起游行事项。③ 8 月，《北平市剧社管理规则》公布，规定：剧社应依手续呈报社会、警察两局备案后方准成立，国剧社、评剧社、杂技社均应开具全社人名单，注明性别、籍贯、年龄、住址、所任角色及本业公会证明书并取具妥实铺保三家；话剧社应备社剧组织大纲、全社职员及演员履历表（贴相片）、基金证明在国币三千元以上并取具妥实铺保三家；各剧社自行解散及社长、重要演员与社址如有变更时，应随时呈报警察、社会两局备案；各剧社违反本规则规定者，按照违警罚法处罚或送法院讯办。④ 1947 年 7 月修正公布的《违警罚法》也有类似条款，如规定未经官署许可，聚众开会或游行，不遵解散命令者，处五日以

①　《北平市警察局令发城区街巷公益会章程办事细则、自由职业团体文化宗教团体管理规则》，北京市档案馆藏，档案号：J181-017-00066。
②　《北平市警察局令发北平公益慈善事业筹款限制办法和人民团体游行注意事项》，北京市档案馆藏，档案号：J181-014-00308。
③　《北平市警察局令发北平公益慈善事业筹款限制办法和人民团体游行注意事项》，北京市档案馆藏，档案号：J181-014-00308。
④　北平市政府编审室编印《北平市政府公报》第 1 卷第 7 期，1946 年 9 月，第 10～11 页。

下拘留或三十元以下罚锾。①

　　在实际的管理中，鉴于集会结社、团体游行的管理稍有不慎，便可能会造成影响社会秩序与公共安宁的后果，警察机关在审核活动申报时严格管控，即使依法开展的集会游行也加强监督，此外，对易引起治安问题的集会游行直接禁止或饬令解散，对违令不遵者甚至强行逮捕。1935年，为加强对社会团体的监管，密切注意其动态，北平市特展开调查，各团体数量及会员人数情况见表3-1。七七事变后，伪北京地方维持会严禁集会结社，对"华北人民自治会"呈请立案之事批示不准并饬解散，鉴于地方仍存有借该会名义向各县活动的情形，即通令各伪县政府"遇有此等组织即予解散，并严切查禁该会不法分子的政治活动"。②

表 3-1　1935 年上半年北平市社会团体调查

单位：人

项目	农会	工会	商会	同业工会	教育会	学生会	妇女会	文化团体	自由职业团体	慈善团体	公益团体	宗教团体	其他
团体数	4	10	1	78	—	—	2	6	2	22	19	9	—
会员数	71	4388	91	8782	—	—	132	542	394	3812	2120	1596	—

　　资料来源：《北平市人民团体调查表及各慈善团体名单》，北京市档案馆藏，档案号：J002-002-00063。

　　再看有关罢工罢课等群众性事件的处理，因为此类事件社会影响面较广，易引发社会舆论关注，所以警察在处理方式上，一方面注意联络相关单位共同努力劝告并施压阻止，力图和平复工复课，另一方面对不听劝解者施以武力干涉，甚至强行逮捕罢工罢课人员。例如，1911年8月，内城巡警总厅侦查发现城内各学堂学生轻听谣言纷纷请假告退，对治安颇有妨碍，难保不别滋事端，故向民政部声请由部咨商学部转饬督学局，会同各学堂管理员、教员切实开导学生，不要轻听浮言，自相惊扰，致误功

---

① 戴鸿映编《旧中国治安法规选编》，第366页。

② （伪）北京地方维持会编《北京地方维持会报告书》（上），"社会"第78页。

课，对不属于学部的学堂也请分咨各该管部署，通饬各学堂学生照常上课，不准借词罢学。① 接到内城巡警总厅声请后，民政部很快给高等巡警学堂下发传知，"通饬学堂照章上课，不准借词罢课"。② 随即，民政部又向学部、农工商部、邮传部、度支部、陆军部、外务部、法律学堂、贵胄陆军学堂、贵胄法政学堂、资政院等部门发去咨文。③ 1916 年 4 月，财政部印刷局工人因要求花红不遂而同盟罢工，京师警察厅侦查后将工头十余人暂送习艺所，充当苦工。④ 1919 年 5 月 21 日，针对学生罢课游行情况，警察局发布公告，严禁学生罢课游行。22 日，有警察多人闯入朝阳学院，殴伤学生十余人，逮捕数人。⑤ 1936 年 4 月，《世界晚报》及《公民报》因刊载与哈密回民生活相关的文字，引起市内一部分回民反感，发生回民捣毁世界日报社的事件。后经市府专员、公安局督察长、侦缉队长、律师、新闻记者公会代表等从中调解，和平了结。⑥

此外，命案事关重大，警察第一时间侦查缉捕罪犯最为重要，随后审讯破案也有明确的工作流程。这方面的案例也很多，有的案件是因生活矛盾激化而成，有的案件是因利益冲突而发。例如，1933 年 3 月底，外四区署巡官尚全成侦悉，在蔡家楼七号朱殿云家寄居的朱德顺有在通县杀人嫌疑，立即将其捕解到局提讯。经讯问，嫌疑犯供认用菜刀砍伤儿媳周氏，儿媳因伤身死，她避匿到此，讯明后警方除函通县政府传讯周氏母家取供质证外，将该犯送北平地方法院讯办。⑦ 1934 年 6 月，外五区城隍庙街双柳树二号发生一起凶杀案，住户董荣用刀砍伤九人，凶手

---

① 《申为请咨学部各衙门劝谕学生等应照常上课事》，中国第一历史档案馆藏，民政部档案，档案号：21-0851-0001。

② 《为通饬学堂照章上课不准借词罢课事给高等巡警学堂的传知》，中国第一历史档案馆藏，民政部档案，档案号：21-0851-0002。

③ 《为请通饬各学堂照常上课不准借词罢学事给学部等的咨文》，中国第一历史档案馆藏，民政部档案，档案号：21-0851-0004。

④ 《京兆　京师警厅处置财部印刷之罢工人》，《大公报》（天津版）1916 年 4 月 4 日，第 6 版。

⑤ 北京市地方志编纂委员会编《北京志·政法卷·公安志》，第 108 页。

⑥ 《回民与两报馆纠纷　经各方调解已和平了结》，《大公报》（天津版）1936 年 4 月 11 日，第 6 版。

⑦ 《北平市政府公安局业务报告（司法重要案件）》（1933 年 7 月至 1934 年 6 月止），第 28 页。

当场被外五区警察及侦缉第一分队捕获，后转送公安局讯办。① 关乎人命之案件给社会安宁秩序带来莫大影响，警察作用在此时尤为关键，颇受民众关注。

最后，在京城治安管理过程中涉及外国人的事务，关乎外交，关系复杂，警察机关尤为注意，专门制定有保护外侨安全办法，还切实展开防务工作，以防发生危及外国人安全事件。例如，1937 年 7 月，内政部公布《外国使馆人员及外侨保护办法》，规定"各级警察机关，对于境内外人居住，或商店较多区域，应特别注意，妥加保护"。② 在实际工作中，据 1933 年公安局业务报告载，对于外侨，公安局曾饬各区队随时随地妥为保护并加以注意；对于旅居郊区的外侨，公安局还规定了保护办法，通饬区队切实执行。在郊区外人杂居地方及各避暑名胜处所增派骑警保安警车，各队分别布岗梭巡，在扼要地方分遣保安队驻守，并于各通行大道及偏僻地方分派特务队分日搜查。后又在西山八大处安设保侨专电传达消息，饬令各区队随时与邻县警察联络防务，经过周密安排，自施行以后并未发生事件。③ 此外，遇有外国人违警事件，一般警察除要讯明情况，控制事态外，还要及时上报警部，通过照会外国驻华使馆来协调解决。如 1906 年 3 月，在前门外蔡家胡同瑞陞妓馆，"有日人小林猪太郎等三名滋事并毁坏器具，适有六棚巡长马仲达巡逻至此，当在门首询问，排解散去二人，其余一人狂闹不止，并将该巡长手指打伤，后将该寮户于海并一日本人带局讯问"。后经申报警部转致函日本外务省警部核办，讯明情况后，日本外务省警部来函，请将小林猪太郎驱逐回国，其余两名严加谴责，取具不再滋事受书，并严饬其雇主随时管束。接函件后，巡警部批示准其和平了结。④ 可见，近代北京社会环境复杂，涉及外侨的事宜不仅关乎治安管

---

① 《平市凶杀案　董荣愤妻不贞连砍九人　三人毙命余六人亦垂危》，《大公报》（天津版）
　　1934 年 6 月 22 日，第 4 版。
② 丁光昌编《警察法规》（增订本第三版），第 200 页。
③ 《北平市政府公安局业务报告（计划及工作）》（1933 年 7 月至 1934 年 6 月止），第
　　44~45 页。
④ 《关于法日德奥等国兵员在京师内外城违警滋事案件转咨交涉有关文书》（1906 年），中
　　国第一历史档案馆藏，巡警部档案，档案号：37-1-155。

理，还与外交事务相连，需要各方力量的协调，这项工作需要警察直接面对，但事情的解决又不是仅通过警察履职可以实现的，这无疑增加了警察管理京城治安秩序的难度。

警察在维持京师治安过程中，面对复杂多变的社会形势，其履职能力不断得到锻炼，在执行缉捕嫌犯匪徒任务时，更加注意讲究策略，这为保障社会秩序稳定打下一定基础。比如，1905 年 9 月正阳门火车站爆炸案发生后，工巡局除通饬巡捕设法查拿外，并悬赏两万元向各方请求缉拿正凶。① 1918 年 8 月，为拿获屡在京南一带抢劫的巨盗杨万清，南路警备司令通过寻觅眼线，终将该盗及其同伙熊树山捕获。② 罪犯被捕后，警察除对其讯问外，还采取一些特殊处置方法以儆世人。如 1903 年 2 月，巡警在厂甸拿获"剪绺"一名，由公所询明后派巡勇两名押出遍游街市，背后标一白帖，上书"我是白钱贼"五字，以儆效尤。③ 1904 年 5 月，内西华门迤北巡捕公所巡捕拿获素行不法持刀寻殴犯人一名，押在公所枷号示众。④ 悬赏、寻找线人等办法，在一定程度上对抓捕罪犯起到协力作用，而羁押示众等措施，给世人以警戒、震慑之影响，间接对维护治安也有一定积极意义。

综观现代警察诞生以后北京城市治安的状况，其取得的成绩是较为明显的，这反映在当时多有报道。例如，1907 年 3 月报载，"历年正月，白云观及厂甸二处车马纷驰，游人如织，最为著名多事之区。本年则大改旧观，厂甸各种办法，除由警厅刊布图说并设立标识外，其一切乞丐人等均饬警兵认真防范，不准混入会场，故往游之人从未受绺窃之害，白云观每日各门均有巡警指挥出入，章程颇有秩序。……跑马场并未禁止，亦派多数警兵前往弹压，并无拥挤冲突之虑，同一会场也，而蛮野文明今昔迥异，警察进步于此窥其一斑"。⑤ 1910 年春有报道，"（京师缉探局）总办崇铁卿自任事以来调动有方，成绩昭著，共计本年正月迄今已破获大小案

---

① 《时事　北京　悬赏缉犯》，《大公报》（天津版）1905 年 10 月 5 日，第 2 版。
② 《地方纪闻　京兆　警备队拿获巨盗》，《大公报》（天津版）1918 年 8 月 26 日，第 6 版。
③ 《中外近事　北京　拿获小贼》，《大公报》（天津版）1903 年 2 月 8 日，第 3 版。
④ 《中外近事　北京　荷校示众》，《大公报》（天津版）1904 年 5 月 2 日，第 2 版。
⑤ 《时事　北京　弹压会场》，《大公报》（天津版）1907 年 3 月 2 日，第 2 版。

件一百八十余起，其间尤以命盗重案不少，以故颇蒙民政部尚书肃邸之所
嘉奖"。① 到民国时期，1929 年 12 月底有报纸刊载，"北平治安自张荫梧
兼领公安局长、王锡符主任局务以来，数月间整顿尚著成效。……当初到
任之时，大小抢窃之案日有所闻，……近两月以来，官兵一致努力，市面
较前安静矣"。② 另外，社会违警犯罪状况，也可大致反映当时的治安管
理效果。据 1932 年统计，在全国主要城市里，北平辖境内每万人中的违
警犯罪比例是最低的，总体的违警犯罪人数也较少，且公安局破案率最
高。北平治安整体状况在全国主要城市中名列前茅。这与警察的作用分不
开（见表 3-2、表 3-3、表 3-4）。到 1935 年，据统计，总违警人数共
9647 人，其中男性 9009 人，女性 638 人，具体违警事项为：妨害安宁
143 人，妨害秩序 1900 人，妨害公务 15 人，诬告伪证 4 人，湮没证据 1
人，妨害交通 3100 人，妨害风俗 2475 人，妨害卫生 923 人，妨害他人身
体 899 人，妨害他人财产 187 人。③ 另据 1935 年全国警政统计记载，南
京、上海、北平、天津四个主要大城市辖境内每万人中违警人数分别为：
276 人、118 人、40 人、122 人。④ 这时，北平治安状况依然较为良好。

表 3-2　1932 年度各省市违警统计

单位：人

地方别	违警犯数		
	共计	男	女
南京	34887	27352	7535
上海	33089	30478	2611
北平	7717	7365	352
青岛	7901	7499	402
威海卫	2134	2075	59

资料来源：内政部编《民国二十一年度全国警政统计报告》，1934，第 14 页。

---

① 《时事　北京　京师缉探局之进步》，《大公报》（天津版）1910 年 1 月 26 日，第 5 版。
② 《北平警政》，《大公报》（天津版）1929 年 12 月 30 日，第 3 版。
③ 北平市政府秘书处第一科统计股主编《北平市统计览要》，1936，第 62 页。按，原文总
　计为 9747 人，疑计算有误，经核对应为 9647 人。
④ 内政部统计处编《民国二十四年上半年份全国警政统计报告》，第 41 页。北京市档案馆
　藏，资料号：ZQ012-003-00030。

表 3-3　1932 年度各省市所属公安局破获案件统计（院属市及行政区）

单位：件

	总数	鸦片	强盗	窃盗	杀伤	拐卖	伪造货币	掳人勒赎	其他刑事案件
总数	24232	7780	481	5033	3316	816	129	51	6626
南京	4944	2403	8	1026	684	246	13	—	564
上海	7542	2378	365	1621	442	247	52	29	2408
北平	8220	1477	38	1665	1456	198	39	1	3346
青岛	3053	1309	60	644	672	107	25	21	215
威海卫	473	213	10	77	62	18	—	—	93

资料来源：内政部编《民国二十一年度全国警政统计报告》，第 19 页。

表 3-4　1932 年度辖境人口数与违警犯数之万分比

单位：人

	辖境人口数	全年违警犯数	辖境内每万人中之违警犯数
南京	659617	34887	529
上海	1744398	33089	190
北平	1420899	7717	54
青岛	402812	7901	196

资料来源：内政部编《民国二十一年度全国警政统计报告》，第 45 页。

　　北平沦陷后，在日伪统治下，城市治安形势日益紧张，违警犯罪人数较前有所增加，检获案件数下降较显著。其中，1939 年的统计情况，由表 3-5、表 3-6 可见一斑。1941~1943 年，北平违警人数稍有回落，具体情况从表 3-7 可以较为详细了解，分析其原因，应与此时期日伪连续发动五次"强化治安运动"有一定关联。在运动实施期间，日伪警察局对一般治安尤为关注。例如，第三次"强化治安运动"时，对各城郊区便衣侦警一律加以整饬；对分局以下机构进行改革充实，使与警察局本部机构大致相合，以使警察力量渗透深入而谋统辖便利；对四郊警察队配置的整饬，以每郊配备一队为原则，务使与邻县交界区不稍有间隙、疏漏；更新户籍制度，使户籍在区在段异动情况每日均能划一明了。[①]

————————

① 北京市档案馆编《日伪在北京地区的五次"强化治安运动"》，第 189~190 页。

表 3-5　1939 年伪北京特别市违警人数统计

单位：人

项别		共计	人数	
			男	女
违警案件	全市总计	10689	9177*	1513
	妨害安宁	209	203	6
	妨害秩序	3523	2611	912
	妨害公务	4	3	1
	湮没证据	—	—	—
	妨害交通	2092	2039	53
	妨害风俗	2417	1966	451
违警案件	妨害卫生	1931	1880	51
	妨害身体	438	406	32
	妨害财产	75	68	7

注：标 * 数据，原文如此，疑计算有误，经核对，9177 应为 9176，总计数据系作者补充统计而得。

资料来源：（伪）北京特别市公署警察局秘书室编《北京特别市公署警察局业务报告（1939年度）》，"九、统计"类表十六。

表 3-6　1939 年伪北京特别市公署警察局各项检查全年检获案件统计

单位：件

案件类别	街市检查	四郊巡查	城门检查	车站检查	东、南郊盘查	总计
反动案件	—		—	—	—	—
盗窃案件	206	—	51	—	—	257
可疑案件	26		36	3		65
鸦片白面	87		98	327		512
枪支子弹	4	1	6	—		11
私运米粮出境	—		1			1
有伤风化	43					43
私运旧法币	2		1	27		30
违章车辆	984		91			1075
合计	1352	1	284	357	—	1994

资料来源：（伪）北京特别市公署警察局秘书室编《北京特别市公署警察局业务报告（1939年度）》，"九、统计"类表三十四。

表 3-7　1941~1943 年北平违警人数统计

单位：人

时间	总计		妨害安宁		妨害秩序		妨害公务		妨害交通		妨害风俗		妨害卫生		妨害他人身体		妨害他人财产	
	男	女	男	女	男	女	男	女	男	女	男	女	男	女	男	女	男	女
1941年 1月	505	154	—	—	128	119	1	—	79	2	203	30	57	2	20	—	17	1
2月	1018	113	2	—	93	64	1	—	115	8	410	37	358	4	25	—	14	—
3月	642	89	—	—	137	22	—	—	82	—	346	65	58	1	17	1	2	—
4月	602	113	—	—	151	63	1	—	198	1	134	43	46	1	23	1	49	4
5月	550	129	—	—	132	92	1	—	152	2	161	31	68	1	33	1	4	2
6月	485	253	1	—	123	152	—	—	77	1	142	33	97	52	43	15	2	—
7月	523	159	1	—	118	103	1	1	106	2	151	43	112	2	32	8	2	—
8月	683	213	1	—	198	173	—	—	—	—	118	2	273	36	59	1	32	1
9月	688	582	—	—	308	508	2	—	—	—	82	—	217	67	49	—	30	7
10月	563	148	1	—	181	79	3	—	57	—	248	68	24	—	38	—	11	1
11月	675	64	2	1	250	79	10	4	87	—	218	26	70	1	35	4	3	—
12月	513	75	—	—	162	17	2	—	33	—	245	49	23	3	43	5	5	—
共计	7447	2092	8	1	1981	1420	22	6	987	16	2458	427	1403	170	417	36	171	16
1942年 1月	564	90	9	—	221	29	3	—	31	2	243	51	16	1	37	7	4	—
2月	396	65	5	—	128	38	2	—	27	—	201	25	13	—	18	2	2	—
3月	568	75	2	—	150	19	2	—	60	—	247	44	67	5	26	5	12	1
4月	583	103	1	—	104	22	1	1	21	—	245	64	105	—	43	5	63	11
5月	625	106	5	2	196	43	2	—	23	—	334	59	37	1	27	1		
6月	531	73	11	—	121	23	2	—	29	1	164	39	162	4	40	5	4	1
7月	909	103	38	—	155	23	2	—	59	—	173	38	458	16	23	7	1	—
8月	1147	116	—	—	132	38	1	—	113	2	253	66	627	9	21	1	1	—
9月	729	108	1	—	140	23	2	2	53	2	226	73	272	—	32	7	3	—
10月	840	127	—	—	140	17	—	—	36	1	349	92	293	11	19	3	3	3
11月	667	90	—	—	136	24	1	—	39	—	348	66	116	—	25	—	2	—
12月	911	128	1	—	119	28	1	—	25	—	657	98	83	2	18	—	7	—
共计	8470	1184	73	2	1742	346	19	3	516	10	3440	715	2249	49	329	43	102	16
1943年 1月	659	98	2	—	110	20	5	—	22	—	457	75	35	—	23	3	5	—
2月	576	57	2	1	52	17	1	—	20	—	461	37	8	—	24	2	8	—
共计	1265	155	4	1	162	37	6	—	42	—	918	112	43	—	47	5	13	—

资料来源：（伪）北京特别市公署秘书处编《市政统计月刊》第 1 卷第 2 号，1941 年 2 月，第 34 页；第 1 卷第 3 号，1941 年 3 月，第 28 页；第 1 卷第 4 号，1941 年 4 月，第 28 页；第 1 卷第 5 号，1941 年 5 月，第 28 页；第 1 卷第 6 号，1941 年 6 月，第 28 页；第 1 卷第 7 号，1941 年 7 月，第 28 页；第 1 卷第 8 号，1941 年 8 月，第 29 页；第 1 卷第 9 号，1941 年 9 月，第 28 页；第 1 卷第 10 号，1941 年 10 月，第 28 页；第 1 卷第 11 号，1941 年 11 月，第 28 页；第 1 卷第 12 号，1941 年 12 月，第 28 页；第 2 卷第 1 号，1942 年 1 月，第 32 页；第 2 卷第 2 号，1942 年 2 月，第 28 页；第 2 卷第 3 号，1942 年 3 月，第 28 页；第 2 卷第 4 号，1942 年 4 月，第 28 页；第 2 卷第 5 号，1942 年 5 月，第 28 页；第 2 卷第 6 号，1942 年 6 月，第 28 页；第 2 卷第 7 号，1942 年 7 月，第 28 页；第 2 卷第 8 号，1942 年 8 月，第 26 页；第 2 卷第 9 号，1942 年 9 月，第 26 页；第 2 卷第 10 号，1942 年 10 月，第 30 页；第 2 卷第 11 号，1942 年 11 月，第 28 页；第 2 卷第 12 号，1942 年 12 月，第 28 页；第 3 卷第 1 号，1943 年 1 月，第 28 页；第 3 卷第 2 号，1943 年 2 月，第 28 页；第 3 卷第 3 号，1943 年 3 月，第 26 页。

　　抗战胜利后，在警察局的努力下，北平治安状况有所好转，从表3-8、表3-9的违警案件统计可见，违警案件数量总体呈下降趋势。

表 3-8　1945 年 10 月至 1946 年 8 月北平市警察局违警案件统计

单位：人，件

总计	件数		6973
	人数	合计	16364*
		男	13843
		女	1521
妨害安宁秩序	件数		1669
	人数	合计	3481
		男	2874
		女	607
妨害交通	件数		3526
	人数	合计	6083
		男	5896*
		女	97
妨害风俗	件数		1116
	人数	合计	4914
		男	4151
		女	763
妨害卫生	件数		455
	人数	合计	540
		男	516
		女	24
妨害公务	件数		19
	人数	合计	22
		男	20
		女	2
妨害他人身体财产	件数		188
	人数	合计	324
		男	296
		女	28

注：标*数据，原文如此，疑计算有误，经核对，16364 应为 15364，5896 应为 5986。
资料来源：北平市政府编《光复一年之北平市政》，第 43 页。

表 3-9　1947 年 1~6 月北平市警察业务

单位：件，人

		件数	人数	
			男	女
违警案件	总计	3618	6135	766
	妨害秩序	1897	2857	246
	妨害交通	546	635	9
	妨害风俗	528	1728	390
	妨害卫生	367	353	72
	妨害公务	65	207	8
	妨害身体财产	170	303	38
	其他	45	52	3

资料来源：北平市政府统计室编《北平市政统计手册》，1947 年 8 月，第 108 页。

　　概而言之，现代警察出现后，其成为维持社会治安的重要力量，在警察的不断努力下，近代北京治安管理工作逐渐有序，社会治安状况也有一定好转。当时社会舆论有言："京师自庚子后设立工巡局，颇多善政。"①巡警部成立后，尚书徐世昌针对巡警的作用也曾说："五城司坊未撤之时，处分非不严也，而抢劫窃贼之案层见迭出。自举办巡警，抢劫日少，缉窃日稀，且预审厅审结之案，月恒数百起，臣部迭次奏交及咨送法部之案，皆有牍可稽。"② 民国初年，北京的治安状况给当时在京的外国人也留有深刻印象，据甘博所著《北京的社会调查》记载，"尽管派系众多，但全城 9789 名警察正在高效而可靠地工作着，北京堪称东方最佳的治安城市之一。1917 年度的警察厅报告为我们提供了多种统计数字"。③ 北京警察在维持社会治安秩序方面发挥了积极作用，甚至有警察在执行缉捕匪徒任务过程中，牺牲了性命。如 1904 年 6 月 28 日上午，在东华门内奇逢楼地方，站岗巡勇究问形迹可疑的某甲，不料被该匪开枪正中胸膛，登时毙命。④ 1924 年 7 月，《大公报》又载，前门外花埠火神庙夹道双福茶室

① 《中外近事　北京　私刑可畏》，《大公报》（天津版）1905 年 2 月 23 日，第 2 版。
② 徐世昌：《退耕堂政书》卷 8，第 428~429 页。
③ 〔美〕西德尼·D. 甘博：《北京的社会调查》上册，陈愉秉、袁熹等译，中国书店，2010，第 6 页。
④ 《中外近事　北京　匪击巡勇》，《大公报》（天津版）1904 年 8 月 12 日，第 2 版。

在 24 日突遭 30 余名兵士滋事捣毁，附近派出所巡长马文元、巡警赵锡绵赶来询问，巡警将一兵士捕获，不料其他兵士反击，将巡警包围并大肆攒殴，巡警伤重倒卧于地，兵士欲逃脱被巡长追捕，巡长又被众兵包围殴打而昏倒在桥畔，后巡长被赶来的队兵解救，而巡警因伤重毙命。① 当然，警察工作不力、腐败等现象也时常出现。报界时常对此进行披露，例如，1903 年 2 月，《大公报》刊载消息："十五日有某甲至前门大街观灯，行至珠市口南突有匪徒三五人将某甲钱袋抢去。彼时甲虽狂呼，该段巡勇竟不过问，可叹！"② 1906 年 6 月，《中华报》载巡警马际春站岗时以棍支地，足站矮墙窥人家室，经巡逻巡警告诫不服，由南分厅第三区禀送总厅，当由总厅斥革并罚苦工六个月。③ 1920 年 10 月，报纸又刊新闻一则，西四牌楼迤北报子胡同中间住户柴姓家里突入强盗一名，先用手枪将女仆击倒，后听闻柴姓女眷呼救，盗匪又开枪将柴姓主妇、老太太击倒，然后搜到金银首饰以及现银钞票一百数十元后逃走。对此，时评称："内右四区警察署亦在该巷内，区署距肇事地点甚近，而该盗白昼放枪行抢，伤毙人命，复能携赃从容逃走，其胆可算大极，而该区署当时竟毫无觉查，实属非常可怪之事也。"④ 这些事例一方面体现了媒体对警察履职的舆论监督作用，反映出近代北京警察建设还不完备，对警察的管理有待加强；另一方面，也使公众对近代警察有更为客观的了解，对近代北京治安状况的实情能有更为深刻的体会。

社会治安管理情况除了受警察直接影响外，还要考虑到法律在实践中的影响因素。在近代，尽管政府制定了许多法律法规作为警察进行治安管理的依据，但这些法令规章并不完善，且在具体实施过程中也存在一些问题。比如，《违警律》自身在内容上仍有一定的疏漏，加以晚清社会内忧外患的客观现实，清政府维护其统治举步维艰，《违警律》也不可能得到

---

① 《各地琐闻　卫兵聚众捣毁娼寮　伤毙长警各一名　王怀庆优给恤赏》，《大公报》（天津版）1924 年 7 月 26 日，第 6 版；《各地琐闻　卫兵聚众捣毁娼寮　伤毙长警各一名　王怀庆优给恤赏（续）》，《大公报》（天津版）1924 年 7 月 27 日，第 6 版。

② 《中外近事　北京　逛灯被劫》，《大公报》（天津版）1903 年 2 月 17 日，第 2 版。

③ 《探访局等侦查京师车站来往乘客及外国官兵动态逐日报告　附有关文书》（1906 年），中国第一历史档案馆藏，巡警部档案，档案号：37-1-284。

④ 《各地新闻　京兆　白昼强抢杀人案》，《大公报》（天津版）1920 年 10 月 2 日，第 7 版。

完全施行。1910 年，清政府意识到"警政日渐松懈，所有违警律几等具文"。① 清末警政大员肃亲王善耆也曾言："然立法非难，行之实难。人民无法律知识，虽有良法美意，终扞格而不相入。欲其动与法合，纯任自然，与东西各国相媲美，难矣！"② 可见，法律本身的不健全以及具体执行的不充分，成为近代北京城市治安管理的重要制约因素。

二　社会风化教导与管理

所谓"风化"，按照《现代汉语词典》的解释，指风俗或社会公认的道德规范。③ 维护社会风化，是行政警察工作的一个重要方面，也是关乎社会治安秩序的重要内容。近代有评论者言："一国之风化，每与政治相表里，而刷新政治，尤为整顿风化之原，有国者不可以不加之意也。"④ 为此，政府为有效对社会风化问题进行引导与管理，从法律层面制定相关法规章程，以作为执法依据。

近代北京围绕社会风化问题，历届政府相继出台了一系列的规章。其中，1906 年外城卫生局颁定戏园章程，规定"凡淫荡惨忍迷信败坏风俗戏文不准演唱；每日加派岗兵在各园门首弹压，遇有事故尽可报知岗兵随时保护；现在风气仍未大开，仍不准添卖女座"。⑤ 8 月 30 日，外城总厅订立了《管理乐户规则》《管理娼妓规则》，报巡警部批准。1909 年 5 月，内外城总厅会订《内外城巡警厅戒烟局章程》，规定"本局专为贫民戒烟而设，所有费用概归官备，不取给于戒烟之人"。⑥ 1910 年 5 月，内外城总厅会订《管理公私设立戒烟局所章程》，申报民政部立案。1912 年先后颁布了《重订管理戏园规则》《重订管理乐户规则》《重订管理娼妓规则》《暂定马戏场规则》等，其中《暂定马戏场规则》规定，"马戏场

① 《闲评二　北京　议实行违警律》，《大公报》（天津版）1910 年 6 月 6 日，第 5 版。
② 韩延龙、苏亦工等：《中国近代警察史》上册，第 255 页。
③ 中国社会科学院语言研究所词典编辑室编《现代汉语词典（第 5 版）》，第 406 页。
④ 《言论　整顿风化问题》，《大公报》（天津版）1915 年 11 月 23 日，第 2 版。
⑤ 《外城卫生局禀拟管理戏园落子馆乐户及征捐章则》（1906 年），中国第一历史档案馆藏，巡警部档案，档案号：37-1-229。
⑥ 《内外城巡警厅戒烟局章程》，中国第一历史档案馆藏，民政部档案，档案号：21-0011-0008。

内外一切秩序应受警察厅之指示；马戏场所演技艺遇有于中国风俗认为有碍时，应受警察厅之临时禁止；马戏场不准设有赌博及近于赌博之事"。①1914 年 10 月，修正通过的《各区巡警职务章程》规定当差巡警应当场拿捕各事，包括："结盟拜会散放飘布者；设坛习拳谋为不法者；刊贴谣帖煽惑人心者；捏造谣言鼓动众听者；淫词淫画招人观听者。"② 1928 年秋，内政部以"中国电影事业日渐发达，对于风化治安关系颇大"，遂制定《检查电影规则》于 1929 年 1 月公布施行。1929 年 2 月 15 日，国民政府公布施行《禁烟法》，1933 年 3 月 16 日进一步修正。1929 年 12 月，北平市公安局呈明市政府《重订管理戏园规则》，规定"凡已经禁止之淫邪戏，依然不准演唱外，其余各戏内，如淫邪行为腐化词句者，亦须一律删改。凡是新编之戏，须将原本词句抄送一份，经审定许可方准演唱，二次演时不必再报，以免繁琐。各园每日所演戏目，均须于开戏前呈报，临时不准换人换戏，倘因特别事故，须于开戏前预先告白"。③ 1930 年 3 月，内政部公布《取缔经营迷信物品业办法》，同年 7 月 7 日内政部通令禁止溺女堕胎，8 月 25 日《北平特别市政府警察局取缔电影院规则》获得通过，11 月 3 日国民政府公布《电影检查法》。1931 年，北平市公安局公布《北平公安局取缔淫书淫画章程》。1935 年 2 月 20 日，行政院公布《电影检查法施行规则》。1938 年 7 月 16 日，行政院公布《各省市镇领照烟民分期戒绝实施办法》。1940 年 6 月，为加强殖民统治，日伪政府核准通过《北京特别市公署警察局审查新旧戏剧管理规则》《北京特别市公署警察局电影检阅规章》。后者规定："电影片如有下列各款之一者，得分别轻重予以停演或删剪之处分：有碍邦交者；宣传暴动有碍治安者；妨害风纪者；荒诞不经过于迷信者；情景过甚惨酷有违人道者等等。"④ 1945 年 12 月 13 日，行政院公布施行《肃清烟毒善后办法》，规定"凡种运售吸制藏烟毒均同时断禁并特重禁吸"。⑤ 影响社会风化的因素是多方面的，

---

① 京师警察厅编《京师警察法令汇纂》（行政类），第 279 页。
② 京师警察厅编《京师警察法令汇纂》（总务类），第 70~71 页。
③ 《公安局呈明市政府重订管理戏园规则》，《顺天时报》1929 年 12 月 14 日，第 7 版。
④ （伪）北京特别市公署参事室编《北京特别市市政法规汇编》第 3 辑，"第三类　警察"第 57 页。
⑤ 司法行政部编《司法法令汇编（第二册　刑事法令）》，上海法学编译社，1946，第 71 页。

维护社会风化涉及的范围也是广泛的。政府制定的诸多章程法令为此提供了一定的法律法规依据，而将之贯彻于实际，则主要依靠警察。

近代北京警察在维护社会风化方面，管理的事务宽泛而细致，无论是对烟土、毒品、赌博、假药、淫词淫书淫画、迷信等的禁绝，还是对童谣、女子剪发、女子跳舞、女子装束等方面的管理，无处不见警察的影响力。在管理方式上，北京警察首先注重的是先期防范，通过出示告示，将禁止行为布告于众，希望民人遵守，以期维护秩序。这在文献中多有记载。例如，在禁烟禁毒方面，1906 年 10 月报载，巡警部饬内外城厅区一体出示告示严禁出售吗啡。① 1910 年制定并在报端刊发《京师内外城巡警总厅发给购烟牌照章程》，对购买鸦片烟等明令做出限制，规定："本章程遵奏定禁烟成案印制购烟牌照，凡吸鸦片烟者，无论男女何项人等均须呈领牌照方准购买。违背本章程者除按照禁烟条例或违警律分别处罚外，将查获膏土及烟具立即销毁，并勒令缴销购烟牌照，送入巡警官署所设戒烟局戒断。"② 进入民国后，1912 年 5 月，内城巡警总厅通告内城各膏土店一律停止营业。③ 1913 年，内务部制定取缔烟卷办法三条，发布报端，即"一、饬令巡警凡遇有十八岁以下之青年童子抽烟卷禁其勿抽；二、海陆军人不准抽烟卷；三、教育部禁止各学校学生抽烟卷"。④ 1928 年 11 月，报载由北平市公安局训令各区署长，饬令各段长警警备告知界内铺住各户，"凡有吸食鸦片之人，务于十一月份内赴各管区登记。……其吸烟不登记者，限满后即派人前往查抄，一经抄获后，除勒令戒除外，并加以严重之惩罚"。⑤ 1934 年 7 月，北平市颁发《严禁烈性毒品暂行条例》，随后成立烈性毒品戒除所，为使市民及受戒除者都能明了毒品为害之烈，法令惩罚之严，经公安、卫生、社会三局拟具种种宣传方法，包括揭帖、标语、布告，刊发告民众书，广播无线电与编定戒毒鼓词发交各评

---

① 《时事　北京　禁售吗啡》，《大公报》（天津版）1906 年 10 月 31 日，第 2 版。
② 《京师内外城巡警总厅发给购烟牌照章程》，《大公报》（天津版）1910 年 5 月 24 日，第 6 版。
③ 北京市地方志编纂委员会编《北京志·政法卷·公安志》，第 271 页。
④ 《内务部取缔烟卷》，《大公报》（天津版）1913 年 12 月 6 日，第 5 版。
⑤ 《北平市戒烟局严令赴局登记　饬令长警通知各界商民　一经限满查出严重惩办》，《顺天时报》1928 年 11 月 16 日，第 7 版。

书宣唱，并于烈性毒品戒除所内每周施行体育教练、讲演标题等，旨在通过示以刑律，晓以利害，使戒绝者不复再吸，未戒者人人猛省。据《北平市政府卫生局为戒除毒品告市民书》载，"凡是染有毒品嗜好的市民们，要立刻自动的到公安局去自首，请求到戒除所去戒除，千万不要徘徊和畏缩，因为自首是丝毫不受惩罚的，并且戒除所里边设备，一切都很完善，给戒除的人以充分的舒适。极贫的人，也可以减免一切的费用。……倘使这个机会一过，再有毒品嗜好的发觉，就要受南昌行营公布的严禁烈性毒品暂行条例，轻则无期徒刑，重则枪毙的惩处了！"同期，《北平市政府公安局布告》第 24 号载："查近年以来，吗啡、高根、海洛因、红丸、白面等烈性毒品，或运自外洋，或来自边省，辗转售贩，充斥长江各地。……在经济破产之今日，反多一吮膏吸髓之消耗，祸害所及，不惟足以亡国，抑且足以减（灭）种，兹为除恶务尽起见，特再订定'严禁烈性毒品暂行条例'，通令各省，依照军法，切实遵行。"通过加强宣传，自 8 月 16 日起至 9 月底止，北平戒除吸食毒品者共计 626 名。①

在禁赌方面，自清末开始，政府为管理赌博常发"禁赌示谕"，以为警戒。例如，1903 年 10 月，《大公报》载："经外（务）部照会某国公使会同五城察院出示严禁，所有各地段巡勇遇有前项事宜，准其就近扭送公所严惩不贷。"② 1904 年 7 月，步军统领衙门、顺天府、工巡局会同出告示："奉廷寄严禁官私聚赌，不论王公府第立即禁止，倘官兵人等不知自爱，经地方官查拿交部严惩。"③ 民国时期，针对赌博事宜，政府不断通令禁止，并要求警察严查。例如，1916 年 11 月报载："京师警察厅因近闻外城各大旅馆常有不肖之徒引诱旅居客人设局聚赌情事，殊于治安有碍，昨特分饬各区署严行查禁，勿得稍涉疏忽。"④ 1925 年 9 月，警察厅总监通令各区署及侦缉队认真调查，严禁售卖各类慈善彩票，一经查实，立即解厅，以凭惩办。⑤ 1928 年 12 月，北平市公安局奉市府训令，以本

---

① 《北平市政府公安局为严禁烈性毒品劝告民众书及有关文书》，中国第二历史档案馆藏，内政部档案，档案号：12-1-1908。
② 《中外近事　北京　禁赌示谕》，《大公报》（天津版）1903 年 10 月 29 日，第 2 版。
③ 《中外近事　北京　禁赌示谕》，《大公报》（天津版）1904 年 7 月 26 日，第 2 版。
④ 《警厅严查旅馆聚赌》，《大公报》（天津版）1916 年 11 月 9 日，第 7 版。
⑤ 《社会新闻　查禁各慈善彩票》，《京兆日报》1925 年 9 月 25 日，第 3 版。

市赌风甚盛，若不查禁，影响民生与治安，通令各区署一体认真查禁，以遏赌风。①

在禁卖假药及禁止迷信传言方面，政府也三令五申告示民众。例如，1904 年 5 月，步军统领衙门、顺天府、五城察院、工巡局会衔出示禁药示谕："近见京都街巷遍贴报单售卖假药，甚至有种子打胎等名目，……伤天害理莫甚于斯，风化攸关，亟应严禁，为此出示，仰居民商户人等一体知悉。"② 同年 11 月，警厅发出示谕："近闻外间谣言本月二十日有日月合璧九星联珠，劝令各家烧香以为可以祈福，甚至有布散传单情事，……似此无根之谈显系造言生事，希图送单渔利，合行出示严禁为此示仰京城军民诸色人等一体知悉，尔等务当安分守法，勿轻信传言，竟相骇异。是日居民铺户一概不准无故烧香，致惑观听。倘敢有阳奉阴违及在街市传说此事之人，一经巡捕查察即行拿解总局，照例惩办不贷。"③ 1916 年 2 月，《大公报》载："京师警察厅吴镜潭总监近因有一种匪徒妄造妖言，专以顶香符咒与人治病，骗财事小，误人事大，亟宜严禁，除通饬各区查办外，并布告人民，遇有疾病须延良医诊治，倘有妄荐妖人及左道惑众或以偏方传授，希图诈骗者，即就附近区署指名控告，以凭究办。"④ 1919 年 8 月，警察厅在京城内发现一传单上载："张天师于某日进京，并谓北京地方将有大灾大难，人民死亡大半，并有救治符箓方法启人迷信等情。"为维护地方治安，警厅对此事严行查禁，编成白话通告，粘贴于街市，晓谕民众，勿为迷信所欺。⑤

在查禁淫词淫书淫曲方面，因政府比较注重其与社会风俗的关联，故也经常对此发布示禁训令。例如，1905 年 8 月，内城巡捕西局发布告示禁唱淫词，指出淫词"最为地方人心之害"，要求自告示发布之后，"务当父诏其子，兄诫其弟，凡街巷乱唱导淫歌词，不准转相演唱"，"倘敢故违有在街巷演唱邪说淫词以及违禁之语者，一经本局各区段警长巡捕以

①《本局消息：严禁赌博》，《北平特别市公安局政治训练部旬刊》1928 年第 11 期，第 17 页。
②《中外近事　北京　禁药示谕》，《大公报》（天津版）1904 年 5 月 19 日，第 2 版。
③《中外近事　北京　那尚书示谕》，《大公报》（天津版）1904 年 11 月 25 日，第 2 版。
④《警察厅严查迷信医药》，《大公报》（天津版）1916 年 2 月 9 日，第 6 版。
⑤《各地杂报　京兆　警察厅破除迷信》，《大公报》（天津版）1919 年 8 月 4 日，第 6 版。

及南北各队队兵查获，定必从严惩办"。① 1906 年 7 月，警部通饬各段按照违警律条切实施行，倘有裸体在途或演唱淫曲者着即扭送到局，按法究办，以重国体而正风俗。② 1916 年 10 月，京师警察厅以"书商售卖淫书曾由厅中出示严禁在案，乃日久生懈，近来各书商仍有私售淫书者"，再次通令各区署派警访查，如有不遵厅令者，即行扭区重惩。③ 南京国民政府时期，1929 年 12 月报载，北平市公安局因天桥天农、公平、先农各市场所演乐亭小戏中甚多淫词秽语，与社会风俗关系甚巨，故"通令内外城四郊各区署界内各市场各娱乐场所，如查有演唱该项乐亭小戏或蹦蹦戏者，应即一律严行取缔禁止，以维风化"。④

此外，为整顿风化，警察机关还发布了着装服饰、广告粘贴、童谣传唱及跳舞、游娼等其他方面关乎风俗的诸多告示，涉及民众日常生活的方方面面。例如，围绕装束问题，1905 年初步军统领衙门会衔照例出示告示："禁止高跷、秧歌、太平鼓戴壮士巾揉线球及妇女奇妆妖态以及凶僧恶丐穿腮破头等事。"⑤ 1915 年 8 月，警察厅发布告示："近来京中衣服日趋奇异，殊于风化有关，……为此示仰一体知悉，嗣后各宜自重，不得故着奇异服装致干例禁，各该家长亦宜随时诰诫，默化潜移，裨服妖永禁，风化日端。"⑥ 在日伪统治时期，针对夏日炎热，民众多袒胸露背在各住铺户门前坐立或在街市往来行走的行为，认为其不仅有碍观瞻，于卫生也大有妨害，故伪警察局通令各区署转饬各段官长警随时注意严加取缔，如有不听制止者，立即扭区依法罚办，并布告市民一体周知。⑦ 围绕广告粘贴问题，1927 年 3 月，警察厅针对各街市多有于广告牌外任意粘贴广告情事，重申前令："仰各该区署严饬各路段长警随时注意，无论何项广告保单等类均应指导粘贴限定地点广告牌之上，不准再于其

---

① 《时事　北京　禁唱淫词》，《大公报》（天津版）1905 年 8 月 26 日，第 2 版。
② 《时事　北京　警部郑重国体》，《大公报》（天津版）1906 年 7 月 2 日，第 2 版。
③ 《京兆　通令查禁淫书》，《大公报》（天津版）1916 年 10 月 2 日，第 6 版。
④ 《公安局禁演乐亭小戏　蹦蹦戏亦同时告终命》，《顺天时报》1929 年 12 月 10 日，第 7 版。
⑤ 《中外近事　北京　整顿风化》，《大公报》（天津版）1905 年 1 月 29 日，第 2 版。
⑥ 《闲评二　北京　警察厅之防止奇邪》，《大公报》（天津版）1915 年 8 月 17 日，第 5 版。
⑦ （伪）北京特别市公署警察局秘书室编《北京特别市公署警察局业务报告（1939 年度）》，第 88 页。

它各处任意张贴，如不服制止，即扭区罚办，其各处已贴之各种广告及墙壁上涂写之各种不规则文字统限期三日查明，一律刷除，以昭整肃，倘查仍有前疏纵情事，定惟该管长警是问。"① 针对童谣传唱及跳舞事项，1907年7月，内外厅区饬令长警一体查禁儿童歌唱含有义和团红灯照等词的童谣。② 1933年7月，北平市长袁良致函公安局局长鲍毓麟及社会局局长蔡元，请他们切实负责查禁跳舞，"诚以本市风化所关，政府威令所系，应持以毅力赴以热诚，不可稍有弛懈"。③ 针对游娼妓女问题，1915年警厅以妓女在中央公园滋事，于社会风化有碍，除将滋事妓女罚办驱逐出京外，严行订定取缔章程刊发报端以为示警，明令禁止妓女烧香及在公园茶馆等处游玩。④ 1926年1月，京师警察厅特令所属各区队侦缉队等派警探认真调查严禁游娼，并令各旅馆公寓也稍负调查之责。倘敢故违或隐瞒不报者，一经查出，定行加重惩办。⑤ 此外，针对乞讨及卖女座等现象，1903年4月五城察院发布告示要求茶园戏馆不准卖座给女性，如有不遵，一经巡捕查明，派员究办，该饭店主人也一律问罪。⑥ 1906年初，工巡局特示谕所有贫寒妇女概不准沿街乞钱，以维风化，并饬令各段巡警一律查禁。⑦ 各种告示禁令以通俗的语言将政府交予警察维护社会风化的任务表达得清楚明了，同时也向民众进行了警示教育。

警察在对京城社会风化进行教导与管理的过程中，除张贴诸多告示以为先期预防外，直接纠察各种违禁行为也是其实际工作的主要部分。在处置各种违禁行为的过程中，警察针对不同情形采取了多种策略。最为常见的方式是直接查拿，将违警人犯缉获讯办。比如，在禁烟毒方面，据报载，1916年1月，京师警察厅警察侦探在阜成门内永聚泰烟铺内抄获烟

---

① 《京师警察厅指令》，《京师警察公报》1927年3月1日，第1版。
② 《时事　北京　查禁童谣》，《大公报》（天津版）1907年7月30日，第2版。
③ 《北平市切实查禁跳舞　袁良函鲍毓麟蔡元　事在必行无所犹豫》，《大公报》（天津版）1933年7月27日，第4版。
④ 《警厅取缔妓女》，《大公报》（天津版）1915年8月14日，第5版。
⑤ 《社会新闻　警察厅严禁游娼》，《京兆日报》1926年1月16日，第3版。
⑥ 《中外近事　北京　申明禁示》，《大公报》（天津版）1903年4月10日，第2版。
⑦ 《时事　北京　拟禁贫妇沿街行乞》，《大公报》（天津版）1906年1月16日，第2版。

膏料子等项共两大挑与一大车之多，当将铺掌段立川带厅严讯。① 1934 年 3 月，北平市内二区署破获"惊人大毒窟"，当场抄出刘永祥等准备运豫销售的海洛因 90 余斤，捕获人犯十余人，载往内二区署讯问，之后转送公安局第三科解往法院讯办。② 1942 年，在日伪进行第四次"强化治安运动"期间，外一区伪警察分局在执行游动检查时，在行人李林山等身上检出白面 80 两，经追查制毒场所在崇外下头条甲三十七号，当即加以检举、抄捕，计起获制毒器具 57 件，人犯 12 名，一并解局讯办。③ 1946 年 2 月 14 日，北平市警察局发布《收复地区肃清烟毒办法》，规定收复地区里栽种、贩运、销售、吸食、制造、隐藏烟毒等应即一律禁绝。随后针对烟毒开展大检查，在 1947 年，全市查获不带官方色彩的各种制、贩、运毒品案件达 1465 起，毒贩 2843 人。④ 在禁赌方面，1904 年 6 月报载，工巡局查抄北城某甲在德胜门外开设的赌局一处，将赌具账簿一并搜去。⑤ 1923 年 9 月，警厅密探王桐会同巡警查抄宣武门外菜市口西教子胡同内龙凤坑住户黄氏妇在家开设的赌局，抓获男女五名，连同赌具一并带往侦缉队罚办。⑥ 在禁卖假药方面，1906 年 8 月报道，南分厅某区拿获不遵警章卖打胎春药的商人，一面治罪，一面将其药物委弃。⑦ 在管理娼妓方面，1904 年 7 月报载，北城练勇查抄德胜门外校场边一带的娼寮，扭获匪棍数人，解送官署。⑧ 在禁止演唱淫词淫曲方面，1906 年 8 月《大公报》曾载，南城外窑家井地方某姓家演唱各种淫词，经四区巡警禁止不服，旋由西厅调集枪队二十名前往抄拿，所有会首及演唱淫词之人一并拘获。⑨ 另有文献载，1933 年 11 月查知北平《诚报》载有恨人著《落红飘香》及《时代日报》载李醒非著《红娘》各小说，均属词意淫亵，有妨

---

①　《京兆　京师抄获大宗私烟》，《大公报》（天津版）1916 年 1 月 11 日，第 6 版。

②　《平市破获毒窟　刘永祥等运毒销售内地　捕获人犯将送法院讯办》，《大公报》（天津版）1934 年 3 月 26 日，第 4 版。

③　北京市档案馆编《日伪在北京地区的五次"强化治安运动"》，第 415 页。

④　北京市地方志编纂委员会编《北京志·政法卷·公安志》，第 272 页。

⑤　《中外近事　北京　查抄赌局》，《大公报》（天津版）1904 年 6 月 4 日，第 2 版。

⑥　《各地琐闻　抄获三处赌窝》，《大公报》（天津版）1923 年 9 月 19 日，第 6 版。

⑦　《时事　北京　拿获打胎春药》，《大公报》（天津版）1906 年 8 月 6 日，第 2 版。

⑧　《中外近事　北京　驱逐土妓》，《大公报》（天津版）1904 年 7 月 20 日，第 2 版。

⑨　《时事　北京　演唱淫词之结果》，《大公报》（天津版）1906 年 8 月 12 日，第 2 版。

善良风俗，公安局均去函警告，其中《时代日报》刊登《红娘》小说迭经警告未纠正，后被公安局饬令停止登载。① 在日伪统治北平时期，日伪警察局对"各书肆书摊商店私售妨害政体及海淫书籍小人书等厉行严禁，迭经派员至各书肆书摊商店检查，抄获妨碍政体刊物及小人书与海淫书籍等约有千余部，尽数焚毁"。② 此外，北平禁舞令发布后，1933 年 11 月有报道称，东长安街一带舞场突有内一区署人员到场察视，将充舞女的张爱华等多人，并名门太太小姐多人捕去。③ 可见，涉及有违风纪的案件数量众多，警察为维护风化起见，直接采取查拿究办行动，也是其执行公务的重要形式。

有时警察为维护风纪，还对违警之人采取科罚、示警的做法，以期达到广泛警戒的目的，这在当时的报纸媒体及文献中也常见相关记载。比如，1904 年 12 月报载，喇嘛任运丹在西四牌楼开设烟馆，被巡捕查抄，交内城西局，在当街庙迤北六十六段公所荷校示众。④ 1906 年 8 月报载，宝胜和班演唱杀皮淫戏一出，为警厅所闻，将该园主罚洋 30 元以示惩儆。⑤ 1907 年 9 月，内城巡警左分厅第六区禀解一案，瑞凤在街口唱小曲，巡警拦阻不服，遵照违警新章罚钱 300 文，呈纳后释放。⑥ 1925 年 12 月又有报道，警察厅侦缉队在内外城等处先后拿获捏造谣言人犯李德海、于伦钰等两名，当即解厅。讯造谣不讳，即于 11 日派警察保安队长兵 12 名，将该犯等押往西城一带，先将其游街示众，五日限满后，再行罚办。⑦ 1936 年 2 月 8 日，北平市政府公安局发出布告，捕获东四公寓等处开设烟赌品场所意图牟利人犯 606 名一案，经审讯，判处首要正犯赵延绪、赵立、冯贤豪、关玉民、王传龄等五人死刑，于 2 月 5 日下午已执行枪决，

---

① 《北平市公安局关于禁登词意淫亵小说致社会局的公函》，北京市档案馆藏，档案号：J002-003-00147。
② （伪）北京特别市公署警察局秘书室编《北京特别市公署警察局业务报告（1939 年度）》，第 90 页。
③ 《平市公安局大捕舞女　男女三十余人被拘》，《大公报》（天津版）1933 年 11 月 20 日，第 4 版。
④ 《中外近事　北京　烟馆被抄》，《大公报》（天津版）1904 年 12 月 14 日，第 2 版。
⑤ 《时事　北京　演唱淫戏被罚》，《大公报》（天津版）1906 年 8 月 4 日，第 2 版。
⑥ 《内城巡警左分厅报告每日收发事件、收审案件的日报（之一）》（1907 年 2 月至 1908 年正月止），中国第一历史档案馆藏，巡警部档案，档案号：37-2-37。
⑦ 《社会新闻　造谣言被捕游街》，《京兆日报》1925 年 12 月 12 日，第 3 版。

以昭炯戒。① 1947 年上半年，据警察局报告，查获持运藏吸售烟毒案件 193 起，男女人犯 346 名。6 月 7 日上午，在太和门前举行"六三"纪念焚毒活动，共焚毁鸦片土膏泡灰计重 766 两 6 钱 3 分，又 52 小包，烈性毒品 3 两 8 钱 9 分，又小饼 4 个半，烟毒具 2301 件，经派员押运送至会场。②

此外，警察在办理查禁有碍风化案件过程中，因风化问题关系到多方面，故注意采取联合外界力量共同处置的办法，以收其效。例如，1916 年 1 月 15 日，京师警察厅总监联络步军统领、京兆尹就禁烟问题在警察厅召开联合会议商讨解决办法，并呈请内务部入奏，以期化除妨碍而重禁令。③ 1928 年 11 月，北平市卫生局鉴于市民患病多有求神问卜等事，特拟定扫除腐化禁止迷信六项公布于报端，同时函请公安局协助查禁，公安局接函后通令各区署查照协同办理。④ 同月，就禁止卜巫星相各种迷信营业问题，北平市政府训令公安社会两局局长，应定期召集卜筮星相营业之人剀切劝导，令其改营他种职业，勿得观望，庶期迷信营业三个月后可"不禁自绝"。公安局奉令后，拟于日内会同社会局分期召集该项营业人等训话，劝令改营他业。⑤ 另有中央公园为维持公园风纪，特函请京师警察厅酌派巡官长警十数人常驻园内，承董事会指导负责维持风纪，京师警察厅对此予以回应支持，中央公园特建警察所用于警察驻守服务。⑥ 对于涉外风化事件，警察在管理过程中一般上报通过外交方式解决。例如，1918 年 4 月 28 日报载，警察在东单牌楼大街查获名叫 Cmmaliobeli 的西人所贩烟土甚多，后警厅将其解送天津交该国领事惩办。⑦ 1932 年，英商马凯在北平开办慈善香槟彩票，北平市政府以"彩票一物迹近赌博，向干例禁"，特指令公安局："该英商马凯开办此项彩票既未呈经本市官署许

① 《三毒窟要犯　五名已枪决　赵延绪曾任陆军次长　游街人犯陆续开释》，《大公报》（天津版）1936 年 2 月 10 日，第 5 版。
② 北平市政府编审室编印《北平市政府公报》第 2 卷第 17 期，1947 年 9 月，第 2 页。
③ 《京兆　京师联合严缉私烟办法》，《大公报》（天津版）1916 年 1 月 16 日，第 6 版。
④ 《卫生局查禁医药神方　拟定六项扫除腐化禁止迷信　公安局昨日已通令各区协助办理》，《顺天时报》1928 年 11 月 10 日，第 7 版。
⑤ 《公安社会两局拟召迷信营业人谈话　加以剀切劝导令其改营他业　如此厉行三月当可不禁自绝》，《顺天时报》1928 年 11 月 17 日，第 7 版。
⑥ 中央公园委员会编《中央公园二十五周年纪念册》，和平印书局，1939，第 16 页。
⑦ 《地方纪闻　京兆　西人贩烟土被获》，《大公报》（天津版）1918 年 5 月 4 日，第 7 版。

可，擅在市内发售，自应予以查禁，仰即先行禁止市内商民代为销售，并由该局径向英国使馆交涉，请予禁止。"①

警察在维护近代北京城市社会风化方面做的工作取得了一定成效。报界对此多有评论，以《大公报》为例，1904 年 7 月报道："京师设立官赌已纪前报，近因工巡局于巡查赌局烟馆颇为认真，故该官赌局日前关闭。"② 同年 10 月报载："那大金吾总理工巡事务以来，所有城内外地方事宜无不认真整顿，凡有害风化之事封禁亦颇不少。如京师售卖打胎春药等类，今夏出示严禁以来，至今无人敢在街衢张贴广告者，渐有私行出售，亦不敢明目张胆如昔日矣。再本报前纪某尼庵初七八两日专演淫戏卖堂客座一节，兹探悉那大金吾即派役前往查禁，次日遂停演。大金吾之关心风化，诚堪钦佩。"③ 另有档案记载，内城中分厅一区有南池子冰窖胡同第 297 号门牌附户庄姓素好赌博，前经中分厅一区严禁，稍微敛迹。④ 民国初期，政府劝导人民剪发，京师警察厅遵拟办法刷印白话演说及劝导公函分发各区，选派警佐一员专司督率各路段巡官长警和平劝导，并由厅派学习警佐八员逐日分路稽查，据报告，每日剪发人数极为踊跃。⑤ 1936 年 2 月，又有报道："自当局破获三大赌窟，严切罚办后，其他类似机关，已渐敛迹。一般赌徒，亦不敢贸然以身试法。"⑥

当然，在看到警察工作取得成绩的同时，我们也不能忽视警察工作中还存在诸多不足，这在媒体的评论中也多有反映。例如，1903 年10 月报载："近日都门赌风大炽，除妓家及饭庄窝赌不计外，前门外一带银钱烟土店，其后院半多设局，官商之沉溺其中者卜昼卜夜，害人实非浅鲜，未知有地方之责者亦闻之否。"⑦ 1904 年 5 月又载："京中近

① 《市府：命令：指令：令公安局：呈报马凯公司售卖北平慈善香槟彩票应如何查禁请鉴核示遵由》，《北平市市政公报》1932 年第 173 期，"市府 命令"第 44~45 页。
② 《中外近事 北京 官赌知戒》，《大公报》（天津版）1904 年 7 月 20 日，第 2 版。
③ 《中外近事 北京 金吾德政》，《大公报》（天津版）1904 年 10 月 22 日，第 2 版。
④ 《内城中分厅一区所查赌博情形单》，中国第一历史档案馆藏，民政部档案，档案号：21-1050-0015。
⑤ 《文牍 京师警察厅陈内务部报告各区八月一日至五日已剪发及未剪发人数文》，《市政通告》第 22 号，1914 年，第 1~2 版。
⑥ 《平当局继续肃清非法营业 瀛寰饭店已无烟赌 大旅社正交涉中 已抄三毒窟业处置完毕 要犯及公务员均解绥署》，《大公报》（天津版）1936 年 2 月 6 日，第 5 版。
⑦ 《中外近事 北京 赌风大炽》，《大公报》（天津版）1903 年 10 月 2 日，第 2 版。

来各大小巷内栖住流娼几于无处无之，盗贼因而匿迹，有地方之责者若不严行查封，于地方风俗有大关系焉。并闻扎段巡勇昼则从中生财，夜则私聚其间，更在所应禁者。"① 同年7月，报载《视如具文》一则："步军统领衙门顺天府工巡局五城察院会衔出示严禁赌局烟馆，一时各烟馆仅将招牌涂去，闭门仍照常做生意。该段巡勇若弗闻弗见。"② 1906年5月，《京话新报》载《巡捕给花烟馆扛义》，探访局访查米市胡同保安寺街刘姓开设会友烟馆，内有妇人名小黑翠，平素不安于室，西局五段巡警奎喜与其私通，为之扛义。③ 很显然，警察工作不力甚至腐败的现象通过报道公之于众，既暴露了社会风化的恶劣状况，也反映了警察管理不到位的一面，这既与警察自身素质低下，工作失职有关，也与社会形势有关。据1906年5月报载，"警部以京师麻雀之赌为势甚炽，现拟出示严禁，以端风俗。按京师麻雀之赌大半倡行于什禄之家，警部之禁令未悉能达其终极之目的否？"④ 可见，近代北京社会中大量特权阶层的存在，给警察的执法活动带来了许多障碍。警察在近代北京社会风化的管理工作中成绩与不足同在，对此应全面认识。

三　管理商业营业

城市中各种商业活动为市民生活提供便利服务，为城市经济繁荣奠定基础，这些商业活动的经营秩序是否井然，也是关涉社会整体治安状况的重要因素。因此在警察管理城市社会运行的工作中，维护商业经营秩序，保障商业运营环境稳定也是一项重要任务。在近代市政管理还不完善的时期，北京警察机关担负起各种商业经营秩序和环境管理的重任，为保障商业有序发展，警察机关采取了诸多举措，具体如下。

首先，注重立法管理。清末现代警察创办以后，在管理商业运行方面特别注重制定各种法规，以为依法行政的基础。例如，在管理市场方面，

---

① 《中外近事　北京　流娼宜禁》，《大公报》（天津版）1904年5月25日，第2版。
② 《中外近事　北京　视如具文》，《大公报》（天津版）1904年7月30日，第2版。
③ 《查禁烟馆茶楼有伤风化及聚赌事项有关文书（1906年）》，中国第一历史档案馆藏，巡警部档案，档案号：37-1-305。
④ 《时事　北京　警部议拟严禁麻雀》，《大公报》（天津版）1906年5月13日，第2版。

1906 年 5 月 19 日内城总厅制定《内城官立东安市场营业规则》，规定"市场内大小商贩均须遵守本规则办理，不得故违。本总厅亦力任保护之责，饬管理员及看守市场巡警随时认真保卫以安生业。市场内外酌派看守巡警昼夜分班守望巡逻，无论店商游客，倘有违犯警章均按照违警罪各条罚办，如有剪绺小偷强讨恶化及痞棍滋扰者，准各该客商报明巡警拿获解厅惩办"。[①] 7 月，巡警部批准《外城官立广安市场地租规则》及《外城官立广安市场管理规则》，后者规定"凡欲入市场设摊营业者须遵下列办法：第一项，具请愿书于市场管理员必须有保证人签字；第二项，由管理员指示地址编列号数请巡警厅给予准据；第三项，由巡警厅给予准据方得入市场营业。各项排摊须受管理员及市场巡警之指挥，不得任意排列以碍行人"。[②] 1910 年，外城巡警总厅奏报民政部《各项营业请愿领照通则》，规定：无论何项行号、厂栈、铺店、庄局及公司等大小营业，须由巡警总厅给予营业执照方得开市。另有《管理各项营业通则》规定，"凡营业者不得贩卖后开物品。甲、违禁物品；乙、败坏风俗者；丙、制造伪赝物；丁、妨害卫生者。凡营业者，如有开市、挪移、添本、歇业及更换字号、店东等事，均须赴巡警厅呈报"。[③] 到民国时期，1918 年 4 月，京师警察厅订立《管理夜市简章》。1929 年 11 月，北平特别市公安局公布管理浮摊规则，要求浮摊按大摊、中摊、小摊，在指定地点依照规定面积依次摆设，严禁摊贩售卖腐败不洁的饮食物品和有伤风化的书籍图片，以及未经检验的药品、军械及危险物品、烟赌器具等。1931 年 8 月 4 日，《北平市政府公安局整顿各街市浮摊办法》公布，规定各街市浮摊应设在不妨碍交通观瞻的指定处所，不得擅自挪动。该办法对摊贩的卫生、帐篷等也有具体规定。1947 年，北平市警察局规定以不妨碍市容交通及兼顾摊贩生活为原则，确定 50 条干线禁止摆摊，同时指定设摊场所 41 处，并制定了管理办法。[④]

在管理饮食服务行业方面，1906 年 7 月巡警部批准《管理旅店规

① 田涛、郭成伟整理《清末北京城市管理法规（1906~1910）》，第 197~198 页。
② 《核定管理京师东安市场等市场各项收捐规则及有关文书（1906 年）》，中国第一历史档案馆藏，巡警部档案，档案号：37-1-230。
③ 方裕谨：《宣统二年京师外城巡警总厅抄送各商行规史料》，《历史档案》1995 年第 4 期，第 58 页。
④ 北京市地方志编纂委员会编《北京志·政法卷·公安志》，第 253~254 页。

则》，同年还制定了《客寓饭店管理规则》。1909 年 3 月，内外城总厅会订《管理饮食物营业规则》，6 月 12 日民政部通过《各种汽水营业管理规则》和《管理各种汽水营业执行细则》，7 月 5 日内城总厅订立《管理剃发营业规则》，9 月 13 日内城总厅订立《管理浴堂营业规则》。1910 年 4月，民政部通过《管理牛乳营业规则》。至民国时期，1912 年 3 月发布《管理书馆规则》，7 月发布《管理女沐浴所营业规则》。1918 年 5 月，京师警察厅规定《汽水营业管理规则》。1946 年 3 月，北平市政府公布《北平市政府警察局管理旅栈业规则》，规定："凡在本市经营旅栈业应先申请本局许可发照（客店小店须在本局指定地区内开设）方准营业。往来旅客须照本局规定填报旅客登记循环簿，送该管分局验阅并得由该管分局随时检查。旅客违犯本规则规定旅栈知情不报者应分别处罚。"①

在管理娱乐文化及关系安全的特种行业经营方面，1906 年 8 月，巡警部批《管理娼妓规则》《管理乐户规则》。后者规定："乐户营业者以巡警厅圈出之地段并已经允许开设，在卫生局注册者为限，准顶开不准添开。"② 1910 年 5 月，内外城总厅会定并申报民政局立案《管理公私设立戒烟局所章程》。1912 年 6 月，《检阅报章规则》公布，同时还修正公布《重订管理娼妓规则》《重订管理乐户规则》，其中《重订管理乐户规则》规定："乐户如欲迁移或改换班名，当先具同业三家担保，具呈警厅将原领执照缴销，另给许可营业执照方准开设。乐户收受娼妓必须来历清楚，经本厅给予准据者。"③ 1913 年 3 月，《管理堆积干草规则》发布，规定："凡为干草营业者应遵照营业章程先行呈报本厅许可方准开设。堆积干草者应置备储水太平桶水枪各二件以上。"④ 5 月《京师警察厅取缔旧货营业章程》发布。10 月《京师警察厅管理戏班规则》出台。1919 年 10 月，内务部呈准通过《管理印刷营业规则》。1928 年，北平公安局奉市政府训令，取缔各种迷信营业，拟定取缔办法，规定："凡各地方之卜巫、星

---

① 《北平市警察局令发特种刑事案件条例、管理旅栈业、罚金提奖、消防户政拘捕人犯、移灵的规则办法》，北京市档案馆藏，档案号：J181-017-00159。
② 田涛、郭成伟整理《清末北京城市管理法规（1906~1910）》，第 511~512 页。
③ 京师警察厅编《京师警察法令汇纂》（行政类），第 377~378 页。
④ 京师警察厅编《京师警察法令汇纂》（行政类），第 255 页。

相、巫觋、堪舆以及其他以传布迷信为营业者，统限于三个月以内强制改营他业。如限期届满尚无正当职业者，应送入习艺工厂或救济院，令其习学相当工艺。各书肆出版之有关迷信刊物，一律禁止售卖。"① 1930 年 1 月 25 日，呈准公布《北平特别市公安局管理剧场规则》。7 月，北平市公安局修正公布《管理乐户规则》，新增加一些条款，如乐户执照除四等小下处免予收费外，一等清吟小班 100 元，二等茶室 50 元，三等下处 30 元。② 日伪统治北平时期，为维护其殖民统治，1939 年 1 月公布《北京特别市公署警察局稽查弹压剧场电影院及书馆杂技场规则》，规定 "弹压注意事项如下：一、剧场电影院及书馆杂技场内之秩序情形；二、剧场电影院及书馆杂技场前之车辆交通状况；三、剧场电影院及书馆杂技场临时发生事故之排解"。③ 1940 年 6 月，伪北京特别市公署发布《北京特别市公署警察局审查新旧戏剧管理规则》和《北京特别市公署警察局电影检阅规章》，后者规定："凡在本特别市所辖地带电影院映演影片，无论本国制或舶来品一律须依照本规章检阅核准后始得上演。"④ 1946 年 2 月，《北平市政府管理跳舞厅暂行办法》出台，规定："凡开设跳舞厅必须标明舞场名义并备具下列事项呈报警察、社会两局会同查核，转呈本府核准后方许营业。一、营业地址名称；二、经理人姓名、年龄、国籍、住址；三、资本金数目；四、导舞员数目；五、营业房屋略图。跳舞厅不得附设摇彩及其他类似赌博情事。跳舞厅不得雇用无证之乐队及导舞员。跳舞厅雇用之乐队及导舞员不得演奏有妨害善良风俗之音乐及舞蹈。"⑤ 5 月，《北平市政府警察局管理证章业刻字业规则》公布，规定："证章店、刻字店及兼代订刻图章店均应申请本局许可再向社会局请领商业登记证方准

---

① 《公安局奉市府令　取缔各种迷信营业　卜筮星相巫觋堪舆强制改业　书肆有关迷信刊物亦禁出售》，《顺天时报》1928 年 11 月 7 日，第 7 版。
② 北京市地方志编纂委员会编《北京志·政法卷·公安志》，第 263 页。
③ （伪）北京特别市公署参事室编《北京特别市市政法规汇编》第 3 辑，"第三类　警察"第 41 页。
④ （伪）北京特别市公署参事室编《北京特别市市政法规汇编》第 3 辑，"第三类　警察"第 56 页。
⑤ 《北平市警察局管理音乐厅暂行办法及有关文件》，北京市档案馆藏，档案号：J001-001-00241。

营业。本市街头刻字浮摊绝对禁止接受镌刻各官署机关团体关防印信戳记。"① 随后，北平市政府警察局又订定《管理娱乐场所规则》，规定："公共娱乐场所遇有下列事项应即报告警察处理：一、有口角争斗或酗酒滋事者；二、有患疾病或神经病妨碍秩序者；三、有遗留物件当日未经领取者；四、有形迹可疑者。"② 1947 年 4 月，《北平市警察局管理制造花爆火柴规则》公布，规定："须有下列设备：一、救火器具；二、耐久构造之密屋；三、铁箱。员工须遵守下列事项：一、不准吸烟；二、不准携带易于引火之物。巨大双响爆竹及起火流星攒爆一律不准制售。"③

在房地市场监管方面，针对办理公益事项收用房地的情况制定有《北京房地收用暂行章程》，针对房屋租赁买卖制定有《外国人租赁房屋规则》《管理房产卖与外人规则》《补订外人租房规则》等，其中《外国人租赁房屋规则》对外国人租房资格、合同订立等事项均有明确说明。其规定："外国人在北京租赁房屋须具下列资格之一：一、中国官署所雇聘之人员；二、中国学堂工厂聘请之教习艺师；三、各国教会教士及医院医士；四、各国使馆之随从员役。凡将房屋租与外国人时应先询明其国籍、姓名、年龄、职业、人口及作何使用，两面订立合同，由房主呈报警厅或该管区署转申警厅批准。"④ 1933 年，北平市政府制定《租房规则草案》，为避免房租纠纷，特规定"房主出赁房屋，于租约订妥五日内，应将住房人之姓名、籍贯、职业、人口、租期、租金、保人等项，询问明确，先行开单，报告本市公安局该管警署，请领制定之甲种房租收据簿。……房主或包租人，不得乘时居奇，高涨租价，对于原住房人，除事先约定外，非有正当理由，不得借故增加。"⑤ 在日伪统治时期，日伪警察局针对房租增涨纠纷、外国人租赁房屋等问题也制定了一系列规章，其中 1939 年 6 月修正通过的《北京特别市房租限制暂行办法》明确规定："市公署设立房租评议会，房主房客因增租发生争议时得声请评议之，评议会以本署主管

① 北平市政府编审室编印《北平市政府公报》第 1 卷第 8 期，1946 年 10 月，第 10 页。
② 北平市政府编审室编印《北平市政府公报》第 1 卷第 2 期，1946 年 7 月，第 9 页。
③ 北平市政府编审室编印《北平市政府公报》第 2 卷第 10 期，1947 年 5 月，第 19 页。
④ 京师警察厅编《京师警察法令汇纂》（行政类），第 197~198 页。
⑤ 北平市政府秘书处编《北平市政府二十二年下半年行政纪要》第 1 期，第 21 页。

职员暨关系各局并遴选公正绅商组织，其规则另定之。"① 此外，同年还公布《北京特别市公署警察局管理中日人民租用房屋规则》和《北平市政府公安局修正外国人租赁房地规则》，前者规定："本局为管理中日人民在本市区内相互间租用房屋便利起见设立经租所，依本规则处理之。经租所设于警察局外务室，承局长之命专办理中日人民相互间租用房屋事务。中国人民有房屋愿出租与日本人民，希望经租所办理者，得向经租所登记或向就近各区署登记。"② 诸多关于各式商业营业的法规章则明确了警察的管理权责及经营者需要遵守的条例，为警察监管商业经营，使之有序运转，以及预防各种妨碍治安的活动提供了法律依据和保障。

其次，为维持市面秩序，警察机关经常出示告示，劝谕商民合法经营。例如，在货币市场管理方面，1904 年内城巡捕中局曾出告示，严查私钱充市。③ 1911 年 10 月，为维持市面秩序稳定，外城总厅示谕："示仰军民人等一体知悉，各铺钱票一律照常行使，不准故意不肯收用，倘敢故违，一经查出定即从重惩办不贷。"④ 1916 年 7 月，京师警察厅特出布告，查禁折扣钱票，嗣后如再有此等情事，一经发觉立即带案罚办。⑤ 1928 年 11 月，北平市公安局、社会局针对市面上奸商垄断借端操纵高抬物价影响民生的情况，联合发出布告，要求各商不准增价，如有阳奉阴违者即行拿办。⑥ 1935 年 5 月，北平市政府针对市面发现奸商兑现偷运出境牟利影响金融，特订定《北平市查禁私运现银出境暂行办法》九项，布告全市商民一体周知，并称"自此次布告之后，如再发现有私运现银出境或系唆使及帮助私运各情事，一经发觉查获，定即依照本办法从严惩办，决不姑宽"。⑦

① 《北京特别市警察局关于限制增制涨房租及补订租房办法等布告训令》，北京市档案馆藏，档案号：J184-002-35174。
② 《北平市警察局令发财政局公产承领房地经租所规则、房租限制暂行办法》，北京市档案馆藏，档案号：J181-017-00068。
③ 《内城巡捕中局关于查禁私钱充市的告示底、各处巡警报告巡查情况和拘捕案犯的禀文、拘票等（1904~1905 年）》，中国第一历史档案馆藏，巡警部档案，档案号：37-2-90。
④ 《外城总厅示谕三则》，《大公报》（天津版）1911 年 10 月 31 日，第 5 版。
⑤ 《京兆 查禁折扣钱票》，《大公报》（天津版）1916 年 7 月 30 日，第 7 版。
⑥ 《公安社会两局严禁商家抬价　钱价跌粮价涨人民受影响　借端操纵者即行送局严办》，《顺天时报》1928 年 11 月 18 日，第 7 版。
⑦ 《平市府布告　查禁运现出境　订定办法九项即日实行　日使馆警署协助检查鲜人　鲜人偷运被阻兑现者减少》，《大公报》（天津版）1935 年 5 月 16 日，第 4 版。

1937 年卢沟桥事变后，银行大多停业，市民竞相挤兑，金融秩序不稳，警察局除通令各区队一体严查取缔外，还特发布告："对于各银行发行之纸币认明系一种法币，务须照常行使不得借故留难、拒绝收受或暗中贴水，倘再查有前项情事，定按破坏国家金融危害治安论罪，依法严惩，决不姑宽。"① 1939 年 6 月，针对转租引起租赁纠纷频发的情况，伪警察局发布告："为维持产权预防纠纷起见，应由各区署转饬各段传之界内住户，嗣后租赁房屋除包租分赁他人为本地习惯所许外，其他不论中外人须由本人或携同眷属自行居住，不得转租他人并应在租房合同内注明，俾资遵守，倘有转租情事，即由房主报告本管区署核办，以免日后种种纠纷解决为难。"② 各种告示既警示了不法经营者，也引导了民众自觉维护经营秩序，成为警察督察管理市面活动的先导。

再次，警察机关严格审批营业执照，在对各种商业营业进行直接管理时强调检查登记，着重审查营业资格，对无照经营者进行查处、科罚甚或勒令停业。按照当时制定的各项商业经营相关法规，凡店铺开业、停业或歇业均须向警察机关申请登记，取得经营凭照才可开业，经营期间务必遵法守纪，关乎社会治安事项要随时上报警察，违者照律科罚。这方面的实际案例颇多。例如，为加强乐户娼妓管理，抽收娼妓捐税，1912 年警察机关开展检查登记，查得京师地方有乐户（妓院）373 家，妓女 3050 人。营业分为四等：一等清吟小班 78 家，妓女 600 人；二等茶室 100 家，妓女 1000 人；三等下处 172 家，妓女 1200 人；四等小下处 23 家，妓女 250 人。③ 日伪统治期间，为加强殖民统治，对营业进行监管，在日伪警察局内特设置新闻检查所，对"关于军事外事政治及地方治安风俗新闻有应禁止披露或纠正事项"加强检查管理。④ 另外，日伪警察局还特设"临时缉私处"，在各车站设立查验所，并派员分赴市内各区域查缉私运土膏及

---

① 《卢沟桥事变后北京治安纪要》，第 3 页。
② 《北京特别市警察局关于住房人除包租者不得转租、房屋减租办法、增列房租限制办法、补订租房办法等训令》，北京市档案馆藏，档案号：J184-002-35175。
③ 北京市地方志编纂委员会编《北京志·政法卷·公安志》，第 262 页。
④ （伪）北京特别市公署参事室编《北京特别市市政法规汇编》第 3 辑，"第三类　警察"第 7 页。

其他大宗漏税货物，以辅助各税收机关防止违章漏税。① 北平光复后，为维护地方治安，警察机关加强对特种营业检查登记工作，其中 1945 年、1946 年的情况由表 3-10、表 3-11 可见一斑。另据 1946 年 7~12 月登记发证情况统计，计有旧货业 70 家，证章刻字业 81 家，剧院 12 家，影院 12 家，旅栈业 376 家，舞厅 1 家，音乐师 4 名，舞女 55 名，女招待 251 名。② 1947 年的调查登记情况见表 3-12。

表 3-10　1945 年 10 月至 1946 年 8 月北平市特种营业登记数

单位：家，名

特种营业别	舞厅	音乐师	导舞员	乐户				妓女				女招待	刻字证章业	电影戏院
				一等	二等	三等	四等	一等	二等	三等	四等			
登记数	5	11	67	29	39	176	28	318	447	1340	191	142	124	39

资料来源：北平市政府编《光复一年之北平市政》，第 39 页。

表 3-11　1945~1946 年北平市跳舞厅情况一览

名称	地址	经理姓名	核准日期	备考
中西	崇文门内大街三七号	比都润瓦	三十四年十二月七日	
国乐	崇文门内大街一五六号	陈达林	三十五年一月十六日	
桑港	崇文门内大街一八五号	彭正明	三十四年十二月二十二日	
梅邨	崇文门内大街三二四号	丁佑迪	三十四年十二月五日	
三星	东长安街三号	迪苦诺瓦	三十四年十二月三日	
金城	船板胡同四九号	荀伍珍	三十四年十二月七日	
国际	王府井大街四十一号	王锦屏	三十五年一月四日	
银光	八面槽一五号	李植隆	三十四年十二月二十八日	
清华	锡拉胡同二一号	汪永年	三十四年十二月二十八日	
白雪	公安街三号	刘志高	三十四年十一月七日	
雅叙园	南河沿一九号	王立山	三十四年十二月三日	
紫竹林	观音寺六一号	闵仲平	三十四年十二月七日	
米高梅	旧刑部街	胡尚礼	三十五年一月七日	

资料来源：《北平市警察局管理音乐厅暂行办法及有关文件》，北京市档案馆藏，档案号：J001-001-00241。

---

① （伪）北京地方维持会编《北京地方维持会报告书》（上），"章则"第 40 页。
② 北平市政府设计考核委员会编印《北平市政府三十五年度七至十二月份工作报告》，1946，第 15~16 页。

表 3-12　1947 年 1~6 月北平市警察局特种营业登记

单位：家，人

		家数	人数		说明
			男	女	
特种营业登记	舞厅	1	—	—	
	音乐师	—	—	5	
	导舞员	—	—	48	
	乐户			一等 26	
				二等 38	
				三等 169	
	妓女			一等 265	系本年 6 月数字
				二等 254	
				三等 1050	
				四等 144	
	女招待			276	
	证章刻字	124	—	—	
	电影戏院	54			

资料来源：北平市政府统计室编《北平市政统计手册》，1947 年 8 月，第 113~114 页。

此外，警察还对产婆营业进行审查，1925 年报载："京师城内二十区境内，充当产婆者均须经厅考准，方准挂牌营业，早经取缔在案。而四郊产婆，迄未举行考试，迩来四郊充当产婆者，日渐增多，至于手术是否优良，亟待考查。现警厅已于日昨通令各区署，详查产婆姓名总数，造册呈厅备案，以便定期考试，而定去取。"[1] 1927 年 3 月，一则《烟阁申请营业执照》的报道，讲申请人马魁武呈"报在教育部街东口外摆设烟阁请核准"，后京师警察厅批示，"呈悉，查报设烟阁处所核与交通观瞻均有妨碍，未便核准"。[2] 同年 8 月，又有《申请营业执照》一则报道，王朱氏呈"报开设佣工介绍业"，京师警察厅批示，"呈悉，饬查相符，应予照准，除行知该管区署外，仰即遵章来厅，缴纳照费洋一元，承领执照"。[3] 1928 年，有新闻报道称："天桥城南商场德禄昌布铺掌柜因亏累潜逃，并

---

① 《社会新闻　警厅考四郊产婆》，《京兆日报》1925 年 11 月 10 日，第 3 版。
② 《京师警察厅批》，《京师警察公报》1927 年 3 月 2 日，第 2 版。
③ 《京师警察厅批》，《京师警察公报》1927 年 8 月 1 日，第 3 版。

未报知区署，竟改由韩怀珠经理铺务。既不更换铺照，亦不报段，延宕十数日之久，……经巡警古希贤查悉，将韩某带往外右五区署，经予审讯，韩某业已承认前情属实，当以韩某不报营业，且亦擅不报段，而竟敢蒙蔽开市营业，实属故犯定章，着先从宽罚洋一元，当时缴纳，具结释开，转饬即报营业"。① 由以上案例可见，警察在营业资格审核及检查登记管理方面是较为严格的，因为这是商业经营管理中最为基本的事务，是商业运营的有序健康发展的前提。

最后，警察在直接管理商业运营过程中，严厉打击各种不法商业活动，对违法经营者切实查拿讯办，对经营纠纷进行调解处理，并督催征缴各种捐税。在具体行动中，警察的管理策略灵活多样，根据实际情况，有时直接查拿治乱分子讯办，有时对不法经营者枷号示众以期影响广泛，有时还直接干预一些市面经营活动。例如，在货币金融管理方面，对违令者，警察采取行动切实查拿讯办的案例很多。据《大公报》载，1902 年 10 月 26 日，北城练勇拿获私铸铜钱匪徒 17 名，并起出器具多件，送署惩治。② 1917 年 1 月，外右四区警察将在顺治门外大吉巷租房伪造银元的赵明山及帮其使用假银的某妇捕获，并搜出假银百余元，一并解交总厅讯办。③ 同年 6 月，便衣巡警经侦查后，将任意操纵金融行情进行舞弊的钱商经纪查获，除照章惩办外，并拟对钱市大加整顿，所有金融市价由官厅与商会两方面会同公估，以清流弊。④ 1925 年 11 月，《京兆日报》登载新闻：天桥第五派出所巡长瑞斌扭获使用伪钞票被喊告的某甲，连同证人，一并带回该管外右五区。经审讯，此人供认使用伪钞不讳，讯毕录供，旋备文转解警厅究办。⑤ 1928 年底，《顺天时报》又载，北平市公安局侦缉队在内外城各处捕获抑勒银元钞票市价及拒用铜元票的人犯十余名，公安局传知侦缉队，先判令各该犯等游街示众数日，然后再行依法从重罚办。⑥

---

① 《地方新闻　韩怀珠未报营业被罚》，《京师警察公报》1928 年 1 月 11 日，第 3 版。

② 《中外近事　北京　严拿私铸》，《大公报》（天津版）1902 年 11 月 1 日，第 2 版。

③ 《京兆　伪造银元者被捕获》，《大公报》（天津版）1917 年 1 月 11 日，第 7 版。

④ 《京兆　警厅整顿钱市》，《大公报》（天津版）1917 年 6 月 14 日，第 6 版。

⑤ 《社会新闻　行使伪钞票被捕》，《京兆日报》1925 年 11 月 2 日，第 3 版。

⑥ 《奸商扰乱金融被警逮捕　将由公安局押令游行》，《顺天时报》1928 年 12 月 16 日，第 7 版。

1933 年 5 月 17 日，外二区署侦获存藏伪铜元钞票人犯刘云卿，辗转究出伪造钞票人犯胡子明、马岐山等，并起获伪铜元票等物解局，经讯人犯供认不讳，除呈报外，将人证一并送北平地方法院讯办。① 1948 年 1~7 月，警察局会同金管局查获地下钱庄 9 起，黄金外币黑市交易 8 起，银币买卖 120 起。地下钱庄案件经呈奉市府指示，分别科以罚锾并勒令停业，黄金外币黑市交易案件均移送法院处理。②

在检查管理其他一般商业运营方面，警察对不法分子直接查办或者科罚的案件同样常见。例如，1902 年《大公报》载："菜市口有钱店西庆云字号，向不亏空，并闻自乱后开市颇获厚利，昨十二日（12 月 12 日）早忽然闭门歇业，拟由后门绳匠胡同窃逃，经地段巡役察觉，未容远遁，立即捕得掌柜伙计五六人扭送公所，并有委员刘君带领巡役多人从后门入内搜查，该店掌柜人等共带两三万金之数拟于是早远遁，幸经察觉，似此奸商有意害人，若不惩以重典，不足以警将来。"③ 1904 年 12 月，美国公使康格以马六开设烟铺假充孔雀牌号售卖纸烟一事咨行工巡局查办。经内城巡捕东局审查，人犯宋占梅与马六（马万福）合伙开设双义兴烟铺，为图渔利，购买无字烟卷盖印洋字戳记假充孔雀烟售卖，以假混真，实属违禁，除将马六枷号一个月在犯事地方示众外，宋占梅前次妄供情节可恶，所以在原枷号五日外再予枷号十日，也在犯事地方示众，均俟限满分别杖责，以示惩儆。④ 1916 年 2 月，警察厅派警调查医生兼业情形，一经发现，即追缴医照。⑤ 1928 年又有报道称，西郊二分署第六派出所巡长赵国栋带警杜荣祥巡至管界蒋家坟村，查获贩卖私酒行人张德润，经讯其供认不讳，连同证物，解往西郊总署讯办。⑥

---

① 《北平市政府公安局业务报告（司法重要案件）》（1933 年 7 月至 1934 年 6 月止），第 28 页。
② 北平市政府统计室编《北平市政统计》，1948 年 8 月，第 131 页。
③ 《中外近事　北京　钱店在逃》，《大公报》（天津版）1902 年 12 月 15 日，第 2 版。
④ 《马六假冒孔雀牌号纸烟据工巡局咨复已分别惩办由》，台北"中央研究院"近代史研究所档案馆藏，档案号：02-13-025-03-004。
⑤ 《京兆　警厅限缔医生兼业》，《大公报》（天津版）1916 年 2 月 24 日，第 6 版。
⑥ 《地方新闻　赵巡长巧获张私酒犯》，《京师警察公报》1928 年 1 月 10 日，第 3 版。

在管理有关风化及特种营业方面，警察机关先行调查，而后严令取缔不法行为。据 1928 年 10 月《顺天时报》载，北平市公安局奉市政府训令查禁北平市卜巫星相营业，接令后指示内外城二十区、四郊总分署，先将管辖界内卜巫星相营业者分别调查列表汇报到局，其有关迷信的卜筮星相营业统限于三个月内禁止，令其改营他业。[①] 同期，国民政府又令北平市公安局："北平地方有悟善、同善等社，虽办理慈善事件，而有扶乩种种迷信惑人行为，于社会风俗有重大关系。着即将两社撤销，在社人员一律解散，其两社财产，着即查清检收，以备办理北平慈善事业。"公安局奉令后，即将两社解散，并将动产及不动产一并查封。[②] 1945～1946 年，北平市警察局为维护治安，对特种营业违章行为严行取缔，由表 3-13 可见部分情况。

表 3-13　北平市警察局取缔特种营业违章案件（1945 年 10 月至 1946 年 8 月）

单位：件

特种营业别	舞厅	音乐师	导舞员	乐户	妓女	女招待	公寓	私娼
共计	25	42	139	83	44	83	11	97

资料来源：北平市政府编《光复一年之北平市政》，第 39 页。

为维护秩序稳定，警察机关有时还会直接干预市面经营活动。例如，围绕物价问题，1918 年 3 月报载，京师警察厅鉴于"近来杂粮价目增涨日甚"，与民众生活极有关系，派员与京中粮商接洽，拟定限制杂粮增价办法，以维民生。[③] 同月底，京师警察厅为防铺商高抬物价以致有碍民生，特通令各区署将油柴盐米一切日用必需之物逐日派警调查价目列表报厅，以便维持。[④] 1920 年 9 月，警厅因粮价暴涨贫民难以谋食，唯恐久则生乱，故通知各区将该管地方各粮食店情形随时调查报告，若有粮商故意

---

①　《市政府令公安局实行取缔卜巫星相　规定取缔卜巫星相等业规则　指令内外城郊区署切实施行》，《顺天时报》1928 年 10 月 23 日，第 7 版。
②　《国府昨令北平公安局　解散悟善社及同善社　因扶乩迷信惑人有害于社会　堪舆命馆等迷信营业均在取缔之列》，《顺天时报》1928 年 10 月 30 日，第 7 版。
③　《地方纪闻　京兆　杂粮增价将限制》，《大公报》（天津版）1918 年 3 月 19 日，第 6 版。
④　《地方纪闻　京兆　警察厅调查物价》，《大公报》（天津版）1918 年 3 月 28 日，第 7 版。

将粮价高抬暴涨，即送区惩办。① 1937 年卢沟桥事变后，粮价大涨，为维持民生，安定民心，日伪警察局特拨大米 5000 包、面粉 38000 袋交给北平市商会办理平粜。② 1939 年，日伪警察局针对房主任意抬高租价情形，特经会议规定减租办法四项："一、以房间出租者（包括公寓）其在本年 1 月以后订立合同者，应减租二成，在 1938 年 12 月以前订立合同者减租一成，均自本年 9 月起减。二、普通房租不论合同期间如何，自本年 9 月起一律减租一成。三、以上两项如承租者与出租者双方对于合同之租价无异议时，仍照原合同租价办理。四、嗣后订立合同时不得超过本规定第一、第二两项之租价。"③ 该办法通令于 1939 年 9 月 1 日起施行。北平光复后，为保地方治安，警察局对特种营业限制物价，计有人力车、电影、戏剧、旅店、澡堂、理发、中西餐厅、舞厅等八种。④ 围绕浮摊摆设问题，1934 年北平警察局以浮摊摆设在马路两旁，于交通、观瞻两有妨碍为由，特饬局查勘地势，规定尺度，限令此项商人依照办理，并辟东西两珠市口便道为正阳门大街摊贩专设场所。⑤ 此外，房屋租赁纠纷问题在日伪统治期间凸显，为此，日伪公署特设房租评议会。1939 年 12 月，伪警察局接报租房纠纷一案，房客于润田称租住内六区图样山十号王文振房屋，向不欠租，房主捏词称收房自用，转租"友邦"，借图多收租金，申请评议。经查，王文振修理房屋收房自用属实，应按照租房规则免除房客租金两个月，并责令房客迁移。但于润田仍不遵警察局批示迁移，又借词拖延，后伪警察局训令内六区警察分局，传房主王文振到署具结并责令房客迁移，还要求迅速办理具报，以维护房地经营秩序。⑥ 在日伪统治时期，为对北平实施经济封锁，日伪警察局饬令民众遵照"封锁经济搬出重要物资办法"规定，自 1941 年 10 月 1 日起，凡由北京市内搬出"重要

---

① 《各地新闻　京兆　警厅维持粮价》，《大公报》（天津版）1920 年 9 月 15 日，第 6 版。
② 《卢沟桥事变后北京治安纪要》，第 3 页。
③ 《北京特别市警察局关于住房人除包租者不得转租、房屋减租办法、增列房租限制办法、补订租房办法等训令》，北京市档案馆藏，档案号：J184-002-35175。
④ 北平市政府编《光复一年之北平市政》，第 26~27 页。
⑤ 北平市政府编《北平市政府二十三年上半年行政纪要》第 2 期，第 30 页。
⑥ 《北平市警察局内六分局关于有关市民违章建筑、租房办法布告、呈报》，北京市档案馆藏，档案号：J183-002-40673。

物资"（包括煤油、棉丝布、印刷机器、医疗品、洋灰、电池、盐、硫黄等）时，限有现地中国警察机关发给之物品购入证明书者准其购买搬出，否则一律严加阻止。①

警察在管理营业过程中，还负有督催各种捐税之责。例如，1916年12月《大公报》载，警察厅接财政部公函，通令各警察署饬派长警对所属界内铺商账簿一律进行调查，倘有违章不贴印花者，带区罚办，以重税课。② 1927年6月，京师警察厅因财政部积欠警饷，为谋自救，呈准由警察厅自行举办警捐，收捐数目以各户房屋为标准。至1929年1月，旧日征收之警捐改为房捐，各户自每月1日起至20日止为缴纳期限，事实上房户经常不能按时送缴区署或派出所，因而催缴房捐成了警察的一件重要勤务。为保障房捐征收有序开展，1929年11月北平市政府制定《北平市房捐稽征专员服务规则》及《北平市房捐征收人员奖惩规则》，前者明确规定："各区署房捐稽征专员秉承公安局局长暨各该区署长之指挥监督及第二科科长调查股股长之指导，办理经征房捐一切事务。各区署房捐稽征专员对于巡官长警经征房捐之勤惰应随时抽查考核，其有应予奖惩者得径呈公安局局长核办。"③ 1928年3月，经国务会议议决，准予征收娱乐场及汽马车行两项附加警捐，对这种税捐"稽查偷漏"也成为警察的一件特殊勤务。另外，铺捐、浮摊弹压费也归警察征收。④ 1934年3月，北平市参议会咨请市政府转令公安局饬令各区署："对于整理房捐一事，凡未纳捐之大户务须劝令交纳，以昭平允，如再不交纳，开具姓名清册呈报市政府设法务使照章交纳，至于已纳房捐各户之房间，不得任意进等加收，极贫之户尤须体恤免捐。"⑤ 市政府还制定清查房捐办法9条，由公安、财政两局会同各区公所切实办理整理房捐事务。

近代北京警察为维持各种商业运营、维护市面秩序做了许多工作。以

① 北京市档案馆编《日伪在北京地区的五次"强化治安运动"》，第209~210页。

② 《地方琐闻　京兆　部令调查印花》，《大公报》（天津版）1916年12月23日，第7版。

③ 北平市政府参事室编《北平市市政法规汇编》第1辑，"第三类　公安"第32页。

④ 姜春华：《北平警政概观》，第43~45页。

⑤ 《训令公安、财政、各区区公所 准市参议会咨送议决议员周肇祥等提议整理房捐办法请转饬办理，兹特规定清查办法九条除分令外，令仰遵照会同办理由（附办法）》，《北平市市政公报》第238期，1934年，第12页。

《大公报》所载为例，1902 年，北京所有城内外大小钱店均有兵队或巡捕前往扎门，以防土匪骚扰。① 1905 年，工巡局特派路工局在东安门丁字街修盖市场，专令因修马路被腾出的棚摊买卖人在内开设，以免小本商民失业。② 1917 年兵战之后，为恢复繁盛区域旧观，警察厅饬令外右一区、二区等区署长劝告戏园饭馆乐户等迅速复业。③ 1920 年，警察厅为维持市面秩序及保护戏园营业，邀请驻京各路军队长官，各自约束所部军人，不得在各戏园内骚扰，并将日捐酌量减少或暂免缴纳，另外还予以各戏园完全保护等。④ 经过警察的努力，市面秩序取得一定好转。另据 1905 年 6 月《大公报》载，"自公估局设立以来，每日钱市即派巡勇在内梭巡，遇有出售私钱、兑换无官板字样钱票者当即扭送公所，故私钱在钱市上一文不见，办理不为不善"。⑤ 1917 年，针对北京市面恐慌情形，警察总监除通知各机关担保地方治安外，"又令内外城各警区署长派遣巡官长警慰告大小商铺各安生理，勿得听信谣言，而警察必尽保护之责，以维安宁，商民等闻此慰告始皆放心营业。"⑥ 1935 年 5 月，公安局奉令切实查禁偷运现银出境，并照会各国使馆请转嘱侨民一律遵守后，"连日因各处检查严厉，携带不易，故运现银出口情形已极少发生，前往各银行兑现者亦几绝迹"。⑦ 当然，警察的工作也有不足之处，在社会上造成不良影响。例如，1905 年为稽查私酒，巡捕公所改立新章，所获私酒自一斤至二十斤止，皆赏给缉私巡捕，按每一斤责贩私者一板释放，倘逾二十斤以外，即送交总局惩办，对此报界评论："不但穷寒妇孺无计生活，即崇文门之海巡亦无术生财矣。"⑧ 概之，在近代北京城市管理体系不健全、市政建设不完善的状况下，警察担负起诸多商业经营管理的职责，其任务繁杂，警察为维护经营秩序做了诸多努力，采取了多种举措，其成效较为明显，但也存

---

① 《中外近事　北京　钱店扎兵》，《大公报》（天津版）1903 年 6 月 16 日，第 2 版。
② 《中外近事　北京　修盖市场》，《大公报》（天津版）1905 年 6 月 8 日，第 2 版。
③ 《恢复繁区旧观》，《大公报》（天津版）1917 年 7 月 17 日，第 6 版。
④ 《地方纪事　京兆　会议维持戏园》，《大公报》（天津版）1920 年 8 月 10 日，第 6 版。
⑤ 《中外近事　北京　钱市巡警》，《大公报》（天津版）1905 年 6 月 22 日，第 2 版。
⑥ 《京师市面之恐慌》，《大公报》（天津版）1917 年 3 月 7 日，第 6 版。
⑦ 《平津禁运现银　津海关布告限旅客携带　平市检查严厉　偷运减少》，《大公报》（天津版）1935 年 5 月 23 日，第 4 版。
⑧ 《中外近事　北京　巡捕缉私》，《大公报》（天津版）1905 年 6 月 8 日，第 2 版。

有不少问题，其中有警察自身管理水平有限、履职不力等因素。此外，复杂的社会关系以及因经费不足而需要警捐维持警政发展的社会状况，也给有效管理商业经营带来一定阻碍。

四　户籍管理

户籍管理是国家行政管理的一项重要内容，其实质是政府对其所拥有的人力资源的控制和规划管理。在中国封建社会，户籍管理是中央政府的重要职能之一，是征收赋税和征发徭役的重要依据。近代中国城市户籍制度和人口管理理念始于清末新政的推行。现代警察制度的创立是清末新政的产物之一。随着警政建设的发展，现代警察在城市社会中逐渐担负起管理者的角色，尤其在近代市政建设与城市管理还不完善的时期，警察"大管家"的作用更为凸显。在近代警察管理城市运行的工作中，户籍管理是其中一项基础任务，是维护城市社会秩序的重要保障。户籍管理的主要内容包括住户门牌号码管理、户口登记、户口统计、户口调查、户口档案管理、常住人口和暂住人口管理等。警察为执行职务，必须熟悉管界内的户口情况，因此管理户籍成为警察的一项基础工作，警察通过加强对户籍人口的监管力度，抑制社会动乱，维护社会秩序。

为保障户籍管理工作的有序开展，相关的机构也逐步设立。1905 年巡警部成立后，直属机构警政司下设户籍科。1906 年原巡警部改为民政部后，原户籍科事务归并民治司办理。在北京，调查户口事务在组织方面自成一个系统，清末京师内外城巡警总厅下设警务处户籍股，到民国北京政府时期，京师警察厅下行政处第二科掌理户口调查等事项。南京国民政府时期，北平市公安局以及之后北平市警察局内设有户籍股，掌管各区户籍事宜。在北平沦陷时期，为加强管制，伪特别市公署也尤其重视户籍调查，1941 年增设户籍特别稽查班，由局选派员司 15 人充任稽查，以专职责。① 此外，在基层各派出所均有户籍警的设置，专责调查户口，办理人事登记各事，派出所中的一名巡长需用大部分的时间，协同调查户

---

① 《北京特别市公署民国三十年度行政计划书》，北京市档案馆藏，档案号：J001-007-01924。

口。① 有学者通过研究指出，京师内外城地方分段设立派出所，标志着中国过去里甲式的户籍制度被派出所的分片户籍统计制度所代替。户籍状况由派出所调查登记后上报到区署，再由区署的相应部门汇总后上报到总厅并编制成册。这种户籍管理制度一直到今天仍推行，彻底改变了中国封建社会几千年的户籍制度，是现代警察制度发展对中国社会的一项巨大贡献。②

　　自清末以后，近代历届政府都注重制定户籍管理相关法规章程，以此作为户籍实际管理工作的先导，保障户籍管理工作的顺利开展。例如，1907 年民政部公布《调查户口章程》，规定："调查户口，京师内、外城以巡警总厅厅丞、顺天府各属以府尹、各省以巡警道为总监督，其未设巡警道各省暂以政司为总监督。各地方所有巡警官长，均有协助调查户口之责。"③ 随后，1909 年制定《民政部暂定京师调查户口规则》《京师调查户口施行细则》，后者共 12 章 86 条，对调查职员、调查区域、调查户数、调查口数、调查要则、调查期限、调查经费、调查表票簿册及执照、调查呈报及接受呈报等内容都进行了详细规定，其中调查簿册的分类即有"户口调查总表、调查总簿、身份登记簿、迁移等项登记簿、巡警日记簿、调查记事簿"等 6 种，调查呈报书分类有"出生呈报书、死亡呈报书、迁移呈报书、迁入呈报书、迁出呈报书、承继呈报书、婚姻呈报书、收养弃儿呈报书"等 8 种。④ 同时期还有《户口管理规则》《调查户口执行法》《调查户口簿册登记凡例》等规定出台。1911 年，清政府制定了中国历史上第一部《户籍法》，但未等实施清朝即被推翻了。

　　进入民国后，1915 年 8 月 20 日公布《警察厅户口调查规则》。1928年 7 月 19 日，国民政府内政部公布施行《户口调查统计报告规则》。1929 年 1 月 25 日，内政部公布《人事登记暂行条例》，11 月 12 日又公布了《清查户口暂行办法》。1931 年 12 月 12 日，国民政府公布《户籍法》。1933 年，针对九一八事变后北平城市户口激增情况，特别拟定《清查户

---

① 姜春华：《北平警政概观》，第 38 页。
② 公一兵：《北京近代警察制度之区划研究》，《北京社会科学》2004 年第 4 期，第 108 页。
③ 戴鸿映编《旧中国治安法规选编》，第 31 页。
④ 姜春华：《北平警政概观》，第 8～10 页。

籍办法》，提出对以下户口着重清查：军籍户口；退伍军籍户口；迁移增减无定户口；杂居户口；会馆及庙宇浮住户口；锅伙户口；贩卖或承做不正当业户口；介绍业户口；旅馆客栈公寓小店户口；娼妓户口；各医院养病室户口；外籍侨民户口。具体清查办法规定："清查内外城军籍及退伍军籍户口，由公安局派员，督饬该管区署，会同宪兵行之。其他户口，会同自治区坊长行之。清查四郊户口，由该管郊区派员，督率巡官长警，会同自治区坊长及村正副行之。"① 同时期，北平市警察局为冬防需要，还公布实施《户口特别登记办法》，对以下人等做特别登记："（1）曾受刑事处分者；（2）形迹可疑者；（3）素行不正者；（4）反动分子；（5）汉奸；（6）制造贩卖吸食烈性毒物者。"并规定："凡各区段均应设置户籍特别登记簿。凡经特别登记之人各该派出所之巡官长警应随时监视之，如查有确系悔悟日趋良善者，得呈明各该署长审核撤销其登记。"② 1934年和1946年国民政府两次修正公布《户籍法》。七七事变后，伪警察局发布特别调查户口办法10条，每日指派户籍职员巡官等分为6班，抽查内外城11区署辖境户口。1939年1月，将前项办法推行于四郊，前项调查人员仍分六班，以二班抽查内城各区段，二班抽查外城各区段，二班抽查四郊各区段。③ 1946年6月，行政院公布施行《户籍法施行细则》，其中规定："现有警察地方，警察机关应指派员警，协助户政人员办理查记。"④ 同年，为"奠定北平市户政基础及维持地方安宁秩序"，北平市警察局特订定《北平市警察局户口调查办法》，规定："本办法之实施分一般调查、抽查、特查、总查四种。一般调查即普通调查，由各分局户政局员逐日督导各段户籍警士轮流持册到官界内挨户详查。抽查即考核复查，各分局分区长为肃清匪患，防止奸宄，应随时对于管界内户口加以抽查。特查即特定目标之检查，本局发现可疑户口或特种目标，以及遇有特别事故认为有检查之必要时，得由主管科处会同各该分局实施检查。总查

① 北平市政府秘书处编《北平市政府二十二年下半年行政纪要》第1期，第19~21页。
② 《北平市警察局令发冬防保安实施户口特别登记办法及取缔旅店等规则》，北京市档案馆藏，档案号：J181-017-00041。
③ （伪）北京特别市公署警察局秘书室编《北京特别市公署警察局业务报告（1939年度）》，第104页。
④ 丁光昌编《警察法规》（增订本第三版），第214页。

即户口总检查。"① 1947 年 3 月 12 日，国民政府公布《户口普查法》，规定："户口普查每十年举办一次。户口普查应查现在人口并查常住人口。"② 以上诸多有关户籍登记及调查管理的法规章程与办法为警察开展户口管理工作指明了路径，提供了法律保障。

警察管理户籍主要围绕户口调查展开，按照规章逐渐形成较规范的调查登记模式。清末，户数由调查员就区域地段以内，按照民政部订定的门牌格式按户依号编订，每户编门牌一号。民国时期，派出所每日将户口变动情形报告区署，区署再汇报公安局，由公安局编造各统计汇集存卷。1928 年内政部公布《户口调查统计报告规则》，户口调查表分为普通户、公户、庙户及船户四种，公户就"公共处所"而言，庙户就"寺庙"而言，船户就船舶居住之户而言，因北平无船户，若按中央规定，只有三种户口，户籍负责人认为一般"铺户"与普通户不同，故特设一种"铺户调查表"。③ 至于郊区户口调查，该事务原属步军统领衙门主管，1925 年该衙门裁撤后，四郊地面由警察接管，所有郊区户口门牌各按街巷村落挨户调查编订，1927 年警察厅派专人负责进行一次清查户口，之后一切编查户口手续均遵照 1928 年内政部颁布的《户口调查统计报告规则》办理。北平沦陷后，针对"本市住民声请给予户籍证明书者日见增多"的情况，伪警察局拟定整理发放户籍证明书手续的方案加以限制，如取具保证、贴相片及酌收手续费等项均一一明白规定。④ 日伪统治时期，其清查户口主要有五个重点："1、着眼人口之流动性，其流动之方向与流动人口之职业；2、出入境人口检查与控制；3、认为可疑户口之秘密跟踪；4、二十岁以上四十岁以下壮丁之征遣日本作工；5、十二岁以下男童之禁止出境。"抗战胜利后，鉴于北平全面抗战前户口籍册悉已不存的情况，清查户口工作重点确定为："1、关于户口调查报告；2、关于学龄、出生、死亡、弃婴、乞丐、失踪、疯癫、劳动人及无业子弟之调查报告。"⑤

---

① 《北平市警察局呈送户口调查办法（1946 年 8 月 30 日至 10 月 8 日）》，北京市档案馆藏，档案号：J001-001-00484。

② 北平市政府编审室编印《北平市政府公报》第 2 卷第 8 期，1947 年 4 月，第 5~6 页。

③ 姜春华：《北平警政概观》，第 39 页。

④ 《北京特别市公署民国三十年度行政计划书》，北京市档案馆藏，档案号：J001-007-01924。

⑤ 《北平市政府复员计划》，中国第二历史档案馆藏，内政部档案，档案号：12-2-1645。

此时期，针对户籍管理问题，张良珍撰文指出，按照 1945 年 9 月 11 日内政部公布施行的《收复区实施户口清查办法》，在收复区初期户口清查时，可将工作分为准备与实施两大阶段。在准备阶段，县市政府将全县市划为若干清查区，每区分配适当清查人员，以户政及警察人员为主，也可发动当地知识分子参加，必要时并得商请当地驻军及宪兵队协助办理，同时为使一般人民了解及协助，应尽量加强口头及文字宣传工作。在实施清查阶段，应规定适当路线，各区同时开始，由清查员按户清查，清查事项除各户人口情形外，并应注意查明各该户有无枪支及在沦陷期中所受损失，对于荣誉军人阵亡将士家属及外侨游民等并须另册登记。①

　　在实际工作中，为得到民众的配合，警察机关在进行调查户口登记前一般先发告示。例如，1906 年 5 月，为调查北京户口，内外城巡警总厅出告示："办理巡警自以清查户口为第一要义，本部已将清查京城户口大概办法于本年四月初二日具奏，奉旨依议。……为此合行晓谕内外城官商一切人等知悉，本部创办伊始，此次只查户数，不查丁口，依次将某某号暂记各家门口挨户编排。于户主只问姓名籍贯，于营业只问官商士民，极求简易，毫不滋扰。除严谕派办各员捕认真开导外，尔各住户亦当一体周知，毋得轻信谣言，互相猜忌。"② 1910 年 5 月，《大公报》载，为调查京师户口，民政部决定"由四月初一日起颁发票纸于各区，转饬分送该区住房铺户自行填报确实口数，限十日内送区，并申明此次调查口数实关系宪政基础，绝无捐税等事，不得稍事疑虑"。附布罚律一则：凡不受调查及填报不实或逾限不报者，当处一元以上十元以下之罚金；有妨害调查之举动者，当处三月以下一月以上监禁或三十元以下十元以上之罚金。③ 1912 年 1 月，警厅为将户口数目迅速认真稽查详细报部，发通告两则："一　户口数目前经填注查口票内，如现在各户人数与前次所填有增减者，务必详晰改填，限五日内填齐或赴区所报明，嗣后如有迁移增减必须

①　《张良珍拟写之〈北平市清查户口之重要性〉》，中国第二历史档案馆藏，内政部档案，档案号：12-1-465。

②　《清查京师户口晓谕居民告示稿（1906 年）》，中国第一历史档案馆藏，巡警部档案，档案号：37-1-282。

③　《京师举办调查户口》，《大公报》（天津版）1910 年 5 月 2 日，第 5 版。

随时赴区报告。倘再查有不符，即行扭送从严究办。一　各住铺户如有空房招租或同院内有余房招人搭住者，皆须将承租人及搭住人姓名籍贯职业暨从何处迁来者先时赴区或就近赴本段派出所报明，如不先报，查出从严究办。"① 通告、告示将调查户口的目的向民众交代清楚，对民众配合警察工作起到一定作用，但北京情况较为复杂，警察在管理户口的过程中经常会遇到一些困难。有位公安局户籍股的主任曾说："调查户口有两大困难：一为市民之不合作，二为经费困难，对于人事登记，办理上困难更多，因为对于出生、继承和分居等事，当事者不自行报告，警察是很难明悉的。"② 此外，北京权贵极多，不服调查及任意捏报情形屡见不鲜。对此，1910 年《大公报》曾载："近日所办调查户口一事尤为棘手，各该管区官不敢派警调查，只呈送户口册于各府，任听自行填写。交下迄今两月有余，多未照办，各警员屡次催请，动遭各府奴隶之叱斥。现各厅员拟即据情禀请肃邸核示办法。"③ 可见，户籍管理对北京警察来说并不是件轻松的工作，要处理好多方的关系才可能达到其目的。

无论如何，通过调查，1912 年至 1935 年 6 月北京的户口状况从表 3-14 可得到较清晰的认识。

表 3-14　1912 年至 1935 年 6 月北京户口统计

单位：户，人

	1912 年	1913 年	1914 年	1915 年	1916 年	1917 年	1918 年	1919 年
户	139099	144111	152371	154093	160602	166522	160532	164870
男	468789	414728	497527	507156	515568	515535	506753	523561
女	256346	253675	271790	281967	285568	296021	292642	302970
人口共计	725235	668403	769317	789123	801136	811556	799395	826531
	1920 年	1921 年	1922 年	1923 年	1924 年	1925 年	1926 年	1927 年
户	168949	170152	169380	173188	174107	260574	260673	264548
男	531060	541063	530242	544944	550895	775116	738095	794994
女	318494	322146	311703	302163	321681	491032	486319	522740
人口共计	849554	863209	841945	847107	872576	1266148	1224414	1317734

---

① 《警厅稽查户口》，《大公报》（天津版）1912 年 1 月 25 日，第 5 版。
② 姜春华：《北平警政概观》，第 39 页。
③ 《调查京师户籍之难》，《大公报》（天津版）1910 年 7 月 1 日，第 5 版。

续表

	1928 年	1929 年	1930 年	1931 年	1932 年	1933 年	1934 年	1935 年 6 月
户	270047	263943	272020	293990	294452	296948	301004	307278
男	823543	834947	847418	872436	924196	939713	937987	971767
女	535087	535097	536455	546663	576035	574874	585053	601437
人口共计	1358630	1370044	1383873	1419099	1500231	1514587	1523040	1573204

资料来源：《北平市自民国元年来户口统计表》，北平市政府公安局编《北平市政府公安局户口统计图表》，1936，第1页。

　　到 1936 年 6 月，据调查，北平市包括内六区、外五区及四郊四区户数有 29506 户，人口共计 1533083 人，其中男性 943429 人，女性 589654 人，人口密度为每平方公里 2133 人。[①] 1937 年，北平郊区户口调查情况为：东区 26340 户，西区 26571 户，南区 22633 户，北区 18222 户，合计 93766 户。[②]

　　日伪统治北平期间，为强化对社会的控制，当局对户口调查非常重视。据文献记载，在第一次"强化治安运动"期间，1941 年 4 月 16 日，伪内一区警察分局督饬各段长警调查户口，结果"未查有共产党及蓝衣社的行踪"，计查住户 19369 户，铺户 3177 户，外国户 2514 户，变动情况有迁出 1 户，迁入 1 户。另外，派驻员警检查出入管界朝阳门之人，计出城者 7798 名，入城者 7775 名，未查有携带枪械的人及"不良分子"。[③]同年，日伪警察局除会同日本宪兵队组织普通户口清查班实行清查户口外，针对特殊商店家屋及官衙公署要人住宅附近住户须予特别调查及检问情况。日本宪兵队还指示，另外组织特别调查班 136 班，共增加官警 405 名，通译 216 员，卫生局派遣技士 45 人，4 月 7 日于城郊各区同时分班调查，至 24 日调查完竣。因西郊香山、后山一带村庄住户分散，于 24 日又编组调查两个中队十二个分队，由宪兵、警察混合组织，另抽派武装警

---

① 北平市政府秘书处第一科统计股主编《北平市统计览要》，1936，第8页。
② 《北平市保甲情形报告书及调查表》，中国第二历史档案馆藏，内政部档案，档案号：12-6-9661。
③ 北京市档案馆编《日伪在北京地区的五次"强化治安运动"》，第82~83页。

察240名，于当日上午分三路出发，至下午四时全行查竣。① 在第四次"强化治安运动"期间，1942年5月11日至5月31日，外一区警察分局抽查户口，编成抽查组二组，对界内旅店、会馆、庙宇、杂居可疑户以及公共处所分别实施检索检问。对于"不良分子"切实检举，共查4129户，计查获漏报户口者6起，吸毒者3起，赌博者3起，吸烟未登记者1起，囤积铜元者1起，共计14起，分别依法讯办。②

　　抗战胜利后，1945年11月蒋介石在中央警官学校训话中谈到管理户口的问题，指出："管理人民要从清查户口入手，清查户口要从健全保甲入手。"③ 北平市在战后为确保本市治安，采取普通调查、特别检查（会同关系机关）、联合检查（会同各有关治安党政机关）三种方法清查户口，于1945年12月及1946年4月开展户口总检查两次，先后查处可疑案件2000余起，统计本市共有318297户，1681797人。④ 至1946年6月底，北平市警察局统计人口数字计为316853户，男998186名，女694440名，合计1692626名，流动人口男15845名，女2897名，合计18742名。⑤ 这年8月25日，北平市举行第三次户口总检查，检查区域为外城五个区，共发动出勤人员2002名，施行结果计检获漏报户口及其他各项嫌疑案件285起，均分别依法处理。⑥ 通过调查统计，1946年8月，北平市16区市民户口共计317500户，男985363人，女693813，共计1679176人。⑦ 此外，遵照《户籍法》规定，为确定市民身份起见，由警察局开始筹办国民身份证，到这年12月底止，共计办理完竣身份证937139张，户卡片207723张，口卡片128458张，全市人口共计1684789人，统计所发国民身份证约合全市人口56%弱。⑧ 为配合户口清查，警察局还推行编订门牌业务，1947年八九月，曾训令外一分局，"迅将管内街巷名称门牌号

① 北京市档案馆编《日伪在北京地区的五次"强化治安运动"》，第85页。
② 北京市档案馆编《日伪在北京地区的五次"强化治安运动"》，第415页。
③ 潘嘉钊、钟敏、李慕贞、侯俊华编撰《蒋介石警察密档》，群众出版社，1994，第255页。
④ 北平市政府编《光复一年之北平市政》，第27页。
⑤ 《北平市政府三十五年度上半年工作报告》，第24页。
⑥ 北平市政府设计考核委员会编印《北平市政府三十五年度七至十二月份工作报告》，第16页。
⑦ 北平市政府编《光复一年之北平市政》，第40页。
⑧ 北平市政府设计考核委员会编印《北平市政府三十五年度七至十二月份工作报告》，第16页。

码起止及门牌共计数目剋日造册报局"，"令仰该分局长知照，遇有市民呈请增编门牌一案，应予受理为要"。① 1948 年，根据地方治安需要，北平市举行户口总查两次，并督饬各分局编组清查户口，检获案件 573 起，案犯 742 人，分别依法处理。② 这年 6 月，北平市 20 个区现住人口统计为 1920337 人，其中男性 1061353 人，女性 858984 人。从籍别来看，共有本籍 929735 人，外省市籍 988465 人，外国籍 2137 人。③

近代户籍管理，还涉及在京外国人的管理问题。清末政府基本无力顾及对外国人口进行管理。民国以后，据 1917 年美籍学者甘博的调查，住在北京使馆区以外的外国人为 1524 人，其中日本人 595 人，美国人 281人，英国人 230 人。④ 1919 年，北京政府公布《管理无约国人民章程》，开始对无约国外国人入出境加以控制，但对有约国外国人的管理仍然无能为力。1930 年以后，国民政府先后公布《查验外人入境护照规则》《中华民国境内外人出入及居留规则》等，随着这些法规的制定，外国人出入境管理的制度逐步形成。1936 年 6 月，北平市在户籍管理工作中对外侨也展开调查，据统计，当时外侨户数 1276 户，共计 4081 人，其中男性2269 人，女性 1812 人。日本人最多，其次为美国人。⑤ 同年，为加强对在平外国人的管理，北平市政府对其职业状况也进行了详细调查，调查结果见表 3-15。抗战胜利后，北平市警察局管理外国人工作重在管训遣送日韩德侨，专门成立日侨集中管理处及韩侨集中管理所、德侨集中临时管理所各一处，自 1945 年 11 月起至 1946 年 6 月止，除各机关留用及死亡者外，遣送回国日侨共计 78536 人（各机关留用技术人员继续住平者1226 人）、韩侨 16297 人（良善及有正当职业继续留平者 153 人）、德侨125 人（暂缓遣送者 19 人）。⑥ 1946 年，为加强外侨管理，北平市还开展了更换外侨居留证、调解涉外事件及成立护照检查所等工作，除正阳

① 《北平警察处关于安装、增编、颁发门牌号码等问题的训令》，北京市档案馆藏，档案号：J184-002-02304。
② 北平市政府统计室编《北平市政统计》，1948 年 8 月，第 131 页。
③ 北平市政府统计室编《北平市政统计》，1948 年 8 月，第 9 页。
④ 〔美〕西德尼·D. 甘博：《北京的社会调查》上册，第 8 页。
⑤ 北平市政府秘书处第一科统计股主编《北平市统计览要》，1936，第 17 页。
⑥ 北平市政府编《光复一年之北平市政》，第 29 页。

门原有护照检查所一处外，又于正阳门车站及东便门车站设立检查护照规则指示牌四面。同时开展户口调查，1946 年 6 月底，据北平警察局统计，外国户 878 户，男 1304 名，女 1538 名，合计 2842 人。① 到 8 月，北平市 16 区外侨户 797 户，男 1363 名，女 1258 名，共计 2621 人。② 另据统计，自 7 月 1 日起至 12 月底止，调解涉外事件有：美军汽车肇事案 40 起，美军鸣枪伤人案 2 起，美军殴人案 2 起，美兵强奸女生案 1 起，查获偷窃美军窝犯 36 起，其他事项 45 起。③ 到 1947 年，北平市外侨共计 2827 户，4010 人，各国待遣侨民分别为：日侨 333 人，德侨 72 人，苏侨 193 人，均经筹备准备实施遣送。④ 至 1948 年 6 月，据统计，北平市外侨总计 2311 人，男性 1243 人，女性 1068 人，其中日本人最多，为 660 人，接着为德国人 273 人、美国人 261 人。⑤ 同年，北平市加强外侨保护及取缔工作，对各驻平领馆有外交官身份人员及盟国军民团体往来过境者随时随地加以保护，并对苏侨及其他外侨，依照新订保护方案，实施生命、财产安全保护，对于不良外侨随时取缔。

表 3-15　1936 年北平市外侨职业统计

单位：人

	英	美	德	法	俄	日本	其他	无国籍	共计
农	—	—	—	—	—	—	3	—	3
矿	3	—	1	—	—	4	—	—	8
工	3	10	7	2	18	26	12	—	78
商	30	39	35	15	27	122	115	1	384
交通运输	4	4	3	2	1	23	2	—	39
公务	13	74	7	10	6	28	12	—	150
自由职业	59	117	41	40	23	70	41	—	391
人事服务	20	13	5	8	11	22	13	—	92
其他	43	228	61	50	114	385	395	—	1276

---

① 《北平市政府三十五年度上半年工作报告》，第 24~25 页。
② 北平市政府编《光复一年之北平市政》，第 40 页。
③ 北平市政府设计考核委员会编印《北平市政府三十五年度七至十二月份工作报告》，第 18 页。
④ 北平市政府编审室编印《北平市政府公报》第 2 卷第 17 期，1947 年 9 月，第 2 页。
⑤ 北平市政府统计室编《北平市政统计》，1948 年 8 月，第 18 页。

	英	美	德	法	俄	日本	其他	无国籍	共计
无业	45	98	18	27	27	212	757	9	1193
失业	—	—	—	—	—	—	—	—	—
共计	220	583	178	154	227	891 *	1350	10	3614

注：标 * 数据，原文如此，疑计算有误，经核对，891 应为 892。

资料来源：北平市政府公安局编《北平市政府公安局户口统计图表》，1936，第61页。

近代北京警察在实施户籍管理的工作方面得到了一定的社会认可，报端时见好评。以《大公报》为例，1906 年 1 月载，"警部传谕云，现在整顿警政之始，所有内城各处铺户、住户、居住人口、职业、年岁、姓名均宜详细调查，以备存案等语。日间各巡长已带领捕兵遵谕调查，极为认真，非复昔日之虚应故事也"。① 同年 6 月，载《内城查户认真》消息一则，称"内城户口业于日前粗查大略，登载簿籍"。又闻"警部对此事颇行认真，饬令各局厅于查点之后详细核对，以期无讹，故各局段已于初十日从事复查"。② 到民国时期，北平市加强对外国人户籍的管理工作，据记载，1948 年加强外侨保护及取缔工作，结果"未发生事故，外人多表示好感"。③ 还有学者评论："北平的户口调查，历史最久，成绩最佳。"④ 当然，北京警察在户籍管理中也存有很多不足，户籍登记时有办事马虎现象，登载错误或遗漏之事时有发生。如据报载，1927 年 8 月，户籍室稽查员发现外右四区户籍有进行迟滞及登载错误并有遗漏等情况，为此警察厅训令外右四区警察署："令仰该区对于该管户籍长警严加整顿，督饬进行，毋稍怠忽。"⑤ 同时期，户籍室稽查员在稽查外左一区时又发现，"第一段户籍开办至今，仅调查二十余户"，且第十段有漏报之处。针对此等情况，警厅训令外左一区警察署："令仰该区对于第一段严饬认真办理，不得借词延宕，其第十段应转饬该住户遵章呈报，以免遗漏。"⑥ 在人事

---

① 《时事 北京 编查内城户口》，《大公报》（天津版）1906 年 1 月 11 日，第 2 版。

② 《时事 北京 内城查户认真》，《大公报》（天津版）1906 年 6 月 5 日，第 2 版。

③ 北平市政府统计室编《北平市政统计》，1948 年 8 月，第 131 页。

④ 姜春华：《北平警政概观》，第 10 页。

⑤ 《京师警察厅 令外右四区警察署》，《京师警察公报》1927 年 8 月 1 日，第 2 版。

⑥ 《京师警察厅 令外左一区警察署》，《京师警察公报》1927 年 8 月 1 日，第 2 版。

登记方面，按照 1929 年 1 月 25 日内政部公布的《人事登记暂行条例》，登记表共有七种，即出生、死亡、婚姻、继承、分居、迁徙及失踪登记表，但按 1931 年 12 月 12 日国民政府公布的《户籍法》规定，人事登记应包括出生、认领、收养、结婚、离婚、监护、死亡、死亡宣告及继承九种，而北平办理户籍的人因袭旧章，未行变更，在人事登记中忽略了认领及收养两点，这不能不说是一种错误。① 还有学者对北京户口调查统计工作表示不满意，在研究中批评指出："北京近几年来户口调查的成绩，简直不比零强，我要一个确实的人口总数实在没有方法。"② 由上可知，近代北京户籍管理工作取得了一定成效，但也存有需要改进的不足之处，这一切与近代北京复杂的社会构成、警察自身工作能力不够，以及制度建设的不完善等多方面因素有关。户籍管理工作与社会治安防控关系紧密，北京警察管理户籍的实际行动从侧面反映了这一时期社会治安管理的面貌。

五　危险物品管理

危险品指枪支、弹药、易燃易爆物品等。对危险品进行管制，是维护社会治安、保障民众安全的重要方面，所以对危险物品进行管理也是警察的一项工作内容。为此，政府首先制定了一系列相关的管理规章，为警察实施管理提供法律支撑。例如，1910 年巡警总厅发布一系列危险物管理规则，包括《管理煤油营业规则》《管理干草营业规则》《管理花爆营业规则》《管理火柴营业规则》等，这些规则均明令营业者遵照营业章程先行呈报，得总厅许可后方准开设，并且规定"自本规则实行之日起统限一个月以后由总厅派人调查，有违犯者得取消允准或停止营业。凡违犯本规则有应依违警律判决者仍按律办理"。③ 1913 年 7 月，京师警察厅发布《管理狩猎自卫枪枝规则》。规定："凡收藏狩猎或自卫枪枝者，应依本规则之规定呈报于警察厅领取执照。狩猎枪枝以制造形式别于军用品者为

---

① 姜春华：《北平警政概观》，第 39 页。
② 严景耀：《北京犯罪之社会分析》，李文海主编《民国时期社会调查丛编（一编）·底边社会卷》（上），福建教育出版社，2014，第 212 页。
③ 《专件　巡警总厅管理危险物规则　管理煤油营业规则》，《大公报》（天津版）1910 年 5 月 4 日，第 6 版；《专件　巡警总厅管理危险物规则　管理干草营业规则　管理花爆营业规则　管理火柴营业规则》，《大公报》（天津版）1910 年 5 月 7 日，第 9 版。

限，自卫枪枝以手枪为限。"① 1913 年 9 月，《管理收藏枪枝规则》发布，对收藏者的资格进行严格限定，对警察的管理职责做出明确说明，指出："警察厅受收藏枪枝之呈报时，应制备两联簿，以一联为存根登记呈报之事实，以一联为执照发给收藏枪枝之人收执，并于枪枝上烙盖火印。"还规定："违背本规则者，经查出或告发有实据时得依律分别办理。"② 同年，京师警察厅公布《管理火柴营业规则》，规定：火柴营业者应遵照营业章程先行呈报，得警厅许可后方准开设；制造火柴处须选择四面无住户邻居之地；储磷房屋须常锁闭，无事不得出入，并须严密不见阳光；工匠工作时不得吸烟，工作处所不得携带引火之物；火柴须用铁箱存储；制造火柴处所须置备防火器具；对受潮火柴不能用者应即埋藏。火柴营业者应出具不违反本规则甘结呈报本管区署备案。③ 1935 年，北平市公安局为维持地方安全，颁布《取缔私藏枪枝办法》，并密饬各区队于稽查户口时，随时注意侦查，一面在街市检查行人车辆，查出后人赃一并送戒严司令部依法严办，其密报收藏或携带者，可有 30 元以上奖金。④ 1936 年 7 月 13 日，北平市警察局转发《办理自卫枪炮登记发照办法》，规定凡在本市居住之人民法团及官署机关人员私有自卫枪炮弹药均须办理登记，转请南京国民政府军政部给照，给照前由警察局发给临时登记证。为防止自卫枪炮弹药被窃、遗失，可请求警察局代管，发给保管证，凭证随时申请领回。对不办理领照者，除没收其枪炮弹药外，还以私藏军火论罪。⑤

　　北平沦陷后，日伪当局针对枪支火药等危险品管理也制定了相关规则。1938 年 5 月，《北京特别市公署警察局检查民团携带护照枪支办法》公布，规定"民团于入城或下火车时，如携有护照枪支须由该检查官警查核是否相符，将枪及护照代为收存给予收执，转送分局登录簿记，俟返回时凭执发还。对于民团入城或下火车时之未有护照而携带枪弹者或只携

① 京师警察厅编《京师警察法令汇纂》（行政类），第 271 页。
② 京师警察厅编《京师警察法令汇纂》（行政类），第 264 页。
③ 京师警察厅编《京师警察法令汇纂》（行政类），第 275~276 页。
④ 《平公安局查禁私藏枪械　已颁布取缔办法》，《大公报》（天津版）1935 年 7 月 15 日，第 4 版。
⑤ 北京市地方志编纂委员会编《北京志·政法卷·公安志》，第 289 页。

带护照者应将该人及护照扣留送分局办理"。① 1939 年，伪北京特别市公署警察局为防止出现隐患，制定《取缔制造贩卖火药办法》，要求检查各区有无制造贩卖火药处所。有关花炮作坊如需用火药，应先呈报本管区署核准，否则以私造火药论处。② 1941 年 5 月 7 日，伪北京特别市公署警察局发布《人民自卫枪支临时登记证规则》，规定：持枪人申请登记时须填具两份申请书，并签名盖章，取具七等捐以上铺保一家；凡领登记证者遇有军警检查时，应将手枪与登记证一并交验，不得违抗。③ 抗战胜利后，1946 年 9 月 1 日，北平市警察局转发国民政府 1944 年 6 月 28 日公布的《自卫枪支管理条例》，并于 1947 年 1 月 15 日依照条例开始进行自卫枪支登记。诸多关于危险物品管理的法规章程的出台，为有效管制危险品的使用与流通，维护社会安全秩序提供了基本法律保障。

在实际工作中，为预防危险发生，警察机关对危险品的管理也注重先期出示告示，以期民众自觉遵守规定。例如，1905 年 1 月，报载工巡总局札饬各分局严加禁止施放双响起花等爆竹，并传令各作坊不准制卖，以保治安。④ 1916 年，京师警察厅特出布告，谓："向来旧历年终，各住户铺户多有燃放花爆之举，不惟无益社会，而且易生危险，迭经禁止在案，现在又届岁末，仍须严行查禁，务各遵守，如敢故违，即行严惩。"⑤ 1933 年，北平市开展自卫枪械检查，先发布告："凡人民自卫枪枝，业经遵照规则呈验烙印，领有执照者，应照底册，重新点验一次，其新购置者，责令依限呈验烙印发照，至已废损者，查明注销，经此次查验之后，如有未经烙印及无执照之枪枝发现，即以私藏军火论。"同年，针对驻在部队因战事调动，遗弃军火危害治安的情形，公安局开展遗弃枪械调查，一面严密清查，一面布告商民，责成城郊各户据实报告，依照部颁收用各种枪炮、子弹、军用刀剑，及枪炮弹铜壳给价办法处理，如有隐匿不报，

① （伪）北京特别市公署参事室编《北京特别市市政法规汇编》第 3 辑，"第三类　警察"第 103~104 页。
② 北京市地方志编纂委员会编《北京志·政法卷·公安志》，第 289~290 页。
③ 北京市地方志编纂委员会编《北京志·政法卷·公安志》，第 289 页。
④ 《中外近事　北京　预防火患》，《大公报》（天津版）1905 年 1 月 17 日，第 2 版。
⑤ 《京兆　警察厅之预防危险》，《大公报》（天津版）1916 年 1 月 29 日，第 6 版。

一经发觉，即以私藏军火论罪。①

在危险品的实际管理中，开展危险品调查及发照是警察履职的另一项重要任务。据报载，1906 年巡警部饬令总厅调查在京各镖局枪支数目，编列号数盖烙火印，并发给护照，由部咨行崇文门税局、顺天府及沿路关卡查照，遇有烙印枪支一体放行。② 1946 年 4 月，北平着手办理民枪登记，至 7 月停止，共计发出临时执照 106 张，取缔私藏军火案件经查觉处办者共 20 起。③ 1948 年 1~7 月，遵照内政部颁发《自卫枪支管理条例》，北平办理本市人民及公务员、退伍军人枪支登记，核发枪支执照 120 张。④ 对于不遵危险品管理法规者，以及漠视预警告示者，警察直接采取行动查拿罚办。这方面的案例很多，例如，1907 年 8 月，内城巡警左分厅七区警察拦获京北住户张桂陈携带旧来福枪一支，"遵照违警新章罚钱三百文，呈纳晓谕明白释放，枪支扣留"。⑤ 1912 年 1 月报纸又载，巡警在正阳门大街对一形迹可疑之人进行盘查搜检时，查获炸弹一枚，当即押交本区转交京防营务处按律办理。⑥ 1934 年 4 月，北平市公安局侦缉队探警在左安门外郭家村先后拿获买卖枪支人犯 4 人，并起获大枪手枪多支，子弹多粒，修枪架具 70 余件，枪零件等数百件，一并解局提讯，各该犯供认或为修理枪支，或为人介绍买卖枪支渔利等情，当将人证并送北平地方法院讯办。⑦ 在管理危险品过程中，警察有时会根据实际情况采取悬赏奖励等方式，以激励民众协助破获危险案件，对办案用力的巡警也加以褒扬。例如，1912 年 2 月《顺天时报》刊发报道："民政部赵大臣因迩来京师地面发现炸弹暗杀案层出迭见，其于保护治安上殊极妨碍，故于日前派秘密侦探多人在各处查察，如经访获此项确实案情者，除照赏格标发银两

---

① 北平市政府秘书处编《北平市政府二十二年下半年行政纪要》第 1 期，第 16~17 页。
② 《时事　北京　调查镖局》，《大公报》（天津版）1906 年 10 月 30 日，第 2 版。
③ 北平市政府编《光复一年之北平市政》，第 26 页。
④ 北平市政府统计室编《北平市政统计》，1948 年 8 月，第 131 页。
⑤ 《内城巡警左分厅报告每日收发事件、收审案件的日报（之一）》（1907 年 2 月至 1908 年正月止），中国第一历史档案馆藏，巡警部档案，档案号：37-2-37。
⑥ 《捕获私藏炸弹人犯》，《大公报》（天津版）1912 年 1 月 22 日，第 5 版。
⑦ 《北平市政府公安局业务报告（司法重要案件）》（1933 年 7 月至 1934 年 6 月止），第 28 页。

外，并记大功，分别擢拔录用，以资奖励。"① 由上可见，消除危险于未然是警察对危险品进行管理的一个基本宗旨，通过对危险品进行管制，警察履行了为社会安宁服务的职责。

六　冬防管理

所谓"冬防"，即冬季治安防卫，这是中国特有的一个名词，从旧时保甲制度中沿革而来。冬防勤务包括"防火""防匪""防盗"，② 以维护社会治安为要旨。冬防的时长，通常约为三个月，一般在每年11月中下旬至翌年一二月举行，有时也会根据气候及治安情形变动等具体情况而有所调整，或者延长至3月，或者提前自10月开始。京师地处北方，冬季气候严寒，又临近年关，失业贫民生存情状日艰，为渡过难关，铤而走险为盗为匪者，于社会治安大有影响，所以历来冬季勤务最为吃紧。对此，时人也曾感慨："京兆郊外抢案，冬令比平日尤多，因夏令但迫于饥，冬令更迫于寒。年根逼近，借贷无门或私债山积，力不能偿，在乡不能安居，遂流为盗贼，杀人越货。"③ 晚清以来，京师尤为注重冬防。每届冬令，警察工作格外繁忙，责任加重，治安警戒力量也不断加强，防护措施在摸索中日益改进，逐步形成一套特殊的冬令时节治安防控机制。

晚清时期，为保卫京师治安，清廷办理冬防勤务主要采取预先防备、扩充警力、加紧巡查整顿、订定管理章法等措施。这方面的记载很多。例如，1900年10月，侍讲学士恽毓鼎禀称街巷冬防亟宜早办，请"札委毓鼎督办冬防，遇有地方案件会同五城办理，所有稽查委员令毓鼎自行札派，事权既一，则呼应较灵，责成既专，则纪纲自肃"。④ 巡警部成立后，针对京城冬防紧要而警力单薄的情况，尚书徐世昌曾上《拟定京城冬防添设协探访各队暂行章程折》，请求扩充警备力量，加强京城冬防。其内称："内城巡捕原有二千七百名，除消防队专习救火法及各队分任巡逻要

① 《赵大臣悬赏缉炸弹》，《顺天时报》1912年2月2日，第7版。
② 元水：《冬防做些什么？——"防火""防匪""防盗"》，《警潮》1947年，第39页。
③ 林传甲：《大中华京兆地理志》，杨镰、张颐青整理，中国青年出版社，2012，第96页。
④ 《恽毓鼎请札委督办冬防并自行札派委员由》，台北"中央研究院"近代史研究所档案馆藏，档案号：01-14-023-02-002。

差外，站街者仅止千名，实嫌单薄。外城自五城裁撤，所余练勇改为巡捕者一千五百名，均未教练，以之改为巡警，不但不敷分布，抑且难期得力，计非大加增添，断不足以弹压地面。若候筹款募兵再行举办，诚恐延旷日久，致误冬防。臣等公同商明北洋大臣袁世凯，将各镇期满退伍之续备兵酌调千名，已于十月十八日到京，改编为协巡队，分左右两路，遴派候选道王治馨为该队统带，驻扎前三门外，与原有巡捕，划区分防，各专责成，并增设探访队五队，专司探访侦缉等事，与巡兵相辅为用，均于十月一律编齐，即兼派该道王治馨为监督，以期联络一气，互相策应。"①1906 年入秋后，民政部令饬内外城警厅添招新警兵，以备派赴各区分路站岗。② 1907 年渐届寒冬时，京师内外城巡警总厅为加紧巡防，特订定《稽查章程》四条，颁发各分厅遵照，要求稽查时特别注意的事项有："（甲）浮浪者（即无业游民）须考其行踪及来往之人；（乙）庙宇（庙中房舍最易藏容匪类）；（丙）杂院（一须考查所居之人有无正当职业，一须考查所居有无容留闲人）；（丁）新移居者（一须考查其衣服语言行为，一须调查其籍贯姓名职业）。"③ 1910 年，为慎重冬防起见，民政部曾饬内外城警厅于通衢大道及各偏僻处建设派出所，以便加警而益慎防。④ 同时，这届冬防对郊外治安也注意防控，特遴派马巡队分赴四郊昼夜巡缉，以清地面而保治安。⑤ 晚清京师冬防紧要的情势由此可见，冬防勤务举措也在不断摸索中逐步改进。

进入民国后，北京政府统治初期，政权不稳，内有军阀混战，外受欧战影响，京师治安形势严峻。每逢年关，京城治安局面尤令当局忧虑。面对这种情形，京师冬防管理举措根据实际治安状况不断调整，除注重添补各区巡警额缺，注意联合军队和宪兵共同承担冬防勤务，加强冬防依靠力量外，防控方式方法也更加灵活多样。在具体实践中，政府每年对冬防事宜均适时制定特别办法。1912 年 1 月底，军警联合会连开会议，研究保

---

①　徐世昌：《退耕堂政书》卷 3，第 131~132 页。
②　《时事　北京　添派巡警》，《大公报》（天津版）1906 年 9 月 2 日，第 2 版。
③　《京师新闻·冬防要略》，《吉林官报》第 42 期，1907 年，第 12 页。
④　《民政部注重冬防》，《大公报》（天津版）1910 年 10 月 27 日，第 5 版。
⑤　《民政部注意冬防》，《大公报》（天津版）1910 年 11 月 12 日，第 5 版。

卫北京秩序各办法，商定"倘于日内无论北京有何暴动，各处军警务须联合团体力保治安"，拟定临时草案二十四条，颁行各处一律遵照。①1913年冬防期间，为防"奸人隐匿制造事端"，京师警察厅特饬令各警察署派警随时到各处旅馆、庙宇、娼寮等严行访查，遇有情形可疑之人当即扭区讯究，同时饬令各区署长认真督察歇业的商店铺面。为重冬防，警察厅还调派勤务督察员按照指定区域前往各署，负责严查各署所属长警及在差岗巡等是否得力，据实填表，逐日报告。②此外，京师警察厅还训令兼管侦缉队事宜的督察长李寿金，责成其认真督率侦缉队所属各队长兵，对于发生案件悉心采捕，以保治安；警察总监将以该队办事勤惰情形核定该督察长的成绩。③为督促官警着力巡查，同年11月8日《冬防暂行巡官长警赏罚条例》发布，其中"赏例"规定："发见重要窃盗案登时捕获及依限破获者；发见寻常窃盗案登时捕获及依限破获者；发见重要命案登时捕获正犯及从犯及依限破获者；发见杀伤案于犯人逃逸后立即查获或依限破获者，前列各款按照定章从优给奖。"④同年，为维护京师治安，内务部还筹措计划安插贫民办法，并特令京师警察厅所属咨行步军统领衙门会同筹办冬防事宜，针对外城抢案办事不力的情形，责成给予所在区长区员及巡官长警等分别处分，对在逃案犯悬赏通缉，务期拿获。⑤

　　1914年冬防之际，内务部专门组织冬防会议，有报道称："步军统领江朝宗、警察总监吴炳湘及其他军队各长官皆须列席，闻所议不外军警联合保护地方治安各办法。"⑥1915年，警察厅为应对冬防吃紧的形势，拟定招募巡警500名。⑦同时为周密布置冬防，由陆军、内务两部会同京防营务处、京兆尹、步军统领等处协同讨论，厘定京卫拱卫各军及马步巡防

①　《军警联合会特开密议》，《大公报》（天津版）1912年1月27日，第5版。
②　《本厅法令：训令本厅督察员认真督察以重冬防文》，《警务丛报》第2卷第36期，1913年，"制令"第10页。
③　《京师警察厅秘书处函送训令督察长督率加意冬防卷》，北京市档案馆藏，档案号：J181-018-00899。
④　京师警察厅编《京师警察法令汇纂》（总务类），第151页。
⑤　《呈报大总统筹办冬防及外城抢案破获各情形文》，《中华警察协会杂志》第1期，1913年，"公文公牍类"第32～33页。
⑥　《内务部将组织冬防会议》，《大公报》（天津版）1914年10月22日，第5版。
⑦　《警厅筹办冬防》，《顺天时报》1915年9月25日，第7版。

队、马步游缉队、马步巡警等分负防查责任办法，各就职权从事布置，并由内务、陆军两部派定得力侦探，每日分往紧要处所及稠人广众地区切实侦查。① 1916 年 12 月，为保京师治安稳定，京兆尹兼警备队总司令认为上届冬防经验在于警备队会同县知事协力保卫地方，为此特预定冬防计划，针对京兆警备队，通令要求"向分四路驻扎……至各路预定各队会哨地点日期并斟酌情形得与各县警察或游缉队保卫团约齐会哨，俾巡回无间，衔接一气，贼自无隙可乘，并令各路于冬防期内昼夜下道特别加班，以免或有疏虞"。为保障计划实施，还提出督率县队认真办理，并派员不时抽查奖勤惩惰。② 在实践层面，京师警察厅加强警察勤务管理，总监通令各区队自 12 月 24 日起，所有长警均于两星期内一律不准请假。③ 1917年，警察各区署为维护京师冬防治安，从防控风险源头做起，收养贫民，以免其为维持生计铤而走险盗窃作案。后来因修路需要人力，警察机关还从这些贫民中挑选勤劳者留用。④ 1922 年 1 月，京师警察厅总监训令实施《京师宪兵司令部所属驻京各营连冬防服务办法》，规定："冬防勤务昼夜轮流，不许间断，规定以上午六时至下午九时为昼间，下午九时至翌早六时为夜间。各营连于本管区域内除派各种制服巡察宪兵外，并须加派便衣密查宪兵，于茶寮酒肆等处严密查访冒充军人及造谣煽惑之匪徒。各营连服行夜巡宪兵须随时与其他夜间查道军警联络，以便遇事互相协助办理。"⑤

南京国民政府时期，北平冬防仍由公安机关协同军队宪兵共同负责，在防控措施上，着重于强化防控设施建设、扩充人员力量、拓展防控方法等方面，以期维护秩序稳定。

首先，加强防控设施建设。1928 年冬防之际，北平军警宪联合办事

---

① 《京师冬防之布置妥贴》，《大公报》（天津版）1915 年 11 月 29 日，第 6 版。
② 《呈：京兆尹兼警备队总司令王达呈大总统预定冬防计划以维治安文》，《政府公报》第343 期，1916 年 12 月 17 日，"公文"第 17~18 页。
③ 《限制长警请假》，《大公报》（天津版）1916 年 12 月 27 日，第 7 版。
④ 《地方纪闻　京兆　留备贫民修甬路》，《大公报》（天津版）1918 年 5 月 2 日，第 8 版。
⑤ 《京师警察厅总监关于京师宪兵规定冬防宪兵服务办法的训令（1922 年 1 月）》，北京市档案馆藏，档案号：J181-018-13855。

处开会议定，由公安局饬各区遍告界内商民，劝令一律安设警铃以期自卫。① 同年，为便于缉捕冬防期间匪患，北平宪兵司令部内设立警备处，并装设专用电话机，地方上一旦发生抢劫案件，商民可以随时电报警备处，接得警报后，警备处当即派令宪兵前往肇事地点兜捕。② 公安局还训令各区署，对于各街市路灯应一律整顿，如能改装电灯更好，不能改装电灯者，也应使其光线明亮，免为宵小隐匿，而维治安。③ 1933 年，北平市公安局组设汽车巡逻队，就公安局现有汽车，按照内外城区域进行分配，内城若干辆分东西北三路，外城若干辆分东西两路，每日午后六时起，各派保安队官若干员、武装队兵若干名分路梭巡，并有特务队汽车若干辆，派官长若干员、武装队兵若干名，于每日午后七时起依照路线巡行。此外，还组织"防匪脚踏汽车队"，特购置脚踏汽车 12 辆，每辆并配置手提机关枪，遴选精干队兵特别训练，遇有匪警立即驰往兜拿。④ 到这年底，北平市公安局各区劝办住铺户安装警铃及劝募更夫数目有了明显提升。据统计，15 个区装安警铃户数由 6440 户增至 9133 户，劝募更夫数目由 1368 人增至 1434 人。⑤ 1934 年入冬后，北平市公安局为谋全市治安，安设各区"防匪自动电机"，订购"防匪摩托车"，添办指纹照相等项措施，以加强防务。⑥ 另外，针对四郊辖境广阔，电话未安设的情况，为便于警察联络，公安局筹备安设四郊电话，先就四郊冲要及偏僻处所安设 57 具，后又于警段适中地点加设交换机 9 具。公安局还在扼要处所设立盘查所 15 处，加强行人盘查。⑦

　　其次，进一步扩充人员力量。鉴于警察势力单薄，除了军警宪联合维

① 《军警宪联合办事处昨日召集治安会议》，《顺天时报》1928 年 10 月 29 日，第 7 版。
② 《宪兵司令部内设立警备处　并装专用电话机　商民遇抢劫可随时通电》，《顺天时报》1928 年 11 月 2 日，第 7 版。
③ 《公安局饬令整顿路灯　北平将大放光明》，《顺天时报》1928 年 11 月 7 日，第 7 版。
④ 《本年冬防之设施情形》，季啸风、沈友益编《中华民国史史料外编——前日本末次研究所情报资料》第 95 册，第 226 页。
⑤ 《北平市公安局二十二年十二月份各区劝办住铺户装安警铃数目比较表》《北平市公安局二十二年十二月份各区劝办更夫数目比较表》，《北平市市政公报》第 233 期，1934 年，第 34~36 页。
⑥ 孟威：《冬防与冬赈》，《市政评论》第 1 卷合订本，1934 年，第 70 页。
⑦ 北平市政府编《北平市政府二十三年上半年行政纪要》第 2 期，第 27 页。

护治安外，在冬防期间为保治安，公安局加速招募新警，以派往各区队服务。① 北平警备司令部特由警备军内选拔精明干练官长士兵 200 名，编组为巡查队四大队。每一大队派官长 4 员，士兵 50 名，再分四小队，每小队由官长 1 员，带领士兵 12 名。另外派持手提机关枪士兵 1 名，大刀队士兵 2 名，逐日无分昼夜，分往内外城各街巷巡查会哨，遇有特别事故发生时，协助警察办理。② 此外，北郊一带各村庄农商市民等特在德胜门外祭旗庙内设立农商联合会，招募壮丁编练保卫团，以资自卫，由警备司令部查核照准。③ 1930 年冬防期间，北平警备司令部曾派兵往各交通机关驻守保护，冬防过后，为注意地方警备事宜，由各军警长官分别负责，加以保护。④ 1933 年，北平市公安局还将所有户籍警及消防队一律编入冬防勤务，以期严密。⑤ 通过次第增加警额，并训练特别业务者以协助冬防，冬防力量不断扩充，为防控提供了保障。

再次，防控办法日益多元，布置周密。1928 年冬防期内，北平市公安局迭次召开会议筹商具体冬防办法。南郊区署按照要求，拟定冬防出勤办法及村联会组织办法两种，出勤办法即由总署组织巡查队，无论内外勤巡官长警，均照划定路线按段巡查；署长、署员、办事员随时稽查；署内司书担任夜间值班，接收报告，传达命令。村联会组织办法即每村组成一组，遇事听候各分署或各段警察调动指挥。⑥ 同年，针对冬防期间抢案迭出，且犯人多着制服的情况，军警宪各当局特拟定取缔军人办法，用警备司令张荫梧、宪兵司令楚溪春、公安局局长赵以宽三人名义，致函北平各驻军机关，不准军人外出闲游以及携械离营及夜间不返；通令各区署传达

---

① 《裁警声中又招募新警　公安局增加冬防实力》，《顺天时报》1928 年 12 月 23 日，第 7 版。

② 《警备部组织巡查队》，《顺天时报》1928 年 10 月 30 日，第 7 版。

③ 《北郊农商联合设保卫团　在祭旗庙招募壮丁》，《顺天时报》1928 年 12 月 30 日，第 7 版。

④ 《北平警备会议　交通机关驻兵拟即撤回》，《大公报》（天津版）1930 年 2 月 9 日，第 4 版。

⑤ 《北平市公安局关于筹划冬防办法及政府发补充办法遵照的训令》（1933 年 1 月），北京市档案馆藏，档案号：J181-020-10411。

⑥ 《本局消息：南郊区署筹备冬防办法》，《北平特别市公安局政治训练部旬刊》第 9 期，1928 年，第 19 页。

界内各公寓旅店，不准容留军服人等投宿。平津卫戍总司令部除严令驻平各军整顿军纪外，并令警备司令部严密缉捕盗匪，昼夜安排官便衣巡查队防范，遇有匪人就地正法。为保障冬防勤务效果，公安局饬令警队及侦缉队严行奖惩考核，"嗣后每旬日考勤一次。何区出有抢劫之案，即责成何区会同侦缉队协缉，在三日内破获者有奖。若界内一旬不出抢劫案件者，由局定有特奖，若出案逾限不获或由他处代获者议罚，若旬日连出三案者，署长撤差"。① 此外，军警宪联合办事处还召集治安会议，决定由警备司令部内密探员化装分往各旅店公寓探访案件，由宪兵各营组添巡查队，昼夜梭巡街市，以固冬防，并派人分驻电话局内，设立间听电话室。② 同时，市政府从救济失业贫民着手，饬令社会局、公安局会同提前筹办粥厂，并由北平救济院设法收容无家可归者，以维治安。③ 1929 年冬防之际，北平公安局特制定《公安冬防临时非常警逻汽车队暂行办法》十条，规定："为预防非常事变特设临时警逻汽车队，内外城不论某区地面遇有非常事变时，均驰往助理。"④ 同时，为强化治安管理，北平市公安局特发训令："冬防瞬届，公务繁重，自即日起，所有本局内外部人员，非有特别重要事故，呈经核准者，一律不得请假。"⑤ 同时还要求"所有各该区所境内栈馆茶肆应由该管长官督率所属，随时注意严密稽察。至燃放鞭炮一事，尤应遵照现今各令认真禁止"。⑥ 到 1930 年冬，北平警备司令特将北平警备区所辖各处防务分为两大区，其一为城郊大兴、宛平两县及其他各县，以第三十八、四十二师两师分别担任警备职责，其二为内外城全部，仍归第三十八师负责保护。两师警备区毗连地方，由两师部队各派官长协商，于扼要地点施行会哨，以资周密。⑦ 这年冬令时

① 《近日城郊抢案层出　军警当局积极预防　拟定取缔办法就地格杀勿论　公安局开防匪会议饬队严缉》，《顺天时报》1928 年 11 月 21 日，第 7 版。
② 《军警宪联合办事处昨日召集治安会议　为保卫冬防严查共党　饬令商民装电铃自卫》，《顺天时报》1928 年 10 月 29 日，第 7 版。
③ 《市政府设备冬防　注意失业贫民　已饬令社会局即日筹办　收容贫民提前开办粥厂》，《顺天时报》1928 年 11 月 1 日，第 7 版。
④ 北平市政府编审室编印《北平市政府公报》第 6 期，1929 年，第 153 页。
⑤ 《冬防重要不得请假》，《公安旬刊》第 1 卷第 13 期，1929 年，"命令"第 2 页。
⑥ 《冬防期内禁放鞭炮》，《公安旬刊》第 1 卷第 15 期，1929 年，"命令"第 4 页。
⑦ 《军事新闻　北平　警备司令李服膺注意冬防》，《军事杂志》第 2 卷第 20 期，1930 年，第 182 页。

节，北平公安局消防总队也积极筹备冬防，除挑选干练队警加紧训练及修理机件添置用具外，并添购大批轻便救火器具，以便遇有内街小屋火警时能迅速扑灭，不致蔓延。消防总队还详细拟定防火办法通告市民知悉，使各有所警惕。① 此外，针对街面查见小孩滥吹角质叫笛，易与警笛声混淆扰乱听闻，公安局特发命令："当此冬防吃紧之时，无识小孩滥吹角质叫笛，实属淆乱听闻……除分令外，合行令仰知照转饬所属随时查禁。"②

1933 年北平地方迭经变乱，冬令防务较往年更为重要，为此新任公安局局长余晋龢特指出"非加紧工作不可"，拟以保安队余力租用汽车，于一日间最危险时间，如夜晚清晨出巡各胡同，以资减少抢案。③ 这年，公安机关鉴于实际冬防勤务加重，警戒加严，特编成"警察纲"。在冬防严重时期（自 1 月 15 日至 4 月 15 日），"市区警察纲编成办法"具体布置如下：甲、守望编成。各区长警夜间勤务分前后夜守望巡逻。乙、定线巡逻编成。各区骑车队分甲乙两班，甲班出勤，乙班作预备队，每班以二人为一小组，由区规定各组路线巡逻检查。丙、不定线巡逻编成。公安局除布置特务队汽车巡逻路线外，各保安队及侦缉队每日巡逻人数及线路由各关系区署规定之，呈报局长备查。丁、更夫巡逻编成。各区署努力完成更夫编成工作，推进更夫指导、训练、协助等，力求齐一进步。戊、督察线编成。勤务督察处对于守望定线巡逻、不定线巡逻及更夫巡逻工作安排开展检查，实施奖惩以促其勤务。④ 此外，同年还制定了《北平市政府公安局冬防保安实施办法》，将冬防进一步扩展为全民联防联控的工作，对稽查匪盗、火警预防尤为注重。冬防实施过程中，在联合市民协助方面，规定："加添更夫协助巡逻"，"完成联户警报电铃"，"唤起市民安全注意"，"推进人力车夫人等辅助工作"及"扩充请愿警"。在防缉盗匪方面，规定："清查户口"，"搜索盗匪"，"检查枪械"，"取缔游兵散勇及形迹可疑事物"，"保护要所"，"村庄联防，邻县联防及省市联防"，"清

---

① 《冬防期中之预防火患》，《救火月刊》第 2 期，1930 年，第 41 页。
② 《禁止滥吹叫笛》，《公安旬刊》第 1 卷第 22 期，1930 年，"命令"第 2 页。
③ 《平市公安局长余晋龢视事　对职员训话勖以努力从公　余谈今后警政决注意冬防》，《大公报》（天津版）1933 年 9 月 29 日，第 4 版。
④ 姜春华：《北平警政概观》，第 50~52 页。

查惯窃"等。在火警预防方面，规定："胪列预防火警注意各事，刊入维安须知，唤起注意"等。① 另外，公安局还督饬暂行停止学术教练及照例休息，后又厘定冬防计划补充办法五项，包括即日实行清查户口；劝告各户自动安设警报电铃，以期民众互助；等等。② 这些冬防办法将警务防范体系编织成一个严密的网络，将全体民众都纳入其中，注重各方力量的配合联动，为冬防管理提供保障。对此，首都警察厅厅长也深有感悟，指出："分工合作，收效最宏。"③ 1934 年入冬后，北平市公安局为保全市治安，决定将冬防日期提早，同时积极实施清查户口，举行临时检查。④ 至冬防期届满时，因气候仍寒，为避免盗匪滋扰影响地方治安，市长又指令公安局："将冬防期间延展至三月底止，俾资防范，通令各区队一体遵照。"⑤

　　北平沦陷后，日伪统治下的警察局管理冬防，除注意加强警务巡查、户口清查、维安训令外，还特别强调开展侦缉队游动侦查、驻郊警察队谍报侦查以及谍报网建设等，以维护其统治。1937 年，为保障冬防勤务效果，伪警察局特修正通过《北京特别市公署警察局各警察分局缉捕盗匪奖惩规则》，规定"各分局在冬防期间一个月内不发生盗匪案件，该管分局长及主管署员应传令嘉奖，两个月内不发生盗匪案件各记功一次，三个月以上不发生盗匪案件各记大功一次。各分局发生盗匪案件（如强盗或掳人勒赎）以七日为破获限期，如逾期未能破获者，该管分局长及主管署员各记大过一次，如事后将全案破获，该管分局长及主管署员各记大功一次，破获一部分人犯不及半数者各记功一次，均准销去本案记过处分"。⑥ 依此规则，1938 年冬防期内，经分别统计各区发生盗案，除已获

① 《北平市公安局关于冬防保安的实施办法》，北京市档案馆藏，档案号：J181-016-00229。
② 《北平市公安局关于筹划冬防办法及政府发补充办法遵照的训令》（1933 年 1 月），北京市档案馆藏，档案号：J181-020-10411。
③ 王固磐：《冬防的重要及民众应有的工作》，《播音教育月刊》第 1 卷第 4 期，1937 年，第 159 页。
④ 孟威：《冬防与冬赈》，《市政评论》第 1 卷合订本，1934 年，第 70 页。
⑤ 《指令公安局　据呈报冬防现将届满　惟气候仍寒　拟延长至三月底止准备案由》，《北平市市政公报》第 238 期，1934 年，"命令"第 15~16 页。
⑥ （伪）北京特别市公署参事室编《北京特别市市政法规汇编》第 3 辑，"第三类　警察"第 50 页。

各案另案给奖外，其未获各案负责人员经先后查取，分别处分。① 1939年，为应对北平冬防吃紧的形势，日伪警察局特规定冬防办法："甲、冬防勤务配备。乙、施行街市大检查、可疑户检查及四郊搜查。丙、严查户口以清盗源。丁、指导人民预防贼盗、火灾、煤毒办法。戊、公益会巡查或巡更。己、自卫团协助巡逻。庚、保甲负责检举不法。"② 警察在执勤过程中，为加强防范，还"将四郊区队联合汽车巡查班调在城内加巡，并饬警察四队及车警队自行车队长警加班巡查，以期周密"。③ 此外，伪警察局局长特饬令各分局局长注意严查官警勤惰情形，提出"欲期冬防巩固，全在上下一体，振作精神，各尽厥职。……果能赏罚分明，士气自然振作，勤务整饬关系全市治安，……合亟仰该分局遵照并饬属一体遵照"。④ 1940年冬防到来之际，伪警察局特发布告，示谕民众特别注意："甲、注意门户；乙、预防火灾；丙、预防煤毒；丁、注意冒充警宪不法行为。"⑤ 1941年冬防期内，伪警察局发布《维安须知》16项，其内容与民众生活息息相关，如提出"住户临街门户无论昼夜，均应严加谨慎，随时关闭。各铺户应与门前摊贩联络，倘发现可疑情形，可由摊贩就近报告岗警，并应注意其行踪。各户对于男女仆人，务须严加审查。遇有来历不明或形迹可疑之人，借寻亲觅友，时来门首探望或盘旋者，须密报警段。住铺各户，对于乱纸煤油等，切勿多存"。⑥ 1943年，日伪警察局制定《冬防实施纲要》，内容包括：（1）在警察方面，拟实施城区汽车游动检查；郊区汽车巡查；户口清查；派员咨查勤务以及街市固定检查、强化城门检查、郊区清乡大搜查、旅店庙宇可疑户检查等；（2）在自治自卫

---

① （伪）北京特别市公署警察局秘书室编《北京特别市公署警察局业务报告（1939年度）》，第85页。
② （伪）北京特别市公署警察局秘书室编《北京特别市公署警察局业务报告（1939年度）》，第107~113页。
③ （伪）北京特别市公署警察局秘书室编《北京特别市公署警察局业务报告（1939年度）》，第47页。
④ 《巩固冬防：警局令饬各分局长严查官警勤惰》，《北京市政旬刊》第36期，1939年，第1版。
⑤ 《冬防吃紧时期：警局编制文告，晓谕民众注意，以期官民合作共维治安》，《北京市政旬刊》第39期，1940年，第2版。
⑥ 《冬防期间维安须知》，《警声》第2卷第2期，1941年，第37~42页。

方面，强化民众警防机构并充分利用其性能；（3）在侦查工作方面，强调侦缉队游动侦查、驻郊警察队谍报侦查以及郊区人民谍报网建设等。①防共反共的反动性暴露无遗。1944 年，伪警察局为强化四郊防卫能力，以求冬防期间"治安"稳定，通饬四郊分局全力展开冬防筹备工作，着力实施游动检查，除于冲要街口实施临时检查外，对于一般旅店庙宇等施以特别检查，并且警防科创设模范防护组，以期强化北平防空。②

抗战胜利后，北平冬防事务收归北平市警察局负责。1945 年，北平市警察局制订冬防办法四项。一、加强检查。包括游动检查和小组检查。二、加强巡查。包括大班巡查、小组巡查。三、加强戒备。包括分局警哨、警戒岗哨、秘密警戒。四、组织联防会。③ 1946 年，警察局制订冬防计划，注重事项有"加强勤务机构，调整警力，加强戒备，加强巡逻，加强检查，联防会哨（包括城内联防会哨、城外联防会哨及有警互相应援），稽查娱乐场所，加强城防（包括城门检查、城上巡查、城下巡查），户口清查，加强缉捕工作，劝按防匪警铃，实施民众自卫"。④ 同年 11月，还公布了《北平市警察局冬防期间缉捕盗匪奖惩办法》，规定："本局甲区各分局队一个月内、乙区二个月内、丙区三个月内防范得力，未发生盗匪案件者，分局长记功一次，局员巡官斟酌情节从优奖叙，该分局队长警共奖金五十万元，由该管主官查明成绩列表呈请核发。"⑤ 该办法的实施，增进了长警勤务督察积极性，对提升冬防勤务效能有一定促进作用。

1947 年冬防期间，北平市警察局确定冬防实施要点，包括"甲、加强勤务机构调整警力；乙、加强戒备严密巡逻；丙、实施时组织临时检查

---

① 《北京特别市警察局关于印发民国三十二年度冬防实施计划纲要给秘书室的训令（附北京特别市警察局冬防实施纲要）》，北京市档案馆藏，档案号：J181-001-00021-013。

② 《京展开冬防警备工作　警防团创设模范防护组》，《中华周报（北京）》1944 年第 1卷第 14 期，第 8 页。

③ 《北平市警察局关于冬防加强统筹维持地方治安给秘书室的训令（附北平市警察局民国三十四年度冬防实施计划）》，北京市档案馆藏，档案号：J181-001-00085-004。

④ 《北平市警察局三十五年度冬防计划》，北京市档案馆藏，档案号：J181-017-00571。

⑤ 北平市政府编审室编印《北平市政府公报》第 1 卷第 12 期，1946 年 12 月，第 13 ~14 页。

联防会哨；丁、清查户口劝导安装警铃；戊、实施民众自卫"。① 同期，还制定了《北平市各区冬防夜巡队设置办法》，据此各区成立冬防夜巡队，队员由受训完毕的国民自卫团员轮流充任，于每一警察分驻所辖区设立一个分队，每分队下设三班，每班队员16人。冬防夜巡队的勤务分配及巡察地区由各区公所会同该区警察分局订定。② 为周密布置警备，警察局还拟订组织草案，成立北平军警宪保甲冬防联合夜巡队，以本市保甲为主体，向各住户抽调年富力强的壮丁充任巡查员，并以警备司令部、警察局、宪兵团等各治安机构的人力为辅助。③ 此外，还加强训练以使长警配合冬防勤务工作，训练内容包括守卫勤务问答、守望勤务问答、巡逻勤务问答，如在"守望勤务问答"中明确要求长警"注重与邻岗及巡逻警士之联系；至下班时间而接班者未到不准离去。"④ 这样，通过培训，执勤长警进一步明晰了工作要求及处理原则，严明了组织纪律，为有效应对冬防提供一定保障。自1947年12月至1948年2月底，在实施冬防过程中，各分局队全体官警一律停止半数休息，加强勤务配置，并加强城防及缉捕工作，由警察领导实施夜间巡查。最终，冬防工作取得较好结果："1、收到警民合作效果；2、抢劫盗案发生56起，破获18起；3、城郊发生火灾64起均即时扑灭；4、流动检查获案23起。"⑤ 1948年冬防期间，北平市警察局提出实施要领九方面，即"（一）勤务部署之重点；（二）勤务实施之着眼点；（三）警力分配之重点；（四）调整本局各分局内部警力，加强外部各阶层督导及执行机能；（五）把握社会组织；（六）各分局队值日官应有统筹果断之毅力，遇事须迅速处理不可擅离；（七）各勤

① 《加强冬防实施要点》，北京市档案馆藏，档案号：J181-001-00347-001。

② 《北平市政府社会局抄发市警察局〈北平市各区冬防夜巡队设置办法〉的训令（附：军警宪保甲冬防联合夜巡大队组织草案、冬防计划）》，北京市档案馆藏，档案号：J016-001-00160。

③ 《北平市政府社会局抄发市警察局〈北平市各区冬防夜巡队设置办法〉的训令（附：军警宪保甲冬防联合夜巡大队组织草案、冬防计划）》，北京市档案馆藏，档案号：J016-001-00160。

④ 《北平市警察局关于民国三十六年冬防训练的训令、长警司法部分业务处理程序、守卫勤务问答、守望勤务问答、巡逻勤务问答》，北京市档案馆藏，档案号：J181-002-00046-008。

⑤ 北平市政府统计室编《北平市政统计》，1948年8月，第130页。

务单位须与管界驻在地宪兵队及其他警队机关部队通力合作；（八）各分局队应订定紧急集合办法，由各主官不分昼夜随时演习，俾提高员警之警觉性，而作万全之准备；（九）配合经济措施，稳定金融，切实推行经济管制法令，以安民生。"在实施之前，加强准备工作，包括施行宣导工作；充实武器装备；改善车辆管理；加强联系工作等。①

　　由上可见，近代北京当局为维护统治秩序对冬季治安都特别重视，冬防管理举措随着社会治安形势的变化不断调整改进，渐趋严密。清末建警之前，京城冬防事务主要由步军统领衙门及五城兵马司办理，京师警察创办后，警察逐渐担负起北京冬防勤务的主要职责。进入民国后，京师冬防力量不断扩充，除由警察担负主要职责外，渐渐形成由警察、军队、宪兵各方力量参与，多部门共商冬防办法，共担冬防任务的机制，军警宪联合执勤共同应对冬防成为此时期非常突出的特点。近代北京冬防管理机制形成并不断演进是适应复杂多变的社会治安形势需要的结果。

　　姑且不论实施冬防的政治因素和其他方面的利弊，单从维持春节前后的社会治安、维护社会稳定方面来说，近代北京冬防管理机制的运行起到了一定的积极作用。在各种防控措施的作用下，北京的治安取得一定效果，对此媒体多有报道。例如，1905年11月《大公报》载："外城地方有客人带现银百余两被车夫抢去，当即喊追，站岗巡捕拿获，将原银归还失主，巡捕之力大矣哉。"②进入民国后，每届冬令时节，京师冬防注意添加巡警岗位，并派人昼夜巡查，管理举措不断改进，冬防效果也有明显进步。对此，时人曾有评说："请大家想想，从辛亥以来，国家经这一番改革，京城地面，添了多少失业的贫民，更加以坏人引诱，倘非警察得力，大家能过安顿日子吗？"③1929年12月底，报纸又载："北平治安自张荫梧兼领公安局长、王锡符主任局务以来，数月间整顿尚著成效。……当初到任之时，大小抢窃之案日有所闻，近两月以来，官兵一致努力，市面较前

① 《北平市警察局民国三十七年度冬防计划、冬防注意事项》，北京市档案馆藏，档案号：J181-001-00395-003。
② 《时事　巡捕得力》，《大公报》（天津版）1905年11月25日，第2版。
③ 《市政之与冬防》，《市政通告》第5期，1914年，"论说"第2页。

安静矣。"① 对于加强冬防给社会治安带来的影响，时人曾就 1933 年的状况予以评论，指出："北平市治安，能以差强人意，未遭大祸，吾人不能不承认警察当局对冬防设施的周详。"② 抗战胜利后，北平市警察局在工作总结中，对冬防事务也予以了肯定，指出："自去冬实施冬防计划以来，治安渐趋良好，盗匪案件已较往年减少。"③ 可见，冬防管理对维护近代北京治安具有一定的积极意义。

当然，冬防作为迫于社会治安形势紧张而实行的一种紧急治安管理模式，从一开始实施就鲜明地体现出统治者高压的管理姿态，暴露出统治者与普通民众之间的尖锐矛盾。如时人所分析，"公安当局，见于北方数经战乱之后，本市穷民人数勃增，几占全市人口五分之一以上，抢案迭出，盗匪横行，为谋全市治安计，乃决定提早冬防日期，同时积极清查户口，举行临时检查，安设各区防匪自动电机，订购防匪摩托车，以及添办指纹照相等项，凡此种种设施，不外用以防冬，即所以制裁冬季中穷民非分之活动也。"④ 在冬防实施过程中，《筹议京师冬防收养贫民办法》提出："维持冬防首以安插贫民为要着，前经本部令行警察厅筹定办法，前后由二十区收集无业贫民，令在各街巷工作，以二千名为额，至次年春令遣散，以杜盗源而防流弊。"⑤ 还有学者指出："'冬防'与'恤赈'应该同时期来注意举办，对于饥寒交逼的人，要予以有效的救济，以免他们铤而走险。"⑥ 这些建议注意到了冬防治本的问题，但在近代中国积贫积弱的国情下，贫民的生活状态不可能得到根本改观，冬防与冬赈也只能是维护社会秩序的一种治标不治本的消极方法。其中存在诸多弊病，当时社会评论也对此有犀利抨击："提起救济贫民的冬防来，也实在可恨的很。……办理慈善事业的人光明正大的自然是很多，可是借着取利侵吞肥己的也是不

① 《北平警政》，《大公报》（天津版）1929 年 12 月 30 日，第 3 版。

② 姜春华：《北平警政概观》，第 54 页。

③ 北平市政府警察局编《一年来之北平警政》，第 42 页。北京市档案馆藏，资料号：ZQ012-002-00147。

④ 孟威：《冬防与冬赈》，《市政评论》第 1 卷合订本，1934 年，第 70 页。

⑤ 《临时政府内务行政纪要》，沈云龙主编《近代中国史料丛刊三编》第 23 辑第 222 册，台北：文海出版社，1987，第 37 页。

⑥ 梁上燕：《从冬防说到警卫的办理》，《广西民政》第 2 卷第 6 期，1946 年，第 25 页。

少。……还有一种社会的奸人苦害贫民的也是可恶极了。一种人是收买官棉裤棉袄，或是贫民该他的钱，他就叫贫民拿官棉裤棉袄折账的；一种人是雇人去打粥，打了粥来他喂狗，并且收买米面各票；一种人是勾串平粜局，他在平粜局门口儿收买贫民所买的米，他再卖给平粜局，往出卖这么一倒手，就可以赚好些钱，您想慈善事业里头有这么些个黑幕，要打算叫贫民实惠均沾，那不是很难的事么。"① 可见，冬防不可避免存有诸多漏洞，不能解决社会中的基本矛盾问题，得不到民众的支持与合作，自然也不可能达到理想的效果。

概之，冬防问题在近代社会中占有特殊的重要地位，引发各方面社会力量的关注，这一问题的处理直接关系国家秩序的稳定。北京注重冬防的历史已久，在现代警察制度创建之前，为维护市面治安，冬防即成定例。文献有载，"'冬防'之说，古来亦极重视，所谓'鸣柝宵征'者，即以儆盗贼也。"② "市城地面，向来到了冬令，有所谓冬防一件事，皆因一般无业的穷民，一到冬寒时冷的时候，饥寒交迫，不为饿殍，即为盗贼，地方官吏，为保卫闾阎，维持治安起见，所以要先事预防。"③ 冬防是近代北京治安防控管理中一种特殊的季节性管理模式。自清末到民国，随着政权更替，政治局势一直动荡不安，社会治安形势严峻，为适应社会需求，北京冬防管理逐步制度化。经过历年不断的调整完善，冬防逐渐成为一种以警察机关为主导、联合军警宪力量共同维持社会治安的制度。冬防举措在实践中不断改进，为维护地方治安做出一定贡献。当然，冬防终究只是一种季节性的临时治安管理举措，由于时势的复杂性，以及冬防实施过程中不可避免存在的弊端，如社会贫民众多，冬赈不能提供根本救济，以及军警宪自身素质低下、管理腐败和相互间关系掣肘等问题，冬防不可能彻底解决近代北京治安问题。无论如何，从近代北京冬防管理的演变历程中可吸取些许经验与教训，为推动社会治安防控管理的调整提供一定的参考。

综上，北京警察在市政建设不完善的时期，为维护社会治安，担负起

---

① 〔日〕加藤镰三郎：《北京风俗问答》，第183～185页。

② 《论冬防（卷头言）》，《警声》第5卷第12期，1944年，第1页。

③ 《市政之与冬防》，《市政通告》第5期，1914年，"论说"第1页。

了诸如一般秩序管理、社会风化管理、各种行业营业管理、户籍管理、危险物品管理、冬防管理等多方面的职责。在一系列法规的保障下，在实践中警察基本完成了其任务。北京警察在将法律运用于实践的过程中，发挥了较为积极的作用，一定程度上促进了城市治安的好转，但与理想的状态还有一定距离。同时其中也暴露了一些弊端，在社会上造成了一些不良影响，这与近代警察的素质有关，也与社会发展的情形密不可分。从这一时期北京治安情况的演变中，我们可以看到，社会治安秩序的维护是一个系统的工程，要多部门、多方力量的共同参与，以及社会教育、文化、法制等多方面工作的协同努力，渐进发展，才可能取得稳定社会秩序的良好效果。

第二节　警察与城市交通管理

城市交通与市民生活息息相关。如何保证城市交通有序运转，为市民出行提供便利，是影响近代城市发展的一个重要问题。现代北京警察出现后，承担起管理城市交通的重任，其实际的管理举措给市民生活及城市发展带来深远影响。

一　管理机构设置与交通设施建设

交通可谓一个城市运行的命脉，交通状况如何直接影响着城市的发展。概括来讲，交通状况主要包括交通道路的建设情况、交通工具的种类与数量、交通秩序的管理情况等方面。交通状况直接受到交通管理机构建置与运转的影响。自清末到民国时期，负责北京城市交通管理事务的机构基本依附在现代警察制度的体系中。1902 年，清政府在京师成立内城工巡局，掌理京师内城警察事务，兼管道路工程设施，并以"告示"的方式发布《马路章程十条》，开始管理道路交通。[①] 1905 年，清政府设置巡警部，京师原内、外城工巡总局更名为内、外城巡警总厅，两总厅各设总

---

① 北京市地方志编纂委员会编《北京志·市政卷·道路交通管理志》，北京出版社，2000，第 11 页。

务处、警务处、卫生处，其中警务处下设交通股，专门负责管理道路交通
事宜。在人员配备上，巡警总厅以下各区设巡警、巡捕长、巡捕，统管辖
区内的治安和交通事务，共计 5000 人。岗位设置视街道繁华程度而定，
其中在最为繁华的前门大街每间隔 18 米左右即设 1 名巡捕，站立街道中
央，每隔 50 米左右，设 1 名巡捕长。其他街道通常每百米设巡捕 1 人。①
1906 年，在官制改革中，巡警部改为民政部，原警务处改为行政处，原
处下所设各股改为科。1909 年，内、外城巡警总厅行政处二科下设交通
组，主要负责道路、桥梁、沟渠及公共交通设施的督察整顿；审查各种车
辆的容积、重量及有关通行；道路照明的管理；电信、电话标杆的安设及
迁移等事务。②

　　1913 年，北京政府将京师内、外城巡警总厅合并为京师警察厅，下
设行政处第二科，主管交通、外事、户籍等事务。交通管理主要依靠各街
区巡逻警察。此外，京师警察厅还组建有交通巡逻队，共 27 人，每日分
6 班值勤，每班 4 人，昼夜各出巡一次，主要负责前门、大栅栏一带的交
通秩序管理。③ 1914 年京都市政公所成立，自此到 1928 年北京的交通管
理由京都市政公所和京师警察厅共同承担，其中市政公所主要负责城市交
通的总体规划和基础设施建设，如道路和沟渠的建造和维修等。京师警察
厅集中负责维持秩序、消防管理等方面。南京国民政府时期，京师警察厅
改为北平特别市公安局，其下第二科设交通股，主要负责交通事务管理工
作。在人员配置方面，根据各区交通繁简情形不同，设置多寡不等的交通
岗位，一般交通岗设在十字交叉路口、丁字路口、城门洞口这些交通冲繁
处所，每一交通岗设置警察 3 名，轮流值班，各处交通警都直接隶属于各
区，受各该管派出所巡官巡长的督饬指挥。④ 1937 年 2 月，北平特别市公
安局改为北平特别市警察局，其行政科下设交通股。北平沦陷后，伪北京
特别市公署警察局在保安科内设交通股，主管交通、外事警察，核发车辆
牌照等。1945 年日本投降，国民政府接管后，北平市警察局对日伪时期

---

① 北京市地方志编纂委员会编《北京志·市政卷·道路交通管理志》，第 33 页。
② 北京市地方志编纂委员会编《北京志·市政卷·道路交通管理志》，第 12 页。
③ 北京市地方志编纂委员会编《北京志·市政卷·道路交通管理志》，第 33 页。
④ 刘垚、谈凤池编《中国都市交通警察》，第 15 页。

的警察机构进行调整，交通股仍设在行政科内，同时在警察局管辖的内城一、二、三、七分局，外城一、三、四分局，郊区五、七等分局的分驻所内设有交通派出所，负责交通管理事务。

城市道路建设情况是城市发展水平的体现，也是交通管理的重要内容。在近代北京，负责道路建设的管理机构虽然经历一些变化，但道路修筑工作总体是不断发展的。清末兴修马路始由工巡局管理，后改为由巡警总厅负责。道路修建问题直接关乎民生，媒体对此颇为注意，频发报道。例如，1904 年 12 月报载，"工巡局修铺石路，将在棋盘街开工，某国所占操场已允让一丈之地。日前那大金吾派德文翻译景介卿君带同捕勇前往勘量。"① 1905 年 2 月，报载西安门外至西直门一带经工巡局丈量地势后，由西安门起兴修，先修便道，以备往来车马行走，便道修妥后即修筑马路。② 同年 3 月，针对西四牌楼至阜成门一带御路多有不平之处的情况，工巡局添派夫役一律平垫。③ 此外，1906 年北京议兴石子路，由巡警总厅派员按段测量，凡大街铺修石子，小巷铺垫灰土，改挖明沟，以期整齐。④ 1914 年京都市政公所成立后，在道路建设与管理方面，先后负责修建南长街碎石路面，以及北长街、前门大街（前门火车站至珠市口段）、天桥南大街、永定门内大街等处的沥青路面，并制定各路工程规格和养路章程等。1921 年，京都市政公所代表北京政府与中法实业银行签订《北京电车合同》，1924 年 12 月，由前门至西直门，经司法部街、西单、西四、新街口，全长 7 公里，配 10 辆运营车的第一条有轨电车线路正式运营，这是北京市第一条供城市居民乘用的公共交通线路，此后又渐次开通了第二、三、四、五路。⑤ 南京国民政府统治开始后，北平市政府进行了大幅重组，成立财政、土地、社会、公安、卫生、教育、工务、公用 8 个局。交通道路修建工作归工务局负责，但是道路秩序维护仍由警察负责。1935 年，自永定门外大街至大红门之间修碎石路面，后在永定门至永宁

① 《中外近事　北京　勘丈地界》，《大公报》（天津版）1904 年 12 月 6 日，第 2 版。
② 《中外近事　北京　马路兴工》，《大公报》（天津版）1905 年 2 月 14 日，第 2 版。
③ 《中外近事　北京　平垫御路》，《大公报》（天津版）1905 年 3 月 4 日，第 2 版。
④ 《时事　北京　整顿路政》，《大公报》（天津版）1906 年 9 月 29 日，第 2 版。
⑤ 刘牧：《当代北京公共交通史话》，当代中国出版社，2008，第 17~18 页。

铁路之间修筑了 6 米宽水泥混凝土路面。1936 年，南长街、景山东街、景山西街、地安门内大街、地安门外大街由工务局修沥青路面。① 之后又陆续改建了一些公路，截至 1937 年 2 月，北京可通车的公路共有 52 条，长 1167.9 公里。② 1940 年，在前门大街珠市口以南段修碎石路面。在修筑铁路方面，北京市内的环城铁路工程于 1915 年 6 月动工，同年 12 月竣工。1916 年 1 月 1 日通车，有西便门、德胜门、安定门、东直门、朝阳门、东便门等 6 个车站，长 15.05 公里。③ 公路和铁路等道路的修建为北京现代交通的发展奠定了基础。

随着城市发展和社会的进步，北京市内的交通工具也逐渐变化。清末，北京城内马路尚未修筑时，人们出门代步主要乘轿，而运载重物主要用骡马拉的大车。马路修筑后，人力车、马车相继而起，并逐步成为出行的主要交通工具。据载，1917 年，北京共有人力车 20674 辆，其中 2286 辆属私人自用，17988 辆为商业化的营业车。1939 年，人力车合计有 37036 辆，其中自用车 2489 辆，营业车 34547 辆。④ 另据警方报告，1919 年 3 月，北京城有汽车 519 辆，四轮马车 2222 辆，两轮马车 4198 辆，人力车 17815 辆。到 1919 年 12 月，汽车数量增至 645 辆。⑤ 至 1932 年，北京拥有商用马车 9400 多辆，由 15 家运输公司进行经营。⑥ 自行车、小汽车、电车等新兴的交通工具后来也陆续在北京出现，并逐渐获得发展。20 世纪 30 年代初，北京市内自行车达 64100 余辆，自用汽车 1700 余辆，营业汽车 500 余辆，脚踏汽车 40 余辆。⑦ 随着新式交通工具的增加，旧有的交通工具诸如轿车、骡车等逐步受到排挤，数量急剧减少。据 1933 年统计，北平市的主要交通工具有：汽车 2710 辆，机器脚踏车 43 辆，马车 422 辆，人力车 5928 辆（私人所有），自行车 115000 辆，轿车 460 辆，

---

① 北京市地方志编纂委员会编《北京志·市政卷·道桥志、排水志》，北京出版社，2002，第 24 页。
② 北京市公路交通史编委会编《北京交通史》，北京出版社，1989，第 149 页。
③ 北京市公路交通史编委会编《北京交通史》，第 131 页。
④ 北京市公路交通史编委会编《北京交通史》，第 85 页。
⑤ 〔美〕西德尼·D. 甘博：《北京的社会调查》上册，第 48 页。
⑥ 刘牧：《当代北京公共交通史话》，第 11 页。
⑦ 池泽汇、娄学熙、陈问咸编纂《北平市工商业概况》，北平市社会局，1932 铅印本，第 638 页。

大车 12050 辆，手（推）车 17243 辆，排子车 1053 辆，电车 94 辆，各种车辆共计 155003 辆。[①] 很明显，自行车、手（推）车、大车、人力车等占据主要地位。到 1949 年，据调查，北京市畜力车为 12783 辆，人力车为 21500 辆。[②] 概言之，近代北京市内交通工具种类日渐繁多，数量庞大，现代化的以机械为动力的交通工具与以人力、畜力为动力的交通工具并存。

二 交通法规制定与宣传

随着道路建设的不断发展以及新式交通工具的不断增多，近代北京的交通状况日益复杂。对交通进行管理是保障社会有序运转的重要前提，这一重任落在警察身上。如文献所载："该市重要干路，多以中央为快车道，以电车为主，无电车者以汽车为主，快车道之两旁为慢车道——车马道，再两旁为人行道，如前门大街、东四大街、西四大街及东西长安街等均是。至交通繁杂而狭窄之街道，如外二区界内之大栅栏、观音寺等，则系行人车马混合通行，往来秩序，全恃交通警察为之维持。"[③]

为维持市内的交通秩序，使警察管理交通的工作得以顺利开展，政府机关先制定了一系列的法规条文，涉及交通工具的管理，包括登记车牌、检验车辆、限制车速等方面；交通秩序的管理，包括制定交通规则、进行交通指挥、处理交通事故等方面。其中，清末巡警部拟定《交通暂行规则》，规定："凡往来行人及车马人力车等均须靠左以利交通；凡车马繁杂之地均宜以次徐行不得超前拥挤；违犯条规者，巡兵得按例劝止，不服劝止时，巡兵得以立即送交总局上官按章理处。"[④] 1906 年，内城巡警总厅订立《马路规则》，规定："马路上不准停置车辆或横栏各物阻碍通行；马路及便道均不准摆列贸易卜摊。"[⑤] 同年 8 月，巡警部制定《管理地排

---

① 北平市政府秘书处第一科统计股编《北平市政府二十二年度行政统计》，1935，第 139 页。
② 北京市公路交通史编委会编《北京交通史》，第 93 页。
③ 刘垚、谈凤池《中国都市交通警察》，第 40 页。
④ 《巡警部拟定交通暂行规则（抄件）》，中国第一历史档案馆藏，巡警部档案，档案号：37-1-18。
⑤ 《内外城总厅申送违警罪章程及有关文书》（1906 年），中国第一历史档案馆藏，巡警部档案，档案号：37-1-107。

车专则》，规定"车辆须呈报警厅盖用火印，其无火印者不得使用"。①
这年 10 月，《西直门外马路巡警规则》制定，明确"马路巡警专管照料
马路上车马行人不准拥挤，及车遇有道差，不拘何项车马，有碍跸路，即
加意指挥；便道勿使停车喂马，如遇此等情形上前劝走，方不碍便道行
车；遇老弱酒醉行人步履艰难者在便道行走，搀扶他处，不准欺侮；如有
械斗口角有碍马路者，和平解散或劝往他处距马路稍远者可勿问；站岗须
着意公事，不准向闲散人谈话，如遇问路者，详细指示"。② 这成为警察
管理马路交通的行为规范。1908 年《违警律》公布，其中第四章为交通
管理方面的专门规定，10 月外城总厅订立《管理大车规则》和《管理人
力车规则》等单行法规。同年 11 月，警察厅又拟定骆驼入城规则，大略
只准以 3 头骆驼牵连一串，每日 11 点钟后不准入城，定于 15 日为实行之
期。③ 1909 年 12 月，内外城总厅会订《车辆夜不燃灯处罚章程》，报民
政部批准。

　　进入民国后，北京政府于 1913 年 3 月出台《检验人力车规则》，同
年 11 月又制定《管理营业人力车规则》。同期还制定有《管理车辆通行
马路规则》《各种车辆安用铃号规则》等，前者规定："无论何种车辆均
不得两车并行；无论何种车辆夜晚不燃灯火者不得通行；凡违背本规则且
不服从巡警指挥者处五元以下一角以上之罚金，无力缴纳者酌改拘留。"④
1915 年 11 月，《违警罚法》公布，专列第六章规定管理交通事宜。1916
年 3 月，警察厅为维持人道主义，便利交通起见，拟定限缩人力车办
法。⑤ 1920 年 10 月，内务部为保护人民生命起见，拟规定惩治汽车司机
伤毙人命的暂行条例，拟处肇事者十年有期徒刑，以重人命。⑥

　　南京国民政府时期，1928 年 7 月公布的《违警罚法》中专列第六章
为管理交通的规定。1930 年 3 月，内政部公布的《警长警士服务规程》

① 田涛、郭成伟整理《清末北京城市管理法规（1906～1910）》，第 35 页。
② 《核办修筑京师内外城各段道路沟渠工程及拆让官民房事项有关文件》（1906 年），中国第一历史档案馆藏，巡警部档案，档案号：37-1-224。
③ 《北京　限制骆驼入城》，《大公报》（天津版）1908 年 11 月 9 日，第 5 版。
④ 京师警察厅编《京师警察法令汇纂》（行政类），第 230 页。
⑤ 《京兆　警察厅拟限缩人力车》，《大公报》（天津版）1916 年 3 月 14 日，第 6 版。
⑥ 《各地新闻　京兆　取缔汽车司机人》，《大公报》（天津版）1920 年 10 月 22 日，第 7 版。

中也有一些关于交通管理的条文。1934 年 12 月，内政部公布《陆上交通管理规则》，对陆上车辆、道路、驾驶人等的管理均做了详细规定。1935 年 1 月公布的《刑法》新法案中，也有部分关于保护交通的规定。为维持交通的正常运转，此时期北平地方当局制定的规范交通工具行驶、加强交通秩序管理的法规非常多。如针对汽车行驶，1928 年 11 月市政当局制定《北平特别市汽车管理规则》，1933 年 12 月修正为《北平市汽车管理规则》，此外还有《北平市公安局巡守长警指挥汽车规则》和《北平市公安局取缔长途汽车规则》。为规范马车行驶，1929 年 11 月公布《北平特别市马车管理规则》，1931 年 10 月修正颁布《北平市马车管理规则》。管理人力车行驶的法规有 1928 年 11 月公布的《北平特别市人力车管理规则》，1931 年 10 月修正为《北平市人力车管理规则》。在自行车管理方面，1928 年 11 月公布《北平特别市脚踏车管理规则》，1931 年 10 月修正公布《北平市脚踏车管理规则》。关于电车管理，公布的法规有《北平市公安局巡守长警指挥电车规则》及《北平市政府公安局修正取缔电车行驶规则》。在其他车辆行人管理方面，制定的法规还有《北平市行人车马行走马路规则》、《北平市管理重载大车规则》、《北平市轿车大车排车手车管理规则》，以及 1934 年 6 月公布的《北平市公安局管理交通规则》。其中《北平市公安局管理交通规则》对市内各种车辆的行驶和行人提出了统一的规范。

北平沦陷后，日伪政权围绕交通管理也相继制定诸多规章。例如，1937 年公布《北京特别市公署警察局修正管理交通规则》，规定"所有车辆非领有牌照不得在道路行驶。无论何种车辆，除电车外，均须靠道路左侧行走，并不得两车并列行进。各种车辆及行人等遇有本局消防警车及卫生救护车、邮政车经过，均须靠路边避护俾便先行"。[1] 1938 年 6 月，伪北京特别市公署修正公布《北京特别市马车管理规则》《北京特别市人力车管理规则》《北京特别市脚踏车管理规则》《北京特别市手排大轿车管理规则》《北京特别市汽车管理规则》。其中《北京特别市汽车管理规则》

---

[1]　（伪）北京特别市公署警察局秘书室编《北京特别市公署警察局业务报告（1939 年度）》，第 37、41 页。

规定："凡在本市内汽车及机器脚踏车无论自用或营业，均应由车主或车行遵照本规则赴警察局领取登记书自行登记。"① 1939 年 3 月，《北京特别市公署警察局管理交通规则》修正公布，明确规定："无论何种车辆均不准在道路盘旋，其空车均应在指定地点顺序停放。凡各种车辆经过十字路及丁字路设有交通警岗位之处均须遵照交通警指挥顺序前进"。②

北平光复后，1946 年 7 月，《北平市马车管理规则》《北平市汽车驾驶人管理规则》公布，前者规定："马车经检验合格后由公用局发给行车执照及号牌并于车身加盖钢印号码方准行驶。"③ 后者对汽车驾驶人的资格及考验进行详细规定："凡年满十八岁有小学毕业以上之程度，身体健全耳目聪明者得学习驾驶。凡学习驾驶技术在六个月以上，具有经验者得充职业及普通驾驶人，职业驾驶人除驾驶自用客车外，其年龄不得超过五十岁。外国人在本市区域内充职业驾驶人，以订有互惠条约国家之人民为限，并须略通中国语言文字。汽车驾驶人之考验科目如下：一、身体检查；二、驾驶技术；三、机器构造及功用；四、驾驶规则及交通常识。"④ 同年 10 月，《北平市政府警察局陆上交通管理实施办法》公布，明确规定"各种车辆均须靠右单行顺序行进，不得两车并行，有快慢线道路，高速度车在快车线内行驶，低速度车在慢车线内行驶；无快慢线道路，高速度车在路中右侧行驶，低速度车在路旁右侧行驶"。⑤ 1947 年《汽车驾驶人考验领照实施细则》公布，对驾驶人考取执照进一步明确要求，关于应考人资格，有下列情形之一者，不得应考："甲、凡现役军用驾驶士兵及由军事机关部队学校训练之驾驶士兵，不得应考……但已得有原服务军事机关部队学校之解职证明书者，得准其报考。乙、凡受吊销执照处分之驾驶人不得应考。丙、凡经公路机关通缉有案之驾驶人不得应考。" 此外，考验科目分交通规则、机械常识、

---

① （伪）北京特别市公署参事室编《北京特别市市政法规汇编》第 3 辑，"第三类　警察"第 76 页。
② （伪）北京特别市公署参事室编《北京特别市市政法规汇编》第 3 辑，"第三类　警察"第 30 页。
③ 北平市政府编审室编印《北平市政府公报》第 1 卷第 7 期，1946 年 9 月，第 9 页。
④ 北平市政府编审室编印《北平市政府公报》第 1 卷第 7 期，1946 年 9 月，第 8 页。
⑤ 北平市政府编审室编印《北平市政府公报》第 1 卷第 10 期，1946 年 11 月，第 13 页。

地理常识、驾驶技术四项。① 以上各项交通法规条文，均是警察管理交通的法律依据，是城市交通秩序稳定的保障，但法律条文如何应用于实践，主要依赖交通警察与民众的配合行动。

在近代北京的警察机关中，除专门的交通岗警外，一般的守望警及巡逻警均有责任协理交通事务。他们在管理交通的过程中，先期的工作是向公众传达交通法规知识，以期民众依法自觉遵守交通秩序。在对一般民众进行宣传时，警察机关主要采取以下几种方式："（一）公告；（二）揭载于报纸；（三）张贴整齐划一的标语于通衢；（四）派员讲演；（五）委托中小学校代为宣传；（六）制成简明节要，委托本地电影院映放；（七）编印小册分散民众阅览；（八）由交通警察随时指导讲解；（九）举行交通安全周；（十）摄制道路交通影片向社会宣传。"对于小学生而言，宣传工作由学校负责。对于车辆驾驶人，警察机关选派人员切实训练，凡在各都市主管官署登记的公私营业各种车马夫，无论服务时间长短，均须参加受训，主要训练课目有"交通警察大意""交通警察指挥手势"等。② 可见，为维护交通有序运转，交通宣传层面的工作是比较细致的，手段也灵活多样。

在实践层面，警察向民众进行交通法规知识宣传的事例颇多，报纸上时见报道。以《大公报》为例，1906年2月，工巡局以京师道路往来拥挤毫无定章，拟定章程四条，并中外军队行走之法，均书缮横牌，竖于通衢道左。③ 同年8月，外城总厅针对禁止载重大车之事，请各区演说员编辑白话浅说，先行劝谕，等四厅合订章程后再照章办理。④ 11月，崇文门至北新桥马路修筑完竣，所有停放车马各区已由警厅建立标识，又粘贴白话告示于各街衢，特申明违反定章的罚律，以免车马拥挤滞碍交通。⑤ 1916年9月，京师警察厅总监针对马路上屡有牵遛骡马公然违警情况，特发布告厉行马路警章，称如再有违犯情事，定即一律惩办。⑥ 1925年

---

① 《北平警察处关于抄发驾驶人员考验章则及实施车辆检查时间、地点注意事项表》，北京市档案馆藏，档案号：J184-002-02577。
② 刘垚、谈凤池编《中国都市交通警察》，第128~129页。
③ 《时事　北京　宣示交通道路章程》，《大公报》（天津版）1906年2月3日，第3版。
④ 《时事　北京　禁止重载大车》，《大公报》（天津版）1906年8月20日，第2版。
⑤ 《时事　北京　停车规则》，《大公报》（天津版）1906年11月3日，第2版。
⑥ 《京兆　吴总监厉行马路警章》，《大公报》（天津版）1916年9月9日，第6版。

10月，又有新闻报道："警察总监朱深，因正阳门外大街大栅栏、珠宝市、观音寺、煤市街、廊房二条及鲜鱼口等处，车马行人甚为杂乱，兹为整顿车路政，便利交通起见，特规定车辆取缔办法，每日上午十一点钟后不准手推车货车在以上地点通行，下午四时后，禁止空人力车往来盘旋，致碍交通。如有不遵者，立即扭交警厅，依法罚办，决不姑宽。"① 1933年，鉴于前外大街一带交通最繁，时有阻碍交通情事，公安局饬由各该管区署厘定整理办法18条，一面明白揭示俾众周知，一面责成巡守长警认真执行。② 1934年，北平市实施改善交通计划，对旧有交通管理规则重新修订，提交市政会议议决后公布施行，并着手筹备"普及人民交通知识及道德"工作，以期治标治本，并顾兼筹。③ 在日伪统治北平时期，1941年开展第一次"强化治安运动"过程中，伪警察局也注重交通宣传预警，先由各分局派员警在管界冲要干线整理浮摊、人力车，于停放地点粘贴交通标语，并逐日由保安科派员在市内巡回纠查，撰写交通常识稿登载各报。在4月1日，还由交通股长在伪中央电台对市民普及交通常识。④ 1942年，在第四次"强化治安运动"中，日伪警察局与日本宪兵队领事馆警察署协力，以散发小册子、粘贴标语、无线电放送等方法，对民众实施交通宣传。⑤ 各种宣传将警察机关有关交通管理的范围及内容传达给广大民众，其中有浅显用语的以理劝谕，也有严厉的违规惩罚警告，对预防民众交通违警起到一定的作用。

通过宣传，民众知晓了一些交通法规常识，交通秩序有一定好转。例如，1906年7月报载："珠宝市一带业已照旧章分左右行走，甚为齐整。"⑥ 甘博在《北京的社会调查》中，对城市交通管理也曾描述："北京的道路尽管拥挤，但是它有一支庞大而有效的交通警察队伍，严格地控制着全市的交通，他们指挥所有行人'靠左边儿'，而让车辆在右侧的路

---

① 《社会新闻　取缔车辆之办法》，《京兆日报》1925年10月31日，第3版。
② 北平市政府秘书处编《北平市政府二十二年下半年行政纪要》第1期，第19页。
③ 北平市政府编《北平市政府二十三年上半年行政纪要》第2期，第28页。
④ 北京市档案馆编《日伪在北京地区的五次"强化治安运动"》，第36页。
⑤ 北京市档案馆编《日伪在北京地区的五次"强化治安运动"》，第409页。
⑥ 《时事　北京　行路须知》，《大公报》（天津版）1906年7月13日，第2版。

面行驶。"① 然而，视宣传为具文的情形也不可避免，且由于经验不足或者本身素质的限制，有的警察也没有认真负起管理的责任，结果影响甚坏。如1905年12月，报纸报道："巡警局以前门外大街等处车马云集，往来行人不断，拥挤非常，拟定禁止各事十条，大意不准车马横停以及逆道开车驱跑各事，以致有碍行人。是以近日出谕，并将警章十条分晰写清，粘贴各处，以便众人恪遵。按前门外车马拥塞，每有数点钟不能前移寸步者，巡警傍立，若无闻见，最为野蛮之现象，可耻实甚。"② 无论如何，诸多的交通管理法规奠定了警察执法和市民守法的基础，但将法律与现实衔接起来，达到良好的交通秩序效果，还需要警察与民众的共同努力。市民养成遵守交通规则的习惯需要一定的时间，警察恪尽职守也需要制度建设的进一步完善，不管社会效果怎样，近代北京警察注重先向市民宣传交通规则，再行实施违警处置的做法，仍具有一定积极意义。

三　警察指挥城市交通运转

在近代北京，警察机关在维护交通秩序的过程中，除向广大市民宣传交通规则外，也注重对警察人员进行培训，以保证执法的规范统一。1934年6月，《北平市公安局管理交通规则》公布，该规则为统一交通指挥，制定了新的交通规则和进一步规范交通指挥手势，之后北平市公安局在全市范围内展开宣传教育，并对交通警士进行训练，以利于他们更好地履行职责。此外，为协力警察指挥交通，还注意完善交通指挥设施建设及加强人员力量配备。1933年，市府饬令公安局实地勘查，在交通繁忙地点的马路中心安设守望台与活动标灯78处，在便道安设守望台与活动标灯56处。③至1946年，北平市内设置各种交通标牌，包括"行人靠边走、车辆靠右行驶、人力车停车处、汽车停车处、单行线、车辆转弯时注意、车辆慢行"等，共计336处；修建交通岗位105个；配备交通警士421人。④ 这一切为保障警察管理城市交通做了准备。

---

① 〔美〕西德尼·D. 甘博：《北京的社会调查》上册，第48页。
② 《时事　北京　警局章程》，《大公报》（天津版）1905年12月6日，第2版。
③ 北平市政府秘书处编《北平市政府二十二年下半年行政纪要》第1期，第19页。
④ 北平市政府编《光复一年之北平市政》，第34页。

在具体的实际工作中，管理车辆登记、指挥来往车辆有序通行、保证道路畅通、取缔不法车辆、处理违警事件以及处理交通事故等均是警察的职责。其中，对交通工具进行登记、发照管理，是警察管理车辆交通的首要任务，这项工作自清末至民国北京政府时期一直由警察机关负责。在实施过程中，警察机关一般先发布告通知，要求车夫及车主及时登记请领执照，其后才对无照违规上路车辆采取查拿罚办措施。例如，1908年10月报载，民政部日前饬令内外城各总分厅，"所辖境内之马骡人力大小车辆应令车夫及有车之主皆须赴本管巡警厅，报明系何样车名，并由厅发给执照方准行走马路，俾循守路规以免买卖车有骗拐财物各等情事"。① 进入南京国民政府时期，1928年车辆发照工作改由公用局负责，1930年4月改由工务局负责，1931年5月又改由社会局负责。对不按规章登记、办理牌照的车辆，警察有责任实施查究。据报载，1927年12月30日午后，正阳门大街有汽车一辆，车后安钉黄铜腰圆式车牌，上书红字一号，这种杂色车牌不合规定，不准通行街市。京师警察厅得报后，训令内外二十区及四郊区警察署："令仰该署转饬各路及一体注意查察，务应查明该项车辆驻在何区，饬其即日一律悬挂厅制号牌，以符定章，而免盘阻。"② 1933年，北平市公安局针对本市各种汽车往往不挂号牌或沿用外埠号牌及本市旧号牌，仅于车前悬挂号牌而车后则付阙如，及于夜间行驶而车后号牌并不燃灯等情形，通令各区署饬段随时注意检查，对于上项违章行驶的汽车认真取缔，有滋事伤人者，即予截获送究。③ 北平沦陷后，日伪警察局为维护其统治，对车辆加强管理，特发布告及公函，定于1937年12月16日起，"分期更换新号牌及行车执照，同时并将各项汽车重行检验一次，俾资整顿，……希即饬属将所有公用座车及高级长官自用座车，务于规定期间内，开车来局登记，听候检验，以便换领牌照。"④ 1940年，日伪警察局鉴于脚踏车牌照历时两年多有残损，字迹模糊，辨认不清，且

---

① 《民政部调查车辆》，《顺天时报》1908年10月6日，第7版。
② 《京师警察厅训令》，《京师警察公报》1928年1月8日，第2版。
③ 《北平市政府公安局业务报告（计划及工作）》（1933年7月至1934年6月止），第2页。
④ 《公牍：北京市政府警察局公函：为本局定于本年十二月十六日起更换汽车牌照附抄办法请查照开车来局检验换领牌照由》，《京绥日刊》第622号，1937年12月27日，第1页。

车主住址因屡有变迁与登记多有不符的情况，定于 7 月 1 日至 9 月 30 日将全市脚踏车一律换发新式牌照，并将车辆同时检验一次，布告周知并令饬各区分局遵照执行。① 抗战胜利后，1947 年 6 月 27 日北平市警察局发布训令，定于 7 月 1~15 日实施车辆检查，并转电各警宪机关，在本市区内凡无照驾驶者一律禁止行驶。同时附发《检查车辆注意事项》，要求着重检查各种汽车牌照、汽车驾驶人执照等项。此外，在各城门检查车辆，要求凡由外埠来本市的汽车须在警局各城门派出所登记后方准行驶；检查三轮车人力车号衣，并在车门箱上查验有无北平市车业同业公会登记证。在检查时，如查有违章情事，均分别轻重依法处理。②

　　指挥来往车辆有序通行，对不法分子违警行为及交通事故进行处置，是警察管理京城交通的另一重要任务。在实际工作中，警察对有违反交通章法分子多直接罚办，有时还对违警者进行示众。这方面的案例很多，例如，1902 年 11 月报载，天桥地方有一大车重载行驶，不慎将电杆撞折一根，该地巡捕即将骡子扣住，并将车夫扭去理论。③ 另有文献记载，1904 年 8 月 9 日，巡捕赛贞、常喜扭获轧伤马路沟砖的人力车夫恩连、金玉二人，责令他们在马路上插标游行往返十次示众，以示惩儆。④ 1907 年 7 月，第一区禀解案件称，娄永顺拉洋车在正阳门洞停放等坐，经巡警驱逐不服，还将巡警殴打两掌，后按照不应重律杖八十，应罚银 10 两，因无力完纳，折作工 40 日，移送教养局工作，届满释放。⑤ 1916 年《大公报》又载，西长安街石碑胡同以及新市街北口地方，售卖食物各摊上常有人力车夫等喧闹，且将车辆当道停放，于交通安宁两有妨碍，后经该管区署长查见，当令守望巡警立将该摊一律驱逐，以利交通。⑥ 1922 年 5 月

---

① 《北平市警察局抄发该局组织规则、各区署组织章程和案件处理日报表》，北京市档案馆藏，档案号：J181-001-00005。
② 《北平警察处关于抄发驾驶人员考验章则及实施车辆检查时间、地点注意事项表》，北京市档案馆藏，档案号：J184-002-02577。
③ 《中外近事 北京 车撞电杆》，《大公报》（天津版）1902 年 11 月 14 日，第 2 版。
④ 《分巡处报告每日巡查所辖界内有无事故情况的禀单》（1904~1906 年），中国第一历史档案馆藏，巡警部档案，档案号：37-2-102。
⑤ 《内城巡警左分厅报告每日收发事件、收审案件的日报（之一）》（1907 年 2 月至 1908 年正月止），中国第一历史档案馆藏，巡警部档案，档案号：37-2-37。
⑥ 《京兆 清理冲要交通》，《大公报》（天津版）1916 年 11 月 1 日，第 6 版。

25 日，报纸又刊消息，外右五区警察对不守法的自动车（脚踏车）实行取缔，一日捕获不安铃者 60 余辆，对乘车者罚以二角，并令其马上安铃始能放行，各乘车者均遵命履行。① 另外，在北京这样的大都市中交通事故难以避免，事故一旦发生，警察处理时一面救治伤员，一面查勘事故现场问询原委，分清责任依法赔罚讯办，进而疏通道路，这在一定程度上体现了警察出现后城市现代化管理水平的提高。相关的案例也很多，例如，1903 年 1 月《大公报》载，有一车经过东华门夹道时与一名孩童相撞，孩童跌倒在地，所负 20 斤米也散落于地，孩童令车夫赔偿，车夫开始不同意，后为东安第十段分局巡捕查见，勒令车夫赔偿，此事乃结。② 1925 年 10 月，《京兆日报》又载，西四牌楼地方有一辆敞篷汽车由北往南疾驰，该车司机视线不明，几乎驶入便道，将路旁停放的洋车撞翻，车把折断。该司机不知自责，反倒归罪于洋车夫，当即停车，扭住洋车夫痛殴不已。后经岗警排解无效，当即一并带往内右二区质讯。③ 1928 年 2 月，《京师警察公报》报道，东长安街京汉铁路局门前，该局警务处处长温瓒玉乘汽车出局往南，与由西往东开来的电车互撞，汽车损坏多处，坐车人及司机均受伤。内左一区警署查知后，一面将受伤人送往医院，一面将第九号电车司机人送署备讯，并觅照相馆将当时情形拍照存案。④ 1936 年 3 月，又有报载，前门外打磨厂九十三号三义店内宝元油坊学徒王兴茂骑车行经前外施家胡同地方，被王府井大街北帅府胡同中国汽车行二二八号营业汽车撞伤。警察将王送院救治，开车司机孟宪常被带署讯办。⑤ 这些案例生动反映出警察管理城市交通日常工作的情状。

北京城市交通状况复杂，交通违警现象时有发生，这从违章案件统计数字中直观可见。例如，1942 年日伪警察局第四次"强化治安运动"期间，取缔违反交通事项有"汽车事故 4 件；车辆违反 218 件；行人之交通违反 120 件；无灯火及不遵守交通信号 142 件"。⑥ 从表 3-16 可清晰了

---

①　《京兆　警察取缔自动车》，《大公报》（天津版）1922 年 5 月 25 日，第 7 版。
②　《中外近事　北京　碰米赔偿》，《大公报》（天津版）1903 年 1 月 7 日，第 2 版。
③　《社会新闻　司机生蛮不讲理》，《京兆日报》1925 年 10 月 7 日，第 2 版。
④　《地方新闻　电车碰坏汽车》，《京师警察公报》1928 年 2 月 2 日，第 3 版。
⑤　《北平简讯》，《大公报》（天津版）1936 年 3 月 20 日，第 6 版。
⑥　北京市档案馆编《日伪在北京地区的五次"强化治安运动"》，第 409 页。

解 1942 年全年北平汽车、电车肇事情况，肇事原因及伤亡人数与损伤物件也均详明记录，由此可大致管窥日伪统治下北平交通的概貌，也反映出日伪当局为加强殖民统治对北平控制之严密。抗战胜利后，1945年 10 月至 1946 年 8 月间，北平市警察局取缔交通违章案件见表 3-17。1947 年 1~6 月，北平车辆肇事共计 166 起，其中汽车 151 起、电车 11起、牲力车 2 起、其他 2 起，涉及人数男子 6135 人，女子 766 人。肇事原因方面，驾驶不慎 124 起、超速 28 起、违章行驶 5 件、其他 9起。① 随后三个月内，北平共发生车辆肇事案件 87 起，包括军用车 42起，美军车 1 起，自用或营业车 34 起等，至于肇事原因，驾驶不慎 60起，超速 15 起，违章行驶 6 起。因交通事故负伤男子 66 名，女子 20 名，死亡男子 7 名，总体而言，军用车辆肇事最多。② 另据统计，1948 年 1~6月，北平市车辆肇事案件总计 171 起，包括驾驶不慎 111 起，超速 35 起，违章驾驶 5 起，其他 15 起，未详 5 起，取缔交通违章案件总计 1393 起。③由上可知，警察管理近代北京交通任重而繁。

表 3-16　1942 年北平市电车、汽车肇事统计

时间	项别	肇事次数	肇事原因					伤亡人数						损伤物件													
			驾驶不慎	超越速度	违章行驶	行人不慎	避让不及	其他	负伤			死亡			电车	汽车	马车	轿车	人力车	三轮人力车	脚踏车	排子车	手车	水车	大车	电杆	岗亭	交通栏	其他
									总计	男	女	总计	男	女															
1月	电车																												
	汽车	12	9	1	1	1	—		8	8		—			1	1		7	2	2	—	—	—	—	—	—	—	1
2月	电车	3	2	—	—	—	1		1	1	—	1	1					1										
	汽车	13	9	1	—	1	2	—	19	15	4	—			1	—		3	—	1	—		1	1	1		

① 北平市政府统计室编《北平市政统计手册》，1947 年 8 月，第 111~112 页。
② 北平市政府编审室编印《北平市政府公报》第 2 卷第 17 期，1947 年 9 月，第 1 页。
③ 北平市政府统计室编《北平市政统计》，1948 年 8 月，第 136 页。

续表

时间	项别	肇事次数	肇事原因						伤亡人数						损伤物件														
			驾驶不慎	超越速度	违章行驶	行人不慎	避让不及	其他	负伤总计	负伤男	负伤女	死亡总计	死亡男	死亡女	电车	汽车	马车	轿车	人力车	三轮人力车	脚踏车	排子车	手车	水车	大车	电杆	岗亭	交通栏	其他
3月	电车	11	6	—	—	—	—	5	6	3	3	—	—	—	2	3	—	—	2	1	—	—	—	—	—	—	—	—	—
3月	汽车	13	11	1	1	—	—	—	11	9	2	1	—	1	—	—	—	—	—	—	1	2	—	—	—	—	—	—	1
4月	电车	6	6	—	—	—	—	—	15	13	2	1	—	1	—	—	—	—	2	—	—	—	—	—	—	—	—	—	—
4月	汽车	16	16	—	—	—	—	—	13	9	4	—	—	—	—	—	—	—	—	—	2	1	1	—	—	2	—	1	—
5月	电车	4	3	—	—	—	1	—	4	4	—	—	—	—	—	—	—	—	2	—	—	—	—	—	—	—	—	—	—
5月	汽车	10	9	1	—	—	—	—	8	7	1	—	—	—	1	1	—	—	1	—	—	—	—	—	—	—	—	—	—
6月	电车	1	1	—	—	—	—	—	1	1	—	—	—	—	—	—	—	—	—	—	—	—	—	—	—	—	—	—	—
6月	汽车	15	13	1	1	—	—	—	10	10	—	4	4	—	—	—	—	—	1	—	—	—	—	—	—	1	—	—	—
7月	电车	5	5	—	—	—	—	—	2	2	—	—	—	—	—	1	—	—	1	—	—	—	—	—	—	—	—	—	1
7月	汽车	20	19	1	—	—	—	—	13	12	1	1	1	—	4	—	—	—	—	—	2	2	4	—	—	—	—	1	—
8月	电车	2	2	—	—	—	—	—	2	—	2	—	—	—	—	—	—	—	—	—	—	—	—	—	—	—	—	—	—
8月	汽车	18	16	2	—	—	—	—	20	18	2	1	1	—	2	—	—	—	1	2	1	—	—	—	—	—	—	—	—
9月	电车	5	2	—	—	—	3	—	2	1	1	—	—	—	—	—	—	—	—	—	1	1	—	—	—	1	—	—	—
9月	汽车	21	16	4	1	—	—	—	15	13	2	1	1	—	2	2	—	—	—	—	—	—	—	—	—	—	—	—	—
10月	电车	5	5	—	—	—	—	—	3	3	—	—	—	—	—	1	—	—	—	—	1	2	—	—	—	—	—	—	—
10月	汽车	18	17	1	—	—	—	—	11	9	2	2	2	—	1	1	—	—	—	—	—	—	—	—	—	1	—	—	1

续表

时间	项别	肇事次数	驾驶不慎	超越速度	违章行驶	行人不慎	避让不及	其他	负伤总计	负伤男	负伤女	死亡总计	死亡男	死亡女	电车	汽车	马车	轿车	人力车	三轮人力车	脚踏车	排子车	手车	水车	大车	电杆	岗亭	交通栏	其他
11月	电车	4	4	—	—	—	—		2	2	—	2	2										1	1					
	汽车	16	16	—	—	—	—		17	17	—	1	1						3				2						
12月	电车	2	2	—	—	—	—		2	2	—												1						
	汽车	13	12	1	—	—	—		10	7	3												2	1	3				

资料来源：（伪）北京特别市公署秘书处编《市政统计月刊》，第2卷第1号，1942年1月，第36页；第2卷第2号，1942年2月，第33页；第2卷第3号，1942年3月，第32页；第2卷第4号，1942年4月，第32页；第2卷第5号，1942年5月，第32页；第2卷第6号，1942年6月，第32页；第2卷第7号，1942年7月，第32页；第2卷第8号，1942年8月，第30页；第2卷第9号，1942年9月，第30页；第2卷第10号，1942年10月，第34页；第2卷第11号，1942年11月，第32页；第2卷第12号，1942年12月，第32页。

表3-17　1945年10月至1946年8月北平市警察局取缔交通违章案件数

单位：件

共计	商店	汽车	电车	自行车	人力车	三轮人力车	火车	行人	手车	其他
6425	211	58	10	5245	490	126	202	—	46	37

资料来源：北平市政府编《光复一年之北平市政》，第35页。

此外，北京城中外国人聚集众多，警察处理涉外交通违警事件时一般上报主管机关函达外务部、外国使馆协议办理。例如，1904年12月报道，交民巷及长安街一带，"有某国扎道兵遇有中国车马经过任意阻拦甚至殴辱，如大鞍官车则一概放行，其余大小车辆均难畅行，现在工巡局已与各国公使议商华人行路妥善规则，想日后中国人往来必不至屡受外人之殴辱"。[①] 另有文献载，1905年12月，"巡兵冯起林在正阳门外大街第

———————

① 《中外近事　北京　议灯行路规则》，《大公报》（天津版）1904年12月19日，第2版。

十岗地方遇有外国马兵数人兵官一员在路中行走，岗兵按照警章举手相示，令其向左行走以免拥挤，外国马兵不但不听反以马鞭挥打岗兵，适有巡长王书魁巡逻至此，向外国兵官以理辩论，彼此言语虽不甚解，外国兵官已默认伊兵所为已甚，礼接巡长，巡长以礼相答各散。"此事呈报巡警部，经复核确实，巡警部拟定"凡有兵队经过街道均应一律靠左以利交通"的规定，相应咨呈外务部知照各国公使转饬均应一律遵守，并转饬内外城监督暨协巡队统领，嗣后遇有各国官兵经过街道，各巡捕巡兵务须以礼接待，勿得稍涉轻率，以重警政，而维公共安全。① 同期文献又载，在崇文门有荷兰国土车将人力车轮碰伤，巡捕金山当据情函致荷兰使署核办，后该使署函复估妥赔修价值，交来二元五角，巡捕当传人力车夫臧得顺具结将洋元照数领去，以修缮。② 1906年正月初，又发生一起涉外交通事件，据记载，"长安牌楼西有法兵二名酒醉在马路骚扰，用枪刺向站岗巡捕恩联恐吓，乘巡捕不防将军帽抢去，追索不给"。此事禀报巡警部后，由部函达外务部、法领事，法使馆卫兵司令官拉里勃经详查后，复函称已将滋事兵丁查出，严加惩罚并致歉。③ 可见，外国人聚居京城，在日常出行中也常出现违警现象，警察处理涉外交通案件，关系到外交等诸多方面问题，这无疑加剧了城市交通管理的复杂性和艰巨性。

北京权贵云集，倚势不遵交通警章之事时有发生，这是警察管理京城交通中的又一难题，不得不灵活变通处理方式。例如，1905年7月22日，赶马车人刘任庆在交民巷东口外马路冲要之地横停马车，巡捕才旺上前拦阻，不料该马夫口出不逊，还将巡捕玉奎踢伤，巡捕等当即鸣笛求援，后将刘任庆及车马一并解送到案。经讯知，该马夫在伦贝子府任职，因横停马车不服巡捕拦阻，并将巡捕踢伤，实属一时糊涂，经请示长官处理办法，除取具实供暂在分巡处存留外，将该车夫并所带马匹一并送回本

① 《关于法德俄葡英各国使馆官兵违犯交通规章与京城巡警冲突事件有关文书》（1905~1906年），中国第一历史档案馆藏，巡警部档案，档案号：37-1-154。
② 《分巡处报告每日巡查所辖界内有无事故情况的禀单》（1904~1906年），中国第一历史档案馆藏，巡警部档案，档案号：37-2-102。
③ 《关于法日德奥等国兵员在京师内外城违警滋事案件转咨交涉有关文书》（1906年），中国第一历史档案馆藏，巡警部档案，档案号：37-1-155。

府自行惩办。① 1906年正月，在琉璃厂火神庙地方，户部员外郎袁世勋因空车久停要道，经岗兵劝阻不服，还殴打岗兵，恣意肆闹，并挈带眷属亲戚仆从到协巡营寻衅。协巡营将此事上报巡警部后，由部咨行户部，转饬该员遵守警章勿再滋扰。户部后咨复巡警部称："本部员外郎袁世勋违背警章一切情形咨行过部，当即转饬该员嗣后遵守警章，至此次违背情形应如何查照警章办理之处，相应咨复贵部自行酌核办理可也。"② 可见，北京情况十分复杂，警察除按规章对一般违警行为进行处理外，还需考虑多重复杂的社会关系而酌情给予特殊处理。

北京警察在管理城市交通过程中，大多能照章办事，工作较为认真负责，使交通秩序得以维持，商民有序出行。对此报界时有报道，如1906年6月，《中华报》载："南分厅第一区警兵赵得胜前值十六岗，见有大车陷入泥中，即率该段水夫相助，大车始得出险。该巡警能尽其职，已由本厅记功一次，以示鼓励。"③ 1907年2月，《大公报》又载："北京琉璃厂甸向于新正元旦至十八日陈列各种玩意及东西洋各式赌摊，往游者车马塞途，甚至终日不能开行，诚属不便交通。本年外城总厅于年前迭次开议交通办法，始将厂甸之东琉璃窑内辟一隙地，所有各货摊均迁于内，车马由前门入，须出后门，于是连日以来决无拥挤之弊，并于厂内设弹压公所，遇有事故当时究办，所有厅区各员均轮流带同警兵前往稽查，十分严谨。"④ 北京警察管理交通的情形给来京外国人也留下深刻印象，甘博曾描述："每一位来访者都会对街道上数量庞大的交通警察感到惊奇，在繁忙的大道上每隔数百码就有一名警察。住在这里的人则会为警察工作范围之广、效率之高而惊叹。一桩小小的交通事故，必定会有五六位警察赶来共同处理。"⑤ 日本学者丸山昏迷在游历北京时也对城市警察印象深刻，

---

① 《分巡处报告每日巡查所辖界内有无事故情况的禀单》（1904~1906年），中国第一历史档案馆藏，巡警部档案，档案号：37-2-102。

② 《协巡营报告户部员外郎袁世勋违背交通警章有关文书》（1906年），中国第一历史档案馆藏，巡警部档案，档案号：37-1-52。

③ 《探访局等侦查京师车站来往乘客及外国官兵动态逐日报告 附有关文书》（1906年），中国第一历史档案馆藏，巡警部档案，档案号：37-1-284。

④ 《时事 北京 厂甸新例》，《大公报》（天津版）1907年2月19日，第3版。

⑤ 〔美〕西德尼·D. 甘博：《北京的社会调查》上册，第60~61页。

在其著作中记载："市内随处可见警察的身影，特别是繁华街道，基本上是一个路口一名或者是一·五名左右的警察站在道路的重要地带，指挥汽车通行，防止车马冲撞。"①

但个别警察工作不力，甚至滥用职权，作风腐败，致使市面交通混乱的情况也不可忽视。1915 年 10 月，《大公报》报道："政事堂交片内务部取缔汽车，因当时大总统面谕国务卿，谓闻京师汽车横驰街衢，屡有撞伤行人碰损车辆之事，巡警从不过问，且汽车日增，全未照章纳捐，该警察有保卫生命防止危害之责，岂容汽车肇事概不根究。"② 另有文献载，南京国民政府时期，虽然北平市各繁华区域及各娱乐场所对于车辆往来及停放地点都早有规定，但由于岗警执行指挥日久玩生，各种车辆多不遵循规则，造成"填塞纷扰，滋事无穷"。③ 又据载，"内二区有个巡查队员侯某，人称'净街侯'。大栅栏还有个外号叫'瘟神'的交通警，他们碰上空车，总是赶来赶去，赶不动，就抢扣车垫子"。④ 1933 年，《北平市汽车管理规则》颁布后，事实上汽车驾驶人多半就不遵守，有取缔不法车辆之责的交通警察也往往熟视无睹，其结果"造成可以不发生之危险及可以避免的市面之混乱的交通"。⑤ 1935 年 5 月，北平市市长根据所报"西城丰盛胡同及东口外一带有自行车多辆不燃灯火往来急驰，甚至警察人员亦有此类情事，岗警熟视无睹不加制止等情"，训令公安局"该区内二区署长朱约之、内四区署长许祖佟督饬不力，着各记过一次，并着查取当时应勤岗警职名分别处罚，以示惩儆，并严饬各该区署一体凛遵"。⑥ 可见，警察在对京城交通进行管理的过程中，既有认真执法的一面，也不免存在玩忽职守的行为。

综上，警察在管理近代北京交通的几十年中，积累了一定的经验，比

---

① 〔日〕丸山昏迷：《北京》，卢茂君译，北京联合出版公司，2016，第 13 页。
② 《内务部遵谕取缔汽车》，《大公报》（天津版）1915 年 10 月 9 日，第 5 版。
③ 《北平市政府公安局业务报告（计划及工作）》（1933 年 7 月至 1934 年 6 月止），第 4 页。
④ 中国人民政治协商会议北京市委员会文史资料研究委员会编《北京往事谈》，北京出版社，1988，第 64 页。
⑤ 姜春华：《北平警政概观》，第 38 页。
⑥ 北平市政府秘书处第一科编纂股编印《北平市市政公报》第 304 期，1935 年，"命令"第 10 页。

如注重交通立法，采取多种方式向民众宣传交通知识，从积极的角度引导民众遵守交通规章，以维持交通有序发展。经过警察努力，北京的交通管理取得一定成效，市面较有条理，但交通管理中也存在一些不足，这是多种因素共同作用的结果，其中有警察自身工作失职的原因，也有民众交通法规意识淡薄的因素，北京社会环境的复杂情况也是窒碍其交通有序运转的另一重要因素。对此，时人也曾评价："事实上平市的交通情形，颇为混杂，一方面是由于工程方面的问题，一方面也是由于警察之管理交通，未能尽于至善，其中更有不可忽视的原因，就是市民之缺乏守法的精神。"①

第三节　警察与城市消防管理

消防事务关系城市居民的生存安全，近代警察出现后，就担负起维护城市消防安全的重要职责，这也是城市现代化管理的一个方面，其发展运行的情况影响着城市整体近代化进程。

一　城市消防建制

消防事务是现代市政的重要职能之一，自清末到民国，北京市政建设发展并不完善，城市消防工作主要由警察机构内的消防队兵和民间消防组织水会等承担。消防警察是以防止火灾、救护生命财产为目的的警察行政，在北京现代警政建设过程中，消防很受政府的重视。早在1903年，警务学堂就附设消防科，延聘日本人为教习，挑选120名长警专事训练，毕业后即组成消防队，分驻于内外城扼要地方，遇有火警，即到场施救。1905年，巡警部成立后，将工巡总局改组为京师内外城巡警总厅，设总务、行政、司法、卫生、消防五处。同年续挑60人编为一中队，正式成立消防公所，后改隶于民政部。1906年，外城总厅厅丞鉴于内城所设消防队收效颇多，外城入冬以来屡闻火警的情形，拟仿照内城办法在外城设

---

① 姜春华：《北平警政概观》，第37页。

消防队，以便协办地方事宜。① 1907 年消防第二中队成立。1908 年消防第三中队及第四中队成立，这年因北京火警频闻，民政部以消防队兵不敷差遣，拟由各区巡警内挑兵 150 名改充消防队兵，以期遇事得力。② 1909 年消防第五中队及第六中队成立，北京城内形成一支逐年扩大的专业消防队伍。最初，消防队只有挽力唧筒数架，后来续购大小蒸汽唧筒数架，设备设施逐渐改善。

进入北京政府时期，1913 年京师警察厅成立后，改消防队为消防督察处，下设 6 个消防分队，由旧中队名称改之，分管北京 6 个消防区域，内城设 4 个区域，外城设 2 个区域，每区以 1 个消防分队驻守。每分队定额队兵 100 人，每队兵 10 人置消防目 1 人，每队兵 50 人置消防机关士 1 人或 2 人，每队兵百人置分队长 1 人。③ 消防区域与巡警管辖区域相同，一旦发生火警，消防警与巡警互相策应。1915 年又改名为消防处，仍辖 6 个分队。1917 年由各分队抽调 30 人编为汽车队；1922 年购置大汽车及大云梯等物件，近代消防设备渐行完备。

南京国民政府时期，1928 年原消防处裁撤，另设消防队部，仍隶属于公安局，共辖 6 个分队及 1 个汽车队；不久，续购消防大汽车数辆，合原有的汽车队为一分队，后来又裁撤第五、第六两个分队，缩编为四个分队。到 1933 年时，消防队共辖 4 个消防分队、4 个分遣队、1 个消防警察教练所、3 处派出所、5 处警钟台，负责各区的消防事务。其中，消防队部第一、第二两个分队各置巡官长警 104 人，第三、第四两个分队各置巡官长警 68 人，共 344 人。平时各分队及分遣队各配备半数人员为备警班，每在夜间，均着救火服装施行戒备，遇有火警即刻出发。④ 警钟台五处分散于内外城适中之地，第一台在西长安牌楼迤南北新华街中间，第二台在东四牌楼西神路街，第三台在西四牌楼，第四台在崇文门外橄榄市，第五台在宣武门外五道庙。五处警钟台昼夜均设兵瞭望，遇有火警即击钟报

---

① 《时事　北京　设消防队办法》，《大公报》（天津版）1906 年 11 月 2 日，第 2 版。
② 《时事　北京　拟添消防兵额》，《大公报》（天津版）1908 年 3 月 29 日，第 5 版。
③ 京师警察厅编《京师警察法令汇纂》（总务类），第 51 页。
④ 内政部年鉴编纂委员会编纂《内政年鉴》（警政篇），第（C）546 页。

告，消防队及水会均即驰救。① 另有各区署自治消防八处，共有 58 人，由各区署派员附带管理，遇有火警，临时召集长警出动。② 四郊警察署均以原有外勤巡官长警担任消防任务。此外，北平市保安警察队也负有协助消防队灭火的职责，北平民间水会如永济、同安、保安、普善、公议、同善等消防组织仍存在，只是其作用日渐衰微。北平市公安局消防队的设备有救火汽车 6 辆，大小蒸汽唧筒 4 具，腕力唧筒 13 具，轻便瓦斯救火机 2 具及附属水管钩斧等，并设有火警专用电话，即专电 100 号，由公安局通令各区队并布告市民，遇有火警即用此项号码报告。在警钟台各装置普通电话一具，每日派警 4 名轮流瞻望，如发现火警，先用电话报告消防队专电 100 号，再击钟报告市民。在各长警宿舍内还装置报警电铃，遇有火警，由司电人按总机关报告备警人员，以便准备出发。另外，北平市内外城共设置自来水龙头 515 座，消火栓 35 座，堪用水井 1465 口。③

北平沦陷后，日伪警察局内设第一、第二、第三、第四与特务各科，其中第二科下设消防股专门负责"关于消防设备及取缔事项；关于消防员警教练事项"。④ 另也设有消防队，其主要任务是"防火""救火"。抗战胜利后，北平市警察局接收日伪时期的消防设施，但可以使用的消防车仅 3 辆，消防器材多失修不能使用，为充实消防力量，一方面筹款购置消防车 20 辆及其他应用器材，另一方面对旧有损坏器材尽量设法整修，共修复消防车 5 辆。在人员力量方面，郊区各分局还饬令组训义勇消防队，以协助消防队办理救火工作。⑤ 1947 年，北平市政府制订工作计划，提出扩充消防设备，拟添置消防车 14 辆及每辆车应配备的器械汽油，内外城设置瞭望台 5 座，鉴于消防用水困难，新办消防水井业务，在天桥一带及外城西南与内城西北部共完成凿井 100 口。⑥

---

① 徐珂编纂《老北京实用指南》上册，社会科学文献出版社，2017，第 239 页。
② 陈允文：《中国的警察》，第 113 页。
③ 内政部年鉴编纂委员会编纂《内政年鉴》（警政篇），第（C）546 页。
④ （伪）北京特别市公署参事室编《北京特别市市政法规汇编》第 3 辑，"第三类 警察"第 3 页。
⑤ 北平市政府编《光复一年之北平市政》，第 25 页。
⑥ 《中华民国三十六年度北平市政府工作计划（事业部分）》，第 33 页。

在近代城市中，北京与同时期的其他城市相比，这一由警察负责管理消防的体制，总体是走在前列的。在上海，警察机关向无消防组织与设备，遇有火灾发生，仅赖地方公立的各救火会协力施救。1928年9月，上海市公安局制定《义勇消防事务督理规则》，规定自1930年1月起所有地方救火会概归公安局监督指挥，于公安局第二科设立消防股，管理全市救火会的一切消防行政。① 青岛市公安局消防组成立于1922年12月，其组织设组长1人，分组长1人，书记1人，机关士3人，消防警长6名，消防警士60名，夫役7名，马夫1名，司机3名，并于台东、李村两处设消防分组，长警分为急备、预备、休息三班。② 在汉口，警察机关内原无消防组织，1927年前仅恃地方保安会的义务消防队办理消防事务，所用消防器具全系旧式拖龙，力量薄弱。至1928年10月，市公安局始成立消防队一队，下设队长、副队长各1人，技士、技副各1人，录事1人，司机4人，班长5名，队士69名，勤务3名，伙夫3名。③ 可见，北京警察管理消防的建制在全国各大城市中是比较先进的。

警察管理消防安全的职责，首要在于平时注意预防火灾，至火灾发生时，则全力协助救火及维持秩序，事后还有调查、呈报的责任。为保障警察执行消防任务的开展，政府较为重视消防法规的制定，相继出台一系列与消防有关的规章。例如，1912年《消防弹压指挥规则》公布，规定"遇火灾时，巡逻或守望一得警报，应即驰告该管区所派警直赴火场救护，一面由该管区将失火处所情形电告总厅及消防队。凡失火处应查明火主，解送该管区讯究。火势全熄后，未经上官允许退散，不得擅离火场。失火详细情形事后应由该管区另文申报"。④ 1916年8月，公布《警钟台地点与击钟章程》，规定于城内城外共置警钟台五处，分配中路、内左、内右、外左、外右五路，遇有火警发生，警钟台按照所管区域击钟报告，

---

① 内政部年鉴编纂委员会编纂《内政年鉴》（警政篇），第（C）546页。
② 内政部年鉴编纂委员会编纂《内政年鉴》（警政篇），第（C）548页。
③ 内政部年鉴编纂委员会编纂《内政年鉴》（警政篇），第（C）549页。
④ 《营业规则、消防弹压指挥规则及建筑规则呈报》，北京市档案馆藏，档案号：J181-016-00074。

警钟信号暂用一点三回，时间长短以三分钟为限期。闻警钟后，除消防队立时出援外，京师内外城各水会也均应驰赴火场援救。① 同年 10 月，京师警察厅奉内务部令改订警钟章程，每遇火警连击警钟 25 下，以作信号。② 南京国民政府时期，北平市政府制定的有关消防方面的法规更多。例如，1930 年发布《北平特别市公安局消防队使用水井及自来水规则》，规定："消防队救护火灾，对于火场附近地方水井及自来水龙头均得使用，以资便利。街市曲巷水井及自来水龙头，各该管区署应饬警随时保护，消防分队并须不时调查，遇有不适用者得报告消防队核办。"③ 随后，《北平市政府公安局消防队组织章程》出台，规定："北平市政府公安局依照组织细则第十二条设置消防队，掌理市内预防救护水火灾难各事务。"④《北平市公安局消防服务章程》规定："火灾警察者防止火灾于未发之先为本旨。处已发火灾之道于一切动作以神速机敏为要旨。消防官吏最宜养廉知耻，不可稍有贪污卑鄙等行为。"⑤《北平市公安局警钟台长警服务规则》规定："警钟台每处每日应合派消防班长一名、消防警长四人轮流驻守。警钟台瞻望警于站哨时应注意四方，遇有火灾依照警钟台击钟规则击钟报知。"⑥ 1930 年 3 月 22 日，北平特别市政府核准《北平特别市公安局各区队协助救火规则》，规定："火灾初起消防队及水会尚未到场时，该段巡官长警应先查看被灾者有无生命危险，并从事于救火事宜。火初起时，该处守望长警应先鸣笛示警，并用附近地方电话报告消防队，并报告本管区署，其附近长警闻警后立即奔救。"⑦ 另外还有《北平市政府公安局消防队办事细则》《北平市公安局采用消防警士规则》《北平市公安局消防队警检查规则》《北平市政府公安局消防队消防器具保管规则》《北平市政府公安局消防队消防教练所规则》等。这些有关消防管理

---

① 《京兆　警钟台地点与击钟章程》，《大公报》（天津版）1916 年 8 月 14 日，第 6 版。
② 《京兆　京师警钟之改章》，《大公报》（天津版）1916 年 10 月 12 日，第 6 版。
③ 《北平特别市公安局消防队使用水井及自来水规则》，北京市档案馆藏，档案号：J181-020-02938。
④ 《北平市政府公安局业务报告（规章）》（1933 年 7 月至 1934 年 6 月止），第 161 页。
⑤ 包明芳编《中国消防警察》，第 195～196 页。
⑥ 包明芳编《中国消防警察》，第 201 页。
⑦ 《北平市公安局法规汇编》，北京市档案馆藏，档案号：J181-001-00397。

的法规为警察从事消防服务做了详细规定与指导，也对警察管理消防的行为进行了规范。

二　火警预防

预防火患于未然，是警察管理消防事务的首要宗旨。北京人口众多，地面广阔，环境复杂，欲消灭火灾隐患，必须得到民众支持才可能取得良好效果，为此警察机关视预防为首要工作，着力加强火警预防宣传，迭次出示告谕，劝导民众增强火警意识。报纸对此时有报道，以《大公报》所载为例，1904 年 7 月，刊载消息《示禁洋灯》一则，称"近查有无知之人每喜燃放洋灯飞升空际以为嬉笑，不思余烬堕落之处星火可以燎原，贻害无穷"。步军统领衙门、工巡局为此合行出示禁令，示仰军民人等一体遵照，之后如再有制造洋灯私行燃放及售卖已成之灯者，一经查出，立将卖买之人提案，从严惩办，绝不宽贷。① 1905 年 1 月，又有报道称，工巡总局札饬各分局严加禁止施放双响起花等爆竹，以防火患，并传各作坊不准制卖，以保治安。② 1908 年 5 月，"京师风气每届夏令支搭凉棚借以避暑，计非不善，奈席棚为最易燃烧之物，设遇火警危险非常"，内城总厅为预防火患，饬警劝谕各户夏季拟搭凉棚者一律改用铅棚，功效相同，安危顿异。③ 1910 年 11 月，民政部以冬令风燥天干，特饬内外城厅晓谕商民人等务须谨慎火烛，以期防患未然。④ 进入民国后，1916 年 1 月底，京师警察厅以又届岁末，为预防火灾危险，特出布告严行查禁燃放花爆之举，务各遵守，如敢故违，即行严惩。⑤ 1928 年 1 月，京师警察厅又发布告称，"现届旧历年关，商民狃于习惯，往往于祭灶日、除夕及旧历年节等日燃放鞭炮，以志庆贺。当此时局不靖，地方戒严之期，本厅绝对禁止，惟为俯顺舆情，维持花炮营业起见，不得不酌予变通。兹限定于阳历本年一月十五日、二十二日、二十三日及二月六日等四日内（即夏历丁

① 《中外近事　北京　示禁洋灯》，《大公报》（天津版）1904 年 7 月 17 日，第 1 版。
② 《中外近事　北京　预防火患》，《大公报》（天津版）1905 年 1 月 17 日，第 2 版。
③ 《时事　北京　警厅劝禁支搭席棚》，《大公报》（天津版）1908 年 5 月 3 日，第 5 版。
④ 《民政部之防患未然》，《大公报》（天津版）1910 年 11 月 27 日，第 5 版。
⑤ 《京兆　警察厅之预防危险》，《大公报》（天津版）1916 年 1 月 29 日，第 6 版。

卯年十二月二十三日、三十日、戊辰年正月初一日及十五日）准其燃放鞭炮。在此限定四日以外，无论何日期，仍按向章，不准任意燃放。至起花、双响易为火警媒介，仍应绝对禁止，以防危险，除行知各警察署外，为此布告商民人等，一体周知"。① 1933 年，北平市公安局拟订"维安须知"，其中关于预防火警应注意事项为：（1）住铺各户对于乱纸煤油等切勿多存，电灯线过旧须赶即更换，以免容易发生火警；（2）住铺各户须购置水唧以备急需，并须将消防队电话号码明了熟记（100 号，东局 2197）或张贴之。② 后来，北平市警察局为进行防火宣传，还开展了如下活动："（一）印发防火传单；（二）放映防火幻灯片；（三）广播防火常识；（四）消防车游行；（五）分区召开防火宣传大会；（六）消防演习。"③ 各种告示、广播等宣传活动，对民众起到提醒与警示作用，为预防火患有积极意义的第一步。

除对民众进行火警预防宣传外，北京警察机关还采取一些切实措施，对防火患起到一定的积极作用。例如，1911 年 11 月，民政部饬消防队于内外城设立望火台十余处，增设警钟，其点数为"一一东二二西三三南四四北"，分别布置一律完备。④ 1916 年 2 月，京师警察厅消防队援照旧例，派出警士多名，分赴各处调查各井水势深浅，于消救火患是否合用等情况，以为防火准备。⑤ 5 月，京师警察厅总监"因各商铺前所置太平水桶大半撤去，当此风炎物燥之际，火警频闻，为预防起见，昨特饬各区劝告各商铺，务将各太平水桶满贮清水，以备不虞"。⑥ 1925 年 11 月，《京兆日报》刊登一则社会新闻，谈到警察厅消防处长因冬令风高物燥，商民偶不慎易发火警，危及地方治安，"故近已令各队技士等分赴各该处管界内查视自来水管有无损伤之处，以资修理"。⑦ 南京国民政府时期，北

---

① 《京师警察厅布告（行政）》，《京师警察公报》1928 年 1 月 12 日，第 2 版。
② 《北平市政府公安局业务报告（计划及工作）》（1933 年 7 月至 1934 年 6 月止），第 67 页。
③ 《北平市警察局防火宣传及检查办法》，北京市档案馆藏，档案号：J181-033-002274。
④ 《民政部之防患》，《大公报》（天津版）1911 年 11 月 28 日，第 5 版。
⑤ 《京兆 消防队之调查水势》，《大公报》（天津版）1916 年 2 月 9 日，第 6 版。
⑥ 《京兆 警厅之预防火警》，《大公报》（天津版）1916 年 5 月 8 日，第 6 版。
⑦ 《社会新闻 消防处长防未然》，《京兆日报》1925 年 11 月 3 日，第 3 版。

平市公安局对消防事宜尤为重视，每年夏冬两季派警检查水井，如有故障立即修复，以利启用。在调查中，各长警牢记水井位置，遇有火警不致临时费时寻觅。同时，注重对消防队长警的训练，由该管长官担任教授，并由局随时派员查考。为划一程度及训练便利起见，厘定常年教育计划，预定为四期，每期三个月，每日授课六小时，期以一年完成。如有新入伍者，则另组一班教授，每年由该局局长召集消防队举行总抚阅一次。①1934 年 6 月，北平市公安局在太和门举行消防大演习，此次演习为普遍灌输消防常识，欢迎市民前往参观。②北平沦陷后，日伪警察局曾发动五次"强化治安运动"，对消防预警也十分重视。1941 年 4 月，在第一次"强化治安运动"期间，消防队于 2 日 15 时在太和门内举行非常召集演习，召集令发出后约 13 分钟，消防第一、二、三、四各分队（计消防车六辆、云梯一架）由各分队部到达集合地点，计共到场员警约 200 名，相继进行各种射水式演习。③1942 年 6 月，在第四次"强化治安运动"期间，日伪当局举办防火安全周活动，散放张贴防火标语、传单，以期唤起民众注意，并组织防火调查组，逐日按户调查，取缔纠正易燃物及放置不当者。④抗战胜利后，北平市警察局对消防事务也颇为注意，1946 年 3 月 5 日在太和门举行消防大演习，检阅各种消防器材及官警训练情形，此外为督导民众注意，依规定由各分局会同消防队，于每月月初举行防火检查周，对于住户商店不合标准防火设备，分别督导改善，郊区各分局并饬分别组训义勇消防队，借以协助消防队办理救火工作。⑤据统计，1945 年 10 月至 1946 年 8 月，北平市警察局实施防火检查共计 1324291 户，督导增加消防设备 161557 户，督导改善电器设置 5071 户、炉火设置 19483 户、堆存易燃性物品 13719 户及其他 16834 户，召开防火讲演会参加人数 145923 人。⑥1946 年 1 月 1~7 日，北平市警察局内六分局实施防火调查周活动，共检查铺住户 12420 户，内有火炉设置不当、堆存易燃物品及其他防火设置

---

① 内政部年鉴编纂委员会编纂《内政年鉴》（警政篇），第（C）546~547 页。

② 《平市消防检阅　明晨在太和门举行》，《大公报》（天津版）1934 年 6 月 25 日，第4 版。

③ 北京市档案馆编《日伪在北京地区的五次"强化治安运动"》，第 36 页。

④ 北京市档案馆编《日伪在北京地区的五次"强化治安运动"》，第 414~415 页。

⑤ 北平市政府编《光复一年之北平市政》，第 25 页。

⑥ 北平市政府编《光复一年之北平市政》，第 32 页。

不合者 133 户，均经当时指导饬其立即改善，除按月实施并由调查班随时抽查，严饬各户小心火烛，以防不虞。① 警察机关为预防火患设立望火台、检查灭火设施、加强消防队警训练、开展消防演习活动、向民众介绍消防常识以及开展防火检查周等活动，无疑对减少火警发生以及火灾救助具有重要作用。近代北京警察在治理火患方面预警为先的思想很有科学见地，其工作运行方式也为后来的消防管理积累了经验。

三 消防安全管理

预防火患是北京警察管理消防事务的首要任务，在火警发生后，努力扑救便成为警察的另一项重要工作。火灾发生时，一般先由起火所在地的警钟台瞭望警击钟报告，消防队闻知火灾警报，即驰赴火灾所在地进行扑灭。后来随着电话的推广，原始的击钟报警方式逐渐被报警电话取代。在火警扑救现场，警察的职责即奋力扑灭火源，尽力减少民众生命财产损失。在实际工作中，北京警察救火表现尽职尽责的事例常见诸报端。如 1902 年 8 月 1 日午后，海波寺街后某酱房失火，黑焰冲天，远近警察奔赴竭力扑救，不逾时而息，"计焚去平台一间又半，四邻均未波及"。② 1906 年 12 月，宣武门缴家坑地方发生小火，后贾家胡同某宅又报火警，均系煤火所致，幸经守望兵呼哨施救，尚未延烧。③ 1925 年 10 月 11 日早，弓弦胡同内牛排子胡同路东住户沈宅，因本宅小姐在厨房以柴灶煮水，不慎将炕席被褥引着，一时浓烟四起，幸经附近驻守的消防分队极力扑救，致未成灾。④ 1928 年 1 月 8 日上午，前门内西交民巷大陆银行后面宿舍楼房失火，经消防处警率汽车队与消防第三、第五两分队到场竭力扑救，只烧毁屋内储存木阁及旧庆帐表等件，余未延及他处。⑤ 对

---

① 《北平市警察局内六分局关于实施防火调查周、管界并无书摊售英文书籍及张丰淘组织故都文物研究会情形等呈》，北京市档案馆藏，档案号：J183-002-41238。说明：原文设置不合数为 135，根据表格统计数据核校，疑计算错误，应为 133。

② 《中外近事 北京 京城火警》，《大公报》（天津版）1902 年 7 月 7 日，第 2 版。

③ 《时事 北京 小火并志》，《大公报》（天津版）1906 年 12 月 29 日，第 2 版。

④ 《社会新闻 昨日东城之火警》，《京兆日报》1925 年 10 月 12 日，第 3 版。

⑤ 《附载 西交民巷大陆银行后面宿舍楼房失慎情形（消防）》，《京师警察公报》1928 年 1 月 9 日，第 2 版。

外来的救火请求，北京警察也积极予以协助。据报载，1936 年 3 月 13 日上午，平西长辛店平汉路北段工务第一分段办公处北房突然发生火警。当由该路护路队的消防队自行扑救，因技术及器械低劣，水源缺乏，房屋密接，及风势盛炽，扑救无效。后由平汉路局电请北平消防队前往协救。由消防总队长白来增、一分队分队长徐荫达、四分队分队长何嵩海率队警 40 余人，带着救火器具，于下午一点五分到达长辛店火场加入扑救，至三点半火熄。北平消防第一分队队警叶广厚在救火过程中双手受伤，当送平汉铁路医院，后转送北平市立医院救治。① 这些事例反映出北京警察对消防救灾工作积极应对，面对危急火情，不顾个人安危竭力扑救的工作态度。

在处理火警的过程中，北京警察还注意查究起火原因，对责任人进行讯问责惩，以为日后儆戒。据报纸报道，1904 年 3 月 22 日夜晚，东四牌楼甬道南某杂货铺因煤油灯爆裂起火，延烧 20 余家，至四更时始熄。经该段巡局委员查究火首，将某铺掌柜责惩，以示儆戒。② 1916 年 2 月 9 日上午，地安门外南锣鼓巷菊儿胡同口外路东同泰烟铺因煤油失慎，遂致火警，计共延烧房屋 37 间，经消防预防各队极力扑救，至九点余始行熄灭。由内左三区巡警将同泰铺长赵继亭带区问话。③ 1928 年 1 月 19 日后夜，正阳门大街森泰茶叶铺商人在门前燃放鞭炮，军警闻声驰往查看，始知是该铺为祭河神而放鞭炮。经该管外左五区第一段巡长玉奇将该铺经理人张文玉带署，经承审署讯明，以张某违禁燃放爆竹属实，依法科罚。④ 1936 年 2 月 26 日下午，宣武门外南横街黑窑厂三圣庵尼姑庙南院十六号房突然发生火警，外五区第八段长警发觉后赶紧报告消防队，消防一、三、四队到场立即扑救，仅烧毁屋内书柜衣物。经警将该庙伙计沈瑞亭及教读高华亭带区，讯知因火炉烤着书柜引发火灾。⑤ 由上可知，

① 《长辛店昨日大火　平汉路机厂被焚　毁房共六十八间　损失巨重　北平市消防队乘专车驰救　延烧五小时起火原因不明》，《大公报》（天津版）1936 年 3 月 14 日，第 6 版。
② 《中外近事　北京　责惩火首》，《大公报》（天津版）1904 年 3 月 28 日，第 2 版。
③ 《京兆　北城之又有火警》，《大公报》（天津版）1916 年 2 月 15 日，第 6 版。
④ 《地方新闻　商铺违禁燃放爆竹受罚》，《京师警察公报》1928 年 1 月 20 日，第 3 版。
⑤ 《南横街黑窑厂　三圣庵火警》，《大公报》（天津版）1936 年 2 月 27 日，第 5 版。

近代北京警察对消防安全管理较规范，遇火警首先驰往扑救，灭火后对火灾事故原因进行调查及对责任人进行惩处，一系列的工作程序运转有条不紊。

在处理火警过程中，北京警察与民间救火组织水会往往协力合作，共同扑救。据记载，1905 年 8 月 14 日，护国寺胡同西口西路南不戒于火，延烧靴铺、绒线铺等七家，当经水会唧筒喷救，其火遂熄。西局巡捕若干队赶赴该处弹压，以防匪徒乘势抢掠。① 1906 年闰四月十九日下午，地安门内油漆作胡同住户不戒于火，经警长、巡警并水会人等前往扑救，幸未延烧别处，也未伤人。② 1908 年 3 月 20 日夜间，北新桥雍和宫不戒于火，延烧房舍甚多，由各处水会及消防队极力扑救，经三小时之久始渐熄灭。③ 1916 年 2 月 21 日夜，王府井大街清胜华洋桌椅铺突遭大火，京师警察厅总监、军警督察长、左翼统带管带等均带兵警先后到场弹压，消防全队预防第一、第二、第三各队暨兴善、三善、普善、西安、永济各水会竭力扑救，至 3 点 45 分熄灭，经协尉松山将该铺长苏鉴堂带往提署问话。④ 火警当前，警察与民间水会组织通力合作，把尽可能减少民众生命财产损失放在工作第一位，这从一个侧面可见现代警察的职业精神。

遇到涉外火警事件，北京警察同样积极前往扑救，与外国队兵协作，以期减少火灾损失。据《大公报》载，1916 年 6 月 3 日晚，东交民巷德国兵营内失火，经德奥美等国兵队会同该处巡捕消防协力扑救，步军统领、警察总监闻信到场，并派军警各队前往保护，至 12 点火始熄灭。⑤ 1936 年 3 月 24 日晚八时半，东交民巷发生火警。东交民巷巡捕房消防队急赶到施救，因楼房密接无法扑灭。9 时 40 分，附近美使馆消防队赶到，9 时 50 分公安局消防一、二队两队驰至，奋力扑救，至 10 时 55

---

① 《中外近事　北京　不戒于火》，《大公报》（天津版）1905 年 8 月 19 日，第 2 版。

② 《内外城厅局报告火警有关文书（1906 年）》，中国第一历史档案馆藏，巡警部档案，档案号：37-1-283。

③ 《时事　北京　雍和宫火警》，《大公报》（天津版）1908 年 3 月 25 日，第 5 版。

④ 《京兆　王府井大火详情之补志》，《大公报》（天津版）1916 年 2 月 26 日，第 6 版。

⑤ 《京兆　德国兵营之火警》，《大公报》（天津版）1916 年 6 月 7 日，第 6 版。

分始熄。① 面对火警，协调各方进行救护，以尽可能减少火灾损失为第一要务，这可视为北京警察现代性的一种象征，也在一定程度上反映了城市管理的近代化趋势。

火警既经发生，警察除尽力扑救外，在随后调查起火原因、火灾损失、火警发生地及次数等情况时，还注重总结经验及规律，为以后预警及救护工作提供参考。北平市公安局曾对 1928~1933 年发生的火灾进行统计（见表 3-18）。显然，六年来北平火警发生有上升趋势，造成的损失也很巨大，这对警察机关加强消防工作提出警示。另据表 3-19、表 3-20 关于北平火灾次数及原因的详细统计显示，10 月至次年 3 月天干物燥，火警高发，尤其商店、住宅发生火警次数最多，火灾隐患比较大。因走电、吸烟及点油灯引发火警较为频繁，这为以后加强冬春时节的防火工作提供了借鉴。北平沦陷后，日伪为加强对北平社会的控制，维护其利益，对火警的调查也颇为细密，从表 3-21 可见一斑。另外，日伪对火警统计注重连续性，表 3-22 可简要说明这一点。北平光复后，警察局对防火事项仍颇注重调查统计，从表 3-23、表 3-24 可大概看出战后北平火警发生概况。

表 3-18　1928~1933 年北平市火灾统计

	伤毙人口（人）		损失（元）		延烧房间（间）				烧失房间（间）				火警状况（件）	
	女	男	物品	建筑	其他	灰	瓦	楼	其他	灰	瓦	楼	不成灾	成灾
1928 年	0	0	70960	101640	0	3	16	17	103	4	169	106	22	29
1929 年	1	3	129581	74170	19	0	15	4	32	34	67	71	72	40
1930 年	1	7	81450	74113	5	6	16	4	18	130	127	114	54	36
1931 年	0	6	51230	92650	118	8	26	3	98	28	88	115	78	44
1932 年	1	11	361016	224495	9	4	16	22	56	40	237	104	61	53
1933 年	2	4	147999	95866	5	11	10	23	10	74	129	18	51	53
备注	上列银元数目均系概数													

资料来源：姜春华《北平警政概观》，第 50~51 夹页。

---

① 《东交民巷大火　毁房七十余间损失百万元》，《大公报》（天津版）1936 年 3 月 25 日，第 6 版。

表 3-19　1933 年北平市火灾发现次数统计

总计	一月	二月	三月	四月	五月	六月	七月	八月	九月	十月	十一月	十二月
88	11	10	11	7	8	7	1	3	5	10	7	8

资料来源：北平市政府秘书处第一科统计股编《北平市政府二十二年度行政统计》，第 62 页。

表 3-20　1932~1933 年北平市火灾发现原因统计

单位：件

原因	住宅	商店	公共处所	其他	1933 年合计	1932 年合计
烹调饮食	1	—	—	—	1	6
倾覆灯油	2	4	—	—	6	4
走电	3	8	1	1	13	7
敬神	1	—	—	—	1	—
吸烟	3	3	—	—	6	7
烤火	1	1	—	—	2	3
机器损毁	—	—	—	—	—	—
其他	24	20	8	7	59	69
总计	35	36	9	8	88	96

资料来源：北平市政府秘书处第一科统计股编《北平市政府二十二年度行政统计》，第 63 页。

表 3-21　1939 年伪北京特别市火灾统计

	被灾户数			火灾损失									
	起火数	延烧户	共计	房屋间数			房物价值（元）			死亡人数			受伤人数		
				被烧	被拆	共计	房屋	物品	共计	男	女	共计	男	女	共计
全市	74	49	123	610		610	260410	448350	708760	22	4	26	11	3	14

	起火房屋（间）					起火原因（件）												
	住宅	商店	公共处所	其他	共计	失火							放火					不明	合计
						烹调饮食	倾覆灯油	敬神	走电	吸烟	烤火	其他	合计	军事	盗匪	仇恨	保险图赔	其他	合计		
全市	29	39	6	74		4	1		25	2		28	60			1			1	13	74

资料来源：（伪）北京特别市公署警察局秘书室编《北京特别市公署警察局业务报告（1939 年度）》，"九、统计"类表二十二。

表 3-22　1941~1942 年伪北京特别市火灾统计

单位：间，件

		起火房屋			起火原因									
		计	住宅	商店	其他	计	敬神	倾覆灯油	烹调饮食	走电	吸烟	烤火	仇恨	保险图赔	不明
1941年	1月	4	1	2	1	4	1	—	—	—	—	3	—	—	—
	2月	12	3	8	1	12	—	1	—	8	1	2	—	—	—
	3月	7	2	5	—	7	—	—	—	2	1	3	—	—	1
	4月	28	10	17	1	28	—	—	4	5	2	14	1	—	2
	5月	25	3	22	—	25	—	—	—	3	1	18	—	—	3
	6月	5	2	2	1	5	—	—	—	3	—	1	1	—	—
	7月	2	1	1	—	2	—	—	—	—	—	1	1	—	—
	8月	4	3	1	—	4	—	—	—	1	—	2	—	—	1
	9月	1	1	—	—	1	—	—	—	—	—	1	—	—	—
	10月	1	1	—	—	1	—	—	—	—	—	—	—	—	1
	11月	9	2	5	2	9	—	—	—	1	1	5	—	—	2
	12月	9	4	5	—	9	—	—	—	—	—	6	—	—	1
1942年	1月	19	8	8	3	19	—	—	—	6	2	9	1	—	1
	2月	8	2	6	—	8	—	—	—	2	1	4	—	—	1
	3月	6	2	3	1	6	—	—	—	1	3	2	—	—	—
	4月	4	—	4	—	4	—	—	—	4	—	—	—	—	—
	5月	6	1	5	—	6	—	—	—	3	1	2	—	—	—
	6月	6	—	5	1	6	—	—	—	1	1	1	—	—	3
	7月	4	2	1	1	4	—	—	—	—	—	3	—	—	1
	8月	1	1	—	—	1	—	—	—	—	—	1	—	—	—
	9月	5	2	2	1	5	—	—	—	1	—	3	—	—	—
	10月	4	—	3	1	4	—	—	—	1	1	1	—	—	1
	11月	7	2	5	—	7	—	—	—	1	—	5	—	—	1
	12月	6	4	—	2	6	—	—	—	—	—	5	—	—	1

资料来源：（伪）北京特别市公署秘书处编《市政统计月刊》第 1 卷第 2 号，1941 年 2 月，第 38 页；第 1 卷第 3 号，1941 年 3 月，第 32 页；第 1 卷第 4 号，1941 年 4 月，第 32 页；第 1 卷第 5 号，1941 年 5 月，第 32 页；第 1 卷第 6 号，1941 年 6 月，第 32 页；第 1 卷第 7 号，1941 年 7 月，第 32 页；第 1 卷第 8 号，1941 年 8 月，第 33 页；第 1 卷第 9 号，1941 年 9 月，第 32 页；第 1 卷第 10 号，1941 年 10 月，第 32 页；第 1 卷第 11 号，1941 年 11 月，第 32 页；第 1 卷第 12 号，1941 年 12 月，第 32 页；第 2 卷第 1 号，1942 年 1 月，第 36 页；第 2 卷第 2 号，1942 年 2 月，第 32~33 页；第 2 卷第 3 号，1942 年 3 月，第 32 页；第 2 卷第 4 号，1942 年 4 月，第 32 页；第 2 卷第 5 号，1942 年 5 月，第 32 页；第 2 卷第 6 号，1942 年 6 月，第 32 页；第 2 卷第 7 号，1942 年 7 月，第 32 页；第 2 卷第 8 号，1942 年 8 月，第 30 页；第 2 卷第 9 号，1942 年 9 月，第 30 页；第 2 卷第 10 号，1942 年 10 月，第 34 页；第 2 卷第 11 号，1942 年 11 月，第 32 页；第 2 卷第 12 号，1942 年 12 月，第 32 页。

表 3-23　1945 年 10 月至 1946 年 8 月北平市火灾统计

单位：次

	烹调饮食	倾覆灯油	走电	敬神	吸烟	烤火	机械损毁	其他	共计
住宅	17	3	—	1	1	1	1	4	28
商店	13	1	9	2	2	2	—	5	34
公共处所	8	1	4	—	—	2	2	7	24
其他	1	—	8	—	1	3		2	15
总计	39	5	21	3	4	8	3	18	101

资料来源：北平市政府编《光复一年之北平市政》，第 33 页。

表 3-24　1947 年 1~6 月北平市火灾统计

单位：件

	烹调饮食	倾覆油脂	电线滋火	机器损坏	炉火不慎	焚火	化学物自燃	花爆	不明	共计
住宅	—	—	—	—	—	—	—	—	—	30
商店	—	—	—	—	—	—	—	—	—	27
机关	—	—	—	—	—	—	—	—	—	9
学校	—	—	—	—	—	—	—	—	—	2
公共场所	—	—	—	—	—	—	—	—	—	3
其他	—	—	—	—	—	—	—	—	—	14
总计	1	9	20	10	24	6	7	1	7	85

资料来源：北平市政府统计室编《北平市政统计手册》，1947 年 8 月，第 112~113 页。

在执行消防任务过程中，近代北京警察从职责出发，大多尽心尽力，表现英勇，为消除火患做出贡献，受到社会好评及组织内部嘉奖的事例颇多。据《大公报》载，1906 年 9 月 18 日夜间，彰仪门大街天兴烟铺不慎起火，外城西分厅一区区长将已睡巡警一律唤起前往救护，不久即扑灭，未成巨灾，巡警蔡志荣竭力尽职，不避危险，登屋扑火失足致头颅及右腿磕伤，禀请西厅奖励。[1] 1916 年 1 月 17 日，警察厅总监特传饬各警区及各警队，"近月以来京师各处迭起火灾，均经警察消防预防各队立时扑灭，不致成灾，极为尽职，嗣后仍着随时奋勉，自必有相当奖励"。[2]

[1]　《时事　北京　巡警尽职》，《大公报》（天津版）1906 年 10 月 12 日，第 2 版。
[2]　《京兆　警察厅传饬两项特交案》，《大公报》（天津版）1916 年 1 月 18 日，第 6 版。

1934年1月，北平市公安局指令消防队，据呈该队第五警钟台瞻望警王常容发现国立师范大学失火首先报告，洵属恪尽职守，应准给予一次奖金三角，以示鼓励。[1] 同年3月，北平市公安局又指令北郊区署，据呈巡长杨桂林首先报告成府街住户杨玉亭家火警，洵属尽职，应准给予一次奖金三角，以示鼓励。[2] 当然，存在少数警察不尽职工作的现象，这也受到社会的批评。如1905年2月《大公报》载："每届新年，家家燃放爆竹，故那大金吾于岁暮出示严禁，并谓有放爆竹者追究出售爆竹之铺户，然巡捕练勇视告示如具文，竟不过问。"[3] 可见，警察内部对消防工作的态度并不完全一致，个别失职行为也是存在的。无论如何，在警察的努力下，近代北京消防安全整体局势较好，通过与同期其他大中城市的可比较鲜明地看出（见表3-25）。

表 3-25　1932 年各省市火灾统计

	起火次数	被灾户数	焚烧房屋间数	房物损失价值（元）	死亡人数	受伤人数
南京	133	1690	3057	759669	8	22
上海	131	1024	1523	456989	22	17
北平	83	111	542	591715	5	10
青岛	81	494	1093	836458	1	8
威海卫	26	33	137	15059	—	1
全国各省市总数	2399	14487	31493	14552164	293	371

资料来源：内政部编《民国二十一年度全国警政统计报告》，第27页。

概之，近代北京警察管理消防事务从机构设置、法规出台及具体举措等层面基本形成一套较有系统的管理机制，从宣传预警到临火救助，再到事后调查总结与责任处理，形成一套有序的流程。消防管理是城市管理的一项重要内容，近代北京警察在其中扮演了重要角色，为保护民众生命及财产安全发挥了积极作用。警察在管理中注重预防为先，遇警全力救助为

---

[1]　北平市政府秘书处编印《北平市市政公报》第231期，1934年，"公安局　命令"第15页。

[2]　北平市政府秘书处编印《北平市市政公报》第238期，1934年，"命令"第33页。

[3]　《中外近事　北京　燃爆失火》，《大公报》（天津版）1905年2月9日，第3版。

上，注意与其他救火组织及社会力量协作等，为消防安全能够取得良好局面提供了保障，也为今后消防管理提供了借鉴。近代北京警察在消防管理中表现出一定的科学管理理念，对城市管理近代化的发展无疑是有推动意义的。

第四节　警察与城市卫生管理

公共卫生状况是城市形象的一种表征，同时卫生事务也与民众生活息息相关，因此城市卫生事业既关乎民众生存与发展，也关乎城市近代化进程，开展城市公共卫生管理工作有着重要意义。从清末到民国时期，警察与北京城市公共卫生事务管理关系密切。

一　公共卫生管理体制

自清末现代警察出现后，警察机关即担负起管理公共卫生事务的重任。1905 年巡警部成立，下设直属机构有五司十六科，其中警保司内设有卫生科，负责考核医学堂的设置，医生考验、给照，并管理清道、检疫，计划及审定一切卫生、保健章程。① 这是中国最早专管公共卫生的机构。在北京，内外城巡警总厅专管京师地面内政、司法、公安事务，其下设三处：总务处、警务处、卫生处。卫生处掌清道、防疫，检查食物、屠宰，考验医务药料，并管理卫生警察。卫生处下设清道、防疫、医学、医务四股，分别掌理卫生事务。其中，清道股掌清洁道路、公厕，运送垃圾，禁止居民倾泼秽物污水等事。防疫股掌预防传染病、种痘，检查病院、兽疫、屠场、食店事。医学股掌医学堂、病院情况，调查医生、药品、书籍，统计生死人数事。医务股掌救治疾病，稽查厂（场）卫生，制造药品事。② 另据报载，鉴于办理警察与地方卫生事务有密切关系，1905 年底警部筹议于内外城各立卫生局一所，附设医学堂一区，聘请外洋医师，从巡警内挑选聪颖者习学医科，为卫生之用，约于 1906 年春开办。③ 1906 年，巡警部改为民政部，原巡警部基本上缩编为警政司，另设

---

① 李鹏年、朱先华、秦国经、刘子扬、陈锵仪等编著《清代中央国家机关概述》，第 263 页。
② 李鹏年、朱先华、秦国经、刘子扬、陈锵仪等编著《清代中央国家机关概述》，第 265 页。
③ 《时事　北京　讲求卫生》，《大公报》（天津版）1905 年 12 月 17 日，第 2 版。

卫生司，由原巡警部警保司卫生科扩并而成，负责核办防疫、卫生，检查医药，设置病院、医学堂等事项。① 京师内外城巡警总厅下仍设卫生处，负责卫生警察事宜，下设两科，凡清道，防疫，检查食物、屠宰，考验医务、药料等事皆归其管理。② 1910 年，为了防止鼠疫蔓延，京师还特别成立卫生警察队，专门负责疫病预防及公共卫生事务。

北京政府时期，内务部主管全国内政事务，下设总务厅和民治司、职方司、土木司、礼俗司、卫生司、警政司等六司。其中，卫生司为全国卫生行政主管部门，主要负责传染病、地方病的预防，种痘及其他公众卫生事项，车船检疫事项，医师和药剂师业务的监察事项，药品检验和卖药营业检查事项，卫生组织和医院的管理事项；其下设四科。③ 1914 年，卫生司事务一度并入警政司，1915 年又复旧制。卫生事务开始出现脱离警务的建制倾向，但实际上大量具体的卫生管理工作仍由各级警察机关承担。1913 年，京师内外城巡警总厅合并为京师警察厅，下设卫生处负责道路沟渠清洁、保健防疫、医术化验。④ 卫生处下辖第一、二、三科及内外城官医院。同时期，京都市政公所成立，也设有卫生科，协理部分医院卫生事务，只是市政公所对公共卫生各事项"不过兼及，并非主要政务"。⑤后因疫情蔓延，政府于 1919 年 3 月在北京设立中央防疫处，主要从事传染病的细菌学研究和进行各种生物制品的生产。⑥ 此外，还设有卫生试验所，专司化学的检查。1925 年 5 月，中央防疫处以"地方办理公共卫生为防疫之根本"，商准京师警察厅在内左二区设立试办公共卫生事务所，分卫生、保健、防疫、统计四科，工作范围主要包括环境卫生稽查、疾病医疗、卫生教育、传染病管理、生命统计等项目，归警察厅管辖。⑦ 1926年，京师警察厅以事务所成绩尚佳，销去"试办"字样，并筹拟推广。

① 中国第一历史档案馆编《清代档案史料丛编》第 9 辑，中华书局，1983，第 280 页。
② 中国第一历史档案馆编《清代档案史料丛编》第 9 辑，第 281 页。
③ 韩延龙、苏亦工等：《中国近代警察史》上册，第 328~329 页。
④ 京师警察厅编《京师警察法令汇纂》（总务类），第 4 页。
⑤ 白敦庸：《市政举要》，大东书局，1931，第 12 页。
⑥ 邓铁涛、程之范主编《中国医学通史（近代卷）》，人民卫生出版社，2000，第 347 页。
⑦ 《京师警察厅试办公共卫生事务所概要》，北京市档案馆藏，档案号：J181-018-0018179。

另外，还设有京都市公共卫生委员会，会长由市政督办兼任，副会长由京师警察总监及市政会办兼任。该会专司筹划审定京都地方公共卫生改良事项，由市政公所、京师警察厅分别执行，"对京都市公共卫生之勤务方法人员资格各项条规及经费用途，有审议监察之权，分总务、卫生、防疫、医务、统计五股"。①

南京国民政府成立后，设内政部管辖全国内政事务，下设卫生司负责管理卫生行政事宜。1928 年 2 月，中央卫生委员会成立，由内务总长兼任会长，卫生司长兼任副会长，主要负责审议关于公众卫生及兽畜卫生事项。② 1928 年 11 月，改设卫生部，内设总务、医政、保健、防疫、统计五司。同年 12 月，国民政府公布《全国卫生行政系统大纲》，规定省设卫生处，市县设卫生局，各大海港及边境冲要地设海陆检疫所，卫生行政建制基本确定。③ 1928 年 10 月内政部呈准颁行的《各级警察机关编制大纲》及 1929 年 10 月公布施行的《首都警察厅组织法》都曾一度解除警察管理卫生事务的职责。但由于在市、县两级普设卫生局的条件尚不具备，已设卫生局的地方在卫生巡查与取缔事项中也常需警察机关协助，因此，卫生与警政并未能完全分离。随后颁布的《县组织法》和《市组织法》又重新赋予警察机关掌理防疫、公共卫生以及医院、菜市、屠宰场、公共娱乐场的设置与取缔等事项的职责。④ 1931 年 4 月，卫生部又并入内政部，改称卫生署，下设总务、医政、保健三科。1940 年，卫生署独立，全国卫生行政建制始告完成。

1928 年北京改名为"北平"，京师警察厅改组为北平特别市公安局，起初公安局还设卫生科管理卫生事务，后随着卫生局接管公共卫生事项，警察机关不再兼办卫生事务，但若有需要会给予协助。1930 年 2 月，卫生局被裁撤，卫生事宜交由公安局管理，公安局复又增设卫生科，下设三个股。1932 年 7 月，卫生科缩编为卫生股，隶属于公安局第二科。1933 年 11 月，北平市政府专设卫生处，下设四科，原公安局所掌卫生事务划

① 方石珊编《中国卫生行政沿革》，《中华医学杂志》第 14 卷第 5 期，1928 年，第 44 页。
② 王康久主编《北京卫生志》，北京科学技术出版社，2001，第 57 页。
③ 邓铁涛、程之范主编《中国医学通史（近代卷）》，第 338 页。
④ 内政部年鉴纂委员会编《内政年鉴（民政篇）》，第（B）865、871 页。

归该处。1934 年 7 月，卫生处扩建为卫生局，下设秘书室及四科，外部组织有 3 个卫生区事务所及 7 个医药保健单位，分别掌管医药及卫生行政各项事宜。至此，北平城市卫生管理体制基本形成，公共卫生事务与警察机关分离，但实际上警察仍有一定协助管理的职责。时人曾言："三十余年来，北平市的公共卫生事务，总是由警察机关办理的，至今日市公共卫生与公安局乃完全脱离关系，为求行政效率计，吾人应认为这是一件极合理的设施。"① 此外，还组建有北平市学校卫生委员会管理学校卫生。1928 年后，原京师警察厅公共卫生事务所更名为北平市第一卫生区事务所，其后 1933 年在西单宏庙胡同设第二卫生区事务所，1935 年在东单钱粮胡同设第三卫生区事务所。这些事务所职能大体相同，主要负责区内的卫生防疫事宜。北平沦陷后初期，日伪扶植的"地方维持会"曾组设防疫委员会，职责为"调查市民卫生状况，对于流行传染病之防备与扑灭预求对策"。② 其后 1940 年特设伪北京区防疫委员会，为完成防疫目的，必要时商由日军供给预防药品的一部分或全部。③

　　自清末至 20 世纪 30 年代中期，北京城市卫生事务主要由警察机关负责，为推动卫生管理工作的顺利开展，政府制定了一系列卫生法规章则，为警察依法管理卫生事宜提供保障。概括而言，从整体上关涉卫生事务管理的法规主要有《违警律》和《违警罚法》，前者于 1908 年 4 月公布，后者于 1915 年 11 月和 1928 年 7 月两次公布，均专列第八章为管理卫生的规定，内容涉及药剂售卖、饮食物卫生、环境卫生等多方面。此外，关于卫生的专项法规如下。1908 年 5 月 29 日，民政部颁布的《预防时疫清洁规则》，规定"各街巷不得堆积尘芥污秽煤灰及倾倒泔水与一切不洁之物。该管厅区应酌量地方繁简，预定日期派巡官巡长监督居民扫除户内一次，不行扫除者，当劝导之"。④ 1916 年内务部颁布《传染病预防条例》，1918 年 1 月颁布《检疫委员设置规则》《火车检疫规则》《防疫人员奖惩

① 姜春华：《北平警政概观》，第 17 页。
② （伪）北京地方维持会编《北京地方维持会报告书》（上），"章则"第 14 页。
③ （伪）北京特别市公署参事室编《北京特别市市政法规汇编》第 3 辑，"第七类　卫生"第 5 页。
④ 京师警察厅编《京师警察法令汇纂》（卫生类），撷华书局，1915，第 33 页。

条例》等法规。1928 年 9 月 18 日内政部公布《传染病预防条例》，1930年 9 月 18 日经卫生部再次修正公布。1928 年 10 月公布《传染病预防之清洁及消毒方法》，同月 30 日卫生部公布《传染病预防条例施行细则》。此外，卫生部还制定有《稽查卫生事项规则》《医药室规则》《取缔公私立医院规则》《取缔药摊执行细则》《取缔阴阳生规则》《暂行取缔产婆规则》《公修沟渠简章》《管理肥业公所简章》《管理理发营业规则》《娼妓健康诊断所规则》等法规。这些关于卫生管理的法规条例通行全国，自然适用于京师。

北京地方围绕卫生事宜也专门制定有多种法规、章则，内容广泛，其中清末时期如下。1909 年 4 月，内外城总厅会订《改定清道章程》，规定"各区逐日派巡官或巡长一名、巡警四名轮住清道夫住所，经理一切事务。关于清道事务各区巡逻守望长警均有稽查报告之责"。① 同月 11 日，内外城总厅会订《管理饮食物营业规则》。16 日，《清道执行细则》公布，规定"清道事务以总厅为监督机关，以各区为执行机关。各区于所辖境内清道事务得命巡官长警妥慎经理。巡官长警承区长区员之指挥命令经理清道事务，对于清道夫役有督催干涉之权"。② 同年，5 月 3 日公布《限制倾倒脏水规则》，6 月 12 日订立《各种汽水营业管理规则》和《管理各种汽水营业执行细则》，7 月 29 日订立《厅区救急药品使用法》，9月 13 日公布《管理浴堂营业规则》，10 月 9 日内外城总厅会订《内外城官医院章程》。1910 年 3 月《管理粪夫办法》出台，4 月 1 日内外城总厅会订《管理种痘规则》，规定"凡开局种牛痘者须赴巡警官署呈报，俟批准后始得开种。所有种痘处所无论善堂或医生均应受巡警官吏之检查"。③4 月 19 日，《管理牛乳营业规则》公布，5 月 28 日内外城总厅会订《卫生处化验所章程》等。

北京政府时期，京师警察厅在 1913 年 11 月 14 日公布《京师警察厅改订管理清道规则》，29 日公布《管理清道土车规则》。1914 年 11 月，《管理清道器具细则》公布。1916 年 7 月，京师警察厅又公布《管理饮食

---

① 田涛、郭成伟整理《清末北京城市管理法规（1906~1910）》，第 5 页。
② 京师警察厅编《京师警察法令汇纂》（卫生类），第 15~16 页。
③ 田涛、郭成伟整理《清末北京城市管理法规（1906~1910）》，第 97~98 页。

物营业规则》，规定："凡下列各项饮食物不准售卖：（一）牛羊猪鸡鸭及其他禽兽等之病死或朽坏者；（二）鱼虾及其他水族之陈腐者；（三）各种瓜果蔬菜之坏烂或不熟者；（四）浆酪饮料之陈腐及污秽不洁者；（五）酒品之加有毒质药料如信石鸽粪之类者；（六）过宿之生熟食品其颜色臭味皆恶者。"① 1918 年 5 月，京师警察厅又公布《汽水营业管理规则》。

南京国民政府时期，北平市制定的卫生法规主要有：1929 年 5 月 1日，府令核准《北平市卫生局管理饮食店铺暂行规则》；同年 7 月 28 日，府令核准《北平市管理粪厂暂行规则》及《北平市管理公厕规则》，前者规定"粪厂应遵照卫生局规定灭蝇办法及使用消毒药剂"②；后者规定"厕所建筑之处其周围须离开水井营造尺一百五十尺以外"。③ 1930 年 2月 25 日，府令核准《北平市公安局检验牲畜事务所组织章程》；3 月 25日，府令公布《北平市饮水井取缔规则》；4 月 18 日，府令核准修正《北平市卫生局取缔秽物秽水规则》，规定"住铺各户门前附近应随时各自扫除，保持清洁。住铺各户门前遇有他人倾倒秽物或便溺者得送各区署罚办"；④ 5 月 6 日，府令核准《北平市公安局各区署办理清洁奖惩暂行规则》，其中奖励有"提升、进级、加薪、记功"四项，惩戒有"停职（斥革）、降级、罚薪、记过"四项。⑤ 1934 年 3 月 28 日，府令公布《北平市污物扫除暂行办法》，5 月 19 日府令修正《北平市药师及药剂生注册给照规则》《北平市助产士注册给照规则》《北平市公私立医院注册给照规则》，5 月 28 日府令公布《北平市户外清洁规则》。⑥ 北平沦陷后，日伪当局关于卫生事宜则侧重传染病预防检疫方面，如《北平市预防霍乱注射办法》规定："甲、城门注射。凡进城人一律施行注射，注射后给予注射证，无注射证者警宪得禁止其入城。乙、分区注射。凡内外城各区所有工厂铺住户学校难民收容所车夫以及清洁夫工程队等各界人民一律施行注

---

① 京师警察厅编《京师警察法令汇纂》（卫生类），第 123 页。
② 北平市政府参事室编《北平市市政法规汇编》第 1 辑，"第七类 卫生"第 57 页。
③ 北平市政府参事室编《北平市市政法规汇编》第 1 辑，"第七类 卫生"第 57 页。
④ 北平市政府参事室编《北平市市政法规汇编》第 1 辑，"第七类 卫生"第 55 页。
⑤ 北平市政府参事室编《北平市市政法规汇编》第 1 辑，"第七类 卫生"第 60 页。
⑥ 北平市政府参事室编《北平市市政法规汇编》第 1 辑，"第七类 卫生"第 54 页。

射，按期分赴各处所前往注射。各城门须有警察四名协助工作。"①《预防霍乱检疫办法》规定实施城门检疫及各区检疫。此外，1940年5月伪政府还制定有《北京特别市预防家畜传染病规则》，规定："家畜防疫员或警察官吏认有传染病预防上必要时得检查畜舍货车及其他家畜所在地，并得对于有关系者施行必要之调查。"② 日伪当局制定传染病管理相关法令，旨在从法令强制角度防止传染病蔓延，以维护其殖民统治。北平光复后，1946年6月28日公布《北平市政府警察局管理畜犬规则》，规定"畜犬者如发现其所畜之犬有病或有患病之处时应即治疗并防止其外出。凡遇有狂犬应立时捕杀并焚化其尸体"。③ 上述卫生法规，内容关乎防疫、环境清洁、饮食营业、医药医务等方方面面问题，对卫生标准、监督检查办法等均提出较为具体的要求，为警察机关开展卫生管理工作提供了明确的指导原则，也在一定程度上反映出近代北京城市卫生管理工作逐渐走上法制化轨道。

二　卫生宣传

警察管理近代北京卫生事务的工作范围包括环境清洁、保健、防疫、医药化验等诸多方面，这些都与民众日常生活息息相关，在实践中要想取得理想效果，除依法治理外，更离不开民众的支持与配合。为此，北京警察机关在实际工作中先从动员民众入手，深入开展卫生宣传教育。其具体举措主要是发布示谕、通告及刊载卫生专题文章，将各种卫生相关注意事项用浅显明白的语言告之于众，自发形成卫生意识，进而自觉讲求卫生，促进整个城市的公共卫生事业。

首先，在环境卫生方面，警察机关曾多次发布告示，将各项卫生要求晓谕民众。据《大公报》载，1903年4月7日起，北城一带巡捕按户晓谕每日于街巷泼水压尘两次，以避瘟疫，每日有委员巡查一次。④ 1905年

① （伪）北京地方维持会编《北京地方维持会报告书》（上），"社会"第51~52页。
② （伪）北京特别市公署参事室编《北京特别市市政法规汇编》第3辑，"第三类　警察"第116页。
③ 北平市政府编审室编印《北平市政府公报》第1卷第5期，1946年8月，第22页。
④ 《中外近事　北京　借势泼街》，《大公报》（天津版）1903年4月10日，第2版。

9 月，外城巡捕西分局出示一则白话告示："京师为首善地方，城内关外，大街小巷，应当干净齐整，大小铺面住户军民，更当合力齐心，打扫门外街道。……干净整齐，实在于卫生上很有关系。卫生二字，就是保养身体性命，可见打扫街道一事，是生死相关的。你等见了此谕，全要痛改前非，大街上的铺面，各街衢里住户，各将自己门前天天收拾干净，积下灰土等类，断不许在门口乱倒，本局自有土车，按时挨门传唤，如有不遵的，查出一定受罚。"① 1906 年 11 月，警察厅为注重卫生，将白话告示排印多张发给各区，派令警兵到处传送，以期家喻户晓。② 1915 年 7 月，京师警察厅总监饬所属按户遍发传单，劝谕各住户不可将臭水秽物倒于路旁，以重卫生，违者送厅究罚。③ 1916 年 10 月，警察厅总监以天气渐寒，各户均将添置火炉，特饬卫生处按照成案将预防煤毒各方法印刷布告，俾知防范，并饬备置解救煤毒药水分存各区，而免危险。④ 1928 年 11 月，《顺天时报》载，北平市卫生局会同公安局联衔告示，禁止人民随处便溺，并训令各区署，如查有人民随处便溺者，务将其人带区严重罚办，以示儆戒。⑤ 这些白话告示及传单，劝诫勉励，款洽叮咛，百姓看后自会明白事理，于地方卫生大有裨益。

　　其次，在时疫防治方面，北京警察机关一再刊布示谕及防范办法，以民众预防为先。据报载，1903 年 8 月，肃亲王善耆为防瘟疫出示告示，略谓："北京当春夏之际，瘟疫每每流行，推原其故是在铺户住户于秋冬月间泼秽水倒污土所致，本爵堂本拟派员按户稽查，又恐滋扰民生，特为熟筹自行防卫之法七条宣示于后，不准任意倒弃秽土菜叶，遇有染瘟疫者须分室俟病愈再团聚，其病人衣服须蒸热以泻疫气，如病人已故，其病时所着衣服被褥等件须焚毁以防传染，蒸衣之法须按蒸汽法办理，厕室溺桶旁及病人呕吐患赤白痢者，均宜用石灰掩埋，煮石灰水法以加水九分为合

① 《时事　北京　外城巡捕西分局白话告示》，《大公报》（天津版）1905 年 9 月 6 日，第 2 版。
② 《时事　北京　饬讲卫生》，《大公报》（天津版）1906 年 11 月 15 日，第 2 版。
③ 《警察厅注重卫生》，《大公报》（天津版）1915 年 7 月 5 日，第 5 版。
④ 《京兆　警察厅谕预防煤毒》，《大公报》（天津版）1916 年 10 月 30 日，第 7 版。
⑤ 《北平卫生局注重公共卫生　禁止人民随处便溺　违者带区严重罚办》，《顺天时报》1928 年 11 月 20 日，第 7 版。

度，以上系大概办法，其详细仍在自己随时留心。"① 1911 年 1 月，为防止入冬以来黑龙江等处发生的鼠疫传播到京，内外城巡警总厅除分饬内外城官医院配制预防及消毒药品外，还"出示晓谕示仰居民人等知悉，嗣后如或有此种疫病发生，或所患病状近似此项疫症者，速即呈报内外城官医院，以便随时诊察"。② 同年 2 月，外城巡警总厅重申戏园、客栈、饭馆、茶楼、娼寮、浴堂、市场、游戏场等处人多往来聚集地方注意清洁，并多备药水等以防疾疫发生。警厅将派卫生专员随时到处查看，如有违抗不遵办者，定照《违警律》从重罚办。内城巡警左一区为预防鼠疫流行，告示住铺各户，凡有病亡者，无论老幼及何项病症，即赴该管派出所呈报，经医官检验后填给执照始准殡殓抬埋。棺材铺亦必验有执照之家始准卖给棺木。自出告示后，如匿而不报违章入殓抬埋及棺材铺未见执照遽卖棺材者，一经查出定即罚办不贷。③ 1916 年 8 月，京师警察厅总监特发通告，称："近日迭据报告，患染猩红白喉死者已有数起，虽由厅区竭力销除毒秽，而在各人亦须防范，防范之法首在清洁，幸勿轻忽视之，庶免疫病传染。"④ 1926 年 8 月，上海一带发生急性霍乱，京师警察厅为防疫起见，刊印布告称："本年入夏以来，天气亢燥，溽暑为烈，饮食起居，偶失检点，即易感受疫疾，……本厅为保卫人民健康，对于清洁防范各法，屡经切实诰诫，……兹再将浅而易行各条列后，务各严行自卫，俾免触感疫疠。"⑤ 布告附列各项包括院宇清洁法、厕圈清洁法、沟渠清洁法、宿舍空气流通法等。

为预防天花，号召民众接种牛痘，1928 年 1 月 12 日京师警察厅布告："照得引种牛痘关系婴儿生命至为重要，惟京城地方宽大，人民众多，施种殊艰周遍，本厅有保持公共卫生及人民健康之责，除原有医院按时接种外，兹为普及施种，便利人民起见，特在内外城二十区署内各添设种痘分所一处，选派专医预备材料。凡有婴儿者，可即前往种痘，概不收

---

① 《中外近事　北京　示谕卫生》，《大公报》（天津版）1903 年 8 月 25 日，第 2 版。
② 《警厅防疫之示文》，《大公报》（天津版）1911 年 1 月 19 日，第 5 版。
③ 《关于防疫之示谕两则》，《大公报》（天津版）1911 年 2 月 17 日，第 5 版。
④ 《京兆　警厅预防传染之通告》，《大公报》（天津版）1916 年 8 月 18 日，第 6 版。
⑤ 《本京琐闻　警厅布告防疫》，《北京日报》1926 年 8 月 5 日，第 6 版。

费，幸勿迟误。"① 1932 年 4 月 18 日，北平市公安局又发布告："现届春令，正天花流行之时，本局为预防传染保护民众健康起见，特呈请市政府筹拨专款，仍照上年成例，普种牛痘以遏病源，除派员分赴各处施种外，并委托市内各公私立医院及医师代为施种，不取分文，合行将各医院地址及施种时间公布周知，务望各界民众特别注意，自公布之日起就近前往各医院免费种痘，事关健康，幸勿观望自误。"② 1934 年，北平市卫生局为预防白喉、猩红热，利用报纸及标语、传单等办法使市民周知，并分饬所属各院所为市民免费检查及预防注射。③ 在北平沦陷期间，为防止传染病蔓延影响到其统治秩序，1938 年 2 月日伪警察局警察医院曾发布告："本院为预防天花起见，特购备痘苗，自 3 月 1 日起至 5 月 31 日止，每星期二、四、六下午二时、四时施种。"④ 疫病传染威胁民众生命健康，警察机关迭发示谕，将各种预防办法详细向民众介绍，对抑制疫病的传播与蔓延、保护民众健康有积极作用。通过卫生宣传告示，民众逐渐知晓防疫知识，卫生意识有所增强。一些民众开始改变旧有的不讲卫生的思想，留意生活卫生，注意保持洁净，以防疫病发生。对此，曾有报载："北京警察对于防止虎疫事宜办理异常认真，成效卓著，经巡警晓谕，居民皆不露食物于外，加以盖藏，复注意一切卫生，故北京能免此恶疫。"⑤

最后，在饮食卫生方面，警察机关也颇为关注，不断登报刊文以引起民众注意。据 1919 年 5 月《大公报》载，京师警察厅鉴于饮食不洁最碍卫生，特定《饮食物营业规则》14 条，为告之于众，刊报详录条款："凡铺店之厨灶不得接近便溺处所，致染秽气。凡饮食物应备相当器具为之盛贮，并须盖护纱罩纱橱等物，以免沾染尘土，招集蝇蚋。"⑥ 同年 8 月，警察厅为提醒人们注重卫生以防毒菌传染，特通告："一、本年时疫

---

① 《京师警察厅布告》，《京师警察公报》1928 年 1 月 13 日，第 2 版。
② 北平市政府秘书处编印《北平市市政公报》第 145 期，1932 年，"公安文电"第 1 页。
③ 《防疫委员会简章、北平市传染病管理概况和卫生局工作概况》（1934 年），北京市档案馆藏，档案号：J005-001-01931。
④ 《北平市警察局关于卫生防疫事项等训令》，北京市档案馆藏，档案号：J183-002-31284。
⑤ 《京师警察防疫得力》，《晨报》1919 年 9 月 11 日，第 6 版。
⑥ 《各地杂报 京兆 饮食物营业规则》，《大公报》（天津版）1919 年 5 月 26 日，第 6 版。

毒菌多是由饮食而入，凡一切入口物品须先煮沸方可食用。一、菜蔬瓜果未经煮熟者不可食用。一、饮料必须煮沸，不可饮用冷水。一、非熟水所制之冰不得加诸饮食物之内。一、凡陈宿腐烂之物不可食用。一、苍蝇为传染病菌之媒介，应设法扑灭，凡存储饮食物处所须备纱罩盖护，免被苍蝇践踏。一、饭厅厨房厕所等处须勤加扫除，随时洒布石灰或消毒药水，务使苍蝇绝迹。一、碗盏杯箸及一切饮食器具拭布等物必须煮洗后方能使用。一、口宜常漱，手宜用胰皂洗净后再取饮食。"① 1922 年 5 月，警察厅为防蝇蛹借助食物传播瘟疫，特电令各区署："凡贩卖零星食物者均盖纱罩，由六月一日起实行，传谕一体知照，违者即带署处罚。"② 1937 年 3 月，《大公报》刊文介绍注意饮食卫生事项，除指出厨房用器应时加注意保持清洁外，还指出："食前须洗手；食生水果时，须先用温开水充分洗净，并剥去皮壳；病人须分食，所用碗筷亦应另行消毒洗涤，不可混乱一起，以免疾病传染。"③ 通俗易懂的宣传文字、告示及相关文章将饮食卫生常识传达给民众，深入民众日常生活，这种宣传教育成为警察机关卫生管理的先期工作，也为警察进一步深入管理卫生奠定了基础。

为向民众宣传应重视卫生，卫生管理相关部门还通过召开卫生运动会、印发卫生宣传品、开展卫生知识展览、进行卫生讲演等多种措施，扩大社会影响。例如，1915 年北京市卫生陈列所成立，常年展出卫生病理标本及实物、模型，自 1915 年至 1934 年平均每年 5 万~15 万人参观。④ 1926 年 5 月 12~29 日，北京市第一次卫生运动大会在中山公园召开，在东城、西城、南城、北城设分会场，以卫生保健为目的，通过讲演、表演、音乐、跳舞等多种形式进行广泛宣传。⑤ 1928 年 9 月，北平市卫生局第一卫生事务所接办中华卫生教育联合会在北平创办的《卫生月刊》，这是北平第一本进行卫生健康教育的专刊。1929 年 6 月 16 日至 19 日，北平市卫生清洁运动大会举行，事前由卫生局会同公安局筹备自治办事处，组

---

① 《各地杂报　京兆　警厅防疫又通告》，《大公报》（天津版）1919 年 8 月 16 日，第 6 版。

② 《警察厅注重卫生》，《大公报》（天津版）1922 年 5 月 24 日，第 10 版。

③ 《时疫杂流中应如何注意饮食卫生?》，《大公报》（天津版）1937 年 3 月 16 日，第 12 版。

④ 北京市地方志编纂委员会编《北京志·卫生卷·卫生志》，北京出版社，2003，第 193~194 页。

⑤ 北京市地方志编纂委员会编《北京志·卫生卷·卫生志》，第 123 页。

织卫生清洁运动大会筹备委员会，内分展览、出版、交际、纠察、游艺、医务、文书、会计、庶务等八股，分工筹划，颇为积极。① 自 1934 年至 1937 年，北平市每年均召开卫生运动大会，围绕防传染病、灭蚊蝇等主题展开活动，每次参加人数都在 120 万人次左右。② 其中，1935 年卫生运动大会开幕后，除在中山公园举行卫生及生理展览会外，并分三区举行卫生宣传大会，由专家讲演各项卫生要义，并表演关于卫生的新剧及游艺活动，以引起市民注意。③ 1934 年起，北平市卫生局卫生教育股组织指定医务人员定期到学校进行卫生谈话及卫生防病演讲。1936 年，北平市卫生局颁布"广播卫生演讲实施办法"，规定演讲每周举行 1 次，对讲演人、讲演内容、讲演稿件等有关事项均有明确要求。④ 另据统计，1932 年和 1933 年北平市卫生宣传工作开展情况如表 3-26 所示。

表 3-26　　1932~1933 年北平市卫生处卫生宣传工作比较

	年份	1933	1932
项目	印刷各种卫生宣传品（册）	4200	3400
	印发卫生月刊（册）	24000	24000
	印发年刊（册）	1000	1000
	广播卫生讲演（次）	30	-
	总计	29230	28400

资料来源：北平市政府秘书处第一科统计股编《北平市政府二十二年度行政统计》，第 128 页。

由上可见，自清末到 20 世纪 30 年代中期，北京城市卫生宣传工作主要由警察机关组织开展，专门的卫生管理机构出现后，警察依然起到协助作用，因为警察的工作性质接触民众较多，对于民众的卫生可协同指导，对于各大街小巷的清洁，可做适当督察和引导。

① 《北平清洁运动会第一日　昨在天安门开会会毕游行　今明日中山公园举行展览》，《大公报》（天津版）1929 年 6 月 17 日，第 4 版。
② 北京市地方志编纂委员会编《北京志·卫生卷·卫生志》，第 123 页。
③ 《平卫生运动会开幕　昨分三区举行宣传大会　卫生展览分设三室陈列》，《大公报》（天津版）1935 年 5 月 13 日，第 4 版。
④ 北京市地方志编纂委员会编《北京志·卫生卷·卫生志》，第 191 页。

三　警察管理城市卫生

丰富多样的宣传活动为警察管理京城卫生做了先期准备。通过宣传，民众对卫生常识有所了解，卫生意识有些许增强，但希求通过宣传来达到彻底的卫生治理是不够的，因为视宣传为具文的情况不可避免，类似报道不时见诸报端。例如，1903 年 4 月，报载"数日前有巡捕借口洋人传谕令各街巷每日九钟泼街一次，刻下除大街由巡捕按段经理尚未懈怠，其余各小巷又如故态"。① 1905 年 1 月，《大公报》又载，"京师城内外各大小街巷便溺狼藉，每当春夏令臭味逼人，行人均须掩鼻，于地方卫生两有损害。上年肃邸任工巡局时，曾出示晓谕，至今仍不少改。前月五城地方设柳筐于大小巷口，禁止在外便溺，仍视为具文"。② 诸如此类情况的存在，暴露出卫生管理工作的复杂性。因此，在开展卫生宣传之外，还需要警察切实加强管理，注意查禁各种有害卫生之事，并积极为讲求卫生进行一些建设工程，以达到清洁与美化京城的目的。

近代北京警察为管理城市卫生事务不断探索，针对不同情况，灵活运用多元的管理办法。

在环境卫生方面，清理街道，禁止污秽遍地，进行卫生稽查是警察主要采取的管理举措。清末京师内外城巡警总厅建有一支清道队伍负责清道事务，各区巡官长警监督清道夫役的工作及管理市区卫生事宜。这套由警察管理环卫工作的体制后来在北京政府及南京国民政府时期仍延续使用。清扫路面，疏通沟渠，清除市内垃圾等是清道夫役的主要任务。警察在实际管理城市环境卫生过程中，除督催清道夫役认真工作外，进行卫生稽查，对违规行为予以罚办也是其工作日常。有的民众乱倒秽土秽物，有的行人沿街任意便溺，于环境卫生大有妨碍，警察在巡视中一旦查出即行罚办。据报载，1907 年 10 月 23 日，内城巡警左分厅第八区禀解在街倾倒秽水不服拦阻的李奎祥，遵照新章罚钱五百文呈纳完案。③ 1928 年 1 月

---

① 《中外近事　北京　泼街具文》，《大公报》（天津版）1903 年 4 月 22 日，第 1 版。

② 《中外近事　北京　示禁便溺》，《大公报》（天津版）1905 年 1 月 12 日，第 2 版。

③ 《内城巡警左分厅报告每日收发事件、收审案件的日报（之一）》（1907 年 2 月至 1908 年正月止），中国第一历史档案馆藏，巡警部档案，档案号：37-2-37。

20 日，警士鲁荣桂在虎坊桥大街守望，见一行人行至马路牙子直接便溺，即将该行人带至梁家园区署，以违警法科以一元罚金。① 为维持市面卫生，警察机关对卫生警察执勤严格要求，迭发各种训令，对工作不力者进行苛罚。例如，1911 年 6 月报载："民政大臣肃邸刻因内外城各厕所及应行关乎卫生一切事宜过于腐败，日昨特传两厅大加申饬，并将卫生股科长分别记过以示儆戒。"② 1916 年 8 月，内务部特饬令京师警察厅通传内外城各区署，务须极力清洁道途，自该月 1 日起，每日每区特派值日巡长巡警各一名，稽查各巷清洁事宜，以专责成。③ 1923 年 5 月，京师警察厅为改善街巷卫生状况，饬令各区署加派卫生警察昼夜巡逻，指挥居民不可任意倾倒秽土于街市。④ 1927 年 2 月 28 日，京师警察厅训令，"仰各该区署严饬各路段长警随时注意，无论何项广告保单等类均应指导粘帖限定地点广告牌之上，不准再于其它各处任意张贴，如不服制止，即扭区罚办，其各处已贴之各种广告及墙壁上涂写之各种不规则文字统限期三日查明，一律刷除，以昭整肃，倘查有仍前疏纵情事，定惟该管长警是问"。⑤ 1928 年 7 月，北平市公安局局长召集各区署长在局会议，饬令各区清洁街巷，以重公共卫生。各区署长奉令转饬所属整顿。其中外右五区因所属界内繁华地方居多，署长特传知所属各路每天派巡官两名警察六名，由署员办事员率同分往各街巷调查扫除秽污，并劝告人民自行打扫，不得任意倾倒秽土秽水。⑥ 可见，关乎市容的环境卫生稽查工作是警察的重要工作，尽心竭力做好工作是其应尽职责，否则也将受到苛责惩罚。北平沦陷后，日伪当局对卫生事宜也多有干涉。例如，1938 年 4 月，日伪公署鉴于中南海正门至东长安街一带树林左右小贩林立，有碍观瞻，训令警察局转饬各该管区署将该处商贩一律迁移他处。⑦ 1942 年 6 月 11～15 日，在第四次

---

① 《地方新闻　二行人于街道便溺科金》，《京师警察公报》1928 年 1 月 21 日，第 3 版。
② 《肃邸注意夏令之卫生》，《大公报》（天津版）1911 年 6 月 25 日，第 5 版。
③ 《京兆　内务部注重道途清洁》，《大公报》（天津版）1916 年 8 月 2 日，第 6 版。
④ 《警察厅注重卫生》，《大公报》（天津版）1923 年 5 月 1 日，第 6 版。
⑤ 《令各警察署》，《京师警察公报》1927 年 3 月 1 日，第 1 版。
⑥ 《公安局注重公共卫生》，《世界日报》1928 年 7 月 19 日，第 7 版。
⑦ 《训令警察局　令仰转饬区署将中南海正门至东长安街一带树林内商贩迁移他处以重市容由》，《市政公报》第 11 期，1938 年，"市公署　命令"第 17 页。

"强化治安运动"期间，外一区警察分局督饬住铺户实行大扫除。以各段为单位，每段派警士一名，会同清洁班、自治坊人员，前往各管界内督饬各户施以大扫除，检查合格发以检查证，贴于门首，不合格者随时指导。[①] 日伪当局注意卫生问题，很显然是出于维持其殖民统治之目的。

此外，警察在管理城市卫生过程中，对影响卫生的设施建设也尽力予以协调，以求真正解决卫生困境。例如，为帮助清道夫将垃圾及时运出城外，警察机关对运土车大加整顿，1905年2月规定，"自初十日起每日令土车早晚两次收装秽土，不准民间任意倾倒"。[②] 1906年，南分厅第四区将区内粪厂另安置宽敞之地，不与居民毗近，以利卫生。[③] 对影响卫生的设施，警察机关还帮助进行修整。例如，1911年《顺天时报》刊载："外城巡警总厅卫生处因外城各街巷私立中厕污不可闻，有人掏粪无人收拾，实于春瘟卫生大有妨碍，昨饬工程队队长丁瑞芙警官派工程队兵丁分赴各街巷将私立各中厕一律补修整齐，打扫干净，以防春疫而重卫生。"[④] 为禁止行人在街巷任意便溺，警察机关还派工添造厕所多处。据报载，1903年8月，肃亲王善耆知会京兆，会同五城商立官厕以重卫生，五城遂饬令于隙地修盖短墙茅楼，如有不在厕内便溺者，照洋法一律罚钱。[⑤] 1923年5月，京师警察厅因"近来女界交际既繁，出游时多，街市之上尚乏女厕，殊极不便，故令各区署分别繁简，酌修女厕五处至十处"。[⑥] 北平光复后，警察局即对市容卫生切实整理，各街巷摊贩经分区指定集中营业地点41处，行人道上篷厂共有883户，已饬遵令迁移661户，其余仍在督饬办理。市内广告标语经规定张贴处所，令饬各警察分局随时取缔任意张贴。对于市民随处倾倒垃圾、任意便溺，饮食商贩不设纱罩等行为，均严行禁止，以保市民健康。[⑦]

---

① 北京市档案馆编《日伪在北京地区的五次"强化治安运动"》，第414页。
② 《中外近事　北京　整顿土车》，《大公报》（天津版）1905年2月17日，第2版。
③ 《探访局等侦查京师车站来往乘客及外国官兵动态逐日报告　附有关文书（1906年）》，中国第一历史档案馆藏，巡警部档案，档案号：37-1-284。
④ 《卫生须修中厕》，《顺天时报》1911年3月15日，第7版。
⑤ 《中外近事　北京　设立官厕》，《大公报》（天津版）1903年8月30日，第2版。
⑥ 《增设妇女厕所　每区五处至十处》，《大公报》（天津版）1923年5月6日，第6版。
⑦ 北平市政府编《光复一年之北平市政》，第26页。

在防治时疫传染方面，警察机关除刊布公告进行防范宣传外，也配以其他举措，如要求民众发现疫病随时报告、派警消毒检查、发放卫生药品、设置隔离病院以及专设卫生警察队服务等。时疫一旦发生，影响至巨，报界对此高度关注，报道颇多。以《大公报》为例，1905 年 12 月刊载消息，警部以"节交大雪，天气异常和暖，恐明春必有瘟疫流行"，谕饬卫生局将街衢污秽不洁之物全行除清，以免秽气侵人，易生疾病。① 1909 年 8 月，警察厅为防疫起见，特筹官款制成卫生药品十余种分送内外城各警区，如有患病者分别施给，以重民命。② 1911 年 1 月，内城总厅为慎重卫生起见，特传谕各区按段稽查，如有因时症鼠疫毙命者，须迅速呈报，以便设法防范，免致传染。③ 为预防鼠疫，民政部还拟在北京各城设立隔离病院及防疫医院各两处，以免传染而重卫生。④ 同年 2 月，民政部饬内外城总厅编练卫生队，检查一切防疫事宜，由部发给标章，书明"卫生警察"字样，分派各区，按照卫生章程遵办一切。民政部并饬内外城总厅迅即设立防疫专局，办理一切防疫事宜，至各处应设卫生会"统限一星期内组织成立"。⑤ 进入民国后，1915 年 5 月内务总长为防止春令瘟疫发生，除令防疫病院迅速成立外，并通饬内外警察署 20 区对于卫生事宜尽力警戒。⑥ 1916 年 1 月，内务部特通饬警察厅暨内外官医院，"遇有铺住各户发现传染疾病，实系不能赴医院诊治者，应由该管警区电知医院作速往诊，以保民命，而重卫生"。⑦ 1918 年 2 月，京师警察厅密令各区对于居民迁徙及患病者要特别注意。⑧ 1919 年 8 月报载，"京师警察厅卫生处因各区境内人民患染时令病死亡者甚众，当经检验此项病症确为真正霍乱，兹恐蔓延有害公众卫生，故于前日又通令各区署转饬各路段巡官

---

① 《时事　北京　预防疫气》，《大公报》（天津版）1905 年 12 月 7 日，第 2 版。
② 《警厅之注重卫生》，《大公报》（天津版）1909 年 8 月 13 日，第 5 版。
③ 《闲评二　北京　总厅慎防时疫之政见》，《大公报》（天津版）1911 年 1 月 11 日，第 5 版。
④ 《是诚防疫紧要之法》，《大公报》（天津版）1911 年 1 月 26 日，第 5 版。
⑤ 《防疫事宜之汇志》，《大公报》（天津版）1911 年 2 月 4 日，第 5 版。
⑥ 《朱总长注意春令瘟疫》，《大公报》（天津版）1915 年 5 月 2 日，第 5 版。
⑦ 《京兆　内部对于京师发现时疫之通饬》，《大公报》（天津版）1916 年 1 月 23 日，第 6 版。
⑧ 《地方纪闻　京兆　警察厅预防疫症》，《大公报》（天津版）1918 年 2 月 26 日，第 6 版。

长警等遇有人民患染时令病者，务须立即报知卫生处，以便派员前往施救"。① 在南京国民政府时期，1934 年冬季，卫生局呈准市政府拨款举办预防白喉、猩红热运动，先期张贴布告，饬属院、所为市民免费检查及预防注射。在总计四个月的时间内，检查白喉 42771 次，检查猩红热 43287 次，注射白喉疫苗 12733 次，注射猩红热疫苗 10615 次。② 卫生局接管卫生工作之后，警察机关不再兼办卫生事务，但若有需要，警察仍会配合协助工作。

时疫直接关乎人民生命健康，对防疫事宜，警察长官及社会各界力量均高度重视，集议各种办法以期防范有效。据 1911 年 2 月《大公报》载："步军统领衙门现奉乌大金吾谕饬将游缉队另行编成防疫队，办理外郊卫生防疫一切事宜。劝学所总董视荫亭君为预防疫患起见，刻将王季烈君所编鼠疫预防要言刷印十余万张，交由各区宣讲所于宣讲时详细讲演，并趁正月内各处庙会派员散布演说，俾社会各色人等皆知畏避。督学局现由彦明允局长派定局员数人，专司研究学校卫生事宜，并派员不时分往各堂调查一切办法，以期防患未然。"③ 另有报道称："政府诸老集议，以民政部防范鼠疫甚为谨严，一切办法尚称得力，拟各助防疫费二千五百两以资接济，务令毒气消尽，勿任蔓延。"④ 同年 4 月，京师防疫局裁撤后，民政部尚书善耆拟将内外城厅卫生股加以扩充，各添派科员十名以咨，襄办卫生一切事宜。⑤ 疫病传染关乎民众生命健康以及社会的稳定与发展，需要社会各方力量协同合作，方可取得理想效果。在近代北京，为预防疫病传染，警察协同社会各界力量共同筹划，这一工作模式对控制疫病传播有积极作用，其经验对后世开展防疫工作也有一定的启示意义。

在食品卫生方面，警察实际的管理工作主要是监督商贩经营，对不合卫生的食品严予取缔。以《大公报》的报道为例，1916 年 12 月，京师警

---

① 《各地杂报　京兆　警察厅派医疗疫》，《大公报》（天津版）1919 年 8 月 28 日，第 6 版。
② 吴廷燮等纂《北京市志稿（民政志）》，北京燕山出版社，1989，第 250~251 页。
③ 《防疫事宜之汇志》，《大公报》（天津版）1911 年 2 月 4 日，第 5 版。
④ 《政府对于防疫之热心》，《大公报》（天津版）1911 年 2 月 21 日，第 5 版。
⑤ 《肃邸对于防疫后之卫生》，《大公报》（天津版）1911 年 4 月 22 日，第 5 版。

察厅卫生处以向例旧历年底张家口商民多有贩卖羊肉来京者，其所贩羊肉来自病死羊居多，有害卫生，应从严取缔，拟咨请京师税务监督，遇有此项羊肉不收税也不许入关，并通饬各区一律查禁。① 1918 年 5 月 10 日，警察厅督查处因前门外各饭铺以及营业摊售卖的食品率多不讲卫生，殊与食者有害，故呈请总监通令各区对于售卖食品的铺摊务应严加管理，以重卫生。② 同月，警察厅根据调查发现商贩货摊有未遵令于所售食品加盖纱罩的情况，重申前令，催饬各区署认真取缔，倘有不遵者即行带区罚办。③ 1919 年 6 月，京师警察厅特饬内外城各区署，对街市售卖的食物随时注意检查，倘有不良之品或隔宿之物，食用有碍民众健康，立即停止售卖，严加取缔。④ 食品卫生关乎大众民生，为防病从口入，警察注重对食品卫生的检查监督，既是履行工作职责，也是现代警察职业素养的一种直观表达。

　　近代北京警察在对城市卫生进行管理的过程中，除采取以上措施外，还特别注重开展调查，对各种卫生违警案件进行统计分析，从中摸索经验，对较为突出的卫生案件加强管理，以期城市卫生状况有所好转。其中，1933 年北平市卫生处曾就环境卫生事宜进行统计，由表 3-27 的比较可见，关于粪便处理的卫生取缔案件最多，问题比较突出。另据统计，1945 年 10 月至 1946 年 8 月，北平市警察局内一至内七、外一至外五及郊区八个分局，共计查处违反清洁案件 995 起，其中倾倒秽水物案件 554 起，街市便溺案件 329 起，其他卫生案件 112 起。⑤ 显而易见，倾倒秽水行为最需注意督查。在同时期的另一项统计中，妨碍卫生案件共计 455 起，其中涉案男性 516 人，女性 24 人，共计 540 人。⑥

---

① 《京师警厅卫生处禁卖包羊》，《大公报》（天津版）1916 年 12 月 31 日，第 7 版。
② 《地方纪闻　京兆　取缔各市肆食品》，《大公报》（天津版）1918 年 5 月 11 日，第 7 版。
③ 《地方纪闻　京兆　警察厅取缔货摊》，《大公报》（天津版）1918 年 5 月 24 日，第 6 版。
④ 《各地杂报　京兆　取缔不良之食品》，《大公报》（天津版）1919 年 6 月 30 日，第 6 版。
⑤ 北平市政府编《光复一年之北平市政》，第 36 页。
⑥ 北平市政府编《光复一年之北平市政》，第 43 页。

表 3-27 1933 年北平市卫生处环境卫生调查取缔案件比较

单位：件

总计		水及饮食物		道路		粪便		妨碍卫生		其他	
调查	取缔	调查	取缔	调查	取缔	调查	取缔	调查	取缔	调查	取缔
10506	2143	5514	589	1577	597	1556	852	605	93	1254	12

资料来源：北平市政府秘书处第一科统计股编《北平市政府二十二年度行政统计》，第 108 页。

概之，在近代北京城市卫生管理过程中，警察扮演了重要角色。警察履职管理城市卫生事务，在先期宣传方面注重警示民众注意卫生，在实际管理中加强稽查，对有违卫生行为进行处罚，查处不合卫生的生产经营活动，建设卫生设施等，取得一定成效，也积累了工作经验。经过警察的整顿，北京城市环境卫生状况有所改善。但警察工作不周、履职不力的情况也有不少，时被披露于报端。如据 1905 年 9 月报载，"外城工巡局禁止便溺并有罚章，诚为善举，然告示张贴太少，亦不多设厕所，一旦便溺即行议罚，亦似过激，恐文明国不如是也"。[1] 1906 年 12 月，又刊载"内城警厅以各衢巷秽土甚多，颇于卫生有碍，前已饬令街道局督率夫役逐加扫除，用意极善。惟局员视为具文，每日率领夫役十余名见有污秽之处则草草数帚即为了事。官事之敷衍比比皆是"。[2] 这些报道指出了警察在进行管理卫生工作中的弊端。近代北京城市卫生管理工作存在不足的原因，除警察工作不力外，市民卫生意识薄弱，且当时北京管理卫生的机关分歧，事权不统一，缺少专门人才，加以经济拮据，这都决定了北平的公共卫生要想在短时期内有惊人的进步，是不可能的。[3]

第五节 警察与城市慈善救济

根据甘博所著《北京的社会调查》记载，"在帝王时代，北京的慈

[1] 《时事 北京 禁止便溺》，《大公报》（天津版）1905 年 9 月 5 日，第 2 版。
[2] 《时事 北京 饬修街道》，《大公报》（天津版）1906 年 12 月 17 日，第 2 版。
[3] 李文海主编《民国时期社会调查丛编·社会保障卷》，福建教育出版社，2004，第 341~343 页。

善救济事业很差，它几乎全部是由个人或民间组织主持进行的。但是自中华民国成立之后，北京的慈善事业几乎全部由政府接管，大部分由警察主持，因为警察机构与百姓的关系最密切，因而也最能了解哪些人需要救济或哪些人值得救济"。① 可见，近代北京警察在管理城市过程中，开展慈善救济也是他们的一项重要工作。慈善救济是近代城市社会解决贫困问题最为直接的办法，也与城市社会秩序的维护关系密切。慈善救济的范围很广，包括救助灾民、对鳏寡孤独以及残疾等贫苦人群救济等，其中儿童和妇女是需要特别关注的施救对象。在近代北京，警察作为政府机关的重要行政力量，在社会慈善救济方面发挥了重要作用。当然，在警察进行慈善救济的同时，由行会、民间联合会构成的民间慈善组织或者个人仍然存在，这些组织或个人一般也与警察有密切的合作。②

一　救助灾民贫民

在近代北京，灾患战乱及社会变动等多重因素造成生活贫困的灾民贫民众多，渐成为一个严重的社会问题，直接关系到社会秩序的稳定。救助灾民贫民，除依靠民间慈善组织和私人捐助外，政府也较为重视，由警察担当起主要的任务。

警察承担社会慈善救助工作，其首要负责的是给灾民贫民发放救助物资，在寒冷时节为他们施舍粥饭和衣服，以维持其基本的生存需求。据民国初年警察的登记和分类，京师有 96850 人即总人口的 11.95% 被列为"贫困"和"赤贫"。③ 以往主要由民间慈善机构或者寺庙对这些贫困者进行施舍和救济，但到民国时期，政府接管慈善救助工作，主要由警察厅、步军统领衙门和京兆尹或者市政公所具体负责。这些救济处分布在城里和城周围，共 12 处，在天寒月份每处都开办粥厂向贫民无偿施舍粥饭。在这 12 个粥厂中，7 个由警察管理，3 个由步军统领管理，2 个由京兆尹管理。据统计，粥厂免费提供食物持续最短的时间是 100 天，最长的是

---

① 〔美〕西德尼·D. 甘博：《北京的社会调查》上册，第 285 页。
② 〔美〕西德尼·D. 甘博：《北京的社会调查》上册，第 285 页。
③ 〔美〕西德尼·D. 甘博：《北京的社会调查》上册，第 289 页。

120 天。在 1918 年，粥厂从 12 月 1 日一直开到第二年的 4 月 1 日；而在
1915 年，粥厂到 1 月 2 日才开放，到 4 月 20 日关闭。后据警方的报告，
施舍粥食在 1918 年 1 月达到最多的 727815 份。① 另据 1936 年 2 月报纸报
道，北平市粥厂暖厂每日救济人数达 30000 余人。② 经营粥厂的资金主要
来源于两方面：一是官方，二是民间或私人。警察负责管理的粥厂主要从
总统府、内务部、市政公所、交通银行以及民间私人渠道得到资金。③ 此
外，向贫困者施舍衣服也是一种固定的救济方式，所施舍的衣服大部分
是通过私人渠道募集而来，还有一些由警方和步军统领从他们自己的经
费中拨出一部分来购买。1916～1917 年的冬天，他们共向 5740 人发放
了衣服，另外还将警官和士兵们更换下来的旧服装送给慈善机构里的穷
苦人。④

　　另外，警察机关在管理近代北京的慈善救助工作时还重视教养结合，
先后创办京师习艺所、贫民工厂、教养院等机构，试图为灾难贫民寻找生
存出路。其中，在办理京师习艺所方面，1905 年管理工巡局事务大臣那
桐奏请创设京师习艺所，地点选在神机营胜字队操场旧基，主要收容轻罪
人犯并酌收贫民入所做工。巡警部成立后，接管京师习艺所，委派内城巡
警总厅厅丞朱启钤为习艺所监督。后鉴于该所"外系列邦之瞻听，内示
各省之标准"，1906 年 5 月奏定的《民政部习艺所试办章程》在总则中明
确："京师设立习艺所以惩戒犯人令习工艺使之改过自新，借收劳则思善
之效，并分别酌收贫民教以谋生之技能，使不至于为非。"⑤ 进入民国后，
习艺所由内务部接管并力行整顿，"取东西各国感化教养主义，授以织
布、打带、印刷、编物各种工艺，俾得自立，一切内容力求完善，以为各
省之模范"。⑥ 1917 年 4 月，习艺所交由警方管理，因为其与警方的工作
有密切关系。习艺所为 650～700 名男孩提供了居住、工作和学习的地方。

---

① 〔美〕西德尼·D. 甘博：《北京的社会调查》上册，第 299～301 页。
② 《北平短讯》，《大公报》（天津版）1936 年 2 月 1 日，第 5 版。
③ 〔美〕西德尼·D. 甘博：《北京的社会调查》上册，第 302 页。
④ 〔美〕西德尼·D. 甘博：《北京的社会调查》上册，第 304～305 页。
⑤ 田涛、郭成伟整理《清末北京城市管理法规（1906～1910）》，第 425、428 页。
⑥ 《临时政府内务行政纪要》，沈云龙主编《近代中国史料丛刊三编》第 23 辑第 222 册，
　　第 34～35 页。

城市里 8~16 岁的男孩都有资格进入习艺所，前提条件是先向警方提出申请，警方对他的家庭、住址、个人情况进行一番调查，没有问题才得以批准进入。无家可归的孩子也可以进入习艺所，但必须由他本人情愿才行。1919 年冬令时节，京师警察厅针对在街巷乞讨的一般幼童生活无着难免冻饿的情形，为教养此项幼童，通知各区署调查各该区境内如有幼童沿街乞讨，且确是孤苦无依者，即当送入习艺所教以工艺，使其学成一技，将来不致流入游民。① 进入习艺所的孩子到 18 岁后便要离开，警察为他们寻找一份工作，使他们能够谋生。对此，甘博曾感慨："在中国，习艺所的这一做法特别重要。因为如果没有警察的支持，由警察做孩子的担保人，孩子们很难自己找到工作。"②

　　为保障工作的有序开展，警察机关制定了一些规章条例作为法律依据。其中，1907 年 1 月外城总厅订立《外城公立贫民养济院试办章程》，规定"专收老废残疾之乞丐贫民入院留养俾免为饿殍"。③ 同月，内城总厅与市政公益会会订《内城公立博济工厂初级章程》，规定"收留幼稚贫民年在十三岁以上十八岁以下者入厂学习工艺，俾出厂后得自谋衣食，以教养兼施为宗旨"。④ 1908 年 9 月，内城巡警总厅订立《创办京师内城贫民教养院章程》，规定"本院以收留贫民兼施教养勿任失所为宗旨。本院收留贫民不分省界不限男女，下列诸人俱准收入：一、年老者；二、幼弱者；三、痴者；四、盲者；五、瘫者；六、聋者；七、有废疾者。贫民入院准其自行投往，纵不愿入者，警察人员得以强制行之，务使市无乞丐，野鲜饿殍，以肃治化而惠流离。本院之设原取教养兼施，除老弱废疾不堪劳动者，其余俱施以相宜之训诲工作"。⑤ 1910 年 3 月，外城总厅订立《官立外城贫民工厂章程》，规定"本总厅创办外城贫民工厂暂以五百人为额，专收无业精壮游民年在十六岁以上四十岁以下者入厂习学，俾有恒业得以自谋生计，附设小学堂收年幼贫民授以浅近学科，俾略具普通知

① 《乞丐幼童之收养》，《大公报》（天津版）1919 年 11 月 6 日，第 6 版。
② 〔美〕西德尼·D. 甘博：《北京的社会调查》上册，第 315 页。
③ 田涛、郭成伟整理《清末北京城市管理法规（1906~1910）》，第 333 页。
④ 田涛、郭成伟整理《清末北京城市管理法规（1906~1910）》，第 377 页。
⑤ 田涛、郭成伟整理《清末北京城市管理法规（1906~1910）》，第 241~244 页。

识，卒业后量其资质分别办理"。① 诸多章程为警察管理慈善救济提供了指导原则，也使近代慈善救济有法可依。在实践层面，1906年冬，京师外城巡警总厅会同绅商在外城设立工厂5处，养济院4处，先后收容乞丐950人。1907年冬，外城巡警总厅右分厅在万明寺成立贫民所，收容乞丐180名。② 1908年，内城巡警总厅创办京师内城贫民教养院，主要收容无家可归的贫民，并在教养院内附设疯人院，凡严重精神病患者，不问男女老幼一律收留。这年5月，民政部鉴于"内城地面辽阔，贫民过多，自非广招工徒不足以惠困穷"，经派员考察后，札饬内城巡警总厅会同市政公益会迅筹博济工厂扩充办法。③ 9月，民政部针对京师"户口至繁，游惰失业者尤众，觅食艰困"的情形，又上奏朝廷请创设首善工艺厂，在京西各营校场内空闲地基分设7处，专招各营旗丁，并于城内东西城分设2处，兼招京师旗民入厂学习工艺，以"人各有业能自谋食"为宗旨。④ 1909年，教养局设立，其主要是对受拘留处罚的犯人进行教育、感化，并令其学习工艺，以便将来有谋生手段。教养局附设第二局，专收贫民。与贫民教养院不同，教养局只收8岁以上35岁以下无病残人员。教养局收容贫民的方法有：凡符合年龄段而又不务正业、游手好闲、不服家长管教者，可以由家长呈请入局习艺，也可由管区警察拘送入局。入局后，按其才质，授以工艺，施以教育。⑤

北京政府时期，贫民工厂、教养院、教养局等机构继续沿设。1913年，内务部对旧有贫民工厂教养局等大加整顿，力图扩充，除官办教养院局外，对绅办的厂院局所，如孤儿院、首善贫民教养院、济良所及养济院等也极力维持，酌量辅助，试图使无业游民悉有执业谋生之路，而老弱残废亦免流离失所之忧。同时，针对京师贫民为数甚多的情况，内务部令京师警察厅筹定安插贫民办法，前后由二十区召集无业贫民，令其在各街巷

---

① 《官立外城贫民工厂章程》，中国第一历史档案馆藏，民政部档案，档案号：21-0402-0016。
② 北京市地方志编纂委员会编《北京志·政法卷·公安志》，第255页。
③ 《（民政部）札为合同市政公益会扩充改良各处粥厂养济院事》，中国第一历史档案馆藏，民政部档案，档案号：21-0402-0005。
④ 《奏为京师创设首善工艺厂事》，中国第一历史档案馆藏，民政部档案，档案号：21-0402-0011。
⑤ 北京市地方志编纂委员会编《北京志·政法卷·公安志》，第255页。

工作，以 2000 名为额，至次年春令遣散，以杜盗源而防流弊。① 当时，北京城内有两家专门为男性开设的贫民教养院，一家在北城，另一家在南城，其中北城贫民教养院可收容 600～1000 人，南城贫民教养院可收容 400～600 人。警方负责调查核实申请入院男子的身份，符合条件并有空位才能被接收。警方还负责供应教养院食物和衣服，分给入院的贫民，其中衣服大部分都是警察更换下的旧服装。② 另据报载，1916 年 3 月，京师警察厅总监以"现至春令，各处粥厂暖厂均将停止，惟贫民众多，谋生仍属不易"，拟筹设简易贫民大工厂四处，以资安插而免流于盗匪。③ 这年 6 月，京师警察厅鉴于北京各处贫民甚多，每遇疾病无资调养，于崇文门外清真寺、宣武门外法源寺、东直门内王大人胡同、西直门内牛肚子大院设立贫民养病院 4 处，收养患病贫民，逐日选派医官诊视，并派警士加以防护。④ 同年 12 月，警察厅总监饬令将外城教养局预做的灰色新棉衣棉裤 1300 套分放各区，转给贫民穿用。⑤ 1917 年，据京师外城巡警总厅统计，局所办理教养贫民工厂共计 8 个，工艺种别包括锻冶、瓦石工、木工、印刷、裁缝、机织及其他项，学成出所人数共 136 人，出所就业人数共 95 人。⑥ 1928 年 1 月，京师警察厅训令 20 区、四郊警察署转饬各段巡警"遇有沿街乞丐即扭送厂院收养"。⑦ 由上可见，警察为救助京师贫民做了一些努力。

到南京国民政府统治时期，北平市贫民救助工作由公安局和社会局共同承担，管理权限有所区分，在具体工作中也有协作。其中，教养局院归属分流，1928 年 8 月 15 日，奉公安局训令，广安门内教子胡同教养局改为感化所，主要收容两种人，一种是自行来所或由公安局解送来的贫民，另一种是解送来所接受感化的犯人，所内收容有 120 多人；请有各种工

① 《临时政府内务行政纪要》，沈云龙主编《近代中国史料丛刊三编》第 23 辑第 222 册，第 36～37 页。
② 〔美〕西德尼·D. 甘博：《北京的社会调查》上册，第 325～327 页。
③ 《京兆　警察厅筹设贫民工厂》，《大公报》（天津版）1916 年 3 月 15 日，第 6 版。
④ 《京兆　警察厅加惠贫民》，《大公报》（天津版）1916 年 6 月 4 日，第 7 版。
⑤ 《总监惠及贫民》，《大公报》（天津版）1916 年 12 月 1 日，第 7 版。
⑥ 京师警察厅编辑《京师内外城巡警总厅统计书》，撷华印书局，1917，第 70～71 页。
⑦ 《京师警察厅训令》，《京师警察公报》1928 年 1 月 9 日，第 2 版。

师，教他们学会一种手艺，以谋生活。① 其他教养局院归社会局管理，旧有名称取消，崇文门外沙土山地方规模稍大的贫民教养院改为北平救济习工厂，城南潘家河沿旧教养局及北城千佛寺疯人院均改为习工分厂，后又在先农坛内设立一习工分厂。社会局还致函公安局转饬各区署，街市上流离失所的贫民、乞丐等应送入附近各厂内，以便令其习学工艺，庶免隆冬时冻饿丧命。② 此外，北平市公安局还在城郊各地设立贫民救济院多处，专门收容冬季无业游民乞丐，并通令内外城四郊各区署，转令巡逻守望的巡官长警，于工作时间在各地方遇有沿街乞讨的乞丐，即行劝其速入贫民救济院，对不遵令者即强行拘送各该院收容。③ 为安插一般失业贫民，北平市公安局还训令内外城及四郊各区署，转行通知各本管界内的各大庙宇，劝告各庙住持，在各庙宇内利用闲置空房设立贫民习艺工厂。④ 北平沦陷后，日伪当局公布《北京市警察局筹办乞丐临时收容所条议》，明确"为整理市容并缜防不良份子乔装混迹起见，故拟特设乞丐收容所，以教养兼施为主旨。收容数目暂定为二千名。收容乞丐约分两项：甲、由警察局及所属各区署扭获送该所者；乙、乞丐自行投入者"。⑤ 伪北京特别市公署警察局筹办乞丐收容所后，还通令各分局饬属随时扭获沿街乞讨贫民送所收容，"务期通衢之中全行绝迹，以肃市容"。⑥ 可见，日伪当局施以强制手段收容乞丐，以维护殖民统治秩序的目的非常明显，并非真正要救助这些贫民乞丐。抗战胜利后，1946 年北平市警察局布置各分局和派出所，要求强制收容乞丐送平民教育所，当年共收容 284 名。⑦ 此外，警察局还令饬各分局对贫病民众随时护送市立医院，免费治疗，使路毙人数逐渐减少。⑧

---

① 《北平公安局感化所访问记》，《世界日报》1928 年 9 月 7 日，第 7 版。

② 《北平教养局改习工厂　管理权由社会局负责》，《顺天时报》1928 年 10 月 26 日，第 7 版。

③ 《公安局通令收容乞丐》，《顺天时报》1928 年 11 月 14 日，第 7 版。

④ 《公安局劝各庙住持一律改设工厂　本佛教慈悲本旨收养贫民　现各区遵照局令从事进行》，《顺天时报》1928 年 11 月 10 日，第 7 版。

⑤ （伪）北京地方维持会编《北京地方维持会报告书》（上），"章则"第 40 页。

⑥ （伪）北京特别市公署警察局秘书室编《北京特别市公署警察局业务报告（1939 年度）》，第 90 页。

⑦ 北京市地方志编纂委员会编《北京志·政法卷·公安志》，第 255～256 页。

⑧ 北平市政府编《光复一年之北平市政》，第 26 页。

　　除以上举措外，在近代北京贫民救助工作中，警察机关还曾尝试征收慈善捐款。例如，1908 年 7 月，外城巡警总厅向民政部申请试办慈善捐款，指出："外城地方区域寥廓，穷民无告，实繁有徒，总厅职掌保安势难坐视，窃念富人消耗之费即贫民衣食之源，外城戏园林立观者如云，若能少出羡余，借资抎注为山，聚米出之者无损于秋毫，集腋成裘受之者足以供生计，稍增娱乐之资，以为慈善之举，当亦商民人等所乐赞成，拟在各戏园于观客戏资之外附收铜元一二枚，以为增设各工厂养济院之用。"① 后经民政部鉴核批示遵行。1932 年 7 月 30 日，北平特别市政府公布《北平市娱乐场所附征慈善捐章程》，规定："凡本市内戏院、电影院、游艺园、杂技场等娱乐场所，其所发售之戏券、电影券、游艺券暨入场券等每一张附征银洋一分作为娱乐慈善捐，由顾客于购券时随同价款缴纳，各该场所于每日结算后汇缴该管区署核收，包厢券按位数征捐。本捐以十分之五作为补助社会局救济事业经费之用，以十分之五作为补助公安局感化事业经费之用。"② 到 1946 年，北平市警察局针对慈善救济筹款事项，制定《北平市公益慈善事业筹款限制办法》，指出民众团体及公私立学校办理慈善事业，通过举办义务戏或各种游艺及普通劝募捐款等各项方法筹款，须详具理由及负责人姓名呈请社会局批准，其属于公私立学校者并须呈请教育局批准。在呈请筹款事宜获得批准后，须抄录批文呈请警察局令饬该管分局派警到场监视举行。③

　　此外，警察机关还适时出台相关办法以救助贫民。例如，1927 年 8 月，京师警察厅鉴于天气异常炎热，特发布告："本厅为体恤起见，特将八月份各区经收之昼夜市浮摊弹压费一律豁免一个月，以惠穷黎。"④ 警察在执勤过程中，对道路迷途、突发疾病、遭遇意外风险、被拐卖或自杀等事项的民众，也予以救护。这方面的事例很多，据 1928 年 12 月报载，有一 70 余岁白发老妇因外出寻友借贷未遂，行至西安门皇城根地方，一

---

① 《外城巡警总厅申为试办慈善捐款事》，中国第一历史档案馆藏，民政部档案，档案号：21-0402-0006。
② 北平市政府参事室编《北平市市政法规汇编》第 1 辑，"第三类　公安"第 80~81 页。
③ 《北平市警察局令发北平公益慈善事业筹款限制办法和人民团体游行注意事项》，北京市档案馆藏，档案号：J181-014-00308。
④ 《京师警察厅布告》，《京师警察公报》1927 年 8 月 1 日，第 2 版。

时心窄而跳井寻死，后经行人看见呼救，该段巡长率警赶来，将老妇救出，询明原因后，嘱其回家并由该管区函知救济会对其进行施救。[①] 1935年10月，报载安定门内永康胡同三号门前有一男子因贫病交逼而上吊，经内三区警察解救。[②] 1936年2月，又有报道称，陶然亭畔有老妇郭杨氏因贫投井自杀，警察奋勇捞救，幸未殒命。[③] 另据统计，1917年京师外城巡警总厅共计救护3157人，具体见表3-28。1935年北平市公安局救护男子总计335人，其中迷途者61人，掳人勒赎1人，自杀166人，中毒15人，道路疾病15人，意外危险35人，其他42人。[④] 1947年1~6月，北平警察救护男子总计184人，其中迷途者62人，被拐卖7人，被虐待19人，中毒6人，自杀37人，道路疾病3人，意外危险34人，其他16人。另外，这一时期入感化所人数14人，出所20人，感化所内实有人数69人。[⑤] 近代警察管理京城救助工作的情况由上可见一斑。

表3-28　1917年京师外城巡警总厅救护人民统计

单位：人

	斗殴杀伤	自杀	中毒	被强盗	被窃盗	被绺窃	被诈骗	醉人	老弱废疾	迷途小儿	道路急病	意外危险	其他
男性	677	16	68	24	229	402	132	85	33	199	135	112	383
女性	151	8	32	2	28	18	12	16	24	141	49	101	80

资料来源：京师警察厅编辑《京师内外城巡警总厅统计书》，第19~20页。

近代北京警察管理慈善救助贫民灾民的举措，在同时期的其他城市也有所体现。例如，广州市教育局1928年6月7日拟定《广州市贫民教养院组织章程草案》，根据章程规定，市财政、公安、工务、教育四局分配各自的工作任务，公安局主要负责收送手续的办理。[⑥] 1946年12月，广

---

① 《经济压迫下贫民自杀　皇城根白发老妇投井遇救　北城根失业录事自刭轻生》，《顺天时报》1928年12月2日，第7版。
② 《北平短讯　自缢》，《大公报》（天津版）1935年10月30日，第6版。
③ 《北平短讯》，《大公报》（天津版）1936年2月16日，第5版。
④ 北平市政府秘书处第一科统计股主编《北平市统计览要》，1936，第65页。
⑤ 北平市政府统计室编《北平市政统计手册》，1947年8月，第115页。
⑥ 郭凡：《近代广州警察城市管理史话》，第105页。

州市政府成立冬令救济委员会，一项重要工作就是设置庇寒所，这项工作主要由市警察局及其分局承担。在制订计划时，以每一警察区设一间为原则，由各警察分局就所辖区内妥觅无人居住的空屋为所址。此外，警察局还协助冬令救济委员会分派施饭券。① 当然，不同城市贫民救济的措施也会有所差异，在近代广州，开展暑期施药的救助措施是警察局的传统，即从6月中旬到9月1日期间要求各岗警佩带救急药箱上岗。②

二　妇女儿童救济

儿童和妇女在社会中属于弱势群体，对他们进行救助管理也是近代北京警察担负的一项职责。在具体管理过程中，警察除参照救助一般贫民办法外，对妇女儿童救助还予以特别注意。其中，关于儿童，警察在履职过程中，对遇有生活困难、道路迷途、意外危险、被拐卖、被虐待等诸多状况的幼童随时注意救护，使其受到关爱。据1907年3月报载，内城巡警左分厅委员沈琮午后巡查至府学胡同，遥见幼童攀枯树玩耍，势甚危险，正欲阻拦时，有守望巡警瞥见，告知幼童注意危险，幼童随即解散。③ 1928年1月，《京师警察公报》又载，外左五区第三派出所值勤警士申德荣拾得迷路幼女一名，"询问该女孩姓名、住址，言不清晰，即送往区署招领。该区复派警士刘兴往各街巷访询其家长，始悉系西某之女，当传西某到署，将其女孩领回，嘱其嗣后注意看护"。④ 这些案例展示出警察救助儿童工作的一般情形，从细节之处可见现代警察的职业精神。

民国时期，京师警察厅和市政公所把育婴堂从私人手中接收过来，专门对那些被父母遗弃的幼孩以及孤儿进行收容救济，以保其基本生活需求。1917年，在警察厅总监吴炳湘等人的倡议下，京师绅商捐款在崇文门外设立育婴堂一所，收养"孤苦无依之婴儿，以全生命而重人道"。⑤ 育婴堂后来搬到皇城北城墙外的后门大街。在收容能力方面，以前私人办

① 郭凡：《近代广州警察城市管理史话》，第112页。
② 郭凡：《近代广州警察城市管理史话》，第113页。
③ 《内城巡警左分厅报告每日收发事件、收审案件的日报（之一）》（1907年2月至1908年正月止），中国第一历史档案馆藏，巡警部档案，档案号：37-2-37。
④ 《地方新闻　申警士拾得迷路幼女》，《京师警察公报》1928年1月13日，第3版。
⑤ 《本京新闻　募捐设立育婴堂》，《晨钟报》1917年5月1日，第5版。

理的育婴堂容纳力有限，京师警察厅新设立的育婴堂则得到较大扩展。据甘博调查，到 1918 年 4 月 30 日，共有 130 名婴儿被送到育婴堂。① 育婴堂的环境也有所改善，被收容的孩子们得到比以前更好的照顾。育婴堂每年的费用在 10000～12000 元之间。这些都是通过警方、市政公所、内务部和私人渠道的捐助来支付的。②

除了把无所依靠的婴儿收容进育婴堂外，警察机关还注重对幼童进行教养救助。例如，1919 年 11 月，京师警察厅通知各区署调查各该区，境内如有幼童沿街乞讨，确是孤苦无依者，即当送入习艺所教以工艺，使他学成一技，将来不致流入游民。③ 警察机关还设立贫儿院、贫儿半日学校等机构，使失学儿童得以被收养并接受适当教育。据记载，1915 年警察总监通报北京 20 个管区，为贫困男孩建立了贫儿半日制学校。根据后来统计，北京有 53 所这类学校，有 4000 余名男孩在其中就读，课程类似于初级小学。学校经费一部分来自京师警察厅，一部分由学校所在的警区捐资支付。④ 1916 年 1 月《大公报》又载，据京师警察厅调查，每区贫苦儿童以及达到学龄无力入学者，或有一千以上，或有七八百之数，为重教育起见，拟在户口繁多的区设贫儿半日学校 10 处，户口较少的区各设 8 处或 4 处，教员由巡官巡长品学兼优者充任。⑤ 另据 1917 年外城巡警总厅统计，外城设置贫儿院 1 所，入院人数为 157 人。⑥ 1928 年，经公安局改组，贫儿半日学校被改为民众学校，各区署所设各校均改称为分校，至 1932 年共有分校 40 处，计有学生 4522 人，1936 年移交社会局管理。⑦

在妇女救助方面，根据妇女不同身份，警察机关的管理举措有所差异。针对从事娼妓的妇女，警察机关以教养为主，先后开设济良所、教养女工厂、妇女习工厂等慈善机构对其进行收养教化。济良所专为救助娼妓而创办，娼妓大多来源于社会底层的贫苦妇女，因生活所迫而沦为娼妓，

① 〔美〕西德尼·D. 甘博：《北京的社会调查》上册，第 308～309 页。
② 〔美〕西德尼·D. 甘博：《北京的社会调查》上册，第 308～310 页。
③ 《乞丐幼童之收养》，《大公报》（天津版）1919 年 11 月 6 日，第 6 版。
④ 〔美〕西德尼·D. 甘博：《北京的社会调查》上册，第 146 页。
⑤ 《京兆　警察厅调查贫儿院教育》，《大公报》（天津版）1916 年 1 月 13 日，第 6 版。
⑥ 京师警察厅编辑《京师内外城巡警总厅统计书》，第 71～72 页。
⑦ 蔡恂：《北京警察沿革纪要》，第 50 页。

深陷其中身心均受到无尽折磨。为此，警察机关在加强对妓业监管的同时，为保护妓女权益也有所作为。1906 年 4 月，在外城巡警总厅和地方绅士的共同推动下，京师济良所经费筹定，于 11 日正式开办。① 不久，外城巡警总厅警务处正俗股即将不愿为娼的七名女子移送济良所收良安置，② 开启救助妓女之路。为树立济良所的权威，使其免受娼寮的骚扰，外城巡警总厅曾专发布告，明确支持济良所。告示称："现在北京城里有几位绅董，创办了一处济良所，仿照上海济良所的办法，……这是一件极好的事，本厅业经批准了。他们拟订的章程本厅也看见了，以后你们当妓女的如因领家凌虐，或年过二十二岁愿意从良，领家勒掯，都准你们到所喊告。我们查明就收在所内听候择配，还要把那领家重重的办他。"③ 京师济良所虽因救助娼妓而设，但从设立之初其收养的范围就不仅仅局限于妓女，对贫困无所依的妇女也进行收容，到民国时期仍得以保留。民国初期，据外城巡警总厅统计，济良所收容无宗亲可归依的妇女 15 人。④

警察机关还开办妇女工厂，收容无业贫困妇女对其进行救助。例如，1906 年 12 月，巡警部在京师设立教养女工厂，专收 30 岁以下女乞丐入厂劳作。年老残疾不能劳动者另送女养济院，如有年幼子女也准带入；工厂以制作民间日用品为主。酬劳每日发给铜元一枚，以供洗澡之用；两年卒业，除发卒业证书外另给 20 元酬金，以便出厂后做营业资本之用。⑤ 为配合收容妇女工作的开展，1907 年《外城教养女工厂章程》申报民政部立案，章程明确指出教养女工厂设立的宗旨是："以原有恩赏米石及房屋与其原有经费改为教养女工厂（不足者随时请增），收无业女乞丐入厂学习工艺，使有恒业以谋衣食，不至流离失所。"⑥ 1917 年 12 月，京师警察厅将原内城贫民教养院改组为妇女习工厂，所需经费由警察厅支领，1928 年 7 月改隶社会局。⑦ 妇女习工厂设在西四北石碑胡同，旨在"收容

---

① 《时事 北京 济良所开办》，《大公报》（天津版）1906 年 4 月 8 日，第 2 版。
② 《济良所收到总厅移交人口》，《京话日报》1906 年第 576 号，第 3 版。
③ 《外城巡警总厅示》，《京话日报》1906 年第 594 号，第 5 版。
④ 京师警察厅编《京师内外城巡警总厅统计书》，撷华印刷局，1917，第 77 页。
⑤ 北京市地方志编纂委员会编《北京志·政法卷·公安志》，第 255 页。
⑥ 田涛、郭成伟整理《清末北京城市管理法规（1906~1910）》，第 315 页。
⑦ 蔡恂：《北京警察沿革纪要》，第 54~55 页。

贫苦无依及因案判结之妇女，授艺施教以养成有辅助家庭之能力"，收容人数有百余人，设有缝纫科、手工科、毛巾科、刺绣科、扣花科、编物科、织带科及初级小学等机构，经费方面除领取厂女捐款及赁房租金外，概由警厅供给，不充足之处待筹。① 1928 年，妇女习工厂隶属社会局后，进一步改组为妇女救济院，以教养兼施救济无告妇女、抚育孤苦幼儿为宗旨。② 南京国民政府时期，北平警察系统内还设有收发娼妓执照事务所，专门管理收发娼妓执照事务。收发娼妓执照也是为限制及管理娼妓而采取的一种办法。此外，警察组织内还设有妓女检治事务所，加强对妓女体检。据 1928 年 7 月报载，检验娼妓事务所为切实加强娼妓体检，特发通告："嗣后如经查有届期托故不来受验，或经追传三次不到者，除由本所径将该妓营业执照注销外，并将该乐户执事人送区照章惩罚，其业经验明确染花柳等症，各娼妓如有不速就医，而各该乐户协同徇隐者，亦照章分别停业惩办。"③

　　警察机关还制定有相关法规条文，从法律层面为维护妓女利益提供了一定保障。1906 年 9 月，外城巡警总厅颁布《管理娼妓规则》和《管理乐户规则》，其中后者规定，"领家不准虐待娼妓"，"领家不得强迫妓女留客住宿"，"搭班娼妓之迁移或停业应听本人自便，不准强留迫阻"，"娼妓有愿从良者，领家不得妨害其身体自由并勒索重价多方掯阻"，对违规的班主或领家定有明确的惩处规则。④ 1907 年 9 月，外城总厅订立《重定济良所章程》，明确规定："妇女因下开各项事故，经各官厅审实，均可由外城巡警总厅发交所中教养择配；一、诱拐抑勒来历不明之妓女；二、被领家需索重价掯阻从良之妓女；三、被领家凌虐之妓女；四、不愿为娼之妇女；五、无宗可归无亲可给之妇女。"⑤ 1912 年 6 月，《重订管理乐户规则》和《重订管理娼妓规则》修正颁布，后者规定："娼妓因下列各项得自行呈请于巡警厅区或请他人代书其班名姓氏以邮递通信于巡警

---

① 北平特别市社会局编《北平特别市社会局救济事业小史》，1929，第 15 页。
② 北平市社会局妇女救济院刊印《平市社会局妇女救济院概况》，1932，第 1 页。
③ 《公安局严令检验娼妓》，《北京日报》1928 年 7 月 19 日，第 6 版。
④ 田涛、郭成伟整理《清末北京城市管理法规（1906~1910）》，第 514~520 页。
⑤ 田涛、郭成伟整理《清末北京城市管理法规（1906~1910）》，第 452 页。

厅区：不愿为娼妓，或自愿从良或愿入济良所，为亲属或乐户所揸阻者；搭住之娼妓愿调换乐户或他往，而为乐户强留阻迫者；受乐户人等种种迫胁凌虐者。"① 这些法规均有保护妓女利益的相关条款，明令禁止娼寮实施虐待或限制妓女自由的行为，为救助妓女提供了法律支持。

在实际工作中，警察救助弱势妇女的事例还有很多，涉及妇女迷途、诱拐、道路疾病、意外危险、自杀等诸多方面。例如，1903 年 12 月，报载安定门内大街巡捕数人扭获男女二犯，询系拐卖幼女人犯被人告发。② 1928 年 11 月，在宣武门外司家坑小桥门牌一号院，巡警多名入院捕获男女拐犯两名以及被拐人张齐氏，一并带区，后解送公安局讯办。③ 1936 年 3 月，《大公报》又载，平汉路第二十二次车至前门西车站时，有一少妇带有行李及柳条箱多件，坐在车内啼哭。经押车巡长盘诘，该少妇声称为张李氏，新乡县焦作人，因被匪人诓骗去大洋 300 元，一时情急，吞服金戒指一枚。该巡长报告内勤巡长后，立即与几名巡官将张李氏送往平汉医院救治。经医生将金戒指取出，交予张李氏，卖为路费，然后派警将张李氏护送回原籍。④ 另有统计，1935 年北平公安局救护女子总计 240 人，其中迷途者 45 人，被拐卖 7 人，被虐待 5 人，自杀 134 人，中毒 10 人，意外危险 4 人，其他 35 人。⑤ 诸多警察救助遇有危难妇女的实例，展现了北京警察担负的慈善救助工作任务，一定程度上体现了北京警察的进步性。

概而言之，在近代北京的慈善救助事业中，警察扮演了重要角色，他们履行职责，为救助贫民灾民尤其是妇女儿童做出了努力，也取得一定成效。甘博曾评论："对比一下城里城外乞丐们的不同状况便能够发现警察管理的作用。在城外，人们可以发现大群的乞丐，他们尘垢满面，奇形怪状，用一星半点的破麻袋或碎布片抵御冬日的寒风。而在城里几乎不存在

---

① 京师警察厅编《京师警察法令汇纂》（行政类），第 384~385 页。
② 《中外近事　北京　拐案被获》，《大公报》（天津版）1903 年 12 月 22 日，第 2 版。
③ 《外四区破获诱拐少女　一干人证已送局究办》，《顺天时报》1928 年 11 月 10 日，第 7 版。
④ 《乡妇遇骗匪　失洋三百元　在火车上自杀遇救》，《大公报》（天津版）1936 年 3 月 12 日，第 6 版。
⑤ 北平市政府秘书处第一科统计股主编《北平市统计览要》，1936，第 65 页。按，原统计表中救护其他女性为 37 人，经核对有误，应为 35 人，故此处计为 35 人。

这种现象。同时，城外乞丐乞讨的'韧劲'也特别足，因为那里没有警察的干预。"① 当然，近代警察在管理社会慈善救济时仍有不足之处。有学者曾专门调查北平娼妓，指出："北平妓女为娼的原因虽然各微有不同，但拐骗与贫困实为最大原因。在这点极显明地反映出北平社会之衰败和黑暗，北平人贩子组织之严密与警察能力的薄弱相较，怪不得那些不法之徒能任所欲为。……警察是执行一切法律使命的人，但这些警察根本自己就没有了解娼妓的利害，同时就近的警察多与妓院熟习，受贿赂、放弃职责是极平常的事。"② 对于为救济娼妓而设的济良所，时人曾指出："其弊端殊多，论其收容妓女，无独立处置之权，凡娼妓到所请求救济者，非呈报前警察厅不得受领，加以该所一切之施设、所女之待遇异常恶劣，请领所女规则又多缺点，以致不愿为娼之妇女裹足不前。"③ 对贫民教养院，有学者评价："毫无疑问，贫民教养院能够给许多贫困的人提供一些救助。但是贫民教养院并没有努力去培养他们自谋生计的本领。"④ 近代北京慈善救济工作中存在的问题，除了警察自身素质、能力等因素影响外，城市社会整体贫困的现状也是不可忽视的重要原因，正如当时一名北京的高级警官所说："北京城的贫困人口太多了，警察根本无法将他们全部收容起来给以照顾。"⑤ 而贫困在近代中国具有普遍的社会性，造成贫困的原因是复杂多元的，所以对警察救助近代北京贫民的工作也要客观看待，因为"警察也没有经过专门培训，使他们能够发现贫困的真正根源或者设计出最好的救济途径"。⑥

---

① 〔美〕西德尼·D. 甘博：《北京的社会调查》上册，第 297 页。
② 麦倩曾：《北平娼妓调查》，李文海主编《民国时期社会调查丛编（一编）·底边社会卷》（下），第 520~522 页。
③ 北平特别市社会局编《北平特别市社会局救济事业小史》，第 70 页。
④ 〔美〕西德尼·D. 甘博：《北京的社会调查》上册，第 328 页。
⑤ 〔美〕西德尼·D. 甘博：《北京的社会调查》上册，第 296 页。
⑥ 〔美〕西德尼·D. 甘博：《北京的社会调查》上册，第 335 页。

第四章

警察与政府、民众、军队的社会关系

北京警察是伴随现代警察制度建立而诞生的一个社会群体，它以维护社会治安、保障社会有序运转为己任，在履职过程中，警察与政府、民众、军队宪兵之间产生了千丝万缕的联系。探讨北京警察与政府和社会各界力量之间的关系，有助于深化对这一群体的认识，本章即从政府、民众、军队宪兵三个角度对此进行一番尝试。

第一节　警察与政府

警察与政府之间是什么关系呢？美国学者哈罗德·K.贝克尔在其著作中指出："我们也可以用生物共生关系来描述政府和警察的关系。警察是政府的一个职能机构，它们互相依赖，共同生存，有什么制度的政府，就有什么体制的警察组织为其服务，以保证国家政权的实现。警察在维护国内安全方面，对政府的行政部门、司法部门和立法部门负责。当某个国家的政府和公民发生冲突时，政府则需要动用各种警察组织来维护国内的安全，并以此来保护自己，避免被群众推翻。"① 警察是要维持国家与社会的秩序与安宁，并且预防公共一般的危害，从根本上说，警察是国家机器的重要组成部分。警察作为国家政令的执行者，在国家中所占之地位，是内务行政的一部分。政府作为国家的代表，对警察有着领导与管理约束的权力。因此，警察与政府之间有着密切的联

---

① 〔美〕哈罗德·K.贝克尔、唐娜·李.贝克尔：《世界警察概览》，"导论"第3页。

系。警察与政府之间的这种紧密关系在全国具有普遍意义，北京自然也不例外。

一 利益共同体

清末，为维护岌岌可危的统治秩序，清政府实行新政，引进西方警察制度，现代警察随之诞生。从一开始，警察与政府之间就有密切关联。进入民国后，无论在北京政府时期还是南京国民政府时期，政府对警察均高度重视，视警察为维持其统治地位的重要支柱，警察也因此在政府的扶持之下得以逐步发展。透视警察与政府的关系，我们不难发现，两者之间有着密切的统一性，这是由各自职能所决定的。政府作为城市社会的领导者、组织者和管理者，就其职能的实际内容而言，主要是政治和社会管理两大类，而社会治安工作在政府的政治职能中占有重要的地位和相当大的分量。[1] 近代北京警察的主要职责即进行城市管理，包括治安、交通、卫生、消防以及慈善救助等多方面，因此警察与政府之间有着目的一致性的联系。对此，民国时期的《警察手册》中也有类似表述："警察系依国家统治权作用，直接间接以维持社会之安宁秩序及保护人民之幸福利益为目的，依法限制私人之自由及强制执行，用以防止一般危害之内务行政上的手段行为。"[2] 曾任四川省政府主席的张群对警察作用的认识颇为深刻，他说："从性质上说，警察负有推行政令和维护治安秩序两大任务，社会秩序不安宁，即无政治建设之可言，警察代国家执行政令，政府的一切政令，要切实贯彻于民间，就全靠警察忠勇勤慎的去做……我们要实行地方自治，必须努力于各项兴利事业的建设，但无论查户口、清土地、修道路、办教育，或需警察负责去办，或需警察尽力协助，警察如果办得好，行政效率就大，警察如果办得不好，行政效率就小，所以必须有健全负责的警察，才能彻底执行政令，充分发挥行政效率。"[3] 由此可见，警察不仅承担维持社会治安秩序的职责，还有协助政府和其他机关

---

[1] 夏书章、严家明主编《中国城市管理》，知识出版社，1990，第87页。

[2] 余秀豪：《警察手册》，北方经济建设协会印刷所，1946，第1页。

[3] 张群：《张群理主席对四川省警察训练所成立四周年纪念训词》，《警光》第3、4期合刊号，1944年，第1~2页。

推行政令的义务，是政府行政事务的重要依靠力量，也是国家权力下移的助力。

另外，政府注重社会治安工作，相继制定一系列法规条例规范民众行为，为警察工作的开展提供制度保障。例如，1908 年 3 月初《结社集会律》公布，同月公布《报律》，5 月初公布《违警律》。《违警律》公布后，民政部将所订条律刷印成册发给内外城各厅，并咨饬各省一律遵照办理，以重警政。① 1910 年 6 月，清政府鉴于警政日渐松懈，所颁《违警律》几等具文，特会同民政部将前订《违警律》再行改订，无论何人均须一律遵行，职官贵胄如有违警之处即按照平民加等议罚，以资振作。② 同年 9 月，民政部尚书肃亲王善耆与宗人府宗令礼亲王世铎商订亲贵违警数则，规定"凡亲贵违警者分为有意无意两项，无意者与平民违警罚律同，有意者按事之轻重皆加一等处罚。凡亲贵违警事之小者归民政部断罚，若事体稍大即须由宗人府自判。另于民政部设一宗人司，择亲贵之公正人员任之，专管一切亲贵违警事宜。"③ 此外，政府机构还通过对民众施以行政命令等手段，为社会治安管理扫除障碍。据《大公报》载，1911 年 12 月，民政部大臣赵秉钧就实行《违警律》事宜面谒内阁总理袁世凯请示办法，袁世凯饬令"认真施行，毋得稍涉回护，以维警政"。④ 1916 年 1 月，京师警察厅以"国家定有警章，义须共同遵守，乃比年以来恃势违章挟凶殴警之事数见不鲜"的情形，特发布告："嗣后无论勋戚缙绅军人士庶，倘有故犯警章，一律认真依法惩办，以重警政。"⑤ 1933 年 3 月，为维护北平治安，平津卫戍司令特发布告："着自即日起，如查有包藏祸心，蓄意破坏，及造作谣言，煽惑民众，并一切散兵游勇扰乱秩序，以身试法，一经查拿，定以军法从事。……仰军民人等一体懔遵，勿稍违玩。"⑥ 可见，警察与政府之间在根本利益上有着统一性，警察行政

①　《时事　北京　民政部颁行违警律》，《大公报》（天津版）1908 年 6 月 14 日，第 5 版。
②　《闲评二　北京　议实行违警律》，《大公报》（天津版）1910 年 6 月 6 日，第 5 版。
③　《闲评二　北京　议订亲贵警律述闻》，《大公报》（天津版）1910 年 9 月 6 日，第 5 版。
④　《闲评二　北京　民政部拟实行违警律》，《大公报》（天津版）1911 年 12 月 30 日，第 5 版。
⑤　《京兆　宣布遵奉警章之公布》，《大公报》（天津版）1916 年 1 月 7 日，第 6 版。
⑥　《北平治安　当局极力维护》，《大公报》（天津版）1933 年 3 月 13 日，第 3 版。

本身就是国家行政的重要组成部分，警察通过履职为政府政务开展创造稳定的环境，政府也运用权力为警察开展工作给予扶持。

二　管理者与被管理者

警察行政是政府各项行政事务中的一部分，政府是警察行政工作的领导者和管理者。在近代北京，政府对警察实行领导、管理与约束，在实际上有着鲜明的体现，主要通过立法、行政命令与监督、奖惩三种方式表达出来。

首先，政府通过立法对警察进行管理与约束。警察是维护社会治安秩序的职业人群，他们的工作状况直接关系着政府的统治利益所在，因此历任政府对约束警察行为都非常重视，先后制定诸多法规章则条例，以保障警察服务的质量。大致归纳起来，主有以下两类。

（1）关于警察执勤服务的规章条例，包括对警察职责的规定、权限范围的明确、警械使用的规定及警察品行的约束等内容。在清末现代警察制度初建时期，有关警察执勤，清政府相继出台一系列法规章程。其中，1905年拟定的《巡捕队章程》，对巡捕队的巡查、训练、禁令、赏罚、休息、礼式、簿籍等均做出明确要求，规定"巡捕队人数较少，须与各段巡捕及旗兵营勇联为一气，遇事互相援应。在队时尤宜严肃，不准私自离队，因事请假照章休息不准逾限不到"。[①] 巡警部成立后，制定《警察官须知》，要求"警察官之职不独上班当差奉公尽职，即寝坐时亦不宜稍耽安逸。警察官之待人民，当以慈爱坚忍为方针，凡人民之有忧患、人民之有灾难，靡不应视之如已而不可漠然无与也"。同时《巡警须知》规定，"巡警应以遵守上官之命服劳任事认真奉行职务为宗旨。僚友有切磋之义，自应彼此相助，苟有犯公则私则者决不可曲庇其罪"。[②] 1906年5月，外城总厅左右路第一局拟定各项职务条例，其中《巡弁职务》规定："巡

---

① 《奕劻等拟请创设工巡局的奏折（抄件）和工巡局各处警巡花名册、巡捕队章程》（1902~1905年），中国第一历史档案馆藏，巡警部档案，档案号：37-2-95。
② 《巡警部警政司行政科、军机处关于酌设协巡、探访队给巡警部的片及"组织探访队办法"；巡警部为拨用銮仪卫空房事的奏稿》（1905~1906年），中国第一历史档案馆藏，巡警部档案，档案号：37-2-1。

弁有管理监视本局所有长兵之责。"《巡长职务》规定："巡长有督率勤导巡兵之责，随时服从巡弁命令指挥。巡兵所应遵照规则，巡长必须恪守以端表率。"《巡兵通规》规定："凡见闻事项于警察有关者务须秘密不可泄于他人。巡兵除上岗差委不得外出，遇有事故必经禀明官长与以执据"。① 同年 6 月，《巡警礼式》出台，要求"下官见上官时必致敬尽礼，同班相遇亦须互相行礼"。② 巡警部还颁定《巡警勤务章程》，规定："巡警总分厅巡长巡警之勤务分为内勤外勤二种，外勤各项尤以守望巡逻二事为最要。守望者站立门前或岗位，凡目力所及、万般之事，俱宜注目，不准无故擅离其位置。巡逻者即巡行其所辖区内一定之线路，无事故不得擅出线路之外或缺短定路之巡行。"③ 此后，民政部制定《分区治事通则》，规定："巡官以下衣服靴帽各物有无污损，仪容是否整齐，应由区长每朝检查一次。站岗巡警各授日记一册，责令将站岗时管理事由逐细登记，不能书者可口述巡长代书，每日呈区长查阅。区长副均应常川在区驻守，督率各员执行一切警务，每日将所办事宜具报该管分厅。"④ 这年 9 月，《西直门外马路巡警规则》颁布，规定："马路巡警专管照料马路上车马行人不准拥挤及车遇有道差，不拘何项车马有碍畔路，即加意指挥。无论寒暑须按时站岗，不准偷安，亦不准往附近铺户歇息。"⑤ 1908 年 7 月，制定《使用哨笛简章》，规定："警务人员使用哨笛均须按照定章，不得乱吹，如一次不足仍行接吹，惟必须稍为停隔，不得连接，致乱听闻"。⑥ 1909 年 12 月，《整理巡警容装简明章程》公布，要求"马路巡警须一律着呢外套；外勤时应着用官发之皮鞋不准用私有之靴鞋"。⑦ 可见，晚清政府制定的诸多法令对与警察执勤相关的各种事项均进行了明确要求，管理细

① 《外城总厅申送左右路第一局拟定教练巡捕各项职务通规》（1906 年），中国第一历史档案馆藏，巡警部档案，档案号：37-1-255。
② 京师警察厅编《京师警察法令汇纂》（总务类），第 115 页。
③ 《巡警部颁定巡警勤务章程》，第 1、4、13 页，北京市档案馆藏，资料号：ZQ012-002-00037。
④ 姜春华：《北平警政概观》，第 6 页。
⑤ 《核办修筑京师内外城各段道路沟渠工程及拆让官民房事项有关文件》（1906 年），中国第一历史档案馆藏，巡警部档案，档案号：37-1-224。
⑥ 京师警察厅编《京师警察法令汇纂》（总务类），第 111 页。
⑦ 京师警察厅编《京师警察法令汇纂》（总务类），第 113 页。

密，为之后的警察行政管理奠定了基础。

进入北京政府时期，1912 年 3 月民政部议订《取缔巡警官长扰民规则》，传谕厅区如有巡警官长假公济私违定章，准商民等指名禀控，从重惩办。① 1913 年 7 月 21 日，发布《改定收发差遣守卫三所巡官长警服务规则》。1914 年改订《各区巡官巡长职务章程》，规定："巡官巡长有约束巡警之责，凡遇守望巡逻之巡警有不合法者，必须详细指示，如屡教不改，须禀明本署长官分别记过或革退，但不得当众辱责；各线路巡官承上官之指挥命令督饬各长警勤务。"② 同年 3 月，大总统令《警械使用条例》通过，在解释制定该法案的理由时，袁世凯指出其旨在"一面增加警察之武力，俾得维持公安，一面又制限警察之武力，俾不致滥用威权"。③10 月，修正《各区巡警职务章程》，规定当差巡警服务之法分守望、巡逻、值班三种，对巡警"要当场拿捕各事、留心照顾各事、随时盘诘各事、当黎明或傍晚时宜加意察看各事以及绝对禁止各事"均详细做了说明。11 月，改订《巡警禁令》公布，规定："一、站岗时靴帽衣裤均须一律整齐；一、站岗时无故不准离岗位三十步以外；一、佩刀枪支不准舞弄；一、不准倚墙靠壁及在守望所坐卧；一、不准无故进人住宅铺户；一、不准以巡警名义拖欠商店账目。"④ 1917 年 10 月 18 日，内务部制定《尊重巡警品格办法》，要求："长官非因公事不得役使巡警。巡官长警有过犯时，除分别照章惩办外，不得加以凌辱或骂詈。对于长官应行警察敬礼，长官须依式答礼，并不得沿用旧俗下敬上之礼。"⑤ 1922 年 10 月，《铁路警察服务规则》公布，针对专门类别的铁路警察，规定其应遵行下列各项，以端品行："一、持身处事须崇尚俭朴廉洁勤慎；二、言语动作须公正诚实谨饬威仪；三、内外勤务须服从命令不辞劳苦；四、应人接物须和平谦恭力戒傲慢。"在具体工作中，"铁路警察执行职务以该管铁路

---

① 《闲评二　北京　部议取缔巡警扰民办法》，《大公报》（天津版）1912 年 3 月 24 日，第 5 版。
② 京师警察厅编《京师警察法令汇纂》（总务类），第 64 页。
③ 陈瑞芳、王会娟编辑《北洋军阀史料·袁世凯卷》第 2 册，第 110 页。
④ 京师警察厅编《京师警察法令汇纂》（总务类），第 107~108 页。
⑤ 内政部警政司主编《现行警察例规》，第（甲）475 页，北京市档案馆藏，资料号：ZQ012-002-00035-004。

界线为限，非奉有长官命令或追捕犯人不得越界擅离职守干预外事"。①
此时期有关警察执勤相关的法令进一步细化，对专类警察也有特殊管理
规定。

南京国民政府时期，1929年12月北平市府令修正《北平特别市公安
局巡官长警请假规则》，规定"亲丧大故给丧假十五日，本身完婚给婚假
十日，但须由本管长官切实证明。因事请假者，每月不得逾三日，并应按
日扣除薪饷"。②1930年2月，北平市府核准通过《北平特别市公安局限
制巡警告退空差办法》，规定"曾受训练之巡警因空差斥革者，除追缴教
育费外，永不复用。在职巡警应各取具保结存查，每届六个月调查一次，
退职或因空差斥革后不照缴教育费或膳费时，应责成原保代缴之"。③同
年3月，内政部公布施行《警长警士服务规程》，规定"警长警士服务
时，应服装整齐，姿势端正，不得有丧失身份之情状。警长警士对于职务
须忠实耐劳，不得怠惰傲慢，或借故招摇。警长应在所管区域内时常巡
视，并详察其情状"。④1933年9月，国民政府公布《警械使用条例》，
明确要求"警官警士使用警械时，如非异常急迫，应注意勿伤及其人致
命之部位"。⑤1934年6月，《警察须知》颁布，规定警察信条包括"警
察要绝对服从上级命令。警察要明礼义，知廉耻，负责任，守纪律。警察
的态度，要和蔼，要恳切，要端庄严肃"；警察服务禁条包括"不得在岗
所坐卧。不得任意私入民家。不得精神懒散，擅离职守"。⑥后来又制定
《增订警察服务须知》，列出"力行警察信条"有12条，包括"要防止国
家公共危害；要维持社会安宁秩序；要指导人民公私生活；要执行政府法
律命令；要协助推行诸般行政"等。⑦同年还制定了《北平市党政军警宪

---

① 陈允文：《中国的警察》，第263、268~269页。
② 《北平特别市公安局法规汇编》，北京市档案馆藏，档案号：J181-001-00401。
③ 《北平特别市公安局法规汇编》，北京市档案馆藏，档案号：J181-001-00401。
④ 李士珍主编《增订警察服务须知》，第181~193页，北京市档案馆藏，资料号：ZQ012-002-00086（一）。
⑤ 丁光昌编《警察法规》（增订本第三版），第59页。
⑥ 内政部警政司主编《警察教范》（二），第20~21页，北京市档案馆藏，资料号：ZQ012-002-00095-002。
⑦ 李士珍主编《增订警察服务须知》，第78~79页，北京市档案馆藏，资料号：ZQ012-002-00086（一）。

各机关厉行新生活办法》，要求各人员"衣履整齐清洁；待人接物不得有傲慢虚伪态度；对于新运会通告事项要绝对奉行实践；以身作则劝导民众厉行新生活"。① 1937年4月，军事委员会电令中央警官学校以军人读训为警察读训，要求"拥护国民政府服从长官，不容有虚伪背离之行为"。② 在北平沦陷时期，日伪当局对警察管理也很严苛，1940年5月伪北京特别市公署署令核准《北京特别市公署警察局职员请假实施办法》，规定"凡因事因病假请假，除提出证明书（如保结诊断书等项）外，并须由各主管官长派员调查，如有捏词或徇情朦蔽情事，一经查觉并予惩处"。③ 诸多法规条例对警察的行为及思想活动均做了规训约束，为其履职提供了行动准绳，也为政府从法律层面管理警察行政提供了保障。

此外，关于警察履职的指导文件《警察实务纲要》也对警察执行职务、接物处事、检束自身等方面列有规定，要求"做长警的，于态度和平，不得有粗率强暴之言动外，还要有遵守法律的精神……做警察人员的，一举一动虽都要表现出他的权威，其实是处处都要表示出这是义务"。④ 可见，政府对警察的管理至为细致严格，无论法律约束还是行为教化，均明确对警察履职进行详细规范，为警察工作有成效提供了保证。

（2）关于警察奖励与惩罚的规定。对警察的工作成效进行审核评定，甄别情况予以奖励或惩罚，会直接影响日后警察的行动，于警政建设大有关联。为此，政府制定了一系列警察法令，明确对警察工作实施奖惩的要求与办法，为有效检验警察履职效果提供保障。其中，1905年内城工巡局通过各局所巡查站岗赏罚章程，规定"本局警巡及各段警巡等如督催不严巡查不力，或代各段徇隐者，一经查出，申请罚惩，如果始终奋勉三月无过者，分别奖励。各长捕等如果恪遵警章认真当差异常勤奋不避劳怨

---

① 《北平市新生活运动促进会公安局服务分团会刊》第1期，1934年，第11~12页，北京市档案馆藏，资料号：ZQ012-006-00111。

② 内政部警察总署编印《警政法规汇编》，中国警政出版社，1937，第41页，北京市档案馆藏，资料号：ZQ012-002-00513。

③ （伪）北京特别市公署参事室编《北京特别市市政法规汇编》第3辑，"第三类　警察"第16页。

④ 李倬编著《警察实务纲要》，第47页。

者，即以所罚入款分别奖赏"。① 1907 年 2 月，民政部拟定《功过赏罚章程》，颁给各厅转饬各分区一律遵行，其中赏例为："（一）记功。记功一次给洋三角，记三功者给银一元，记三大功者加饷。（二）加饷，由三等饷递加为一等饷。（三）拔升，由巡警升为巡长。"罚例为："（一）记过。记过一次扣饷三角，记三过者扣银一元，记三大过者减饷。（二）减饷，由一等饷递减为三等饷。（三）降革，巡长降巡警，巡警斥革。"② 同月，外城警厅针对各区警兵往往有"怠惰偷安自行告退"之事，议定罚章二则，规定"凡由教练所毕业后派充巡警无故告退者，须缴银五十金。凡未入教练所派充巡警无故告退者，须缴银三十金"。③ 1910 年 3 月，《巡官长警精勤证书授与章程》报部立案，规定"精勤证书以合于下列资格二款以上者始得授与：一、品行端正；二、特别功绩；三、公事熟习；四、服务满三年"。④ 同月，消防队订定请假罚章，规定"自本月十六日起所有队官请假每日扣饷银三钱，兵丁请假亦分别罚扣，以资儆戒"。⑤ 同年，制定《侦缉队赏罚章程》。

北京政府时期，1914 年 4 月 10 日内务部部令通过《警察奖章条例》，1918 年 1 月 11 日修正。1914 年 5 月 12 日，《巡官长警赏罚章程》发布，规定查获及当场拿获杀毙人命案内正犯者、查获及当场拿获本地面强盗案内正犯者等，讯实即予拔升。"违犯本厅各项章程规则而情节重大者；违抗上官职权内之命令者；遗误紧要公事者；擅离职守者；冶游宿娼者；其他品行不端查有实据者"等，予以斥革。⑥ 同年 7 月，公布《警察官吏恤金给予条例》，规定"警察官吏之恤金依下列三项之事实分别给予之：一、因公死亡；二、积劳病故；三、因公负伤"。⑦ 1915 年 5 月，发布《巡官长警拿获烟赌各案奖赏章程》，8 月订定《警察奖章给与规则》；同

---

① 《内城工巡局咨送各局所巡查站岗及办理各国使馆服役华人章程》（1905 年），中国第一历史档案馆藏，巡警部档案，档案号：37-1-12。
② 《时事　北京　功过定章》，《大公报》（天津版）1907 年 2 月 24 日，第 3 版。
③ 《时事　北京　议定罚章》，《大公报》（天津版）1907 年 2 月 24 日，第 3 版。
④ 京师警察厅编《京师警察法令汇纂》（总务类），第 109 页。
⑤ 《闲评二　北京　消防队订定请假罚章》，《大公报》（天津版）1910 年 3 月 4 日，第 5 版。
⑥ 京师警察厅编《京师警察法令汇纂》（总务类），第 136、141~142 页。
⑦ 内政部警政司主编《现行警察例规》，第（甲）871 页，北京市档案馆藏，资料号：ZQ012-002-00035-005。

年还出台了《巡官长警禁烟赏罚章程》，规定查获各犯者酌量案情之轻重、侦缉之难易，每案给予提升或加饷。对办案不力者所定罚则分斥革、降级、减饷、罚银、记过五等。① 依据这些赏罚章程，据统计，1925 年褒奖警察官吏 33 人，巡官长警 6048 人；抚恤警察官吏 4 人，巡官长警 120 人；惩罚警察官吏 7 人，巡官长警 6101 人。②

　　进入南京国民政府时期，1929 年 7 月内政部公布《公安局长查缉盗匪考绩条例》，规定："局长有下列情事之一者，由该管长官核定奖励办法……一、辖境内一年以上无盗匪发现者；二、对外来大股土匪尽力堵剿克保境内安全者；三、缉获著名匪首使匪势减衰因而剿灭者；四、缉获邻境匪犯者。"③ 1930 年 3 月，北平市府令核准通过《北平市公安局巡官长警奖惩章程》，规定奖励分为提升、进级、存记、加饷、奖金、大功、嘉奖及记功各种，惩罚分为斥革、降级、减饷、罚饷、记过或记大过、察看及申斥各种。"加饷"分三月、六月、一年及长期四种，巡官由一元至三元，巡长由五角至二元，巡警由三角至一元，按月加给之；"降级"依其情节酌降原级一等或二等，无级可降者，改为减饷；"减饷"分一次、三月、六月及一年四种，巡官由一元至三元，巡长由五角至二元，巡警由三角至一元，一次或按月减给之；"罚饷"每次以一元为限。④ 1934 年 4 月，北平市府令核准通过《北平市公安局巡官进级简则》和《北平市政府公安局长警进级简则》，前者规定巡官寻常进级应依服务年限及平日考绩审核办理，特别进级依其勤劳卓著及功绩显著者，不依服务年限得特予进级。⑤ 后者规定长警进级分拔擢进级及先任进级两种。"合于下列各项之一者得拔擢进级：一、依照巡官长警奖惩章程经记升二次者；二、不避危难不顾生命具有特殊功绩者。先任进级应依服务年限及平日考绩审核办理。"⑥ 1937 年 6 月，国民政府公布《警察逃亡惩治条例》，规定："警官

① 京师警察厅编《京师警察法令汇纂》（卫生类），第 43~44 页。
② 北平特别市公安局编制《中华民国十四年前京师警察统计图表》，北京市档案馆藏，档案号：J181-004-00034。
③ 丁光昌编《警察法规》（增订本第三版），第 138~139 页。
④ 姜春华：《北平警政概观》，第 76~77、82 页。
⑤ 北平市政府参事室编《北平市市政法规汇编》第 1 辑，"第三类　公安"第 49 页。
⑥ 北平市政府参事室编《北平市市政法规汇编》第 1 辑，"第三类　公安"第 50 页。

警长警士无故离去职役者，依下各款处断。一、过六日者处六月以下有期徒刑或拘役。二、在戒严区域过三日者处一年以下有期徒刑或拘役。悔悟、自投案者，得减轻或免除其刑。"① 北平沦陷后，日伪警察局对警察加强管理以维护其统治，曾制定《北京特别市公署警察局巡官长警奖惩章程》，规定"有下列情事之一者得予加饷或奖金：剿匪出力奋勇可嘉者；查获本管界外发生之人命或盗匪案内正犯者；查获放火案内正犯者等。有下列情事之一者得予斥革：遗失或毁损枪支子弹者；违犯本局各项规章情节重大者；擅离职守者等"。② 1943 年 7 月，国民政府公布《警察奖章条例》，规定"警察人员著有下列劳绩之一者，得由内政部给与警察奖章。1、办理警察行政于警察之建置及改进，著有特殊成绩者。2、研究警察学术于警察方面有特殊贡献者。……10、在职继续满十年以上未曾旷职并成绩优良者"。③ 一系列有关警察奖惩的规章，条文明晰，易于警察将自身行为与法律规定进行对照，从而起到或激励或儆省的作用。

此外，《刑法》《公务员惩戒法》《惩治贪污条例》等法令中也有一些关于警察人员犯罪处罚的规定。例如，《刑法》第 125 条规定："警官长警，如果侵入学校宿舍，无故（即无正当理由）把学生捕去或拘禁的，犯'滥用职权逮捕拘禁罪'，因而致人于死或重伤的，刑加重。"《刑法》第 126 条规定："警官如果对于逮捕的人犯不予饮食，不准睡眠；警员（警士）对于解送的人犯，嫌他走得慢，拳打脚踢的，均犯'凌虐人犯之罪'。因而致人于死或重伤的，刑加重。"④ 《公务员惩戒法》第二条规定，"做官的有下列各款事情之一的，受惩戒：（一）违法；（二）废弛职务或其他失职行为"。第三条规定惩戒处分为"（一）免职；（二）降级；（三）减俸；（四）记过；（五）申诫"。⑤ 这些法规进一步对警察行为进行了规诫，一旦触碰法律红线，即将面临处罚境地，警察在政府面前的被管理者的角色鲜明呈现。

---

① 丁光昌编《警察法规》（增订本第三版），第 148 页。
② （伪）北京特别市公署警察局编《北京市警察法规汇编》（1），第 167~171 页。
③ 蒋锡麟：《警察必携》，大东书局，1947，第 65 页。
④ 郑宗楷：《警察与人民及要人》，大东书局，1947，第 169 页。
⑤ 郑宗楷：《警察与人民及要人》，第 170 页。

其次，政府直接运用行政手段对警察履职进行训令与督导。政府对近代北京警察进行行政管理，涉及范围广泛，主要可概括为以下几方面。

（1）对警察的履职技能进行检阅考核。清末现代警察制度初建时期，政府即特别重视考查警察的履职效果，对其技能要求较为严格，经常进行操练考核。这在报纸上时见报道，以《大公报》为例，1904年5月报载："工巡局所练之巡捕队每日除在街巡行外，尚须按时操演，总监毓月华君朗分赴各局看操，月必三至。"① 1905年12月，警部堂官谕令稽查处委员务于夜间分往内外城暗访，以期考查巡捕勤惰情形。② 1907年2月，民政部尚书及两侍郎亲赴西分厅校阅消防兵操法。③ 同年5月，民政部传知内外城总厅将所有各区区官以及各等巡官详细履历造册报部，以备定期考试。④ 为促进警务发展，民政部还上奏："京师警务系各省之观瞻，内外警厅为臣部所直辖，自应通行考核，一律办理，臣等悉心商订拟具考核巡警官吏章程九条，京师自巡警总厅厅丞以下，各省自巡警道以下，所有办事成绩均由臣部定期核办，分别请旨劝惩。"⑤ 1908年10月，民政部以"京师地面时有洋人滋闹，巡警上前劝阻，每因言语不通办理殊多窒碍"，饬令内外城各厅巡警学习东西洋语言，以维警政而重外交。⑥ 1909年3月，又有报道称："民政部肃邸以迩来内外城总厅实任警官内多有在外衙门兼差者，不惟于本部定章不合，且于国家设官分职之道也显然相背，嗣后宜严加限制，面谕承政厅及内外城两厅丞一体皆知。"⑦ 进入民国后，政府对警察行政管理更为重视，长官也时常检阅警察操练情形。据1916年7月报载，京师警察厅总监赴先农坛阅看保安第二队长兵演操并阅技艺队演技。⑧ 1934年2月，报纸又载北平市公安局各区队警察检阅在消防球

---

① 《中外近事　北京　按时操演》，《大公报》（天津版）1904年5月17日，第2版。
② 《时事　北京　考查巡捕》，《大公报》（天津版）1905年12月29日，第3版。
③ 《时事　北京　校阅警操》，《大公报》（天津版）1907年3月12日，第2版。
④ 《时事　北京　考试警员》，《大公报》（天津版）1907年5月9日，第2版。
⑤ 《奏为拟定考核巡警官吏章程事》，中国第一历史档案馆藏，民政部档案，档案号：21-0011-0013。
⑥ 《北京　巡警须习洋语》，《大公报》（天津版）1908年10月12日，第5版。
⑦ 《北京　不准警官兼差》，《大公报》（天津版）1909年3月31日，第5版。
⑧ 《京兆　总监阅操》，《大公报》（天津版）1916年7月16日，第7版。

场举行，市长袁良、公安局局长余晋龢训话。① 在北平沦陷时期，日伪当局为维护其统治，对警察也加以严格管理，拟订《举行巡官长警甄别方案》，内容包括"本局所属暨特派请愿巡官长警除到差未满六个月不予甄别外，其余均须一律甄试。应行甄别巡官长警分日按等集中考试。考试成绩过劣者开除"。② 行政检查与考核是政府直接督导警察工作的一种方式，也是政府的一项管理职能，在这个过程中政府管理者的角色鲜明地展示出来。

（2）对具体的警务事件进行干预查办。在政府与警察的互动中，政府运用权力直接干预具体警务事件的情况也很常见。例如，1907 年 12 月，文献载："京师辇毂之下，近闻有聚众开会演说等事，殊属不成事体，流弊甚多，着民政部、步军统领衙门、顺天府一体严行查禁。"③ 1911 年 6 月，报载："监国日前面谕阁臣，现在京师地方窃案甚多，兼恐匪党潜匿尤宜严加防范，着饬民政部、步军统领衙门务将警察缉捕事宜认真整顿，以弭隐患而保治安。"④ 1912 年 2 月，报载"民政首领赵秉钧对于巡警枪毙幼童一案颇为注意，特饬内城厅严加审讯切实究办，以保民命而重纪律"。⑤ 1916 年 2 月，报纸又载京师警察厅奉内务部特交要案四则：一为查缉无味谣诼，一为防范各处火灾，一为密缉来京可疑乱匪，一为预防发现时疫，总监通饬各警区队一体遵照。⑥ 同年 4 月，京师警察厅为维持秩序起见，通饬各警察，凡遇有大宗行李迁家出京即行劝阻，不听则加干涉。⑦ 诸多案例反映了政府对警察事务干预的范围宽泛且深入细致，也说明了政府对警察的工作至为重视。

（3）对警察工作的操行进行规训与约束。近代北京警察在实际履职中，肩负着管理城市社会治安、交通、卫生、消防及慈善救助等诸多方面的职责，每天会面临各种各样的社会问题，与三教九流各种人群往来，加

① 《平市检阅警察 并举行全市游行》，《大公报》（天津版）1934 年 2 月 5 日，第 4 版。
② （伪）北京特别市公署警察局秘书室编《北京特别市公署警察局业务报告（1939 年度）》，第 81~82 页。
③ （清）朱寿朋编《光绪朝东华录》第 5 册，第 5807 页。
④ 《闲评二 北京 谕饬整顿警察缉捕》，《大公报》（天津版）1911 年 6 月 30 日，第 5 版。
⑤ 《闲评二 北京 严讯巡警行凶案》，《大公报》（天津版）1912 年 2 月 29 日，第 5 版。
⑥ 《京兆 警察厅奉交注重之要务》，《大公报》（天津版）1916 年 2 月 14 日，第 6 版。
⑦ 《京兆 京师警察厅之通饬与通咨》，《大公报》（天津版）1916 年 4 月 3 日，第 6 版。

之有些警察自身素质不高等原因，时常出现警察言行不端等现象，这不仅影响警察的整体形象，也关乎政府的统治利益，因此政府对警察操行注重规训与约束。这方面的事例很多，据《大公报》载，1903年5月，针对"近来各委员无故不到者甚多，于应办公事致多延搁，殊属不成事体的情形"，工巡总局奉堂谕令，"嗣后在事各员有请假十日以外或无故三日不画考勤者，俱扣罚半月薪水以示薄惩"。① 1905年11月，外城工巡局就巡警履职行为发出示令："巡警有保护地方治安之责任，凡酗酒斗殴以及诱拐剪绺等事务须认真弹压盘诘，如遇车辆碍路，须用好言劝谕，令其分左右往来，不得用棍乱打，致民人生畏。"② 进入民国后，1912年4月，内务部议拟整顿警政，"将原订警章详加改订饬令遵守，并查内外城巡警克勤职务者虽不乏人，而自作威福擅殴平民故违警章者亦时有所闻，饬各厅区一体严行约束，以期维持治安而卫地面"。③ 1913年4月，京师警察厅总监发布训令，"警厅官吏之职务均与人民直接，地位最宜尊重，尤不应狎邪冶游致损警察威权，为此令诫厅署各员其各自爱，毋蹈厥咎"。④ 同年9月，内务部训令"警察官吏以服从命令为职务，不得加入政党，其已经列党者，迅即宣告脱离，仍仰该管长官随时查明具报"。⑤ 同月底，内务总长又对京师警察训令，称"警察职务唯以保护安宁，预防危害为唯一之目的，警界同人务当共体斯恉，力图振奋，以人民为主体，以荣利为客观，勿存私利之见，勿希非分之名，勿以权限争议而纷任事之心，勿以芥蒂微嫌而失同舟之雅"。⑥ 1933年9月北平市新任公安局局长余晋龢就职后，召集各区署长及局内科股长以上职员训话，希望"大家团结发挥整个力量，发挥真正警察和平精神"。⑦ 1935年3月，蒋介石就推行

① 《中外近事 北京 不成事体》，《大公报》（天津版）1903年5月5日，第2版。
② 《时事 北京 工巡局示》，《大公报》（天津版）1905年11月11日，第2版。
③ 《闲评二 北京 议拟整顿警政办法》，《大公报》（天津版）1912年4月10日，第5版。
④ 《秘书处关于转送总监训令官吏不得宿娼的函》（1913年4月），北京市档案馆藏，档案号：J181-018-00873。
⑤ 内政部警政司主编《现行警察例规》，第（甲）465页，北京市档案馆藏，资料号：ZQ012-002-00035-004。
⑥ 《部令 内务部朱总长对于京师警察之训令》，《大公报》（天津版）1913年9月26日，第6版。
⑦ 《平市公安局长余晋龢视事 对职员训话勖以努力从公 余谈今后警政决注意冬防》，《大公报》（天津版）1933年9月29日，第4版。

"新生活运动"中警察应行注意事项做出指示："嗣后各省市之警官学校及警察教练所等，应以'新生活运动纲要'及'新生活须知'为唯一教育方针。务使警察本身对于新运项目，均能身体力行，然后再以警察之力，教导社会，劝诫民众。"① 此外，蒋介石还多次发表对警察的训示，如"警察要想维持社会秩序风化纪律，全在当警察的自己有学问，有能力，守规矩，重品行，不会给人家欺侮或者看轻，必须这样才能算国家的一个警察，才可尽到警察的责任！"② 这些训示表达明白，有推心置腹之感，同时又以命令的口吻体现出领导者的姿态，将政府与警察之间管理与被管理的关系表达得淋漓尽致。

最后，政府通过实际的奖惩举措对警察行政进行评判，真切影响警察行动。下面从奖励与惩罚两方面分别说明。

（1）对巡官长警论功行赏，对"因公伤亡"和"积劳病故"的警察人员给予"恤助"，通过奖赏激励警察积极上进，以求著有劳绩。北京警察自初建以来，政府就一直重视对员警论功行赏。例如，1906年1月，有文献载内城巡捕中局警巡乐斌，巡长世荣、福山三人，因中海库房失慎救护出力，每人奖赏银一元。③ 1907年3月报载，厂甸集会各厅巡警稽查弹压异常出力，经总厅分别奖励，奖给南分厅巡官董寿鹏等并北分厅、东分厅在事人员216名共洋200元，以示嘉奖。④ 1909年，内城巡警总厅中一区巡官长警经考试甄别，订定"二等巡官诚厚，大功一次，小功四次，小过八次，事假二日，病假四日，精明干练，众望成服，加俸二元。二等巡长达寿，小功五次，小过二次，病假二日，忠直可靠，遇事认真，加俸一元"。⑤ 1910年5月，报纸又载"拿获革党汪兆铭一案所有在事出力之警员，城内右五区区长恩连、城外左一区区长陆某均蒙民政部尚书肃邸各

---

① 陈允文编著《警察常识》，商务印书馆，1937，第13页。
② 内政部警政司主编《警察教范》（一），第39页。北京市档案馆藏，资料号：ZQ012-002-00095-001。
③ 《内外城总厅工巡局报解各项违警罚金及提充奖赏有关文书》（1906年），中国第一历史档案馆藏，巡警部档案，档案号：37-1-101。
④ 《时事　北京　奖励巡警》，《大公报》（天津版）1907年3月16日，第2版。
⑤ 《巡警部内总厅中一区〈巡官长警等级花名册〉、〈甄别考试长警花名册〉和试题、答卷》，中国第一历史档案馆藏，巡警部档案，档案号：37-2-57。

给奖洋一千五百圆，以示鼓励"。① 进入民国后，1915 年 12 月 18～23 日
北京举办国民庆祝大会，各路兵警维持秩序极为得力。内务总长饬交步军
统领衙门及警察总监"此次国民庆祝大会所有各军兵长警等异常辛勤，
应即拨给奖银若干，分别赏给并准推递休息一日，以资鼓励"。② 1916 年
国庆日，大总统至南苑阅兵，军警应差者异常整齐严肃，传令所有应差的
第十师、第十一师、第十三师、禁卫军、游缉队、警察保安队等每名赏洋
五角，以示鼓励。③ 1927 年 3 月初，京师警察厅令外右四区警察署，"呈
悉，巡长寇振隆、巡警纪春华查获荣盛园澡堂伪造账簿偷漏加一捐一案尚
属稽查认真，着奖洋二元，以示鼓励"。④ 1934 年 12 月，北平市公安局赏
罚公告载"南郊区解送韩宝祥捏报被抢一案，查署员张文勋、爱仁等二
员遇事留心讯办得力，着各记功一次；巡官白锡海侦查得力，着奖洋二
元；署长袁华汉督饬有方，着传令嘉奖以示鼓励。外三区三等警郭舒璋盘
查行人适当，奖洋三角"。⑤ 1936 年 3 月，东车站箱尸案破获后，北平市
公安局局长陈继淹以侦缉队对此轰动平津的巨案，竟能在短期内依限破
获，实属难能，深为嘉奖。⑥ 1946 年 10 月，北平市政府发奖令，外五区
警察分局局长邱则申因指挥得宜办事努力着予嘉奖。⑦ 因表现良好而受到
奖励，一方面对得奖警察工作继续努力给予极大鼓舞，另一方面对其他警
察也起到示范带动作用，进而影响他们工作的态度，使其在行为上发生一
些积极的转变。

（2）警察工作中出现差错及应勤不力，即要受到严格惩罚，这对警
察自身及其他员警起到重要警诫作用，也有助于加强他们认真履职的意
识。在近代北京，警察因表现不佳而受到惩罚的事例时见发生。例如，
1905 年 1 月，前门大街夜班扎段巡勇深更熟睡，致一支毛瑟枪遗失，经

① 《闲评二　北京　奖励拿获汪案之警员》，《大公报》（天津版）1910 年 5 月 29 日，第 5 版。
② 《京兆　庆祝大会兵警之蒙赏》，《大公报》（天津版）1915 年 12 月 23 日，第 6 版。
③ 《京兆　大阅后之犒赏军警》，《大公报》（天津版）1916 年 10 月 15 日，第 6 版。
④ 《京师警察厅指令》，《京师警察公报》1927 年 3 月 2 日，第 1 版。
⑤ 北平市政府公安局编辑处编印《警务旬刊》第 1 期，1935 年 1 月，北京市档案馆藏，档案号：J181-001-00379。
⑥ 《箱尸案破获后　男女人犯七名　昨解公安局　主谋犯王化一逃逸无踪　凶手李亮经起解时当众演说》，《大公报》（天津版）1936 年 3 月 23 日，第 6 版。
⑦ 北平市政府编审室编印《北平市政府公报》第 1 卷第 10 期，1946 年 11 月，第 16 页。

查究由该勇认赔银 13 两，饬革了结。① 1906 年 2 月，内城东局巡捕崇林因违警章罚一元，六段巡长玉寿因擅自离段罚一元。② 1908 年 5 月，京师巡警总厅将各区巡警认真查核，择其差使平常者分别裁汰，所汰警兵每区计共 20 名。③ 进入民国后，1917 年 1 月报载，警察总监因某四区署长在新年期内不常川在署查漏，予以相当惩罚，以昭惩戒。④ 另据《京师警察公报》载，1927 年 2 月，京师警察厅指令外右一区警察署："募警刘德祥擅行离差外出未归，着即斥革，以儆效尤。"⑤ 1928 年 2 月，警厅训令内右四区警察署："据报称该区巡官陈文凯种种违法舞弊各节，业经饬查属实，一等巡官陈文凯着即开除，送厅讯究。"⑥ 1930 年 1 月，内一区巡警赵双海未向官长请假私着制服外出，又在电车上侵占钞票，经押车宪兵查获后解送到署，经讯明属实，将该警斥革，并不准再行招考，送法院讯办。⑦ 1934 年，北郊署长赵明伦、内二区署长殷焕然因有渎职嫌疑，公安局局长饬令立即撤职查办。⑧ 另据《警务旬刊》载，北平市公安局针对警察勤务状况发布赏罚公告："内四区三等警刘玉山离岗去铺户门前歇坐，罚洋三角。外二区三等警张耀烈见未燃灯车辆不加干涉，罚洋二角。"⑨ 北平沦陷后，日伪当局为维护统治，对警察勤务严加督察，在开展第四次"强化治安运动"期间，对素行不正及无能力警察给予刑事处分者 3 名，行政处分（停职、降等、记过）者 258 名。⑩ 1946 年 8 月，北平警察局发布惩戒令："警察局郊三分局雇员吴士彬擅自顶领面粉包售图利，着即

---

①　《中外近事　北京　巡勇失枪》，《大公报》（天津版）1905 年 1 月 23 日，第 2 版。

②　《内外城总厅工巡局报解各项违警罚金及提充奖赏有关文书》（1906 年），中国第一历史档案馆藏，巡警部档案，档案号：37-1-101。

③　《时事　北京　各区裁汰巡警》，《大公报》（天津版）1908 年 5 月 6 日，第 5 版。

④　《地方新闻　京兆　区长受惩罚》，《大公报》（天津版）1917 年 1 月 29 日，第 6 版。

⑤　《京师警察厅指令》，《京师警察公报》1927 年 3 月 2 日，第 1 版。

⑥　《京师警察厅训令》，《京师警察公报》1928 年 2 月 5 日，第 3 版。

⑦　《内一区署关于巡警赵双海在电车上侵占钞票经宪兵查获的表》（1930 年 1 月至 5 月），北京市档案馆藏，档案号：J181-031-00609。

⑧　北平市政府编《北平市政府二十三年上半年行政纪要》第 2 期，第 29 页。

⑨　北平市政府公安局编辑处编印《警务旬刊》第 1、2 期，1935 年 1 月，北京市档案馆藏，档案号：J181-001-00379。

⑩　北京市档案馆编《日伪在北京地区的五次"强化治安运动"》，第 408 页。

撤职，局长吴谦既疏考察，事后复失查究，着记大过一次。"① 因警察表现不良而受惩被罚的生动案例不时发生，不仅使当事警察接受教训，而且对其他员警也有警示作用，通过这种方式警察切身感受到政府的监督与管理。

另据有关北京警察所受奖惩的调查统计显示，1935 年上半年，警察官吏受奖励 470 人，受抚恤 4 人，受惩戒 156 人；员警受奖励 1534 人，受抚恤 32 人，受惩戒 966 人。② 1936 年上半年，警察官吏受奖励 762 人，受惩戒 357 人；员警受奖励 8399 人，受抚恤 41 人，受惩戒 6974 人。③ 可见，奖励与惩戒是普遍实行于警察群体中的一种管理方式，通过奖惩措施，政府对警察的监管更为有效。

此外，社会媒体也对警察的行为有一定的监督作用。例如，1906 年 6 月《京话日报》载，地安门内中局二十段荣姓巡警本月 22 日在该段迤西路遇素有嫌隙的常姓、董姓二人，因说闲话口角揪打，在街与人寻衅滋闹，大犯警章，遂被函致内城总厅查究。同年 7 月，《女报》载有位"高身量的巡长"在东直门南小街老君堂口上将不准求签占卦的告示读给大家听，很尽职，"本馆佩服的了不得，等访出这位巡长姓什么来必然登报表扬"。④ 可见，报纸报道直接关联社会舆情，影响到政府对警察的奖惩，报纸等媒体充当社会的喉舌，对警察起到监督作用。

综上，一方面，北京警察自创立以来即肩负维护社会治安的职责，与政府稳固统治秩序的利益诉求是一致的，政府的阶级属性直接决定着警察的行动方向。在国家对社会的管理权力向基层下移的过程中，警察扮演了推进剂的角色，政府为支持警察的工作运用权力手段为之提供便利。另一方面，警察行政本身即政府行政的一个组成部分，因此警察总是处于政府的监管之下，受控于政府，社会媒介也往往运用自身的优势，对警察施以督导影响，为政府的管理工作提供协助。

---

① 北平市政府编审室编印《北平市政府公报》第 1 卷第 7 期，1946 年 9 月，第 14 页。
② 内政部统计处编《民国二十四年上半年份全国警政统计报告》，第 7~8 页，北京市档案馆藏，资料号：ZQ012-003-00030。
③ 《警察机关概况表》（1936 年 1 至 6 月），北京市档案馆藏，档案号：J181-004-00039。
④ 《内城探访局〈按日报告〉、〈随时报告〉、〈秘密报告〉（之一）》（1906 年 2 月至 12 月），中国第一历史档案馆藏，巡警部档案，档案号：37-2-119。

第二节　警民关系

伴随现代警察制度在北京建立，警察群体自诞生伊始，就担负复杂的社会使命，除维护社会治安外，还兼有管理道路交通、公共卫生、消防安全、慈善救济、户口编查、商业营业等多项职能，涉及城市社会的方方面面，与民众生活息息相关。多样化的行政职能增强了警察在民间的影响力以及对民众生活的渗透力，这也符合近代社会对警察角色的要求。警察来自民众，民众又是警察管理的对象，因此，警察与民众之间的关系密不可分。

一　警察对民众生活的干预

日本学者松井茂曾指出："警察乃制限人民自由之国家权力作用。……制限某一人之自由者，实所以维持一般人民之公共安宁秩序。于以知警察制限人民自由一语，良有深意存乎其间。"[1] 另有学者研究指出："警察，是政治工作中最下层的一个中坚分子，其责任，以维持安宁秩序为对象，以防止公共危害为目的，以依国权作用，制裁人民违法自由为手段。不眠不休，深入民间，遍布州邑，一举一动，都与民众的日常生活，息息相关，任何政治工作人员，没有再比警察与民众的亲切。"[2] 据此可见，警察与民众在维持公共秩序方面，有着目的上的共通之处，但与此同时，警察代表国家机关，属于"治者"，民众为"被治者"，就制限自由而言，两者之间存有相对立的一面。为有效管理民众行为，1906 年京师内外城巡警总厅酌拟《京师地方违警罪专则》，其中对有违"风化"、交通、卫生等各事详细列条规定处罚，比如第一条规定："凡犯后开诸罪者，处拘留三日以上十日以下或科罚一元以上二元以下。一、男女崇信淫祀烧香祈福者；二、迎神赛会囚服枷钮自插耳箭及扮高跷臂灯者；三、僧道恶化及江湖流丐恃强索钱者；四、华商冒挂外国招牌者；五、违禁于城

---

① 〔日〕松井茂：《警察学纲要》，第 14 页。
② 周代殷：《警察的新生活》，正中书局，1935，"引言"第 3~4 页。

市开粪厂者。"① 1908 年，《违警律》颁布。1915 年 11 月，重订《违警罚法》。1928 年 7 月，国民政府又修订公布施行《违警罚法》，其中对妨害安宁、妨害秩序、妨害公务、诬告伪证及湮灭证据、妨害交通、妨害风俗、妨害卫生、妨害他人身体财产等种种违警情形均做了细致规定。② 这些法规条例为警察对民众进行管理提供了法律依据，但同时也对民众的自由进行了一定程度的限制，使警察与民众之间形成明显的管理与被管理的关系。正如日本学者松井茂所言："警察权对于人民尽是禁戒之条，其制限人民自由者良多，自昔不受人民之欢迎。"③ 因此，在日常生活中，警察因对民众行为进行干预限制，导致双方之间关系紧张甚至冲突敌对的状况时有发生。以人力车夫为例，他们在近代北京城市中穿梭往来，与警察不免有所交集，美国学者史谦德通过研究指出："20 世纪中国的政治现代化意味着一个更加无孔不入、条规繁琐、监管严密的政府的出现。车夫们对于这种针对每个公民的、与时俱进的管理措施下备受压力，即使不是警察国家，也有警察社会之感。在拉近平民百姓与国家权力之间距离的新型公民传统发展过程中，车夫不大可能成为警察的合作者。从某种角度来说，把国民政府视作警察，把本地警察比作政府，并不是什么意外。"④

　　针对警察有权制限民众自由的问题，松井茂还特别指出："在警察方面，亦须深明职责，态度和蔼。当制限人民自由之任之警察官，苟临以傲慢，不惟成一般民众之怨府，亦失有识者之信任。"⑤ 因此，警察在对民众行为进行干预管理时要把握好尺度，维持好双方关系，才可收到良好效果。此外，媒体的舆论导向作用也很重要。以报纸为例，在对警察事务进行报道时，赞扬警察作为，树立警察的正面形象，会直接影响民众对警察的印象，缓和警民关系，无形之中为社会的治安管理做出贡献。例如，1905 年 11 月《大公报》载："外城地方有客人带现银百余两被车夫抢去，

---

① 《内外城总厅申送违警罪章程及有关文书（1906 年）》，中国第一历史档案馆藏，巡警部档案，档案号：37-1-107。
② 戴鸿映编《旧中国治安法规选编》，第 345~353 页。
③ 〔日〕松井茂：《警察学纲要》，第 14 页。
④ 〔美〕史谦德：《北京的人力车夫：1920 年代的市民与政治》，第 77 页。
⑤ 〔日〕松井茂：《警察学纲要》，第 14~15 页。

当即喊追，被站岗巡捕拿获，将原银归还失主，巡捕之力大矣哉。"①
1906 年 9 月，《京话新报》载："十九日下午五钟时，香炉营二条胡同有
妇女打架。打的很热闹，打的谁也劝不开，幸经外南四区巡逻巡长闻知，
赶紧设法解劝开了，还弹压了半天，恐怕他们还打。像这南四区巡警真能
尽预防危害的义务了。"② 另据文献记载，"听见久居北平的人说，这地方
的盗劫案破案得最快，有时候事情发生后不到两个钟头就人赃并获。我想
这里面应当归功于警察的有几个原因：第一，户口调查办得好，宵小不容
易混迹；第二，警察熟悉世故人情，目光敏锐长于辨别好歹是非；第三，
警察熟悉路径门牌，可以动作迅速，缉捕周密；第四，警察对于保卫治安
根本就负有责任心。……我终觉得警察是于地方上民众生活最有关系的，
民众担负了他们的饷银是希望得到他们服务的贡献。像北平警察实在太对
得起民众了，无以名之，名之曰'民众的保姆'"。③ 由上可见，不论是
报纸对民众身边事件的报道，还是有关警察履职尽责的记述，都拉近了警
察与民众间的距离，有助于民众增强对警察的信任，自觉遵守管理规定，
推动警察工作的顺利开展，使彼此得以良性互动。

二　警民合作相处

现代北京警察群体出现后，在执行勤务的过程中，警察与民众接触频
繁，他们之间结成密切的关系，合作相处是其中的一个方面。从理论上
讲，警察与民众之间存在利益一致性，比如在稳定社会秩序方面，双方有
相同诉求，这使他们合作相处有了可能。具体来说，警察与民众之间立场
有着相同之处，在本体上，警察与民众平等。维持公共秩序，"乃国民生
活上国民自身所负担之问题，同时亦为警察职责上之问题。此乃警民共通
之点"。④ 就警察职能来说，在法的立场上，"警察是国家管理人民的一般
性的权力作用。警察是直接的为维持公共安宁而存在的。警察权力的发

---

① 《时事　北京　巡捕得力》，《大公报》（天津版）1905 年 11 月 25 日，第 2 版。
② 《探访局选录京内外报纸所载各项消息逐日报告》（1906 年），中国第一历史档案馆藏，
巡警部档案，档案号：37-1-285。
③ 济源：《北平警察——民众的保姆》，《民生》第 1 卷第 16 期，1933 年 4 月，第 10 页。
④ 〔日〕松井茂：《警察学纲要》，第 67 页。

动，是为了保护公共的利益。警察是依法限制个人自由的"。在实务中，警察以行政人员的姿态兼管犯罪侦查。综合警察的职能主要有四种：（1）防止犯罪；（2）保护民众；（3）执行法令；（4）观察情况。① 可见，警察的任务不只是打击犯罪与维护治安，保护民众及指导民众也是其重要职能。南京国民政府时期蒋介石就警察行政问题多次发表训示，曾说："警察在社会之地位，等于公民教育之师裸，平日一言一动之微，均足以暗示及于民众之下层！警察对于民众虽视听言动之微，衣食起居之细，均当随时纠导，使之纳于轨物！"② 1938 年，蒋介石在给中央警官学校的电训中指出："警察为人民之公仆，亦为人民之师保，凡地方秩序之是否严整，社会组织之是否健全，悉唯警察是赖。"③ 随后，1944 年蒋介石在中央警官学校训话时再次强调："警察是国家最基本的力量，和民众最为接近，举凡推行政令，转移风气，安定社会，保护人民，都要使由警察来负起责任。"④

在实际工作中，处理好警察与民众的关系，达到警民合作、协同一致，意义至为重要。良好的城市社会治安秩序的形成，需要警察履职认真负责，但专靠警察的力量是不够的，民众在其中也起着不可忽视的作用。民众自觉遵守各种规章制度、配合警察管理规定，可以为社会治安有序管理提供重要支撑。而要形成警察与民众的合作关系，就要求警察与民众对各自的社会地位与责任有清楚明确的认知，并努力扮演好各自的社会角色。对此，政府也有着深切的认识，一再对警察进行规训指导。1935 年 3月，蒋介石发电令指出："警察之与民众，关系最为密切，必须严加教育，认真训练，使警察本身之品学，先有充分之修养，无愧为民众指导之教师，与训育之保姆，对于管辖区域内之住户行人，除应尽力维护其治安与秩序外，即卫生清洁及行动态度，一切事项，尤应切实注意，负责纠正，方足克尽警察之责。"⑤ 1944 年 10 月，蒋介石在中央警官学校警政高

---

① 郑宗楷：《警察与人民及要人》，第 2、4、5、16～20 页。
② 内政部警政司主编《警察教范》（一），第 38～39 页。北京市档案馆藏，资料号：ZQ012-002-00095-001。
③ 潘嘉钊、钟敏、李慕贞、侯俊华编撰《蒋介石警察密档》，第 254 页。
④ 潘嘉钊、钟敏、李慕贞、侯俊华编撰《蒋介石警察密档》，第 253～254 页。
⑤ 郑宗楷：《警察法总论》（增订本），第 14 页。

级研究班讲话时又说："我们警察执行职务的时候，不仅对一般普通人民，要合乎'敬'的要求，就是对那些违犯了警章的人民，也要敬敬重重的对待他们，使他们晓得警察是爱人的，而不是害人的，他们的被处罚，是纯粹因为违犯了国家法令的关系，以致要受到国家法律的制裁，而不是那一个警察私人任意的去办他。"他还告诫警官要"得民心"。① 这些训令归纳起来，进一步明确了警察的职责与服务要求，即警察是社会的管理者，要取得社会民众的信任和支持，警察既为国家服务，执行国家法律，打击违法犯罪，维护社会秩序，也对民众进行教化、督导。松井茂针对警民关系也指出："警察官吏如家庭之严父，须恩威并济，而后民众与警察方不至隔阂，故警察断不容脱民众而孤立。"② 警察行使职权，要做到"警察之眼中须无功名心，无富贵心，……只知纯正忠实，虚心坦怀，努力为民众服务而已"。③ 以上表述都贯穿了一个思想，即警察是一种规定性很强的社会角色，人们对这一角色具有特定的行为期待和法律要求。要扮演好这个角色，警察本身就必须充分领悟社会对其角色的行为期望，树立起角色意识，在实践中注意与民众结成良好关系。

处理好警察与民众的关系，需要双方的共同努力。对警察来说，能否做到秉公执法、为警清廉、文明执勤、礼貌待人、热情服务，是警察能否取信于民的重要因素，为此警察个人要注重修养，不断提高自身素质，警察群体内部要团结协作，树立良好的社会形象，才能获得社会对警察工作的充分理解、支持和协助。北京警察自诞生以来，在与民众构建良好互动关系方面也做了一些努力。据《大公报》报道，1906 年 2 月，外城工巡西局第三段炸子桥站岗巡捕拾得幼童一名，姓刘名顺儿，年七岁，带回该局后出示告示，如有失者即到该局来领，并无分文花费。④ 1916 年 8 月，京师警察厅总监"近因雨水连绵，恐各铺户住户房屋有将倾圮者，为预防起见特通告区署着即由各路巡官长警详细调查，如有前项情形，饬即修

① 潘嘉钊、钟敏、李慕贞、侯俊华编撰《蒋介石警察密档》，第 257 页。
② 〔日〕松井茂：《警察学纲要》，第 2 页。
③ 〔日〕松井茂：《警察学纲要》，第 69 页。
④ 《时事　招领幼孩》，《大公报》（天津版）1906 年 2 月 13 日，第 2 版。

理以免危险"。① 同年 12 月，警察厅总监以"各警区所设半日学校就学者多是贫儿，现届严寒，身上单寒，实堪悯惜"，特由厅颁发青呢夹袄裤每名发给一身，以资御寒。② 1917 年 7 月，警察厅令各区署长督饬各路巡官长警，将因战事误遭伤害的人民姓名、籍贯开列清册，速行呈报，以便酌给抚恤。③ 1919 年 6 月，为维护贫民生计，警察总监除招商购米来京接济民食以平粮价外，特派专员调查各种米粮行情，每日呈报一次，以便考查，俾防奸商任意涨价。④ 类似案例还有很多，都体现了警察为民着想、注重保护民众利益、为民服务的一面，这些案例树立了警察的良好形象，也拉近了警察与民众的距离。

为构建警民合作关系，警察当局还注重对警察加强培训，以期不断提高警察素质。1906 年 11 月，民政部批准外城总厅申请设立警务讲习所，"总期学以致用，逐渐振兴，庶几日进乎美备。该厅丞尤宜认真督率，随时甄核以重警务"。⑤ 1928 年，北平市公安局正式成立政治训练部，目的在于发挥党义，促使警察和人民的感情可日趋融洽，要求"凡属本局警察和办事人员等，都要——经过训练，好随时指导民众，而使他了解三民主义"。⑥ 此外，北京警察机关还通过张贴白话告示、讲演以及行政引导等方式积极对民众进行教化，使民众增进对相关管理规章的了解，自觉配合警察工作。据报载，1906 年 11 月，内城警厅将注重卫生的白话告示排印多张发给各区，派警兵到处传送，以期家喻户晓，共保治安。⑦ 同月，民政部咨行学部转饬督学局，要求宣讲所演说员每晚于演说之时务以一小时专为听讲人演说警章，俾得开通风气，共保治安。⑧ 为唤醒市民注意安全，北平市公安局还曾颁发维安须知，向一般市民宣传。其中列举了"应注意事项"十六则，比如"住户临街门户无论昼夜均应严加谨慎随时

① 《京兆 警察厅预防危险》，《大公报》（天津版）1916 年 8 月 22 日，第 7 版。
② 《地方琐闻 京兆 总监体恤贫苦学生》，《大公报》（天津版）1916 年 12 月 1 日，第 7 版。
③ 《地方新闻 京兆 饬查被害人数》，《大公报》（天津版）1917 年 7 月 17 日，第 6 版。
④ 《各地杂闻 京兆 吴总监调查米价》，《大公报》（天津版）1919 年 6 月 28 日，第 6 版。
⑤ 《时事 北京 讲习警务》，《大公报》1906 年 11 月 15 日，第 2 版。
⑥ 《徐显曾谈公安局最近的设施》，《世界日报》1928 年 7 月 28 日，第 7 版。
⑦ 《时事 北京 饬讲卫生》，《大公报》（天津版）1906 年 11 月 15 日，第 2 版。
⑧ 《时事 北京 饬演警章》，《大公报》（天津版）1906 年 11 月 15 日，第 2 版。

关闭；各户于夜晚时，遇有叩门者，如非熟人万不得轻易开启"。① 市民阅过之后，对于应如何维护安全可以有明确认知。

另外，警察工作顺利与否，与民众是否支持与配合密切相关。增进警察与民众间的相互了解，双方愿意合作，才能收到管理工作的良好效果。正所谓"警察对民众既具热心，民众对警察复极信赖，自能彼此相得而益彰焉"。② 对此，日本学者松井茂曾言："民众能遇事援助警察，则效果自大。"③ 西方学者也说："对于警察职务的成功，民众的善意是绝对需要的。"④ 警察学者郑宗楷进一步指出："我们若仅仅地把警察训练好了，只算是尽到警察教育之一部份的责任；要将民众的警察教育做好，才是完成了警察全教育的使命。"⑤ 还有学者强调："警察者，虽官治之行政，然其日与人民相直接，实人民居于主位而警察列于客观，故使人民不能自治，则警察之机关虽如何震动，警察之设备虽如何完全，而千百人之经营不敝一二人之破坏。以是凡一国警察之完善者，其人民必遵守警章，富于公德，使警察着进步得依据法规以从事为之，防御危害，保持安宁……东西各国之以警察著名者，盖无不以人民为其原动力耳。"⑥ 认识到警察与民众合作的重要性后，对如何促成双方合作，有学者提出建议："国家要有良好的警察，须先把警察民众化。要使警察民众化，却还要把民众能够警察化。……要造成这样的民众，第一步方法，仍靠我们引民众为良友，把警察的思想，渐渐地灌输到民众身上去，以使普遍化；如果民众对于警察有了认识，习惯变成自然，也自然警察化了。"⑦

在实际管理中，警察机关积极劝告民众配合警察工作，对表现突出的予以奖励。1933 年，为扩充警察视听，借重官民合作力量，北平市公安局颁布劝告人力车夫、马车夫、大车夫、汽车行及司机人等的补助工作及报案办法，规定人力车夫、马车夫及大车夫等于执行职务时，发觉案件或

① 姜春华：《北平警政概观》，第 54 页。
② 〔日〕松井茂：《警察学纲要》，第 5 页。
③ 〔日〕松井茂：《警察学纲要》，第 159 页。
④ 姜春华：《北平警政概观》，第 84 页。
⑤ 郑宗楷：《警察与人民及要人》，第 48 页。
⑥ 赵志飞主编《中国晚清警事大辑》第一辑，武汉出版社，2014，第 328 页。
⑦ 周代殷：《警察的新生活》，第 21~22 页。

有拾遗情事，即向附近岗警或该管派出所口头报告，因报告而捕获盗贼，或破获重要案件，或救助人命等事者，经该管巡官报告管署转报公安局，予以奖励；汽车行人员及司机人等"如发现雇主形迹可疑或已证明确为匪犯及其他刑事犯时，即行迅速口头报告该管区署所或侦缉队，如报告人报告迅速因而破案者，即从优奖励，其案情重要劳绩伟大者，并呈请市政府重予奖赏，其因报案关系发生个人职业关系者，公安局负保障之责"。①北平沦陷期间，为加强控制，日伪警察局也通过奖赏办法鼓励民众"配合"警察工作，例如曾规定："凡人力车夫有下列情形之一者经分局查明属实开具姓名呈报本局酌定情形分别给奖。甲、报告案情因而破获盗匪者；乙、发觉反动份子有扰乱治安之虞报告警察因而破获者；丙、救助人命者；丁、引导迷路儿童报告岗警者；戊、捡拾遗失物品报告招领者。"②1947年2月，《北平市市民协助警察破获盗匪奖励办法》公布，规定："凡市民发见盗匪抢劫，在警察人员未到，奋身缉捕或跟踪报信，因而使盗匪当场就逮者奖给国币三十万至四十万元。警察缉捕盗匪时，市民奋勇协助截获或用其他方法因而当场破案者，奖给国币二十万至三十万元。凡发生抢劫案后十日内报告线索，协助警察缉获匪人，因而破案者，奖给国币十万至二十万元。"③在警方的鼓励劝导下，民众主动协助警察的事例很多，常见报道。以《大公报》为例，1904年5月载："日前有乡民七人于前门外刷子市小店内即存该店五十三两宝银二十余枚，次日持一枚至袜店购裤袜，店主人见其形迹可疑，故意迟缓兑还余银，一面饬伙到巡捕局报告，当即将二人扭交公所，随即至刷子市店中将五人一并获得。日前提讯供称系劫标银共若干两，均存某店内，业已派人提到根究。"④1912年4月又载："外城总厅因此次兵变事起仓猝，深赖各处商民团防协助巡警保卫地面，极称得力，因由厅发银一千两奖给各团丁，以资激劝。"⑤

---

① 姜春华：《北平警政概观》，第58页。
② （伪）北京特别市公署参事室编《北京特别市市政法规汇编》第3辑，"第三类　警察"第98页。
③ 北平市政府编审室编印《北平市政府公报》第2卷第4期，1947年2月，第5~6页。
④ 《中外近事　北京　路劫破案》，《大公报》（天津版）1904年5月12日，第2版。
⑤ 《闲评二　北京　警厅奖赏团丁》，《大公报》（天津版）1912年4月1日，第5版。

　　北京警察在执行警务过程中，因工作努力而得到社会民众的认可，在媒体上也常见此类报道，对塑造警察形象具有积极意义。据《大公报》载，1904 年 12 月，"西城一带各局巡捕于夜间巡查颇为认真，或行人身负衣包而无灯笼者，或三五成群而同行者，该巡捕皆用心盘查"。① 1916 年 8 月，中国银行总裁曾函致警察厅，称"该行分设珠宝市地安桥崇文门大街三处兑换所自停止兑现以来，各区队警士保卫弹压异常出力，请转饬原派警长各区队务于一星期内各将出力长警名册送行，以凭酌量给奖"。② 此外，警察当局还组织国民自卫团，期使警民合作增强治安力量，并订定组训纲领训练计划、团员服勤办法、团员奖惩规则分别实施，规定"所有本市市民年在十八岁以上四十岁以下之男子，均须参加受训，其组织为各分局设团，分驻所设分团，派出所设组，计全市共成立二十个团，每团每期训练六百人至一千人，每期一个月，期满服务一个月，第一期自三十五年七月一日开始，至月终结业，第二期八月十日开始，至九月十日结业"。③ 后据统计，1946 年 7～9 月，北平市国民自卫团训练团员人数共计 27304 人。④ 由此可见，经过双方的努力，北京警察与民众合作相处收到了比较好的社会效果。

三　警民矛盾

　　管理者与被管理者之间不合作甚至对立的状况也是不可避免的。北京警察与民众间的关系也如此，在某些情况下，两者也会发生矛盾甚至冲突。以人力车夫和警察的关系为例，美国学者史谦德进行过专门探讨，指出："车夫和警察难解难分，他们之间有着一种时而对立时而合作的关系。北京现代化警察官僚体系的发展与人力车行业的兴隆形影相随。前者通常是经过深思熟虑的有计划的发展，而后者则是无秩序的市场力量的驱动。双方都把城市新铺设的大道作为自己的活动地盘，而且都是从劳苦贫民中招募成员。……早在 1913 年，警局就明文规定了街上洋车夫的行为

①　《中外近事　北京　巡捕认真》，《大公报》（天津版）1904 年 12 月 18 日，第 2 版。
②　《京兆　银行拟奖保卫警长》，《大公报》（天津版）1916 年 8 月 10 日，第 6 版。
③　北平市政府编《光复一年之北平市政》，第 25 页。
④　北平市政府编《光复一年之北平市政》，第 31 页。

和着装。……车夫只能在指定的地点，而不得在车行道和交叉口停车揽客。警察的规定是用来保护车夫和乘客以及道路畅通的。但是把车夫限制在指定地点，试图把他们从公园、剧院和其他公共场所的入口等这些最能赚车钱的地方赶走，简直是和捧着生意经的车夫对着干。由于这一不得人心的停车规定，激烈的斗争接踵而来。"① 可见，警察与民众间的关系是复杂多变的，他们有合作的一面，也存在矛盾甚至会发生冲突的一面，其中的原因是多方面的。

首先，警察与民众利益的不同是引起双方对立的根本原因。警察是国家机器的重要组成部分，是为维护国家统治秩序和社会治安服务的具有武装性质的专职人员。警察以执行国家政策法令、维持治安秩序为己任，因此，在实际工作中一旦政府政令与民众权益不完全一致，这时警察即作为政府政令的执行者，而与民众产生矛盾甚至发生对抗。比如，政府为筹集财政经费要征收新的捐税，沉重的捐税必引起民众不满，警察扮演为政府收捐的角色，结果民众对政府的不满情绪转而发泄到警察身上，警察与民众间的对立关系形成，民众抵触警察履职，双方爆发矛盾冲突。据文献记载，1928 年京师警察厅增收房捐，骤加数倍，一般市民颇为惶惑，3 月 24日，市民赵廷璜等数百人联名向各机关递呈请愿明订办法、公开收支。② 又如文学作品中也有描述，警察厅为便于管理人力车夫，令一律买穿号坎儿，而买号坎儿的八毛钱对人力车夫造成不小负担，于是引起车夫不满。③ 警察作为近代中国政府为了维持社会秩序而招募的一线人员，必须面对抵制社会控制而又行踪不定的人力车夫。④ 因此，警察与人力车夫间的对立情绪不可避免；平时洋车夫们最恨警察，背地里管他们叫"臭脚巡"。⑤ 此外，警察在履职过程中，取缔与禁止类的勤务事项最易引起市民的反感，执行此等勤务时警民矛盾凸显。比如对待学生运动，从五四运动到"三一八"惨案，警察和青年学生之间的冲突频频发生，学生们把警察称作"当局

---

① 〔美〕史谦德：《北京的人力车夫：1920 年代的市民与政治》，第 63~64 页。
② 《北京增加房捐乃至数倍　市民赵廷璜等数百人之请愿》，《大公报》（天津版）1928 年 3 月 25 日，第 6 版。
③ 都梁：《狼烟北平》，长江文艺出版社，2006，第 143 页。
④ 〔美〕史谦德：《北京的人力车夫：1920 年代的市民与政治》，第 76 页。
⑤ 都梁：《狼烟北平》，第 94 页。

的看家狗"。① 对此，史谦德也曾进行分析，指出："北京警察也承受着来自有着强烈政治意识的北京市民的压力。类似学校和工厂这样的新机构培养了大批不同阶层的人，他们抵制警察试图控制或限制他们集体力量的努力。学生运动最能反映'警察与人民'之间的冲突。在学生政治运动期间，警察试图通过包围四散在北京各处的学校校区来'文禁'激进的学生。学生们有时会用竹棒和木棍武装自己，试图冲破警察的包围圈，为的是赶赴诸如天安门这样的政治集会场所。"②

其次，一些警察自身素质低下，执行勤务滥用职权，使民众对其产生反感，进而引发对抗冲突。北京警察创建之初，在来源上，或是将旧有的旗兵营勇直接转变为警察，或是从身体健康的民众中直接挑选，对其文化素质并无较高要求。另外，受传统观念影响，在许多民众心目中警察与保甲、衙役实为同类，因而良民百姓多不愿充当，于是就给地方流氓恶霸以可乘之机。这些智识不佳的流民成为巡警后，又因待遇微薄，从事不正当的"副业"——敲诈勒索、受贿营私、包赌包娼，使警务职能执行失当，还有一些素质低劣的警察滥用权力，履职蛮横，也使警察整体声誉受损，社会民众对警察产生不满甚至反感对抗情绪。这在报纸上也多有反映，据1904 年 11 月《大公报》载："有年甫十一二之幼童负酒数斤行经德胜门内西水关，忽被巡捕缉获，该幼童号哭甚哀而巡捕声言必照例惩办，不能宽贷，门禁可谓严矣。惟用马驮贩私酒者鱼贯而行，而巡捕视之而弗见，不知何故。"③ 1912 年 3 月报纸又载，北京兵变之后内城巡警奉总厅命令照旧站岗弹压，"惟该警等每遇贫民携带可疑之物，不容分辩辄行枪毙，以故街市行人无不群相惴惴"。④ 另有文献载："西四丁字街的'酒鬼恶太岁'是一名专找便宜酒的恶警察。车夫要是应酬不到，就寸步难行。反之，如果请他喝四两烧酒，那就什么都好办了，车横在路上，他都能替你看车。"⑤ 对警察腐败的现象，时人也多有议论。比如，曾有人说："警

---

① 都梁：《狼烟北平》，第 15 页。
② 〔美〕史谦德：《北京的人力车夫：1920 年代的市民与政治》，第 106~107 页。
③ 《中外近事　北京　门禁何严》，《大公报》（天津版）1904 年 11 月 1 日，第 2 版。
④ 《北京　内城巡警回区任差》，《大公报》（天津版）1912 年 3 月 7 日，第 3 版。
⑤ 中国人民政治协商会议北京市委员会文史资料研究委员会编《北京往事谈》，北京出版社，1988，第 64~65 页。

察对人民基本自由，如果不依法律，滥行侵犯，不但惹起民众的唾骂，且贻误国家的大事，警察对此要慎之又慎，免得太不识趣。"① 陈独秀在1919年撰文，列举"北京十大特色"，其中即有"不是戒严时代，满街巡警背着枪威吓市民。汽车在很狭的街上人丛里横冲直撞，巡警不加拦阻"。② 类似的警察因素质低劣执勤不法的现象，使民众对警察的印象大打折扣，两者之间的矛盾不可避免，遇有适当机会就发生冲突了。

最后，警察与民众之间互不理解，结果在互动过程中造成不合作现象出现。北京警察在履职过程中，存有履职不力的状况，与民众又缺乏沟通联系，因而民众对警察不满，形成双方互不合作的局面。尽管警察机关也为寻求警民合作做过一些努力，但在办理更夫、安设警铃、劝告人力车夫等方面，事实上成效无多。其中一个重要的原因即警察对民众未能取得善意，在这种情况下，一般民众对于警察的态度也可以说是没有善意。这在报纸上常见报道。例如，1929年12月，《顺天时报》载："值此商困民穷达于极点之际，自顾生计尚不能维持现状，设再令其装安电铃，则所需之费用更向何处筹措。设若该户已装安电铃后，其狡猾盗匪未经行抢，即先将该户电铃线割断，而被害之户于仓猝之间，将以何法告警，其防匪之警铃恐亦无济于事，不过徒损耗民财而已。因此日来警察每向一户劝装安电铃时，竟惹得各户主等啧有烦言，怨声载道，反指摘当局措置失当，不恤民生等语。致令劝告装安电铃之警察等，无不饱聆一场教训。以故各处商户遵令装安者，竟寥寥无几。"③ 对此，有学者曾评论，北平市公安局所走的"警民合作"的路子，是未曾走通的。④ 警察劝告民众安设警铃，民众总觉得是害多利微的设施，结果不愿安装。在其他方面民众也有类似感触。如警察征收房捐，给民众的感觉是，每月他们要缴纳房捐时，总有面孔可怕、态度恶劣和出言不逊的户籍警察到来。至于人力车夫们，虽然听到一部分和善的警察劝他们与警察协力缉匪，可因此而得赏，但他们又忘

---

① 郑宗楷：《警察与人民及要人》，第155页。
② 姜德明编《北京乎：现代作家笔下的北京（1919~1949）》，生活·读书·新知三联书店，1992，第4页。
③ 《公安局预防匪患　劝商民安设电铃　警察苦口相劝如商民穷困何　饱受一番驳辩安设仍属寥寥》，《顺天时报》1929年12月13日，第7版。
④ 姜春华：《北平警政概观》，第84页。

不掉当他们在车站争着拉座的时候被警棒打头和在大街上受到警察的责叱。正如松井茂所言："一般民众，每以警察官吏，制限人民之自由，辄生厌恶之感。"①

因民众对警察不了解，所以就可能对警察工作缺少同情与支持，结果警察工作很难收到预期的效果。例如，1904 年 2 月报载："近日天气骤暖，积雪皆融，以致满街泥淖，几无从插足。大栅栏一带竟日车马拥塞，互相喧嚷，前日经西城御史派役传唤沿街铺户各扫门前，并饬巡勇停拨往来车马，毋许争先，然居者行者置若罔闻。"② 警察对民众履职不尽心甚至失职现象也时有发生。据 1903 年 10 月报纸报道，"顺治门外一带自乱后萧条殊甚，近日失窃者比比皆是。前夕上斜街某宅被贼自天棚而下窃去衣饰约数十金，门前有巡勇酣睡达旦，竟不知也。"③ 1904 年 7 月，又有报道评论："京师近年创设警兵巡捕昼夜梭巡，辇毂重地自应靖谧，乃抢劫之案层见叠出，是否捕务废弛？有地方之责者，能再改良求进步否耶？"④ 可见，警察与民众间存有诸多隔阂，互不理解，导致警民互不合作现象频发。警察名誉是整体性的，少数警察的不法行为可能会影响整个警察群体的形象。民众对警察的认知不全面不深入，也可能会以少数警察的行为来看待全体警察，结果会使其他敬业的警察感到不公平，造成双方的成见颇多。"警察警察，价银四两八，日里去当兵，夜里当地甲"，这则童谣足见一般人轻视警察的心理。⑤ 警察在很多时候得不到群众的理解和支持，管理社会秩序，常常引起公众的非议。警察破了案，被认为是理所当然，可一旦破不了案，便被认为是无能，甚至引以为笑柄。另外，警察职业的特殊性使其与社会各界都不免发生联系，因而警察受到社会广泛关注与监督。媒体是其中一支重要力量。媒体时常报道警察的相关情况，这对警察形象的塑造关系重大，媒体报道对警察进行贬低、中伤或诽谤，使警察蒙受冤屈甚而形象受损的情况也不可避免。比如，1913 年 11 月，

① 〔日〕松井茂：《警察学纲要》，第 6 页。
② 《中外近事　北京　坏俗难除》，《大公报》（天津版）1904 年 2 月 4 日，第 2 版。
③ 《中外近事　北京　巡勇无用》，《大公报》（天津版）1903 年 10 月 2 日，第 2 版。
④ 《中外近事　北京　凶徒劫车》，《大公报》（天津版）1904 年 7 月 16 日，第 2 版。
⑤ 余秀豪：《警察行政》，第 37~38 页。

《京话日报》载《巡警蛮横》消息一则，京师警察厅总监令外左一区将此事详查，后经呈复称并无此事。① 可见，警察与民众间存有矛盾的原因是多元且复杂的，要处理好两者关系实属不易。

总而言之，北京警察与民众之间有着密不可分的联系，一方面，警察有指导民众、保护民众的职责，警察的工作需要得到民众的支持与帮助才可能达到理想的效果，这需要双方共同的努力，互相理解，合作共处。另一方面，警察与民众之间管理者与被管理者的关系在日常也体现得非常明显。因警察与民众利益的不同、个别警察素质的低劣、双方的互不理解等，警察与民众间矛盾不可避免，关系紧张甚或出现冲突也是一种真实现象。能否处理好警察与民众的关系，是影响近代北京警政事业的一个重要因素，也直接影响着城市秩序的运行情况。

第三节　警察与军队宪兵

现代警察是清政府为维护统治需要而创设的，自诞生以来，直到南京国民政府统治结束，警察与军队宪兵之间一直有着较为密切的关系。军警宪不分是社会上比较普遍的一种认识，其真实情况到底如何，本节即透过纷繁的史实对此进行一番审视分析。

一　建制上的联系

自清末诞生后，北京警察在建制上就与军队宪兵有着较为密切的联系。首先，从来源上说，清末北京警察初建时，警兵多是由八旗绿营兵丁营勇转化而来，而警察官长多由担负北京治安职能的步军统领衙门的长官兼任。比如，1902 年工巡局成立后，清廷指派肃亲王善耆为步军统领，"督修街道工程，并管理巡捕事务"。② 后来清廷以外务部尚书那桐接替善耆"署理步军统领暨工巡局事务"，③ 仍一身二任。巡警部成立后，尚书

---

① 《京师警察厅关于查明京话日报刊载巡警打人一则的训令及外左一区的呈复》（1913 年 11 月），北京市档案馆藏，档案号：J181-018-00037。
② （清）朱寿朋编《光绪朝东华录》第 5 册，第 4866 页。
③ 《清实录》第 58 册，《德宗景皇帝实录》卷 524，第 931～932 页。

徐世昌鉴于"从前工巡局办事人员皆系兼差，心力既分，职非专界"的弊端，动议"无论部员、厅员，补缺后皆不得兼充各衙门差使，以专责成"，① 但实际似乎未产生多大影响。这一时期，即使是负责警察事务的官员，在思想认识上也多未把警察与原来的兵丁区分开来，在警察的招募上倾向于原有旗兵的直接转化。例如，曾任工巡局监督的毓朗针对有以招民人充巡警的请示说："庚子而后，八旗生计奇窘。巡警之额有限，除老病残疾外，尽以充之，犹虞不给。旗人习于弓马，奔走是其专长，又有底饷，虽少足以资其养生。化无用为有用。"② 1906 年，巡警部尚书等所请挑选制兵改编巡警，以饷项充警费，"得旨，如所议行"。③ 进入北京政府时期，北京警察来源除招募外，退伍兵转成警察也是一种重要途径。南京国民政府时期，北京警察队伍中仍有许多军队长官或退伍兵加入，比如1928 年 7 月就任北平特别市公安局局长的赵以宽就是军官出身，原为山西炮兵监。④ 人员构成上的彼此交叉，使北京警察与军队宪兵之间存在着不可分割的联系。

其次，在组织建构方面，警察虽与军队宪兵并立，但履行职能时有交错。北京警察创立以前，担任京师治安职能的主要机构是步军统领衙门，它是以八旗和绿营官兵为核心的军事性保安机构。京师善后协巡局、内外城工巡局、内外城巡警总厅等专门化的警察机构相继成立后，步军统领衙门的职权发生了一些变动，主要趋势是其警察职权不断受到削减，由原来维持北京治安的首要力量降格为辅助力量。在警察力量薄弱、难以应付局面时，他们才与附近"旗兵营勇联为一气，遇事互相援应"。⑤ 辛亥革命后，请求裁撤步军统领衙门的呼声越来越高，以袁世凯为首的北京政府权衡各方面利害关系，将其保留下来，但其管辖区域限于北京郊区。1924年北京政变后，步军统领衙门被废除，警察机关掌控京师内外城及四郊的

---

① 徐世昌：《退耕堂政书》卷 3，第 134、144 页。
② （清）十丈愁城主人撰《述德笔记》卷 4，1921 年铅印本，第 4~5 页。
③ （清）朱寿朋编《光绪朝东华录》第 5 册，第 5487 页。
④ 《北平市长何其巩就职　公安局长为赵以宽》，《大公报》（天津版）1928 年 7 月 14 日，第 2 版。
⑤ 《奕劻等拟请创设工巡局的奏折（抄件）和工巡局各处警巡花名册、巡捕队章程（1902~1905 年）》，中国第一历史档案馆藏，巡警部档案，档案号：37-2-95。

警察权，改变了几千年来军事化管理治安为主的模式。此外，在北京还有管理治安的宪兵力量。宪兵是一支由 1127 名警官和警员组成的特警部队，虽然它隶属于警察厅，却独立于常规警察部队之外，其成员从那些显示出特殊能力的普通警察中招募，在最终被录取之前还要接受特殊训练。因此和普通警察相比，宪兵年龄偏大，组织更严密，并且工作效率也更高。平时他们的主要任务是在路上站岗值勤，一旦发生骚乱或有特殊任务，他们会首先应召赶赴现场。[1] 自清末至南京国民政府开始统治前，北京一直为首都，其安危关系重大，为护卫京师安全，驻扎京畿的卫戍部队也是执行保卫职责的重要依靠力量。在共同维护治安方面，军队宪兵与警察之间有着组织职责上的共通之处，在履职过程中不免互相往来。

二　军警宪合作保治安

警察与军队宪兵在共同护卫北京治安的过程中，有着职能上的一致性，他们均是具有武装性质的保卫国家的力量。因此，警察与军队宪兵之间有着相互合作、共同维护京城社会治安秩序的一面。职责上的共通之处，为北京警察与军队宪兵的合作相处提供了可能。

在实际行动中，军警宪各方力量经常开会磋商，并制定诸多涉及礼节、合作办法等事项的规则条例，以规范彼此的行为，为友好相处及合作融洽提供保障。1906 年 6 月制定的《巡警礼式》中，附加军警互行礼节，规定"各军队官长经过路段，守望巡逻各警持枪时行举枪礼，佩刀时行举手礼，以表示敬意。守望巡逻各警对于沿途经过军人有所询问，巡警先行敬礼，佩刀时举手，持枪时立正，军人应答以举手礼。军人对于巡警有所询问，军人先行举手礼，巡警佩刀时答以举手，持枪时答以立正。如彼此无问答关系，即两免行礼，以便巡警注意路段上应尽职务"。[2] 1908 年 2 月报载，右厅十区与内外城各厅消防队及陆军各镇并卫队暨两翼五营规定简明礼式，分为应对施礼、室内礼节、室外行礼三种情况，其中应对施礼规定"甲、兵警相遇在街，相遇互行举手礼，持枪时立正为礼，有违

① 〔美〕西德尼·D. 甘博：《北京的社会调查》上册，第 63 页。
② 京师警察厅编《京师警察法令汇纂》（总务类），第 117~118 页。

警时先向之行礼后再劝谕。乙、定装官长无论是否素识均行礼。丙、素识官长无论着何服色均行礼。丁、兵警成队相遇让路欲越过时，先向队官声明"。① 1909 年，报纸又载："内外城警厅及两翼五营为化除畛域起见，会同拟定兵警联合章程十四条，通饬各该营区共同遵守，以收群策群力之效。"② 1911 年 9 月，驻扎京师的禁卫军、陆军与民政部、巡警厅、步军统领衙门、顺天府等商酌设立军警会议公所，以便彼此联络遇事接洽，并制定《军警会议所简章》，规定"公所为在京军警总机关，凡经公同议定，军警皆应照行。军警临时警备办法必须预先彼此知会，以免参差冲突之弊，尤以机密为要。弹压地面为巡警游缉队专责，如遇必须军队协助之时，可用特别知照，就近知照管队官出队协助"。③

到北京政府时期，1912 年 1 月底，军警联合会连开会议研究保卫北京秩序各办法，商定"倘于日内无论北京有何暴动，各处军警务须联合团体力保治安"，拟定临时草案二十四条，颁行各处一律遵照。④ 同年 4 月，报纸刊登消息称，京营各处军警督察长与内务总、副长在部筹议京畿内外各兵警权限职任各办法，提出四项草案："一为以改编外郊警察为宗旨，一为提署是否亟应归并，一为如何甄别各营翼长官弁兵办法，一为划分权责与联络感情办法。"⑤ 1913 年 4 月，报纸又载："北京军警各上中级长官近又连开会议，……拟定各款，首系严禁军警两界干预政治与立法机关，以免破坏党之借口，此外尚另有密款十二条，均为保护秩序、严查谣诼、密防暴徒等办法。"⑥ 1914 年 4 月，《增订检察厅调度司法警察章程》颁行，规定："下列各员为检察官之辅佐，亦为司法警察官，有实施侦查犯罪之权：一、警察官长；二、宪兵官长军士。下列各人为检察官及司法警察官之补助，受其指挥，为司法警察，实施侦查犯罪：一、警察；二、宪兵。司法警察官方行其职务认为必要时，得知会警察署或军营，使

① 《时事　北京　传饬兵警礼节》，《大公报》（天津版）1908 年 2 月 12 日，第 2 版。
② 《闲评二　北京　议定兵警联合章程》，《大公报》（天津版）1909 年 9 月 3 日，第 5 版。
③ 《闲评二　北京　军警会议所简章》，《大公报》（天津版）1911 年 11 月 30 日，第 5 版。
④ 《闲评二　北京　军警联合会特开密议》，《大公报》（天津版）1912 年 1 月 27 日，第 5 版。
⑤ 《闲评二　北京　会议京师兵警权职办法》，《大公报》（天津版）1912 年 4 月 18 日，第 5 版。
⑥ 《闲评二　北京　军警又开联合会议》，《大公报》（天津版）1913 年 4 月 18 日，第 5 版。

用警察宪兵或其他兵队，但事机紧急时，得不待知会，径使用之。"① 该章程就司法事务方面警察与军队宪兵之间的职权进行了说明，后依 1927 年 8 月 12 日国民政府令仍暂准援用。1916 年 1 月，报纸又载："北京方面之各高级军警长官……开联合会议，筹议慎重北京地方之防务计划，拟决新章二十八条，大致均有无形戒严性质，已分饬各路军警实行警备。"② 此外，在冬防事务上，军警宪均有职责，合作共保治安。为此，1922 年制定了《京师宪兵司令部所属驻京各营连冬防服务办法》，规定："各营连巡察宪兵于巡察中遇有军警请求协助办案情事，必须竭力帮同办理。各营连服行夜巡宪兵须随时与其他夜间查道军警联络，以便遇事互相协助办理。"③

在南京国民政府时期，因治安形势需要，军警宪之间合作协力维护治安的情况非常普遍。为保障军警宪协同工作顺畅，一系列工作规程及管理办法相继出台。例如，1928 年 8 月，报纸刊载："军警联合办事提议之事项：一、军警官兵执行职务时，务须互相协助，力求市内安宁，铲除向日一切畛域、误会、猜嫉等积习，以发扬协同共济之真精神。一、服务之军警，遇有地方重要案件，警察请求协助而不理者，警察机关得函具该管长官惩处之。地方警察不受理服务军警之请求者亦同。"④ 1933 年 5 月，内政部公布《内政部长指挥宪兵执行行政警察职务规则》，规定"宪兵执行行政警察职务时，应依警察法令之规定，受警察厅长、县长及公安局长等之指示"。⑤ 同年，北平市公安局订定《宪兵协同军警检查办法》，规定"各区检查地点仍依北平市公安局原定内外城九十四处要隘地点施行之。检查组人员之分配，外城一二三四五等区由宪兵第二队担任，内城二四五区由宪兵第一队，一三六区由宪兵第三队分别担任之。施行检查时会同军警共同办理之。"⑥ 1936 年 2 月，国民政府通令施行《维持治安紧急办

---

① 京师警察厅编《京师警察法令汇纂》（司法类），第 64~65 页。

② 《京兆　京师军警联合防政之会议》，《大公报》（天津版）1916 年 1 月 6 日，第 6 版。

③ 《京师警察厅总监关于京师宪兵规定冬防宪兵服务办法的训令（1922 年 1 月）》，北京市档案馆藏，档案号：J181-018-13855。

④ 《军警联席会议　维持北平治安办法》，《世界日报》1928 年 8 月 10 日，第 7 版。

⑤ 郑宗楷：《警察法总论》（增订本），第 279 页。

⑥ 《北平市政府公安局业务报告（计划及工作）》（1933 年 7 月至 1934 年 6 月止），第 48~49 页。

法》，规定"遇有扰乱秩序，鼓煽暴动，破坏交通，以及其他危害国家之事变发生时，负有公安责任之军警，得以武力或其他有效方法制止。军警于处理事变时，应立即报告该管上级长官。依本办法处理事变之军警，对其严守纪律之人民，应特予保护，并应注意维持治安，恢复秩序"。① 北平沦陷后，伪北京地方维持会训令伪警察局通盘筹划，将四郊分为四警备区域，以伪警察局所属警察第一二三四各队暨骑警队以及宪兵等分别配置，为"应对盗匪"并拟订郊区巡查队办法，就各郊区原有巡官长警特编组巡查队，每队置巡官 1 员，巡长 4 名，巡警 35 名，各巡查队应与附近驻在军队及警察队宪兵等随时接洽切实联系。② 到 1946 年，《北平军警宪保甲冬防联合夜巡队组织草案》发布，明确联合夜巡队由警备部负总责，警局宪兵团襄助之，力求通过严格布置警备，维护平市冬防期治安。③ 1948 年 5 月，行政院出台《交通警察与驻地军警及保甲勤务互助办法》，规定铁路、公路、水运及民用航空机场等沿线及周围遇有"匪警、游勇散兵及不肖之徒滋事者、匪徒奸党或形迹可疑之人潜入各该区域内者等情形"时，交通警察与驻地军警保甲须互相协助，妥为处理。④ 这些章法明晰了警察与军队宪兵的职责范围，确定了协作互助的情形与办法，厘清了相互间的关系，为军警宪合作提供了相处的条件和法律保障。

在具体的往来中，警察、军队、宪兵联合行动共同维持北京治安弹压地面的情况非常多。如北京政府时期，为使军警宪联合共保治安，1911 年 9 月，民政大臣赵秉钧邀集驻京各军高级长官姜桂题、段芝贵、冯国璋以及江朝宗、乌珍等各率所属中级以上军官，同京师内外城巡警总厅的官员一道，在东安门内北池子何宅旧第成立京师军警联合会，后改称军警会议公所，再改为军警联合公所。每周举行两次会议，讨论内容"不外保守秩序，维护治安各办法"。公所由赵秉钧兼任总司令，京

① 丁光昌编《警察法规》（增订本第三版），第 58 页。
② （伪）北京地方维持会编《北京地方维持会报告书》（上），"公安"第 14~15 页。
③ 《北平市政府社会局抄发市警察局〈北平市各区冬防夜巡队设置办法〉的训令（附：军警宪保甲冬防联合夜巡大队组织草案、冬防计划）》，北京市档案馆藏，档案号：J016-001-00160。
④ 北平市政府编审室编印《北平市政府公报》第 3 卷第 12 期，1948 年 6 月，"法规"第 12 页。

师所有军警皆受其指挥。[①] 京师军警联合公所的活动协调了军警关系，减少了军警冲突，"该公所成立以后，军警两界相遇者转而相亲，其爱敬之态度较从前而天渊迥殊，化争竞而为和平"。[②] 而且，"军警两界凡百事宜公同讨论，大家表决，然后施行"，使军警两界"无怨无尤，各尽服从之义，相亲相爱，同怀保卫之心，秩序井井，感情密密，各省虽乱如弱絮，而京师独稳如泰山"。[③] 此后，军警宪三方力量联合，共同行动维护治安的报道也常见诸报端。以《大公报》为例，1912年1月刊载民政大臣赵秉钧会同驻京各军队统领议商，"设有匪党不顾利害实行危害举动，凡军警兵队宜各分担责任，俾免紊乱秩序，务期匪党不能乘乱漏网"。[④] 1916年6月，京师军警督察长连次召集各级军警长官开联合会议，讨论维持治安办法，拱卫军及各长官宣称力尽卫国护民责任，并愿辅助警察以维秩序，如或稍有不虞，即应由督察长或警察厅指示调遣，均必唯命是听。[⑤] 1917年11月，警备司令处总司令邀集吴炳湘、李长泰、王达、马龙标及军警界要人特开联合会议，共同商定维持治安方法，并议定与京师总商会妥为接洽，以安人心而维市面。[⑥] 1925年10月，京畿警卫司令鹿钟麟在司令部邀请警察总监朱深及军警机关上级官长等特开会议，讨论筹办冬防及保卫京师地方治安各办法。[⑦]

进入南京国民政府时期，军警宪联合商议协同共管治安成为常规工作模式。在警备司令部内，成立军警宪联合办事处机构，以维持社会秩序。[⑧] 关于军警宪三方联合行动的报道较多。例如，1928年1月17日，报纸刊登地方新闻称，前夜军警联合办事处副官带同宪兵、保安队警察，会同外右二区署巡官等在西柳树井大街稽查旅店，在该街路南春明别业内，发现旅客卧在床上吸食鸦片烟，后经军警在该房内检查出烟土大小两

① 《京师军警联合公所记事录·缘起》，《京师军警联合公所记事汇编》，第1~2页。

② 《京师军警联合公所记事录·缘起》，《京师军警联合公所记事汇编》，第5页。

③ 《京师军警联合公所记事录·叙》，《京师军警联合公所记事汇编》，第2页。

④ 《闲评二　北京　军警界分担地方责任》，《大公报》（天津版）1912年1月21日，第5版。

⑤ 《京兆　拱卫军宣言维持治安》，《大公报》（天津版）1916年6月11日，第6版。

⑥ 《地方新闻　京兆　军警会议维持治安》，《大公报》（天津版）1917年11月19日，第6版。

⑦ 《社会新闻　司令部会议治安》，《京兆日报》1925年10月27日，第3版。

⑧ 《军警宪联合办事处已经成立》，《世界日报》1928年6月13日，第7版。

块，重十余斤，当将人证由军警带往梁家园区署讯问，并备文表解总厅讯办。① 同年 12 月，有报道称北平军警宪当局为维护北平治安召集联席会议，讨论预防办法及具体计划，布置内城治安由王靖国部第三十七师担任维持，外城治安由李服膺部第三十八师担任维持，其重要街道口由军警宪分别加岗防守。② 1929 年 12 月，报载军警联合办事处处长召集全体职员训话，要求"严密查察不良份子，以弥隐患"。③ 1930 年 1 月，报载北平军警当局对于春节警备异常注意，所有警备地面的军警计分十组，每组为军士一排，宪兵八名，保安警察八名，由第三十八师连长一员统率之。④ 抗战胜利后，为便于军警宪共同护卫北平治安，1946 年北平警察局商承第十一战区长官部于城郊各主要单位筹设军警通信网，计共 33 部。后因电信器材缺乏，仅将督察处、保警总队、郊二分局、郊七分局军警通信电话先行安装，其余各部等候继续办理。同年议定警宪联合警备计划，由警察局派员与宪兵团会同考查市内扼要据点，在郊区实施军警联合清查户口、警察协助部队在冲要地方修筑碉堡等要领，以维治安。⑤ 1948 年，为巩固北平地方治安，军警宪实施联合据点检查，第一次自 2 月 6~25 日，第二次自 5 月 13~19 日，查获散兵游勇、行迹不检、携违警物品等案件计共 458 起。⑥

　　诸多事例鲜明地反映了北京警察与军队宪兵之间存在着密切联系，在清末建警之初如此，北京政府时期及随后的南京国民政府时期也是如此。这与政府十分注意加强三者的联系，使其在业务上互相交叉、活动上互相配合是分不开的。三者关系的密切是政府需要其合力维护统治的结果。正如蒋介石所说："国家之有军队与警察，譬如飞机之有双翼，缺其一便不能飞。——巩固国防的是军队，维护公安的是警察。"⑦ "警察的职务，虽与军人稍异，而其责任与军人相同，故军人章则，亦宜恪遵，非是者去

① 《地方新闻　军警查店逮获烟霞客》，《京师警察公报》1928 年 1 月 17 日，第 3 版。
② 《北平治安　军警议定维持办法》，《大公报》（天津版）1928 年 12 月 17 日，第 3 版。
③ 《军警机关严防不良份子　认真勤务设法预防》，《顺天时报》1929 年 12 月 14 日，第 7 版。
④ 《旧年之北平　军警严密警备》，《大公报》（天津版）1930 年 1 月 28 日，第 4 版。
⑤ 北平市政府编《光复一年之北平市政》，第 28~29 页。
⑥ 北平市政府统计室编《北平市政统计》，1948 年 8 月，第 130 页。
⑦ 李士珍主编《增订警察服务须知》，第 55~56 页。北京市档案馆藏，资料号：ZQ012-002-00086（一）。

之，准是者行之！"① 北平特别市市长何其巩也曾指出："警察对于军队不必畏惧，但亦不必令军队畏警察。凡一切事务，须密相连合，设若步骤不能合一，影响所及，势必贻害社会。"②

概而言之，北京警察与军队宪兵之间有着密切的联系。在维护国家政权统治方面，警察和军队宪兵有着同一性，自清末至民国时期社会局势比较动荡，这使他们之间的联系更是紧密，互相充任、业务交叉的现象处处可见，军队宪兵有时还与警察拥有同等的权力，甚至成为不受警察官署管辖的特权阶层。不稳定的社会环境强化了军警的趋同，一方面，军队成为警察人员的储备库，另一方面，警察当局也在不断设法增加警察的"军事"特质。除在警察教育、训练科目中增列军事课程外，还于警察官署下设立侦缉队、保安警察队、警备队等实行军事化管理的外围组织，以适应弹压、平暴的需要。社会的普通用语中往往"军警"并称，甚至深谙警察的领导人讲话也不时运用"军队警察""警察军队"之类的词语③，加以同样身着制服、执有武器，同样表现出粗暴、蛮横的气势，未受新式教育的普通民众大概很难将他们区分开来，或许连区分的意识都不具备。④ 警察与军队配合行动，一致表现恶劣的现象也不少。1912 年报载："驻扎外城各处武卫军于上星期五一律调入内城，该兵入城之后即勾结步军及巡警至各处抢掠，并各处贫民结合数十人随同抢掠，以故被抢之家无一草一木能存留者。"⑤ 此种情况使民众对警察与军队的区分更加模糊，军警一体的印象加深。对此，政府当局也有一定认识，蒋介石即曾训示："我们军队和警察，是维护百姓的，决不是恐吓百姓的！我们军队警察要扶弱抑强的，并不是看见小百姓乡下人就要欺负他，看见衣服华丽的人，就要崇让他，那样军警就失掉本职了！"⑥

---

① 内政部警政司主编《警察教范》（1），第 40 页。北京市档案馆藏，资料号：ZQ012-
　002-00095-001。
② 《北平特别市公安局公报》第 1 期，1928 年，"特载训词（二）"第 4 页。
③ 郑宗楷：《警察法总论》（增订本），第 15～16 页。
④ 孟庆超：《中国警察近代化研究：以法文化为视角》，第 280 页。
⑤ 《北京　武卫军调驻内城》，《大公报》（天津版）1912 年 3 月 5 日，第 3 版。
⑥ 内政部警政司主编《警察教范》（1），第 40 页。北京市档案馆藏，资料号：ZQ012-
　002-00095-001。

　　此外，警察与军队宪兵在组织管理上既有不同也有关联。军队完全是听长官命令而行动的，警察的行动，多出于自动，不能等待长官的命令，就要立刻去办。① 近代北京警察兼管市政，这是军队宪兵所没有的权力。至于警察与宪兵的关系，从职责上来说，警察主管一般行政警察事务，根据 1932 年 8 月国民政府所颁《宪兵令》规定，宪兵隶属于军政部，受军政部部长之管辖，主管军事警察，兼管行政警察、司法警察及各院部省市所指定事项。从行政警察方面来说，警察居于主管地位，宪兵立于协助的地位，含补充的性质。宪兵直属于国防部管辖，但于执行行政警察事务时，则受内政部部长、市长、县长及首都警察厅厅长、各地方警察局局长的指示。从军事警察方面来说，军事警察事务为宪兵所主管，警察立于协助的地位，为补充力量。在同样以刑事警察为任务这一点上，宪警并无差异，都属于司法警察官吏，为法官之有力的协助者，以犯罪案件为对象，是办案的盟友。② 在充当司法警察处理案件时，他们的具体职权又有细致的差别，普通案件主掌者为警察，兼掌者为宪兵，特别案件主掌者为宪兵和巡查队，兼掌者为巡警。③ 在国民政府时期，警察的含义还有狭义和广义之说，狭义的警察即通常所说的行政意义上的警察，广义的警察则包括宪兵和特务在内。④

三　军警宪矛盾冲突

　　不稳定的社会环境增进了警察与军队宪兵之间的密切联系，使他们有任务交错、合作行动的一面，但由于警察权分由军事组织与普通警察官署执掌，在行使职权的过程中警察与军队宪兵间的矛盾与冲突也不可避免，甚至因争功诿过而导致相互拆台。

　　在实际行动中，警察与军队宪兵之间关系紧张甚至发生冲突的事例很多。如 1906 年 5 月，外城巡警总厅据右路第一局委员李固基禀称："前门大街修筑马路前由总厅出示晓谕，一切车马暂行禁止通行，士商人民遵守

---

① 郑宗楷：《警察与人民及要人》，第 16 页。
② 郑宗楷：《警察与人民及要人》，第 144~145 页。
③ 宪兵司令部编《宪兵司法警察实务》，南京中山印书馆，1933，第 6 页。
④ 穆玉敏：《北京警察百年》，第 191 页。

无异，乃数日以来迭有陆军军人乘马闯入，巡兵阻止，动致争执不休，往往以巡兵不应管渠为辞。窃思陆军巡警原属同条共贯，巡兵执行警章，陆军故意违警，殊于整理秩序大有妨碍。且京师戏园林立，每见服军装者结队联纵而入，现虽尚称安谧，诚恐习久成风，稍酿事端，于巡警执行上诸多阻室。……为此请转申巡警部明订科条或函告练兵处陆军统领酌商办法著为条令，俾得有所遵循。"① 1907 年 8 月，报纸报道《巡警与枪队之冲突》消息一则，"巡警与枪队恭备道差事毕列队而归，行至山老胡同，枪队在前，巡队在后，巡队谓枪队有意僭压，于是两队大肆冲突，互相殴打，两造均有受伤者"。② 同年 10 月，民政部据内城巡警总厅申称，特针对京旗陆军在街滋事情况给陆军部咨文，请该镇长官转传兵丁一律遵守警章以保持公安。③ 进入民国后，1913 年 5 月，外右五区警察署署长因拱卫军兵丁在娼寮滋事，打伤巡警，夺去佩刀及办理情形之事向京师警察厅总监呈报。④ 这年 12 月，又发生一起军警冲突案件，据记载："外右二区西草厂胡同住户瞿饶氏被军人借搜烟为名捆抢财物，并戳伤巡警一案，经署长呈报警察厅总监，函复称大总统谕即通知各军警一体严切查缉，悬赏千元等，除通知各军查缉外，饬警赶紧查缉务获送究。"⑤ 1918 年 10 月，《大公报》又载："前门东车站有军人二名因购买车票与铁路巡警大起冲突，当有宪兵上前排解，未能得当，遂致巡警鸣笛召来副官李殿魁、警长薛振山及巡警多名前来，两方大开战斗，最后军人宪兵等皆被巡警掳获拘往警局。"⑥ 1924 年 7 月，又有军警冲突的报道，大致内容是，前门外花埠火神庙夹道双福茶室忽来红沿帽箍兵士 30 余名，身着制服各持棍棒刺刀器械，破门闯入各妓屋内大逞野蛮，逢人便打，寻物捣毁。附近

① 《内外城总厅申送违警罪章程及有关文书》（1906 年），中国第一历史档案馆藏，巡警部档案，档案号：37-1-107。
② 《时事　北京　巡警与枪队之冲突》，《大公报》（天津版）1907 年 8 月 13 日，第 3 版。
③ 《为京旗陆军在街滋事请转饬兵丁遵守警章事给陆军部的咨文》，中国第一历史档案馆藏，民政部档案，档案号：21-0820-0022。
④ 《外右五区关于拱卫军兵丁在娼寮滋事打伤巡警等情形的呈报》（1913 年 5 月），北京市档案馆藏，档案号：J181-018-00606。
⑤ 《外右二区关于瞿饶氏宅被军人攫取财物并殴伤巡警情形的呈报》，北京市档案馆藏，档案号：J181-018-00628。
⑥ 《各地杂报　京兆　车站军警大冲突》，《大公报》（天津版）1918 年 10 月 23 日，第 6 版。

派出所巡长马文元、巡警赵锡绵二人闻信即驰来查阅，被滋事众兵大肆攒殴，后马巡长被送往医院治疗，巡警赵某因伤重毙命。卫戍司令王怀庆捐银500元给死者家属，以作治丧恤金，至滋事兵士等，虽未被获，但被便衣侦探等暗中在后尾随，已知其踪迹。军警当局"将此事入告大总统请示办法，俾免将来京城治安及中外商民发生不安状态"。① 1930年1月，报载内一区巡警赵双海未向官长请假私着制服外出，又在电车上侵占乘客钞票，经押车宪兵查获后解送到署，经讯明属实，将该警斥革，并不准再行招考，送法院讯办。② 可见，警察与军队宪兵之间发生冲突争斗较常见，这也是三者之间关系的一种客观反映。

对于警察与军队宪兵间的矛盾与冲突问题，当局也有相当的认识，为协调他们的关系，历任当局都曾以制定军警互守规则章程、组织"军警联合公所"等多种形式，明确各自的职责范围与合作相处规则，以力避冲突。对此，报界也有一些报道。比如，1911年报载："民政部堂宪会议以禁卫军时与巡警为难并有种种违犯警律情事，殊失军人资格，拟会商涛贝勒酌定详细办法，以肃军律而维警政。"③ 随后又报道："民政部桂月亭大臣以近来京外各镇陆军时与巡警有冲突情事，拟即会同军谘府及陆军部商订取缔规则，以资防范而免纷争。"④ 然而，政府努力的效果却不尽如人意。不稳定环境中的军人往往视自己为特殊公民，享有不受普通法令约束的优越感，进而"恃武违警"。甘博对此也曾指出："尽管京城的局势应由警察、宪兵和军人共同维持，但似乎存在军方控制局势的趋势，这在很大程度上是由于他们掌握了较多的兵力。"⑤ 此外，近代警察与军队宪兵整体素质均不高，尤其是军队宪兵文化水平更低，在处理事件时，对自身职责认识不清，缺乏法律知识，加以存有重己轻人的观念，在实际行动上往往态度骄横，也可能激成是非冲突。

① 《各地琐闻　卫兵聚众捣毁娼寮　伤毙长警各一名　王怀庆优给恤赏（续）》，《大公报》（天津版）1924年7月27日，第6版。
② 《内一区署关于巡警赵双海在电车上侵占钞票经宪兵查获的表》（1930年1月至5月），北京市档案馆藏，档案号：J181-031-00609。
③ 《闲评二　北京　预防军警冲突之计划》，《大公报》（天津版）1911年4月30日，第5版。
④ 《闲评二　北京　预防兵警之冲突》，《大公报》（天津版）1911年8月31日，第5版。
⑤ 〔美〕西德尼·D. 甘博：《北京的社会调查》上册，第56页。

总而言之，北京警察与军队宪兵之间自清末到民国时期一直保持着密切的联系，组织构成上互相充任，业务活动上交错配合，以及行使职权过程中不可避免的矛盾冲突，均是他们之间关系的反映。"看似一家却又不是真正的一家"可以说是对他们之间关系的一种较为真切客观的描述。

第五章

近代北京警察的社会生活与社会地位

探究一个社会群体的整体状况，他们的社会生活是不可或缺的一项重要内容。北京警察自诞生以后，广泛出现在城市社会的各个方面，警察通过工作中的付出，获得工资薪俸，奠定了其生活的基础，同时警察受到的政府、民众及社会媒体等多方面的监督与评判，加以他们的自我认识，构建了他们在社会上的地位。了解北京警察的社会生活与社会地位，可以帮助我们深入认识这一社会群体的综合面相。

第一节　警察生活

所谓"生活"，按照《现代汉语词典》的解释，指人或生物为了生存和发展而进行的各种活动，如政治生活、日常生活。① 生活的含义很多，从广义来看包括人类社会整个物质的和精神的活动总和，这里关于近代北京警察生活的阐述即取广义之说，主要从物质生活和精神生活两大方面进行描述，鉴于资料所限，对近代北京警察的婚姻、家庭、娱乐等情况只能简略交代。警察作为国家的特殊公务人员，有着独特的社会身份与职能，同时警察也是城市社会的组成部分，有着普通市民的一面形象。双重的社会身份，使他们的生活状态除了与普通百姓有相同之处，还有自身的独特之处。

---

① 中国社会科学院语言研究所词典编辑室编《现代汉语词典（第5版）》，第1218页。

一　物质生活

警察是为国家服务的公务人员，他们的薪俸收入是支撑其个人乃至家庭生活的基础。收入的状况基本决定了其物质生活的水平。在收入方面，近代北京警察官员与普通警察之间等级分明，警察官员与普通警察各自的内部因职位、级别的不同又有不同的层次之别。关于北京警察的待遇，不同时期的具体情况如下。

关于警察薪饷，自清末至民国时期历届政府曾制定了一系列章法作为依据。清末时期，1906 年 7 月 5 日颁发《巡官长警饷制》，规定："一、巡警饷额分为三等：一等巡警 9 元，二等巡警 8 元，三等巡警 7 元。二、巡长饷额分为三等：一等巡长 15 元，二等巡长 13 元，三等巡长 11 元。三、巡官饷额分为三等：一等巡官 30 元，二等巡官 25 元，三等巡官 20 元。四、募警 6 元。五、教练所学警 6 元。"[1] 北京政府时期，警察官的俸给标准，依据 1912 年 10 月颁布的《中央行政官官俸法》。南京国民政府时期，1928 年 11 月内政部公布《警察官俸给暂行条例》，规定："警察官各职之官俸如下：特别市公安局局长荐任一级至简任三级俸，督察长、技术官、秘书、科长荐任五级至荐任三级俸，分局长委任一级至荐任四级俸，督察员、技术员、科员委任四级至委任二级俸，分局局员委任六级至五级俸，巡官委任七级至六级俸。"[2]（见表 5-1）

表 5-1　1928 年警察官俸给

单位：元

级别	简任	荐任	委任
第一级	580	340	150
第二级	520	300	130
第三级	460	260	110
第四级	400	220	90
第五级	—	180	70
第六级	—	—	50
第七级	—	—	30

资料来源：陈允文《中国的警察》，第 303～304 页。

[1]　京师警察厅编《京师警察法令汇纂》（总务类），第 203～204 页。
[2]　陈允文：《中国的警察》，第 301～303 页。

1934 年 11 月，行政院公布《警长警士薪饷暂行条例》，规定："长警薪饷分为甲乙丙三种，应依何种支给，由各级警察机关视其服务地方经济状况及实际需要编定后，报由该管最高级主管长官，分别呈咨内政部核转铨叙部核定备案。长警初任时应给予最低薪饷。长警任职满一年确有成绩者，得进升一级，升级后未满一年，非有特殊功绩不得续行进级。长警进至最高级后满二年以上确有成绩者，得酌给年功加饷，但至多不得超过其一个月之饷额。长警有特殊功绩者，得由该管长官呈准该管上级机关酌给奖饷。"[①]（见表 5-2）

表 5-2　1934 年警长警士薪饷

单位：元

种类	警长						警士					
	一级	二级	三级	四级	五级	六级	一级	二级	三级	四级	五级	六级
甲种	50	47	44	41	38	35	32	30	28	26	24	22
乙种	40	37	34	31	28	25	23	21.5	20	18.5	17	15.5
丙种	33	30	27	24	21	18	16	15	14	13	12	11

资料来源：郑宗楷《警察法总论》（增订本），第 198~199 页。

1936 年，《北平市政府公安局巡官长警饷制章程》规定，巡官饷额分三等，一等巡官 30 元，二等巡官 25 元，三等巡官 20 元。巡长饷额分三等，一等长 18 元，二等长 16 元，三等长 14 元。巡警饷额分四等，一等巡警 12 元，二等巡警 11 元，三等巡警 10 元，备补警 9 元。保安队长警饷额如下：小队长同巡官，班长同巡长，步（骑）警同巡警，号长同巡长，副号长号警及兽医同巡警，骑警队长警得于饷额以外酌予掌缰及医药各费。消防队长警饷额如下：消防巡官同巡官，消防巡长及正（副）机关士同巡长，消防警一等 12 元，二等 11 元，三等 10 元，四等 9 元，五等 8 元。侦缉队长警饷额如下：班长 35 元至 60 元，每级加 5 元，探警一等 18 元，二等 14 元，三等 12 元，四等 10 元。乐队长警饷额如下：副长同一等巡官，班长同巡长，乐警一等 12 元，二等 11 元，

---

① 郑宗楷：《警察法总论》（增订本），第 198 页。

三等 10 元，四等 9 元，五等 8 元。① 日伪统治北平时期，伪警察局巡官长警饷制为：巡官分三等，一等 33 元，二等 28 元，三等 23 元。警长分三等，一等 21 元，二等 19 元，三等 17 元。警士分三等，一等 15 元，二等 14 元，三等 13 元。② 可见，警察群体内因级别职位的不同，其收入差距甚大。

在实际执行中，根据经济情况，北京警察的薪饷分为正饷和加饷两种。一般警官和普通警察收入的正饷历次变更情况如下。旧制警巡月饷分 50 元、45 元、40 元、35 元、30 元、25 元、20 元、17 元八等；巡长月饷分 15 元、13 元、11 元、8 元四等；巡捕月饷分 9 元、8 元、7 元、6 元、5 元五等。1906 年 6 月，警巡改为巡官，月饷定为 30 元、25 元、20 元三等；巡长月薪定为 15 元、13 元、11 元三等；巡捕改称巡警，月饷定为 9 元、8 元、7 元、6 元四等，呈奉民政部核准。1918 年 7 月，京师警察厅以"警饷微薄不足养赡"，呈准巡长巡警每级增加 2 元。1922 年 4 月，补充保安三、四两队时，小队长（视巡官）改支月饷 35 元，班长（视巡长）改支月饷 14 元；其侦缉队、消防队、乐队饷制自归警察厅管理后，仍如旧制，至 1918 年 7 月随案长警各增 2 元。1936 年 3 月，警长警士各加饷 1 元。1938 年 7 月，警官加饷 3 元，警长加饷 2 元，警士加饷 1 元，至同年 10 月，警长加饷 1 元，警士加饷 2 元。1943 年 1 月，警官加饷 15 元，警长、警士各加饷 20 元（见表 5-3）。③

表 5-3　北京警察历年饷制

单位：元

	巡官							
	一等	二等	三等	四等	五等	六等	七等	八等
旧制	50	45	40	35	30	25	20	17
1906 年 6 月	30	25	20					

① 北平市政府公安局编辑处编印《警务旬刊》第 29 期，1936 年 4 月，第 9~10 页，北京市档案馆藏，档案号：J181-001-00381。

② （伪）北京特别市公署警察局编《北京市警察法规汇编》（1），第 108~109 夹页。

③ 蔡恂：《北京警察沿革纪要》，第 117~118 页。

续表

	巡官							
	一等	二等	三等	四等	五等	六等	七等	八等
1918 年 7 月	30	25	20					
1922 年 4 月	30	25	20					
1936 年 3 月	30	25	20					
1938 年 7 月	33	28	23					
1938 年 10 月	33	28	23					
1943 年 1 月	48	43	38					

	巡长				巡警			
	一等	二等	三等	招募	一等	二等	三等	招募新警
旧制	15	13	11	8	9	8	7	6　5
1906 年 6 月	15	13	11		9	8	7	6
1918 年 7 月	17	15	13		11	10	9	8
1922 年 4 月	17	15	13		11	10	9	8
1936 年 3 月	18	16	14		12	11	10	9
1938 年 7 月	20	18	16		13	12	10	10
1938 年 10 月	21	19	17		15	14	13	
1943 年 1 月	41	39	37		35	34	33	

资料来源：蔡恂《北京警察沿革纪要》，第 118~119 页。

　　关于高级警察官的正饷俸给，1906 年规定，京师外城总厅参知事以下各员暂支薪俸数目分别为：总参事每员月支薪水 100 元（车马费 50 元），警卫参事每员月支薪水 80 元（车马费 50 元），知事每员月支薪水 100 元（车马费 50 元），六品警官每员月支薪水 60 元，七品警官每员月支薪水 50 元，八品警官每员月支薪水 40 元，九品警官每员月支薪水 30 元，正区官每员月支薪水 50 元，副区官每员月支薪水 40 元；预审厅正审官每员月支薪水 100 元（车马费 50 元），刑事、民事审判官每员月支薪水 80 元（车马费 20 元），检察官每员月支薪水 80 元（车马费 20 元），记事官每员月支薪水 60 元，预审厅行走委员每员月支薪水 40 元；总厅分厅办事委员每员月支薪水 40 元，稽查行走委员每员月支薪水 30 元，学习委员每员月支薪水 20 元。① 北京政府时期，京师警察厅沿用 1912 年 10 月颁

① 《巡警部外总厅　外城巡警总厅参知事以下各员薪俸数目清单、职员住址册和恭备道差人员清单》，中国第一历史档案馆藏，巡警部档案，档案号：37-2-62。

布的《中央行政官官俸法》，规定简任官俸共分二等三级，由 400 元至 600 元；荐任官俸共分三等七级，由 200 元至 360 元；委任官俸共分四等十二级，由 50 元至 150 元。① 1928 年 10 月，内政部公布《警察官俸给暂行条例》，其中简任官分四级，薪俸分别为 580、520、460、400 元；荐任官分五级，薪俸分别为 340、300、260、200、180 元；委任官分七级，薪俸分别为 150、130、110、90、70、50、30 元。② 但因实际局势影响，国民政府规定的警察官等与薪等在北平未施行。1928 年，北平市公安局改定薪等，仅就职务位次以判多寡，而无荐委之分。1930 年北平市政府公布薪俸支给规则，不过仅就各局现支者汇订而已。北京警察官历次厘定薪水等级见表 5-4。

表 5-4　北京警察官吏薪水等级

单位：元

		厅丞	参事金事		知事
巡警总厅时期	1906 年	300	180	150	100
	1907 年	300		180	150	150
	1908 年	300		180	150	150
	1909 年	250 两		1666*	150
	1910 年	250 两		1666*	150

		总监		处长督察长			科长署长队长		
		特	简						
警察厅时期	1914 年		500	300	280	260	240	220	200
	1924 年	1000		同上			同上		

		局长	秘书		科长			署长队长所长		
公安局时期	1928 年	450	180	120	220	200	180	200	180	160
		局长	秘书科长署长队长所长							
	1930 年		260	240	220	200	180	160	140	120	100

注：标 * 数据疑有误。1930 年局长薪水原文为空。1909 年和 1910 年厅丞薪水原表格单位为"两"，此处保留原貌。

资料来源：蔡恂《北京警察沿革纪要》，第 112（一）页。

① 陈允文：《中国的警察》，第 72~73 页。
② 陈允文：《中国的警察》，第 73 页。

1934 年 5 月，内政部公布《现行警察官官等官俸表》，其中简任官分八级，院辖市公安局局长薪俸为其中四至八级，分别为 560、520、490、460、430 元；荐任官分十二级，薪俸为 400～180 元，每级差 20 元；委任官分十六级，薪俸分别为 200、180、160、140、130、120、110、100、90、85、80、75、70、65、60、55 元。[①] 同年 12 月，《北平市公安局暂行警察官官等官俸比照表》公布，其中简任官分八级，四至八级薪俸分别为 392、364、343、322、301 元；荐任官分十二级，二至十一级薪俸分别为 220、210、200、190、180、170、160、150、140、130 元；委任官分十六级，一至十五级薪俸分别为 140、130、120、110、100、90、80、70、60、50、45、40、35、30、25 元。[②] 1936 年上半年的警察薪俸情况如表 5-5 所示。北平沦陷时期，伪市公署所定高级警察官薪俸依照《公务员支俸暂行规则》办理，对现支薪俸超过或不及者逐次调整，规定特任分四级，薪俸分别为 2000、1600、1200、800 元；简任一等分三级，薪俸分别为 700、650、600 元，二等四至六级薪俸分别为 550、500、450 元；荐任三等分三级，薪俸分别为 400、380、360 元，四等四至七级薪俸分别为 340、320、300、280 元，五等八至十二级薪俸分别为 260、240、220、200、180 元；委任六等分三级，薪俸分别为 170、160、150 元，七等四至六级薪俸分别为 140、130、120 元，八等七至九级薪俸分别为 110、100、90 元，九等十至十二级薪俸分别为 80、70、60 元。[③]

表 5-5　1936 年警察官等薪俸

单位：元

官长俸给		警士薪饷	
最高额数	最低额数	最高额数	最低额数
392	15	18	9

资料来源：《警察机关概况表》（1936 年 1 月至 6 月），北京市档案馆藏，档案号：J181-004-00039。

---

① 陈允文编著《警察常识》，第 93~94 夹页。
② 内政部年鉴编纂委员会编纂《内政年鉴》（警政篇），第（C）53 页。
③ 蔡恂：《北京警察沿革纪要》，第 113 页。

北京警察加饷历次变更情况为：旧制巡警加饷自 1 元至 4 元，巡长及一等巡捕、招募巡捕均定为 1 元，巡队队长 6 两，旧分队长 3 两，新分队长上半年每月 3 两，下半年每月 2 两，旧队兵 2 两，新队兵上半年每月 2 两，下半年每月 1 两；1906 年 6 月改定巡官加饷 1 元至 5 元，巡长及一等巡警加饷 1 元至 2 元，二、三等暨募警加饷 1 元，巡队长 6 两，分队长 3 两，队兵 2 两；1909 年巡警总厅制定赏罚章程，规定巡官加饷以 3 元为限，巡长加饷以 2 元为限，巡警加饷以 1 元为限；1914 年 5 月，京师警察厅颁行《巡官长警赏罚章程》，其中第五条规定巡官加饷由 1 元至 3 元，巡长加饷由 5 角至 2 元，巡警加饷由 3 角至 1 元，但一等巡官加饷至多不得过 5 元；1929 年 12 月，公安局核定消防巡官长警加饷办法，消防巡官加饷 1 元至 3 元，巡长加饷 1 元至 2 元，队警加饷 5 角至 1 元。① 关于高级警察官，1928 年内政部公布的《警察官俸给暂行条例》规定："警察官受至各该官等最高级之俸继续任职三年以上确有功绩者，简任官得给以 300 元以内之年功加俸，荐任官得给以 200 元以内之年功加俸，委任官得给以 100 元以内之年功加俸。"② 北平沦陷后，因物价日高，警饷微薄，不足维持生活，1937 年 12 月伪警察当局实行警官增加津贴 3 元，警长 2 元，警士 1 元，1938 年并入正饷。1939 年 5 月，警官增加津贴 5 元，长警各 3 元。1940 年 1 月，警官增加津贴 1 元，警长 2 元，警士 3 元；同年 4 月，警官增加津贴 20 元，警长 4 元，警士 3 元。1942 年 1 月，警长、警士各增加津贴 8 元。1944 年 3 月，改定支给津贴数目，警官 50 元，长警各 30 元。③ 伪警察局还制定《巡官长警年功加俸案》，规定："年功加俸标准：甲、巡官长警具备下列各款者，巡官年功加俸 5 元，警长 2 元，警士 1 元，以加至现行饷制一倍为最高度。一、巡官警长连续服务在十年以上，警士连续服务在五年以上者；二、曾经教练有证书者；三、并无过失者；四、甄别及格者。乙、巡官长警在本年内有因先任进级或因过失而受处分者，停止加俸一期。"④

---

① 蔡恂：《北京警察沿革纪要》，第 122 页。
② 陈允文：《中国的警察》，第 303 页。
③ 蔡恂：《北京警察沿革纪要》，第 123 页。
④ （伪）北京特别市公署警察局编《北京市警察法规汇编》（1），第 140 页。

除了薪俸收入之外，上级对获得特殊功绩的人员还发有恤金，以补助他们生活之用。例如，1908 年 12 月《大公报》载，京师北新桥一带民众拥挤钱铺，第四区警长启瑞尽力弹压，积劳而亡，"肃邸以该警长慎重公务奋不顾身，特饬优加奖恤，并于四区为之建碑，借昭激劝"。① 1914 年 7 月，《警察官吏恤金给与条例》公布，规定"警察官吏之恤金分为下列三种：一、一次恤金；二、遗族恤金；三、终身恤金。警察官吏之恤金依下列三项之事实分别给与之：一、因公死亡；二、积劳病故；三、因公负伤"。此外，该条例对恤金的发放也做了详细规定，凡警察官吏因公死亡者，给予一次恤金暨遗族恤金五年，积劳病故者给予一次恤金暨遗族恤金四年，其因公负伤已成残废者，给予终身恤金，其有虽经负伤未成残废者，除酌给养伤费用外，则给予一次恤金，一俟伤愈，仍令任原职，惟至伤愈后，续经因病身故者不给恤（见表 5－6）。② 1927～1934 年，警察官吏的抚恤标准适用 1927 年 9 月国民政府公布的《官吏恤金条例》，以后适用 1934 年 5 月国民政府修正的《公务员恤金条例》，后者将恤金分为公务员年恤金、公务员一次恤金、遗族年恤金及遗族一次恤金等四种。③ 对有特殊功绩或积劳病故的普通警察，警厅也酌情给予一定抚恤。据报载，1927 年 3 月，京师警察厅指令北郊警察署："呈悉募警松寿延因公被冻足指烂落，已成废疾，应准开差，发给恩饷三个月，并免扣假款，以示体恤。"④ 1928 年 1 月，警厅指令外左一区警察署："呈悉二等警代理巡长赵源积劳病故，准照章给予殓埋费 13 元，并发本月份全饷，以示体恤。"⑤ 另据统计，1930～1934 年，全国警察官吏接受抚恤者共 205 人，其中北平 1 人。警长与警士接受抚恤者全国共 427 人，其中北平 2 人。⑥ 1935 年上半年，北平警官接受抚恤者 4 人，警察 32 人，其中警官给恤遗族 2 人，给恤终身和给恤一次各 1 人；员警给恤终身 4

① 《北京　警长因公致命》，《大公报》（天津版）1908 年 12 月 3 日，第 5 版。
② 京师警察厅编《京师警察法令汇纂》（总务类），第 123～125 页。
③ 内政部警政司编《中国警察行政》，第 105～106 页。
④ 《京师警察厅指令》，《京师警察公报》1927 年 3 月 4 日，第 2 版。
⑤ 《京师警察厅指令》，《京师警察公报》1928 年 1 月 1 日，第 2 版。
⑥ 内政部警政司编《中国警察行政》，第 107 页。

人，给恤遗族 10 人，给恤一次 18 人。① 在保障方面，各级警官均为事务官，依国民政府训令，事务官不受绝对的保障，只受相对的保障，而警长、警士，向无保障。②

表 5-6 1914 年北京警察恤金给予

单位：元

	阶级	巡警	巡长	巡官	委任警察官	荐任警察官	简任警察官
第一号	因公殒命一次恤金	100	200	300	400	600	800
第二号	积劳病故一次恤金	50	100	150	200	300	400

资料来源：京师警察厅编《京师警察法令汇纂》（总务类），第 127 页。

此外，奖金也是警察生活的一部分补助。1907 年，民政部拟定《功过赏罚章程》，其中赏例规定："（一）记功。记功一次给洋三角，记三功者给银一元，记三大功者加饷。（二）加饷，由三等饷递加为一等饷。（三）拔升，由巡警升为巡长。"③ 实际上，警察获得奖赏主要是由长官奏请。例如，1911 年 1 月《顺天时报》载："闻民政部堂宪肃邸为体恤警兵起见，以天气寒凉，各警兵恭当要差均无遗误，故奏请赏给半月薪饷，现已札饬内外城总厅将各区之警兵花名按照饷册开送到部，以便移送度支部请于年内发放。"④ 进入民国后，关于警察奖赏的规章日益细化，如 1915 年 5 月京师警察厅发布《巡官长警拿获烟赌各案奖赏章程》，8 月订定《警察奖章给与规则》，同年还出台了《巡官长警禁烟赏罚章程》，规定查获各犯者酌量案情之轻重、侦缉之难易，每案给予提升或加饷。⑤ 1930 年 3 月，北平市府令核准通过《北平市公安局巡官长警奖惩章程》，规定奖励分为提升、进级、存记、加饷、奖金、大功、嘉奖及记功各种，加饷分三月、六月、一年及长期四种，巡官由一元至三元，巡长由五角至

① 内政部统计处编《民国二十四年上半年份全国警政统计报告》，第 26 页，北京市档案馆藏，资料号：ZQ012-003-00030。
② 郑宗楷：《警察法总论》（增订本），第 75 页。
③ 《时事 北京 功过定章》，《大公报》（天津版）1907 年 2 月 24 日，第 3 版。
④ 《京师新闻 赶造警兵薪饷册》，《顺天时报》1911 年 1 月 6 日，第 7 版。
⑤ 京师警察厅编《京师警察法令汇纂》（卫生类），第 43~44 页。

二元，巡警由三角至一元按月加给之。① 警察因在实际工作中表现优良得到奖金的案例很多。例如，1928 年 1 月《京师警察公报》载，京师警察厅指令外左四区警察署，"巡官杨紫祯等查获烟案，不无征劳，着共奖银六角，以示鼓励"。② 1936 年 3 月，《警务旬刊》载赏罚公告称："据报第四警钟台警士苍鹤龄发现火警首先报告，间属尽职，着奖洋三角，以示策励。"③ 北平沦陷后，日伪警察当局也有奖励措施。1940 年 5 月《北京特别市公署警察局奖金支配及发放办法》修正核准公布，按此办法，各项奖金除提存外，再根据等级分配，其中"特殊出力者授予一等奖金配给十分之六；其次出力者授予二等奖金配给十分之三；普通出力者授予三等奖金配给十分之一"。④

　　北京警察的待遇大致如上，然而，据资料显示，与其他地方的警察相比，北京警察官警的待遇不如上海，"盖上海生活程度较高，非此不足以养其廉也"，⑤ 在全国而言，其待遇也并不排在前列。上海警察待遇概况如下：警官简任月俸 520 元，荐任月俸自 200 元至 340 元，委任月俸自 60 元至 200 元，雇员月俸自 30 元至 50 元；警长分为三等，每月薪饷一等为 22 元，二等 21 元，三等 20 元；警士分为四等，每月薪饷一等为 16 元，二等 15 元，三等 14 元，四等 13 元。⑥ 1934 年，北平、南京、上海、青岛、威海卫等城市警察官俸情况见表 5-7，1935 年情况见表 5-8。据 1936 年 6 月统计，北平市警察待遇警官最高为 560 元，最低 15 元，警士最高为 18 元，最低 9 元，全年警察经费 2253930 元。同时期，南京警察待遇警官最高为 600 元，最低 30 元，警士最高为 30 元，最低 12 元；上海警官最高为 510 元，最低 30 元，警士最高为 22 元，最低 13 元；天津警官最高为 560 元，最低 20 元，警士最高为 23 元，最低 11 元；青岛警

① 姜春华：《北平警政概观》，第 76~77、82 页。
② 《京师警察厅指令》，《京师警察公报》1928 年 1 月 9 日，第 2 版。
③ 北平市政府公安局编辑处编印《警务旬刊》第 27 期，1936 年 3 月，第 36 页，北京市档案馆藏，档案号：J181-001-00381。
④ （伪）北京特别市公署参事室编《北京特别市市政法规汇编》第 3 辑，"第三类　警察"第 23 页。
⑤ 内政部警政司编《中国警察行政》，第 63 页。
⑥ 内政部警政司编《中国警察行政》，第 64 页。

官最高为 476 元，最低 20 元，警士最高为 15 元，最低 13 元。① 显然，全国大中城市中警察的待遇存在明显差异，北平警察官吏的收入在全国大中城市位居中等，警士薪饷处于较低水平，尤其是低等警士收入位次最低。

表 5-7　1934 年全国主要城市警察官俸警饷待遇

单位：元

		南京	上海	北平	青岛	威海卫
官　俸	最高	600	520	392	440	340
	最低	55	30	25	22	27
警　饷	最高	22	22	18	21	20
	最低	12	13	9	13	15

注：警饷一项是 1931 年度所调查。
资料来源：内政部年鉴编纂委员会编纂《内政年鉴》（警政篇），第（C）57~58 页。

表 5-8　1935 年上半年全国主要城市警察薪俸统计

单位：元

	全年经费额数			警官俸给		警士薪饷	
	共计	经常	临时	最高额数	最低额数	最高额数	最低额数
南京	2340000	2340000	—	580	30	22	12
上海	2019000	1969000	50000	520	50	22	13
北平	1116305	1104966	11339	460	15	18	9
天津	1470188	1466992	3196	360	30	23	11
青岛	1058309	1009861	48448	374	20	15	13
威海卫	114634	114634	—	340	20	20	10

资料来源：内政部统计处编《民国二十四年上半年份全国警政统计报告》，第 19 页。北京市档案馆藏，资料号：ZQ012-003-00030。

此外，内政部于全面抗战前曾调查全国各省市警察经费、警察人数与平均每一警察每年所得薪饷情况，结果如表 5-9 所示。不难发现，北京警察薪饷所得在全国居于中上水平。此外，与南京、上海、青岛等城市相比较，北京警察人数最多，人均警察经费却最低。警察经费中还包括行政

① 内政部统计处编《警政统计》，1938，第 181 页。

设备等费用，故警察实际所得应少于表中统计数字。抗战胜利后，北平市警察局为提高员警素质，曾订定退休资遣办法，计划将老弱员警实施分期退休或予资遣，第一期办竣后，因经费及市面环境关系，未便遽予贯彻。同时，对员官成绩良好及年富力强者，尽量予以拔擢，底薪过低者尽量调整。对于从事侦缉、交通、户口等特殊职务的长警，应较一般警士待遇稍高，但因限于经费，未能办到。①

表 5-9　全国各省市公安局经费及警察人数比较

	全省警察经费 （元）	全省警察人数 （人）	平均每一警察每年所得薪饷 （元）
江苏省	3458534	17284	142（应为 200 元）*
浙江省	2656756	14688	181
安徽省	1080530	5711	180（应为 189 元）*
江西省	917735	5013	183
福建省	521669	2697	190（应为 193 元）*
河南省	1299672	9817	132
河北省	2683389	20055	133（应为 134 元）*
山东省	2417108	13852	180（应为 174 元）*
山西省	281583	8699	136（应为 32 元）*
广西省	802120	3020	265（应为 266 元）*
陕西省	804704	4715	170（应为 171 元）*
云南省	1455829	3471	419
贵州省	251485	1714	146（应为 147 元）*
绥远省	503442	1870	269
四川省	383110	2518	152
青海省	96533	704	137
上海市	1487010	5250	283
北平市	2441219	12185	200
南京市	1560000	5309	293（应为 294 元）*
青岛市	785500	3020	260
湖北省	2513097	10738	234
新疆省	557403	2781	200
湖南省	661356	4933	134
广东省	3468936	17102	202（应为 203 元）*

① 北平市政府警察局编《一年来之北平警政》，第 41 页。北京市档案馆藏，资料号：ZQ012-002-00147。

	全省警察经费 （元）	全省警察人数 （人）	平均每一警察每年所得薪饷 （元）
辽宁省	7052856	39449	178（应为 179 元）*
吉林省	3111060	18060	172
黑龙江省	1656900	1050	145（应为 1578 元）*
热河省	717636	5727	125
宁夏省	81696	720	112（应为 113 元）*

　　原文注：甘肃、察哈尔、西康三省概况表，未填送到内政部，故未列入。云南省、山西省、黑龙江省所列数据，与其他省差异过大，疑有误。

　　笔者注：表中标 * 项数据，是笔者据所列经费及人数计算后修正的数据。原文无具体年份，联系上下文应在 1929 年内政部公布《确定警察经费办法》后。

　　资料来源：陈允文《中国的警察》，第 62~64 页。

　　综上，警察群体中官吏与普通警察之间收入差距较大，不同省市地方警察的薪饷所得也存有明显差别。警察收入的状况直接决定了其消费的水准。据 1926 年北平社会调查所对内外城 48 家工人家庭的调查，被调查者中从事职业最多的是人力车夫，其次是学徒、拾煤、铺伙、茶役、搬运、做假花、马车夫、卖菜、警察等职业。在他们的家庭生活费用中，各项支出所占百分比大致为食品费 71.2%，房租 7.5%，衣服费 6.8%，燃料费 11.3%，杂费 3.1%。[1] 可见，普通警察的生活水平与一般工人相似，属于社会中比较低下的阶层，基本在力求温饱的水平维持，尽管他们的支出已经很低，但还经常出现入不敷出的情况。正如内政部调查所言："我国警察平均每人每年所得之薪饷，普通言之，大抵月饷分十一、十二、十三元三等……以此区区之数，除本人每月膳费外，所余微款，只足充作理发沐浴鞋袜等零用而已，如遇疾病、庆吊及家庭赡养等费，则无从出矣。"[2] 据北平社会调查所的调查，一般警官、银行公司小职员、书记、录事与小学教员每月进款相差无几，可谓属于同一阶级，基本代表北平一部分下户及大部分中户的家庭状况，他们每月每家平均费用支出为食品费占 38.3%，房租 12.6%，衣服费 13.7%，燃料费 9.5%，杂项 25.9%。他们

[1]　陶孟和：《北平生活费之分析》，社会调查所，1930，第 27、33 页。
[2]　余秀豪：《警察行政》，第 229 页。

的主食以米面为主，占食品费的 61.2%，菜蔬占 11.1%，肉类占 11.9%，调和类占 9.9%，零食占 6%。① 普通警察与一般警察官吏之间生活水平层次上的差异由此可见一斑。至于高级警察官吏的生活状况，因他们人数较少，在整个警察群体中占比小，又因资料缺乏，故在此略述，但从他们收入及社会地位情况可以想见其生活水平属于社会上层。

在北京警察群体中，占多数的为普通警察，他们的收入总体比较低，只能维持最低限度的生活，扣除自己所需费用外，所剩的最多只能支持一两个家属的简单生活。北京警察工作忙碌而生活艰难，这在文学作品中有着形象的描述。老舍先生在《我这一辈子》中曾写道："巡警和洋车是大城里头给苦人们安好的两条火车道。……识几个字而好体面的，有手艺而挣不上饭的，只好去当巡警；别的先不提，挑巡警用不着多大的人情，而且一挑上先有身制服穿着，六块钱拿着；好歹是个差事。""当巡警是穷而文明一辈子；穷得要命，文明得稀松！"警察的生活困苦，"六块钱饷粮，扣去三块半钱的伙食，还得扣去什么人情公议儿，净剩也就是两块上下钱吧。衣服自然是可以穿官发的，可是到休息的时候，谁肯还穿着制服回家呢；那么，不作不作也得有件大褂什么的。要是把钱作了大褂，一个月就算白混。再说，谁没有家呢？父母——呕，先别提父母吧！就说一夫一妻吧：至少得赁一间房，得有老婆的吃，喝，穿。就凭那两块大洋！谁也不许生病，不许生小孩，不许吸烟，不许吃点零碎东西；连这么着，月月还不够嚼谷！""由哪面儿看，巡警都活该是鼓着腮梆子充胖子而教人哭不得笑不得的。"警察与其他行业相比，"一月挣六块钱，这跟当仆人的一样，而没有仆人们那些'外找儿'"。一旦当警察，还会有很多负面影响："你的儿子，因为你当巡警，不能读书受教育；你的女儿，因为你当巡警，也嫁个穷汉去吃窝窝头。"② 警察自己对此也有深刻认知："薪饷虽薄，职位虽微，一定要能什么苦都吃得，什么劳都耐得。寒风烈日，不过试验我们的精神。酸辛苦辣，正是增加我们的经验。一碗饭，三块萝卜干，更是我们惯常的生活。我们要能这样的吃苦耐劳，才可来干警察。"③

---

① 陶孟和：《北平生活费之分析》，第 11、86、88 页。
② 《老舍全集》第 7 卷，人民文学出版社，1999，第 525、527~528、561 页。
③ 周代殷：《警察的新生活》，第 13~14 页。

民国时期，受政局动荡的影响，北京城市经济与社会秩序很不稳定，警察薪饷时常被拖欠，这使警察生活更是难上加难。对此，报纸也多有报道。例如，1921 年 4 月《新社会报》载："北京社会最苦的行当，苦不过我们当巡警的了。最可怜不过，也是我们当巡警的。成天际当着这分儿苦差事，真是不敢松懈一步。不论风天雨天，雨里泥里，到了当差的时刻，也得要出去换这个岗，一站便是两三点钟。有了错处，轻者是挨罚，重者革退。出力冒险拼命，受气挨骂，受报纸的指摘，受人民的奚落，全是我们这一群人格不齐程度不够的巡警。论起巡警的津贴来，北京的巡警，由打有巡警那一年，就是那些个。直到现在，还是那些个。长官的挣项是日见增加，巡警的来龙儿，是固定不动。六七块的口粮到了手，展眼就精光，这月的亏空了不完，下月的锅又作下了。"① 1924 年 2 月《上海晚报》载："近畿军警欠饷，现已积欠六个整月之久，北京警察，皆有眷属，所恃度日者，仅有每月七八元警饷。平日赊欠，以资糊口，及至年关，亦须清理积久，此种困苦情形，又与其他机关不同，军警长官，连日会议，已将此情诉诸府院当局，只以盐余不易预放，即将军警欠饷之来源断绝。据闻截至今日（29）所指之款，分文无着。王克敏仍奔走筹划之际，至除岁时，若能领到八成，则可谓不幸中之大幸也。"② 1925 年 11 月《京兆日报》又载："京师内外城二十区及四郊各警署巡警月饷，自阳历九月迄今业已两月并未发放，一般长警大多数皆有家口，素赖警饷度生，现竟亏欠两月，其困难已达极点。"③ 1928 年 12 月，《顺天时报》也有报道："内外城郊各区队警察等，欠领之十月份五成饷糈，愆期日久，补发无期。现在十一月份警饷，业已到期，致一班贫苦警士等，平日专赖此区区饷银以养赡家口者，莫不望眼欲穿。兹闻公安局总务科，现在查核所收房捐款仅敷补发半个月警饷之用。因而奉赵局长交论，即将此款尽先补发所欠十月份五成警饷，以资接济，而维现状。"④ 1929 年 12 月，《顺天时报》又载："赵前局长任内积欠警饷十月、十一两月份迄今尚未补发，值

① 《生活闲谈　巡警诉苦》，《新社会报》1921 年 4 月 27 日，第 4 版。
② 彭明主编《中国现代史资料选辑》第 2 册，中国人民大学出版社，1988，第 54 页。
③ 《社会新闻　发放警饷之确期》，《京兆日报》1925 年 11 月 2 日，第 3 版。
④ 《公安局昨补放半月警饷　以所收房捐尽先补发》，《顺天时报》1928 年 12 月 1 日，第 7 版。

此米珠薪贵之际……为体恤以维持警察生活起见，拟将各区队警察等欠领之十月十一两月份饷糈，尽力筹措，决定于年终以前同时一律补发。惟筹措大宗现款殊属困难，故拟将欠领之十月份饷糈，改为发给公债券，以资调剂。"① 警察生活的困苦，在《北平风物》中也有记述："北平警察坏的时候，是在北伐前的一个阶段，正是北平朝秦暮楚，像走马灯似的局势，谁到北平，都是用火车往外载洋钱，谁也不管巡警的饥饱劳碌，脚上的皮鞋，两年不发一双，个个的皮鞋都张着嘴。"② 不仅薪饷时常被拖欠，警察还徘徊在失业边缘，一旦失业，其生活更难维持。1928 年 11 月报载："内外城各区署，前奉局令实行裁并后，所有各区署巡官长警等亦应照章缩编，以资节省饷糈，而期整顿。……闻此次被裁撤巡官长警，约计三千数百余名。但此项被撤差之贫苦警士，一旦失业，遂致使社会上加增一批穷民云。"③ 失业的警察无计可施，于是不得不靠拉人力车为生，困苦度日。正如老舍的小说所述："被撤差的巡警或校役，把本钱吃光的小贩，或是失业的工匠，到了卖无可卖，当无可当的时候，咬着牙，含着泪，上了这条到死亡之路。"④

对于警察生活的困苦状况，时人也曾多有感慨，不断呼吁改善警察待遇。如李士珍曾提出："警政人员之生活困难，工作忙碌，对于自身福利事项，每多无法顾及，驯至一遇变故，即感无法应付之苦，所以今后欲谋警察行政之能日趋正轨，警察人员之能久于其职，则对于警察补习学校、警察子弟学校、警察医院、警察工厂、警察图书馆、警察俱乐部、警察家族宿舍等之设立，实为必要之措施。"⑤ 学者郑宗楷曾将警士与当时其他职业的待遇做过对比，进而指出："平时所得的物质报酬，已不能维持其最低限度的生活，使警士们时时刻刻感觉得苦闷和贫穷，没有心思拿事情当事情办。如果物价猛涨，越发入不敷出，若与其他职工，如汽车夫、邮差、印刷工头及其他待遇较好的工人们，真不堪比较了。凡是关心警界前

① 《公安局筹款补放欠饷　十月十一月一律补发》，《顺天时报》1929 年 12 月 12 日，第 7 版。
② 陈鸿年：《北平风物》，第 55 页。
③ 《公安局训令各区警察实行缩编　裁撤巡官长警计三千余　已于昨日上午发表实行　并决定令七百名巡警退伍》，《顺天时报》1928 年 11 月 24 日，第 7 版。
④ 《老舍文集》第 3 卷，人民文学出版社，1982，第 4 页。
⑤ 李士珍：《警察行政之理论与实际》，第 149~150 页。

途的国民，都应当想一想，为什么给警察以'更夫''扫地夫''夫役'的待遇，而使他负着很重大的责任呢?""以每月连伙食在内只有十元左右的待遇，怎样使他们激发天良，努力工作呢?"① 松井茂也指出:"国家对警察须施以相当之修养与训练，并须巩固其地位，优厚其待遇，使无后顾之忧，得以专心从事为要着。"② 学者们的提议是很有见地的，实际上，普通警察生活的困苦也确实直接影响了其工作效能。有研究显示，在近代北京犯罪报案与破案的比例为 22∶10，破案率低的原因之一是警员经常被欠薪，这一点不容忽视。③ 严景耀在《北京犯罪之社会分析》中也明确指出:"搜查犯罪的警察，本来每月靠着八九元大洋维持自己的及全家的生命。现在欠饷不发，已有六月以上，家中嗷嗷待哺，当然专忙着解决自己生活问题，对于不能维持生活的公务，当然不能用全副精神，来尽他们应尽的责任，而对于犯罪的搜查，势必漫不经心，再加对于新式搜查犯罪的专门方法的训练和设备，非常缺乏，桀黠之辈，一方为自己饥寒所迫，一方乘警察疏懈之际，怎么叫他不猖獗起来，以济目前之急呢?"④

当然，现代警察是特殊的公务人员，自创建以来，政府即注重对其进行规范管理，在着装上力求整齐划一，警察服装就由政府统一制发。这无形之中也成为警察的一种隐形福利，使他们在服装费上减少了部分开支。据《大公报》记载，1904 年 11 月，因天气寒冷，所有五城站岗巡勇及洋操勇丁一律颁发羊皮号衣、新靴、头巾等。⑤ 1906 年 1 月，北京外城巡警大半均改洋装，"惟内城巡捕仍戴缨帽，殊为不合，由巡警部札饬各段巡捕不日将改西装，以归一律"。⑥ 1911 年 4 月报载，民政部尚书为划一巡警观瞻，拟将京师巡官长警一律改着夏季警服，换戴新式草帽，以资整齐，并通咨内外城厅查照办理。⑦ 进入民国后，警察服装样式更为规范，

① 郑宗楷编著《现代警察之理论与实际》，第 3 页。
② 〔日〕松井茂:《警察学纲要》，第 63 页。
③ 严景耀:《中国的犯罪问题与社会变迁的关系》，吴桢译，商务印书馆，2019，第 19 页。
④ 严景耀:《北京犯罪之社会分析》，李文海主编《民国时期社会调查丛编（一编）·底边社会卷》（上），第 232 页。
⑤ 《中外近事　北京　颁发勇衣》，《大公报》（天津版）1904 年 11 月 23 日，第 2 版。
⑥ 《时事　北京　内城警务政策》，《大公报》（天津版）1906 年 1 月 14 日，第 2 版。
⑦ 《闲评二　北京　是亦整顿警政之一斑》，《大公报》（天津版）1911 年 4 月 26 日，第 5 版。

随时令变化而调整，这在一定程度上也反映了政府对警察生活的照顾。据1916年10月报载，京师警察厅因时届深秋，长警所着夏季制服应更换，遂通令各区队："本年冬季青色制服业经制齐，即于三四五六七八等日分别赴厅承领，定于10日早一律更换。"① 1925年11月报纸又载，因时届冬令，天气渐寒，警察总监朱深特饬令军装库赶速做冬令衣服，俟做成后，即发交各区，计巡官每名发卫生衣裤一身，巡警每名皮坎肩一件，以资御寒而示体恤。② 1928年11月，《顺天时报》又刊消息，北平特别市公安局局长赵以宽训令各区队，具名册按人额承领警察冬季制服，并令于11月1日早5时一律更换，昼间出勤者一律是黑色制服，夜间每人加棉褂大制服一件。③

除制发警察服装外，政府在管理警察休假及退休方面也都相继出台一系列规章条例，这些规定对警察生活也产生了一定影响。其中，关于警察休假，1906年《内城巡警总厅章程》规定，"巡官长警以七日更番休息一次，每月由事务所列表呈警事股查核。巡官等请假必须禀明厅丞批准。事假非婚丧大故不得逾三日，病假不在此限，惟须令本所巡官查明属实，分别呈请批准。巡官长警非休沐日而因私事告假者，计日扣除月俸，惟孝假百日仍照旧章发给半俸以示体恤"。④ 1914年12月，京师警察厅颁布《重订区署办事规则》，规定："署长署员办事员每一星期内得轮定日期各休息一日，其班次以别表定之"。⑤ 1929年12月，北平市府令修正《北平特别市公安局巡官长警请假规则》，规定"亲丧大故给丧假十五日，本身完婚给婚假十日，但须由本管长官切实证明。因病请假在五日以内者不扣薪饷，但须取具医员诊断书，经本管长官切实证明，否则以事假论。因事请假者，每月不得逾三日，并应按日扣除薪饷"。⑥ 关于各级警官及长警的给假，无特别规定时依《政府职员给假条例》办理。其规定："一、

① 《京兆　警察更换服制确期》，《大公报》（天津版）1916年10月5日，第6版。
② 《社会新闻　警察厅体恤长警》，《京兆日报》1925年11月11日，第3版。
③ 《北平各区警察今日换装　现届天寒改冬季制服》，《顺天时报》1928年11月1日，第7版。
④ 《核定内外城巡警总厅设官治事章程及有关奏稿》，中国第一历史档案馆藏，巡警部档案，档案号：37-1-3。
⑤ 京师警察厅编《京师警察法令汇纂》（总务类），第24页。
⑥ 《北平特别市公安局法规汇编》，北京市档案馆藏，档案号：J181-001-00401。

事假。每年合计，准给事假二星期，逾限按日扣薪；但亦有例外。二、病假。平时病假每年合计准给三星期，逾限得以所准事假抵销；不足抵销时，按日扣薪。但遇重病，得再延长五星期。请病假时，须添附医生证明书。战时病假，以患重病，不堪任职，经医生证明属实者为限。三、婚丧假。婚丧大事，得酌量路程之远近，给假若干日。警察人员依其职务性质而言，维以充实名额，不许休假为原则；但依本条例规定，服务满一年，勤劳称职者，得给予一个月休息假；满二年，绝少请假，勤劳称职者，给予二至三月之休息假，是为特别休假。"① 北平沦陷后，日伪警察当局对警察休假也做了相关规定。1940 年 5 月日伪政府制定《北京特别市公署警察局职员请假实施办法》，明确 "各职员遇有重病不能服务者，应检同医生诊断书并照前条规定填具假单呈候核给，其轻微病症者照常服务不得请假。各职员遇有婚丧大事请假者，除往返路程期间外，婚假至多不得逾十五日，丧假至多不得逾一月，婚假限于本身，丧假以父母祖父母为限，其他尊亲属之丧概不得请假。凡婚假丧假以及事假不逾十日，病假不逾一月者，不扣薪俸，但逾本条规定因有特别情形经呈请核准免扣者不在此限。"② 可见，因职业的特殊性，警察假日安排受到很多限制，很少有可以自由支配的闲暇时间，这直接影响到他们的日常生活，使其生活总体缺乏休闲时光，紧张感较为明显。

关于警察的退休安排，1936 年 5 月北平市府令核准通过《北平市政府公安局巡官长警退休规则》，规定："本局所属巡官长警年逾六十岁以上者应予以退休，如系精力强健尚能胜任，经考核属实者得暂缓之，但不得延至六十五岁以上。"对核准退休的巡官长警给予恩饷："在职十年以上者给予恩饷三个月；在职十五年以上者给予恩饷四个月；在职二十年以上者给予恩饷五个月。"③ 北平沦陷后，日伪警察当局制定《北京特别市公署警察局巡官长警退休规则》，基本承袭之前北平公安局制定的条例，

① 郑宗楷：《警察法总论》（增订本），第 74~75 页。
② （伪）北京特别市公署参事室编《北京特别市市政法规汇编》第 3 辑，"第三类　警察" 第 15~16 页。
③ 《北平市政府公安局巡官长警退休规则》，《北平市市政公报》第 353 期，1936 年，"法规" 第 5 页。

规定："凡年老巡官长警于核准退休后，照现支月饷数目依下列之规定给予恩饷：一、在职十年以上者给予恩饷三个月；二、在职十五年以上者给予恩饷四个月；三、在职二十年以上者给予恩饷五个月。"① 这些规定给予退休警察一定的福利，对他们的生活也有些许补助作用。

此外，警察还享有一些公益福利，这对其生活也有一些帮助作用。例如，在就诊方面，北京警察享受一定优待。据《改定内外城官医院章程》规定，"巡警人员着有制服者、持有巡警官署执据者由号房给予特别号牌，即时入诊不论次序"。② 1936 年，为使无力医病的警察便于疗治，北京市公安局设立警察医院。"凡警察局及各区队人员本身患病，免费治疗，住院者，日仅收饭费二角。"③ 警察医院的病房共分三等，头等房三间，床位三个，二等房三间，床位六个，三等房七间，床位十四个。此外，还有特别病房一间，病房等级按入院警察疾病之轻重分配。警察医院的医治范围，暂以警界人士家属为限，完全免费进行治疗。④ 这为警察健康疗养提供了很大便利，警察得病后能够安心诊治，缓解病痛。沦陷时期，日伪警察当局为维护统治，也设立了警察医院，免费诊治，并制定《北京特别市公署警察局警察医院组织章程》，规定："本院开办费由警察局呈请市公署指定专款支用，经常费由警察局按月函警察共济社由救济余款项下拨用，如有不敷，由警察局按月筹拨补助。"⑤ 在警察子弟教育方面，北平市公安局开设民众学校免费招收警察子弟入学，这在无形之中为警察解决了一些后顾之忧，减轻了他们的生活负担。据 1934 年《北平市政府公安局民众学校招生办法》载："本局办理民众学校，原为教育警察子弟，减少警士担负，而无形中提高警察待遇，故民众学校招生应尽量收容警察子弟。警察子弟报名者，得免其入学试验（即全数录取），惟须受编级试验。警察子弟报名投考，须由区署或队部介绍证明，以防冒充。"⑥

---

① （伪）北京特别市公署警察局编《北京市警察法规汇编》（1），第 127 页。
② 内城巡警总厅卫生处编纂《京师警察法令汇纂》（卫生类），第 39 页。
③ 吴廷燮等纂《北京市志稿》（民政志），第 445 页。
④ 《平市警察医院开幕》，《北平医刊》1936 年第 4 卷第 9 期，第 37~38 页。
⑤ （伪）北京特别市公署警察局编《北京市警察法规汇编》（1），第 75 页。
⑥ 《北平市公安局关于民众学校为救济警察子弟面议令警察子弟入学的训令》，北京市档案馆藏，档案号：J181-020-13311。

在维持警察基本生活方面，1935 年 4 月北平市公安局成立警察共济社，以"现任警察职务者互相济助"为目的，从事警察死亡及遗族助济、医疗助济、废疾助济、遭故助济、因老退职助济和其他关于助济一切事项，凡现服本市警察职务者皆为社员。根据《北平市政府公安局警察共济社助济金给与准则》规定："本社社员有下列情形之一者得由其本人或遗族或由其直属上官代请助济金：一、身故无资棺殓或其遗族须救济者；二、久病无资医治者；三、残废无力自给者；四、因老退职贫苦无依者。"① 1936 年 5 月，警察公墓建成，还建有礼堂，凡因公殒命员官警士均设位，于每年春秋两季致祭之。② 在北平沦陷后，日伪警察当局特设警察专款委员会，以保障警察饷源，并制定《北京特别市警察专款委员会章程》，明确警察专款系指下列各项："一、全市房捐；二、娱乐场之附加捐；三、牲畜检验费；四、其他警察局所管收入。"③ 抗战胜利后，1946 年 12 月北平市警察局为增进员警健康暨便利员警沐浴理发起见，先后设立沐浴室及理发部，规定沐浴时间为每星期一、三、五、日上午八时至下午六时，理发时间为每日上午八时至下午六时，予员警便利甚大。④ 1947 年，北平市警察局增加了员警福利，主要包括扩大消费合作社、生产机构，增辟农场，成立眷属工厂和员警助济会等。其中，眷属工厂筹设于 1947 年 1 月，旨在为员警眷属提供工作，以减轻其负担，安定员警生活，出品主要供给员警使用。因当时资金筹措困难，先设立缝纫部，置机器四架，收容眷属女工 9 人。后又多方筹措资金，得一亿之数，于 5 月中旬增设织巾织袜机两部，购置毛巾机、织袜机各 40 架，招募技工 50 人，收容眷属 68 人。⑤ 员警助济会于 1947 年 1 月组设成立，助济范围包括婚嫁、生育、伤病、退休、死亡五方面，后因基金欠裕，核定婚嫁、退休两

① 《北平市警察局令发拟制特工学术班计划、警察共济社规则、警察公墓章程》，北京市档案馆藏，档案号：J181-017-00042。
② 蔡恂：《北京警察沿革纪要》，第 65 页。
③ （伪）北京特别市公署警察局《北京市警察法规汇编》(1)，第 83 页。
④ 北平市政府警察局编《一年来之北平警政》，第 37 页。北京市档案馆藏，资料号：ZQ012-002-00147。
⑤ 北平市政府警察局编《一年来之北平警政》，第 38 页。北京市档案馆藏，资料号：ZQ012-002-00147。

项暂缓施行。其助济标准是："一、婚嫁。员官为半个月薪津，长警公役为一个月饷津。二、生育。员官为全月薪津四分之一，长警公役为半个月饷津。三、伤病。员官本身为一个月薪津，长警公役为二个月饷津，直系亲属减半。四、退休。服务五年以上者，一个月薪饷津，十年以上者，每五年增加半个月薪饷津。五、死亡。本身或父母助济金额，员官一个月薪津，长警公役两个月饷津，其本身因公死亡加倍，如系直系亲属（不含父母）减半给与。"① 助济会运行半年后，据统计，"请求人数 284 人，与章相合准予助济 269 人，与章不合不予助济 15 人，伤病员警包括亲属助济 10 人，死亡员警包括亲属助济 79 人，生育员警助济 180 人，征收助济费金额共 47048541.29 元，支出助济费金额 34791253.00 元"。② 另外，北平市警察局接管西郊新市区房舍一部后，还筹建警察新村，帮助解决员警住所困难问题。待员警家眷迁入后，即筹办子弟学校及托儿所，还拟将工厂迁移该处，俾使眷属就近工作，以期员警亲有所养，子有所学，家口均能自力更生，无后顾之忧，可安心工作。③

在婚姻方面，警察职业的危险性，加以普通警察待遇低下，使他们可选择对象的范围很受限制，在社会上不受欢迎。在老舍先生的《我这一辈子》中，主人公是一名巡警，他对警察的婚姻问题多有感慨："我常给同事的做媒。当我一到女家提说的时候，人家总对我一撇嘴，虽不明说，但是意思很明显，'哼！当巡警的！'"④ 简单的言语把巡警在婚姻这个问题上被社会轻视的状况刻画得淋漓尽致。巡警对自己的情况也有清楚的认知："一月除了吃饭，净剩两块来钱。他自己也知道中气不足，可是不能不硬挺着腰板，到时候他得娶妻生子，还是仗着那两块来钱。提婚的时候，头一句是说：'小人呀当差！'当差的底下还有什么呢？没人愿意细

---

① 北平市政府警察局编《一年来之北平警政》，第 39 页。北京市档案馆藏，资料号：ZQ012-002-00147。

② 北平市政府警察局编《一年来之北平警政》，第 69 页。北京市档案馆藏，资料号：ZQ012-002-00147。

③ 北平市政府警察局编《一年来之北平警政》，第 42 页。北京市档案馆藏，资料号：ZQ012-002-00147。

④ 《老舍全集》第 7 卷，第 527~528 页。

问，一问就糟到底。"① 巡警这一职业不仅影响自身的婚姻，还连带着影响到子女的结婚问题。正如《我这一辈子》中阐述的那样："巡警的女儿天生来的得嫁给巡警，八字造定，谁也改不了！" "在我四十五岁上，我娶了儿媳妇——她的娘家父亲与哥哥都是巡警。可倒好，我这一家子，老少里外，全是巡警。"② 男警察的婚姻状况如此，女警察的婚姻同样没有多少改观。据载，北京市一女警偶闻某女警察嫁给某老百姓以后，街谈巷论多有加女警以秽语者，心有所感，写了《女警察婚姻问题》一文寄往《警声》杂志，希望警察当局加以注意。对该女警对于警察婚姻的感慨，当局的回复是："女警士与男警士同是国家的公务员，在执务时，并没有什么分别，在个人的婚姻上，那是私人的行为，不涉及他的身份关系。……至于女警非要嫁给男警察不能避免讥诮的话，那正是给一段实行家来作自圆掩饰罢了！要知道婚姻与做事，是两件事，以现在一个警士的收入，要结婚组织家庭，那是一件很不容易的事……希望研究婚姻问题的女同志们要再四想想才好！"③ 可见，警察的婚姻状况是和他们清贫的物质生活密切相关的。由上，我们可以大致想见近代北京警察物质生活的一般概貌。

二 精神生活

现代警察自创立以后，就肩负管理社会治安、道路交通、消防安全、公共卫生、慈善救济等众多事务，任务繁重，职责关系重要。蒋介石曾说："（警察）对于管辖区域内之住户行人，除应尽力维护其治安与秩序外，即卫生清洁及行动态度，一切事项，尤应切实注意，负责纠正，方足克尽警察之责。"④ 职业的特殊性，使警察的假日很少，休息时间很不固定，而且具体的工作职责、权限均有详细章法约束。比如，清末巡警部制定《警察官须知》，规定："警察官之职不独上班当差奉公尽职，即寝坐时亦不宜稍耽安逸。"《巡警须知》规定："巡警之为职较劳，其受罚亦视他官倍酷，如三昼夜七十二点钟巡警轮班当差，每班阅二十四点钟之久，

---

① 《老舍全集》第 7 卷，第 528 页。
② 《老舍全集》第 7 卷，第 558~560 页。
③ 《问答：女警察的婚姻问题》，《警声》第 3 卷第 1 期，1942 年，第 26 页。
④ 郑宗楷：《警察法总论》（增订本），第 14 页。

其余之四十八点钟尚须练习操法稽查户口，较之其他官吏，三昼夜所服之事不过十八点钟，每至礼拜六及礼拜日即又放假休沐，平时上衙稍迟，亦不致遽遭呵责者，其劳逸之相去不可同日语矣。"① 1906 年，《内城巡警总厅章程》规定："巡官长警等除休息之日均应常川住所，以重职务，由所员随时抽查，如有旷误，立即惩罚示儆。"② 进入民国后，京师警察厅1914 年订正《各区巡官巡长职务章程》，规定："各线路巡官承上官之指挥命令督饬各长警勤务。各线路巡官巡长每昼夜至少周历所管界内二次。各线路巡官巡长遇有非常事故须即刻临场。"③ 同年 10 月修正的《各区巡警职务章程》规定："当差巡警每日服务二次，每次六小时，服务之法分守望、巡逻、值班三种。"④ 章程还对"当差巡警应当场拿捕各事、竭力保护各事、绝对禁止各事、在出火之所应留心照顾各事、随时盘诘各事、当黎明或傍晚时宜加意察看各事"等均做了详细说明。这年 12 月，京师警察厅还颁布了《重订区署办事规则》，规定："署长署员办事员应常川在署指挥办理本区一切事务。署长署员办事员须轮日稽查所管区域及分驻派出各所一次，其巡官巡查班次另定之。"⑤ 1930 年 3 月，内政部公布《警长警士服务规程》，其中规定："警长应在所管区域内时常巡视，并详察其情状。守望及巡逻警士应将每日所见情状及所办事务，分别登记于日记表，报由警长盖章转报查核，但遇有紧急事故，即须当时报告。"⑥ 由上可知，警察的工作任务十分繁杂，管辖范围宽泛，工作量重，工作要求细致。而据甘博的调查，1910 年代北京的警察人员配备情况为："与警察组织有关的人员总数为 9789 人。这意味着每 1000 个北京居民中有 12 名警察，市区每平方华里有 50.5 名警察（或每平方英里有 395 名警察）。各警区的

---

① 《巡警部警政司行政科、军机处关于酌设协巡、探访队事给巡警部的片及"组织探访队办法" 巡警部为拨用銮仪卫空房事的奏稿》（1905~1906 年），中国第一历史档案馆藏，巡警部档案，档案号：37-2-1。

② 《核定内外城巡警总厅设官治事章程及有关奏稿》，中国第一历史档案馆藏，巡警部档案，档案号：37-1-3。

③ 京师警察厅编《京师警察法令汇纂》（总务类），第 64 页。

④ 京师警察厅编《京师警察法令汇纂》（总务类），第 65 页。

⑤ 京师警察厅编《京师警察法令汇纂》（总务类），第 24、26 页。

⑥ 李士珍主编《增订警察服务须知》，第 186~191 页。北京市档案馆藏，资料号：ZQ012-002-00086（一）。

警察人数不等，天坛以东农业区的外左四区每平方华里有 11 名警察，前门附近人口最稠密地区之一的外左一区每平方华里有 105 名警察。内左四区每 1000 居民仅有 3 名警察，而中二区每 1000 居民有 19 名警察。"① 显然，北京警察人力有限，从警察官警数与市民人口数的比较中可见一斑。在这样的情况下，要维护好社会秩序，警察超负荷工作无疑是一种必然现象，由此可以看出北京警察工作的环境并不轻松，甚至可以说有压力。

近代北京警察在街头巡逻守望，处理各种违警案件，其被伤或者受到不法分子携带凶器或危险物品威胁的情况不可避免。警察执行公务的过程中存在一定的危险，而事实上警察遇险的案件也时有发生，这使警察经常在精神上常处于紧张状态。例如，据《大公报》载，1915 年 6 月，打磨厂中间翟家口外站岗巡警在指挥人力车时，被身后驰来的一辆汽车撞倒，轧伤胸胁，该警口喷白沫，立失知觉，后由他岗巡警赶至，将司机人拘住，巡逻长警将受伤巡警抬往医院救治，幸不致危及生命。② 1925 年 10 月，《京兆日报》刊登消息，在西长安街西头地方，内务总长的司机以内右二区交通队巡长鄂德山指挥过慢，有误前进，因而发生口角，司机喝令跟车人一拥上前，将巡长扭倒在地，拳脚交加，结果巡长头破血流，不能起立。此事后经报告警察厅总监，饬令将司机与跟车人一并逮捕送厅惩办。③ 除此之外，在近代北京，受时局动荡影响，社会治安形势复杂严峻，警察在这种氛围下履职，更具风险，因公伤亡的情况很多。据统计，1925 年北京警察在职工作期间死亡警察官 2 名、巡官长警 39 名、雇员 1 名、协助人民 1 名；负伤警察官 1 名、巡官长警 18 名。④ 1932 年，北平市公安局因公死亡员警 2 人，受伤员警 14 人。⑤ 1934 年，北平市公安局因公负伤警官 2 人，死亡员警 2 人，负伤员警 7 人。⑥

① 〔美〕西德尼·D. 甘博：《北京的社会调查》上册，第 62~63 页。
② 《闲评二　北京　汽车撞伤巡警》，《大公报》（天津版）1915 年 6 月 10 日，第 5 版。
③ 《社会新闻　总长司机殴警察》，《京兆日报》1925 年 10 月 14 日，第 3 版。
④ 北平特别市公安局编制《中华民国十四年前京师警察统计图表》，北京市档案馆藏，档案号：J181-004-00034。
⑤ 内政部编《民国二十一年度全国警政统计报告》，第 25 页。
⑥ 内政部统计处编《民国二十三年份全国警政统计报告》，1936，第 37 页。北京市档案馆藏，资料号：ZQ012-002-00128。

在警察组织内部，对于警察管理制定有一系列严格的规章，其中有对警察执勤服务的要求、行为规范，也有关于警察工作考核、值勤奖励与惩罚、职务晋升与斥革等的规定，这些法规章则一方面有利于警察管理系统化与制度化，但另一方面也给警察工作营造了相对紧张的氛围，无形之中使警察承受了更大的工作压力。例如，1905 年京师内城工巡局通过《各局所巡查站岗赏罚章程》，规定"本局警巡及各段警巡等如督催不严巡查不力，或代各段徇隐者，一经查出，申请罚惩，如果始终奋勉三月无过者，分别奖励。本局及各段巡长等如有督促不严巡查不力，或代巡段徇隐者，查出记过一次，情节较重者，另行核办，如能始终勤奋三月无过者，分别奖励。各长捕等如果恪遵警章认真当差异常勤奋不避劳怨者，即以所罚入款分别奖赏"。① 1907 年 2 月，民政部拟定《功过赏罚章程》，颁给各厅转饬各分区一律遵行，其中赏例三则为记功、加饷、拔升，罚例三则为记过、减饷、降革。民国时期，1914 年 5 月发布《巡官长警赏罚章程》，规定"犯下列各项之一者斥革：违抗上官职权内之命令者；遗误紧要公事者；擅离职守者；冶游宿娼者等"。② 1929 年，北平特别市公安局制定《各区巡逻箱暂行办法》，指出："本局为考察各区服务勤惰起见设置巡逻箱，专备巡官长警于巡逻时投入巡逻签之用。此项巡逻箱各区署得斟酌情形设置于各段之空旷或偏僻处所，以防偷减线路之弊。每届旬日应由各区署将此十日内巡逻长警职名及投入签数列表函送第四科考核。"③ 1932 年 6 月，内政部公布《警察奖章条例》。1934 年 4 月，北平市府令核准通过《北平市公安局巡官进级简则》和《北平市政府公安局长警进级简则》，对巡官长警的考核进级条件及规则进行了详细说明。北平沦陷后，日伪警察当局也曾制定《北京特别市公署警察局长警进级简则》，规定："长警进级分拔擢进级及先任进级两种。合于下列各项之一者得拔擢进级：一、依照巡官长警奖惩章程经记升二次者；二、不避危难不顾生命

① 《内城工巡局咨送各局所巡查站岗及办理各国使馆服役华人章程（1905 年）》，中国第一历史档案馆藏，巡警部档案，档案号：37-1-12。
② 京师警察厅编《京师警察法令汇纂》（总务类），第 136、141～142 页。
③ 北平市政府编审室编印《北平市政府公报》第 6 期，1929 年，第 154～155 页。

具有特殊功绩者。先任进级应依服务年限及平日考绩审核办理。"① 诸多法规章程为约束与规范警察履职提供了指导原则，也为监督考核警察工作提供了依据。据统计，1935 年上半年，北平警察官吏受奖励 470 人，受抚恤 4 人，受惩戒 156 人，员警受奖励 1543 人，受抚恤 32 人，受惩戒966 人。② 但诸多规章也使警察感受到了比较沉重的压力，精神长期处于紧张状态。老舍先生在《我这一辈子》中也曾描述："巡警们都知道自己怎样的委屈，可是风里雨里他得去巡街下夜，一点懒儿不敢偷；一偷懒就有被开除的危险；他委屈，可不敢抱怨，他劳苦，可不敢偷闲，他知道自己在这里混不出来什么，而不敢冒险搁下差事。"③ 在北京当警察不是件容易的事，小说《狼烟北平》中的巡警方景林对此也深有体会："他要时刻警惕责任区内出现的突发事件，只要是治安案件以及与治安有关的事情都属于方景林分内的事，稍有闪失上司就会怪罪，他的前任就是这样丢了饭碗。"④

警察在履职过程中，要同社会的各个阶层打交道，复杂多样的状况使其在处理各种业务时耗费大量的体力和精力，时常有疲惫之感。此外，因警察素质的参差不齐，警察群体中不免出现一些负面事件，媒体对此加以宣传报道，势必会影响到社会对整个警察群体的认识，使民众对警察产生不满，进而对警察工作缺乏理解和支持，这反过来又会影响到警察履职。特别是在北京，倚仗权势故违警章的事情时有发生，更加大了警察履职的难度。受到社会各界多种因素的综合影响，北京警察的工作开展着实不易，除了身体劳累外，心理也备受煎熬。难怪老舍先生在《我这一辈子》中慨叹："总而言之吧，在这么个以蛮横不讲理为荣，以破坏秩序为增光耀祖的社会里，巡警简直是多余。"⑤ "我的儿子楞可去拉洋车，也不去当巡警；我这辈子当够了巡警，不必世袭这份差事了！"⑥ 长期处于这样的工作状态中，警察尤其是基层普通警察的精神压力日渐加大，心理健康问

① （伪）北京特别市公署警察局编《北京市警察法规汇编》（1），第 161 页。
② 内政部统计处编《民国二十四年上半年份全国警政统计报告》，第 24~27 页。北京市档案馆藏，资料号：ZQ012-003-00030。
③ 《老舍全集》第 7 卷，第 528 页。
④ 都梁：《狼烟北平》，第 15 页。
⑤ 《老舍全集》第 7 卷，第 542 页。
⑥ 《老舍全集》第 7 卷，第 558 页。

题随之日趋严重。所谓警察心理健康，指警察在工作、生活和学习中表现出来的积极向上的心理状态，它是多种心理因素的统一体，经常的、习惯性的内心活动与外显行为的一致。① 警察是一个压力密集型职业，需要健康的心理做保障。警察心理健康对工作具有积极影响，有助于改善警察生活质量，提高警察战斗力，密切警民关系，预防警察违法犯罪。② 而警察的心理健康一旦出现问题，其负面作用也是非常显见的，需要整个社会给予关注。

在近代北京，据 1926 年的调查，普通警察与一般工人境遇类似，处于社会中比较低下的阶层，他们的生活基本只能维持温饱，精神娱乐开支非常少甚至几乎没有，统计的 48 个工人家庭 6 个月内每家平均的娱乐开支仅为 0.01 元，占杂费支出不及 1%。一般警官与小学教员、书记、录事及银行公司小职员等属于同一阶层，他们一个月的杂费支出中娱乐费仅占 1.9%。③ 由此可见，北京警察长期处于高强度的工作状态中，精神压力很大，但是收入状况又限制其娱乐消费，结果精神高压难以释放甚或缓解，日积月累则直接影响他们的精神心理状态。而且民国时期，北京政局动荡，城市经济发展很不稳定，警察原本薪饷收入就低微还时常被拖欠，甚至不时有失业的危险，这使生活更是难上加难，尤其是基层的普通警察，他们的心理问题日益加重，造成他们恐慌或者无奈另谋出路，缺勤、离职现象因此时常可见。例如，1912 年 3 月《大公报》载："内外城警厅归并之议，民政部以经费支绌决定实行，已会同两厅丞筹商办法。惟闻两厅归并之后所有现用人员须汰去三分之一，故该员等又复大生恐慌。"④另据文献载，1919 年司法处刑事所一等巡警陈自新加饷一元三角试署巡长，因家中艰难另谋他差，未经告退而擅行离差，在拘留所被羁押三个月有余，实无他法，"仍得跪求恩施赏还原差，以活全家生命"。后总监鉴于其平素当差尚称得力，训令撤去其试署巡长，仍留一等巡警原差，以观后效。⑤ 当

① 张振声：《现代警察心理学：一种心理选拔和训练的观点》，中国人民公安大学出版社，1999，第 631 页。
② 宋小明主编《警察心理健康与心理保健》，第 84 页。
③ 陶孟和：《北平生活费之分析》，第 34~35 夹页 "第十一表"、35、86 页。
④ 《闲评二　北京　警厅归并之决定》，《大公报》（天津版）1912 年 3 月 27 日，第 5 版。
⑤ 《刑事所巡官张德忠关于巡警陈自新未经批准开差私自回籍情况的报告》（1919 年），北京市档案馆藏，档案号：J181-031-00148。

警察对生活现状的满意度较低时，离职另谋出路既是他们力图改变所处环境的一种抗争，同时也是一种生活压迫下的无奈抉择。对此，研究者也深有体会，指出："警察勤务繁重，危险很多，不能同大兵一样看待，但今日北平的警察的待遇，较军队中之穷苦的兵士，所差无几，因此很好的有训练的警察，多'改就他业'或'另适他处'。"①

警察担负的工作任务既繁多又琐碎，而其收入却很低，尤其是基层的普通警察，受政府财政危机的影响，微薄的工资还时常被拖欠，生活无所保障，加之严格的管理要求使他们备感生活与工作的双重压力，身处此种境遇，能够咬牙坚持的继续无奈任职，另一些无法承受的即在压力之下精神崩溃，甚至出现自杀的严重后果，或者蜕变成像衙门差役那样为非作歹。这也引发世人关注，报纸上常有报道。例如，1928 年 11 月《顺天时报》载，"前门外先农坛外松树上，有一年约三十余岁，身穿制服之警察，在树上栓套自缢寻死。经一行路菜贩看见，放下菜担，大声呼救。旋有该管第二寄宿舍巡长苍善福、白钟岳等闻声赶来，将该警察解救，幸未殒命。查看该警，系本区巡警李郁文，询其寻死原因，据称因家中人口众多，生活维艰，伊近又患病，缺衣乏食，更无医药之资，遂自寻死等情。"② 1930 年 5 月，《大公报》又载："宣武门内西顺城街，昨日（21日）有地方法院司法巡官金景铭因被公安局调换，虑及将来失业危险，一时情急，竟坠城自杀身死。（同日）又有地方法院司法巡警张达福因被调至内二区署服务，于赴区署报到后，领取保证书，乃觅铺保保证，以便到区服务，讵觅寻终日竟未找得铺保，且思及各区署现在警饷积欠三个月，法院方面则每日发饷，今若拨赴各区署服务，则必须待两三月后方能领薪，而一家大小势必有断炊之虞，因此焦灼万分，……（回家后）竟自一时心窄，悬梁自缢身死。"当检察官验尸时，由尸体衣服中搜出该法警绝命书一纸，情词极为凄惨："可怜我亲爱的三个儿子，可怜我共甘苦二十多年的贤妻，我实在对不起你们的，衙门每月挣十二块钱，尚可勉强养活你们母子，现在天翻地覆的大变了，再想那样安定的生活是没有了，

---

① 姜春华：《北平警政概观》，第 86 页。
② 《警察在先农坛松树上上吊　长警解救幸未死》，《顺天时报》1928 年 11 月 4 日，第 7 版。

难道说我看着你们挨饿吗，咳，还是口眼一闭，万事皆休，我实在害了你们，但是我又是谁害的呢。"① 这些鲜活的案例，使人真切地感受到警察生活之不易、精神压力之大。对此，美国学者史谦德颇有感触，曾写道："数起警察为养家糊口而盗窃被抓和因绝望而寻短见的案例，印证了他们所承受的这些压力。正如一位报社评论员所指出的，警察似乎已被来自四面八方的麻烦和压力所困扰：'出了事总是当巡警的不好，……（他们）上边受气，下边挨骂，两头为难。'"② 时人对警察生活境遇也曾有评论："警长警士，除有执行职务之服务规程外，并无职位保障之法规可资依据。免职事件，随时有发生可能。"③ 老舍先生笔下的巡警对自己的状况也深有认知："服务二十年后，你教人家一脚踢出来，像踢开一块碍事的砖头似的。五十以前，你没挣下什么，有三顿饭吃就算不错；五十以后，你该想主意了，是投河呢，还是上吊呢？这就是当巡警的下场头。"④ 警察生活如此，颇值得深思。

　　警察精神状况与其工作效能直接相关，其身处高压的情况也引发了社会各界关注，于是一些缓解警察精神困境的举措相继被提出。例如，北平市公安局在警察刊物上开辟《警察园地》栏目，专门刊登反映警察心声的稿件，使他们得以抒发内心情感。这确有一些收效，消防警察夏玉昆曾发文《劝游警察园地》，指出："我自从得了警察这块园地，吸收了一些新鲜空气，确是消去了许多烦闷，更换了许多精神，去掉了一切腐化思想，增进无限的兴奋和乐趣。……警察园地是为我们警察而设的，并无限制的地方，况且园地内的园丁，对我们素来是诚恳指导的，就是失了规矩，也不要紧，必定要使我们尽兴而返。"⑤ 时人也对改善警察精神生活提出建议："警察的精神生活，必要以道德观念为基础，以国民生活为

① 《北平又一法警自杀　张达福因失业而自缢　一封绝命书辞别妻儿》，《大公报》（天津版）1930 年 5 月 22 日，第 4 版。
② 〔美〕史谦德：《北京的人力车夫：1920 年代的市民与政治》，第 93 页。
③ 李士珍：《警察行政之理论与实际》，第 101 页。
④ 《老舍全集》第 7 卷，第 561~562 页。
⑤ 夏玉昆：《劝游警察园地》，《北平特别市公安局政治训练部旬刊》第 8 期，1928 年，第 36 页。

对象，毫无疑义！警察的精神生活，要以礼、义、廉、耻为基础。"[1] 抗战胜利后，北平市警察局对警察生活与精神面貌颇为注重，为振奋朝气，发扬正气，本着有功必赏、有罪必罚的精神，严厉矫正旧有积习，使员警精神颇能振奋，其不堪造就者，经严加甄别，予以裁汰。警察局对员警日常生活力求规律化，规定每日集体举行升旗礼后，分组运动半小时，以振奋其精神，锻炼其体魄，并严格要求员警按时到公，不得迟到早退，以养成遵守时间习惯，并提倡读书运动，砥砺学行，以造成有事做事，无事读书的风尚，"一年来服务成绩的表现，虽距理想尚远，果能持之以恒，必能与日进步"。[2]

概之，近代北京警察收入的状况决定了其物质生活的水平，普通警察与官吏间的等级差别使他们生活水平也有较为明显的区别。职业的特殊性使警察人员承担了较为沉重的精神压力，也一定程度影响到他们的生活状态。近代北京城市地位的变化，直接影响着城市警察的发展，也影响着他们的社会生活。南京国民政府开始统治之前，北京作为首都，统治者对警察的发展很重视，无论在招募、编制训练，还是在设施装备上均以"全国模范"的目标去创办，使其规模一时鼎盛，在社会中的影响与日俱增。南京国民政府执政后，北京警察的发展受到一定影响。这从警察经费的变化中也可见一斑。北京警察经费，1906 年时全年支出为 638000 余元，1907 年内外两厅共支出为 1781000 余元，以后逐渐增加。到 1925 年，增加到 4119000 余元，达到历史一个高峰。1928 年改制以后，北京警察经费一下缩减到 2315000 余元，接着又以收支不抵而陆续减低，至 1932 年仅余 2045000 余元，较之中盛时代不及半数。[3] 前后相比较，差距显而易见。而警察经费是否充足，直接影响到警察人员特别是基层长警的生活待遇。对近代北京警察生活状况的探究，无疑可以加深我们对这一社会群体的认识。

职业的特殊、生活的艰苦使警察承受了沉重的工作及生活压力，其生活质量因此大打折扣。提高警察的待遇，为警察创造一个和谐的工作环

---

[1]　周代殷：《警察的新生活》，第 1~2 页。

[2]　北平市政府警察局编《一年来之北平警政》，第 40 页。北京市档案馆藏，资料号：ZQ012-002-00147。

[3]　蔡恂：《北京警察沿革纪要》，第 109 页。

境，社会各界对警察工作多给予一些理解和支持，警察自身加强应对社会压力的能力，都是提高警察群体生活质量的重要途径。但是处于近代社会转型中的大多数普通警察是卑微的，他们无力改变社会状况，又无法寻求更好的出路，在诸多压力面前更多的是一种无奈承受。

第二节　警察地位

社会地位，按照《辞海》的解释，指人们在各种社会关系网中所处的位置，是对决定人们身份和地位的各要素综合考察的结果。这些要素包括个人的阶级归属、政治倾向、经济状况、家庭背景、文化程度、生活方式、价值取向及其所担任的角色和所拥有的权力等。① 根据这个定义，探讨近代北京警察的社会地位，可主要结合社会政治、经济、文化等因素以及民众印象、警察自我认知等方面进行阐述。

一　警察的社会政治地位

从政治上来说，现代警察的诞生是清政府为挽救社会统治危机而进行改革的产物，警察从一开始就天然担负起了为统治阶级服务的任务，是统治阶级进行统治的工具。鉴于警察职能的重要性，历届政府都对警察给予高度重视。1905 年 10 月 8 日，清廷鉴于巡警关系重要，下达上谕正式成立巡警部，"所有京城内外工巡事务，均归管理，以专责成"。② 在北京，巡警部下设内外城巡警总厅主管警察事务。巡警部设立后，即将全国的警察名目进行划一。除将巡长名目保留外，警巡改名为巡官，巡捕及巡警兵则一律改名为巡警。此外，为便于区别巡警与各督抚衙署中的巡捕差使以及京城的巡捕五营，巡警部还下令不准地方文武官员将巡警与隶役一律看待，以示巡警乃是指"肄习警学及办理警务著有成绩者"而言。③ 继巡警部之后，民政部主管全国警察行政，内外城巡警总厅改隶民政部，组织职权仍沿袭巡警部时期的旧制。而后，北京政府时期内务部成为总揽全国警

①　夏征农主编《辞海》（1999 年版缩印本），第 1911 页。
②　《清实录》第 59 册，《德宗景皇帝实录》卷 549，第 290 页。
③　徐世昌：《退耕堂政书》卷 4，第 178～179 页。

政的中枢机构，1913年内务部将京师内外城巡警总厅合并为京师警察厅，管理北京警察事项。南京国民政府时期，内务部改为内政部，统管全国的警察事务，京师警察厅改为北平特别市公安局，后来又改为警察局，负责北平地区的警政。

政府对警察行政的重视，不仅体现在设立专门警察机关，而且对具体的警察人员素质、行为规范、待遇等均给予关注，对警察人员执行职务、行使权力的基本界限进行划定，以保障其能正确理解国家意图，准确运用国家权力，为此政府制定了一系列的法规条例。例如，巡警部初建时制定有《巡警须知》《巡警礼式》《巡警勤务章程》《巡官长警饷制》等。北京政府时期，1914年改订《各区巡官巡长职务章程》，同年修正《各区巡警职务章程》等。南京国民政府时期，1928年11月内政部公布《警察官俸给暂行条例》，1930年3月公布施行《警长警士服务规程》，1934年6月颁布《警察须知》，1936年制定《北平市政府公安局巡官长警饷制章程》等。这些专门法规为警察履职服务提供了规范指导，对其职权进行了清晰界定，为其权益提供了保障，同时也为政府有效管理警察提供了法律依据，充分体现了政府对警察工作的重视。

政府对警察的重视还体现在警察教育，以不断提高警察素质，更好地使其为政府统治服务。清末在创设警察机构的同时，清政府即着手筹办警察教育机构。1901年，京师警务学堂创建，1906年改造为高等巡警学堂。1912年，内务部警察学校设立，1917年在警察学校基础上发展为京师警官高等学校。1928年6月，南京国民政府内政部接管京师警官高等学校，1934年该校由北京迁往南京。此外，近代北京还设有募警讲习所、警士教练所、官长讲习所等机构。这一系列警察教育机构经过多年发展，培养出了一批具有一定警察专业知识和业务能力的人才，为充实近代北京警察队伍以及提高警察素质做出了一定贡献。此外，为提高警察素质，政府还鼓励警察参加培训学习，并为之提供便捷。据报载，1910年5月民政部尚书拟选派身体强健且精明干练足智多谋的警官20员，送赴日本留学学习侦探警察。① 同年12月，报纸又报道："民政部尚书肃邸为整顿警政起

---

① 《闲评二　北京　拟派员留学侦探警察》，《大公报》（天津版）1910年5月15日，第5版。

见，刻拟将各厅人员均行甄别一次，凡非毕业出身者，均准其呈请入警务学堂肄业，一律给与官费，俟毕业后仍照旧日官阶坐补，以示体恤。"① 1916年，内务部为"郑重警务力求改良"起见，决定"由京师各区挑选曾经入学毕业之警兵300名，派往汉口入校肄业，俾资深造"。② 南京国民政府统治时期，北平市为加强教练警士，制定基本教练与临时补助两种办法。其中，基本教练办法为一次招募巡警300人先行送所训练，期满后分派区队服务，即以区队未受教育的警士轮流入学，以期普及，所授课程，依据部颁科目，参酌本市需要重新编订，以合实际之用；临时补助办法指对于已服务而一时轮流不及入学的警士，每日在退勤休息之余，责成各该区队酌定时间，授以警察常识及技术，以增进其知能。③ 抗战胜利后，为谋提高警察素质及健全警察本身，以适应当时形势需要，1946年下半年北平市警察局将加强警察教育列为重要中心工作，先后举办检查长警补充训练、分局队长警会操、分局队车警训练、分局队干部教练人员训练、员官射击技术训练、现任警官补充教育班等多种形式的教育活动，并加强新警招考训练，提高新警入学资格，应募者受教育程度由原定小学毕业改为初中毕业或具有同等学力者，新警受训时间也延长为六个月。④ 为提高警察素质，政府还努力培养模范警察，通过示范带动作用达到目的。据1915年1月报载，"内务朱总长以我国警察未见整饬，拟在北京编练模范警察队以为各省之表率，俾可实行整顿全国警政"。⑤ 1946年，北平市警察局选拔车巡大队优秀官警42名，组成模范警察队，自10月1日至11月30日施以严格训练，以期应付特勤。⑥ 这一系列旨在提高警察素质的措施，其效果是否达到理想的目标暂且不论，单从这些努力的姿态不难看出政府对警察问题的用心，也可见警察政治地位之重要。

---

① 《闲评二　北京　肃邸整顿警政之计划》，《大公报》（天津版）1910年12月29日，第5版。
② 《京兆　内务部饬选模范警察》，《大公报》（天津版）1916年1月20日，第6版。
③ 北平市政府秘书处编《北平市政府二十二年下半年行政纪要》第1期，第18页。
④ 北平市政府设计考核委员会编印《北平市政府三十五年度七至十二月份工作报告》，第15页。
⑤ 《闲评二　北京　中央编练模范警察队》，《大公报》（天津版）1915年1月26日，第5版。
⑥ 北平市政府设计考核委员会编印《北平市政府三十五年度七至十二月份工作报告》，第15页。

　　历届政府对警察的重视，从领导者的讲话中也可见一斑，在媒体的报道中也时有体现。例如，1910 年 5 月报载，民政部尚书令拟仿照法部新章，"凡各员之有兼差者，概行开去，以专责成，而重警政"。① 1912 年 9 月 1 日，孙中山在北京军警界欢迎会上发表演说，强调军警作用，指出"军警为立国之基本"，教导军警同胞"须知合力同心，以尽对外之义务，决不可干预政治，扰乱腹地，以促中国之亡也"。最后提出："今我军警界同胞，果能以国家为前提，努力前途，对于外尽捍御之劳，对于内尽维持之力，则我中华民国自此日进富强，可称雄于东亚也。"② 袁世凯当上中华民国临时大总统后，将军队和警察看作维持统治地位的两大支柱。为稳固政权，他提出"注重治安警察则实为目前最急最要之图"。③ 南京国民政府时期，蒋介石针对警察的地位曾多次发表讲话，说："我们警察，在政府中间，是占最要紧的地位。""现在警察的地位，尤其在中国，具有超越一切的重要性。""警察是国家的代表，同时也为国家的重要骨干。如果建警不成，那革命建国大业亦必随之失败。""警察的职务，是重大的，地位是超然的，无论什么人不守规则，都可以干涉。""警察在社会上的地位，实兼学校之教师，与家庭之保姆。"④ "警察的位置最重要，职权最重大，无论百姓、军官、士兵，凡是社会地方上的事情，统要受我们警察的干涉，指导指挥！"⑤ 从以上谈话中不难发现，历届政府都对警察予以高度重视，把警察在政治上的地位推崇得相当高，而之所以如此，关键就在于警察对维护统治秩序起到重要作用。这从 1913 年 7 月《大公报》刊载的一则消息可见端倪："大总统以南北战端已开，京师地方秩序极关重要，现以赵君秉钧充步军统领兼管理巡警事宜，委令组织军警统一机关，闻已定在译学馆或盐政院旧址，设立筹防局，由军警各界各派代表

---

①　《闲评二　北京　肃邸之重视警务》，《大公报》（天津版）1910 年 5 月 22 日，第 5 版。

②　中国社会科学院近代史研究所中华民国史研究室、中山大学历史系孙中山研究室、广东省社会科学院历史研究室合编《孙中山全集》第 2 卷，中华书局，1982，第 428 ~ 429 页。

③　陈瑞芳、王会娟编辑《北洋军阀史料·袁世凯卷》第 2 册，第 84 ~ 85 页。

④　李士珍主编《增订警察服务须知》，第 53 ~ 56、61 页，北京市档案馆藏，资料号：ZQ012-002-00086（一）。

⑤　内政部警政司主编《警察教范》（一），第 38 页，北京市档案馆藏，资料号：ZQ012-002-00095-001。

常川到局，筹办一切维持防范各事宜。"①

　　政府重视警察不仅反映在统治者的谈话中，也表现在政府在行动上让警察真正体会到自身的重要性。为此，警察长官也做了许多努力，力争为警察获得社会的尊重，使其有职业认同感。清末，徐世昌认识到警察在社会上被视为低贱甚至被歧视的职业，坚持要求准时给警察发放工资，与其他公职人员一样对待，并且强调警纪严明和保持士气的重要性。由于徐世昌的支持和毓朗奉行的警察职业化，警察得以在民政部管辖之下，有体面的收入，还能和官员一样受人尊敬。② 北京政府时期，针对巡警处于警察群体中的最基层，社会地位低下，在警察组织内部往往被其长官视为奴仆随便役使的情况，1917 年 10 月 18 日内务部制定《尊重巡警品格办法》，要求"长官非因公事不得役使巡警。巡官长警有过犯时，除分别照章惩办外，不得加以凌辱或骂詈。对于长官应行警察敬礼，长官须依式答礼，并不得沿用旧俗下敬上之礼。对于长官之称谓以官或以职，不得沿用旧俗下对上之称谓。给予奖励时，不得用赏赐等字样"。③ 南京国民政府统治时期，北平特别市市长何其巩曾训令公安局局长赵以宽，指出市内警察关系尤巨，必须严加训练，以不负保卫社会安宁之天职，强调训练警察"应注重礼节，无论官吏警士相见时，均须互行敬礼，以示尊严，而表亲爱。遇人民询事者，亦须以极和蔼之态度对之"。"全局员士应切实研究三民主义，关于警政者，尤应身体力行，以期养成三民主义化，并有健全知识之警政人员。"④

　　可见，从政治层面来说，自清末到南京国民政府成立前，北京一直是国家的首都，其安危关系重大，警察担负维护社会治安秩序的任务，职责所在决定了他们的社会政治地位备受政府重视。南京国民政府成立后，北平成为特别市，尽管城市地位有所变动，但北平在国家中的影响仍不可忽视，故北平警察的地位依然重要。

---

① 《闲评二　北京　大总统注重京防》，《大公报》（天津版）1913 年 7 月 22 日，第 5 版。
② 〔美〕史谦德：《北京的人力车夫：1920 年代的市民与政治》，第 82 页。
③ 内务部警政司主编《现行警察例规》，第（甲）475 页，北京市档案馆藏，资料号：ZQ012-002-00035-004。
④ 《市政府整顿北平警察　训令公安局注意四事》，《世界日报》1928 年 8 月 13 日，第 7 版。

二 媒体与民众心中的警察形象

从社会层面来说，警察在扮演执法者角色行使权力的同时，也受到社会媒体的监督与民众的关注，舆论界与民众对北京警察均有一番评论与观察。这些评论与观察塑造了媒体与民众心目中的警察形象。当然，受到立场、认知水平等多重因素的影响，其对警察形象的描述也是褒贬不一。

首先，媒体对北京警察的评价有褒有贬，各有所依。以《大公报》所载为例，关注北京警察履职行为，对其正面称赞与表扬的报道很多。例如，1903 年 4 月有《办事认真》报道一则，载："肃亲王整顿地面以禁赌为事，日前由东四牌楼某贵胄宅抄获赌具及同赌人犯交工巡局，肃王于治术上认真办理，不循情面，愧煞衮衮诸公。"① 1904 年 10 月，报纸又载："那大金吾总理工巡事务以来，所有城内外地方事宜无不认真整顿，凡有害风化之事封禁亦颇不少，如京师售卖打胎春药等类，今夏出示严禁以来，至今无人敢在街衢张贴广告者，渐有私行出售亦不敢明目张胆如昔日矣。……大金吾之关心风化，诚堪钦佩。"② 同年 12 月，报载《巡捕认真》一则，具体为："近日西城一带各局巡捕于夜间巡查颇为认真，或行人身负衣包而无灯笼者，或三五成群而同行者，该巡捕皆用心盘查"。③ 1906 年 2 月，报纸又载："北京街巷行人任意便溺，实属野蛮已极。近来自改设巡警认真整顿，各大街便溺者稍少。"④ 类似细微琐碎的事件见诸报端，一方面体现了媒体对警察的关注，另一方面也为树立警察良好形象起到一定作用。

对警察执勤失当甚至渎职的表现进行揭露与批评，是媒体报道警察的另一重要内容。例如，1903 年 8 月，报载"近来内外城每于夜间盗贼各处行窃，而巡警视若罔闻，竟有将钩杆反被贼窃者。宣武门外香炉营一带几无夜不有贼，东西驻扎之巡捕依然酣睡决不干预，真不解设巡捕何谓

---

① 《中外近事 北京 办事认真》，《大公报》（天津版）1903 年 4 月 8 日，第 2 版。
② 《中外近事 北京 金吾德政》，《大公报》（天津版）1904 年 10 月 22 日，第 2 版。
③ 《中外近事 北京 巡捕认真》，《大公报》（天津版）1904 年 12 月 18 日，第 2 版。
④ 《时事 北京 卫生局善政》，《大公报》（天津版）1906 年 2 月 24 日，第 2 版。

也"。① 1904 年 3 月，有报道《巡捕无用》一则，内容是"有某国洋兵二名于初四日下午自崇文门大街洋酒馆而出，已入醉乡，遂将东单牌楼迤南之洋车及果摊等纷纷踢倒，行人莫不躲避，而站岗之巡捕袖手旁观，并不过问"。② 1905 年 6 月，刊发《见死不救》消息一则，载"前门外永安桥南垣墙北首有某甲因吞服洋药渐次毒发，正在挣命，而过往行人侧目而视，并有练勇数名袖手旁观，以待其毙，是诚何心哉"。③ 1906 年 2 月，报纸又载《巡警腐败》一则，称"近日北京外城之巡警亦日见腐败，夜间各家又不一律点灯矣，行人车马又不靠左边矣，大雪之夜且有不站岗者矣，李铁拐斜街西河沿等通衢又有泼子沿途讨要矣，李铁拐斜街有探访局，各巷有协巡局，皆不过问何故"。④ 同年 3 月，有《巡捕野蛮》消息写道："初三日内府小学考试之期，是日备考者约六百五十余名，该堂门首扎有巡捕二名，居左者见考生众多势欲拥挤，辄施其野蛮手段，持棒乱击，继以笑骂致令考生畏惧而哭，各生家属颇有怒不敢言之状。噫！防危害保治安者，巡警之任务也，未悉责骂考生，警察法中亦曾列此专条乎？"⑤ 这些语言犀利的报道反映了媒体对警察执勤的问责，充分发挥了媒体舆论监督的作用。这些批评言论，一方面充分暴露了警察履职中的诸多弊病，另一方面我们也可从中想见警察在当时社会中被关注的程度，其不端行为也直接影响着形象的塑造。

其次，社会大众在与警察的接触以及日常观察中，也形成他们自己对警察的形象认知，因所处境遇不同、立场不同，大众对警察的看法也是非常复杂多元的。例如，有文献记载，一位从上海来京的市民对北平警察进行考察后，指出："他们本身的好处也很多，如都会看书写字，服装整洁，不在岗上偷吸纸烟，不在岗上和人闲话，不调笑妇女。……我并不是故意替北平警察捧场，北平警察向有模范警察之称。""北平警察实在太对得起民众了，无以名之，名之曰'民众的保姆'。"⑥ 在南京国民政府

---

① 《中外近事　北京　北京多盗》，《大公报》（天津版）1903 年 8 月 31 日，第 2 版。
② 《中外近事　北京　巡捕无用》，《大公报》（天津版）1904 年 3 月 26 日，第 2 版。
③ 《中外近事　北京　见死不救》，《大公报》（天津版）1905 年 6 月 4 日，第 2 版。
④ 《时事　北京　巡警腐败》，《大公报》（天津版）1906 年 2 月 26 日，第 2 版。
⑤ 《时事　北京　巡捕野蛮》，《大公报》（天津版）1906 年 3 月 4 日，第 2 版。
⑥ 济源：《北平警察——民众的保姆》，《民生》第 1 卷第 16 期，1933 年，第 10 页。

统治时期，北平警察的模范声誉在南京警界也很受认可。1928 年 10 月，首都公安局新任局长对某记者发表意见，谓："现在警察稍觉缺乏教育，将来应责成教练所，积极预备训练方法，现已去电北平，请何总参议成濬，在北平代挑选最良交通警察二百名来京，维持京市马路交通，并可借此提起原有警察振作精神。"① 这些案例从"局外者"的视角，展现了北平警察的良好形象。当时也有学者通过对北京警察进行考察研究，指出北京警察的声誉还是不错的，有"模范警察"的美名。②

当然，北京警察表现不佳之处，也给民众留下不好印象。据 1903 年10 月《大公报》载："甘石桥马掌铺屡为小窃所扰，于本月中旬白昼获住一人，呼巡捕数次总不见来。"③ 1906 年 9 月，报纸又载："巡警学堂每次于考试学员之时，该堂警兵接待考员视若奴隶，或怒叱之或嘲笑之，以故考员等怨语沸腾，而皆谓为野蛮巡警倚势凌人也。"④ 近代警察群体中鱼龙混杂也是正常现象。据 1928 年 7 月至 1929 年 6 月北平市公安局统计，警察在北京每万人中所占比例约为万分之六十一，基本处于中等水平，从业人数是比较可观的。⑤ 由此不难想见，警察经常出现在民众身边，与民众打交道，他们对民众生活无形之中产生重要影响。如果个别警察履职行为恶劣，在社会上造成不良影响，对警民关系也很有影响。

最后，大众对警察的职业认知也有差异。一般而言，在 20 世纪初期警察"几为社会上最低下的职业，'没办法，当警察'，差不多成为公认的事实"。⑥ 一般警察的待遇微薄，任务又比较繁重，工作、休息时间严格受着约束，这使一般人视警察这份工作为畏途，稍有一些人格及生活出路的人，皆裹足不前。无怪乎有童谣言："警察警察，价银四两八，日里去当兵，夜里充地甲""没办法，当警察"。⑦ 民众对警察的轻视心理与

① 南京特别市市政府秘书处发行《首都市政公报》第 22 期，1928 年，"纪事"第 4 页。
② 姜春华：《北平警政概观》，序。
③ 《中外近事　北京　捕务废弛》，《大公报》（天津版）1903 年 10 月 16 日，第 2 版。
④ 《时事　北京　巡警欺人之势力》，《大公报》（天津版）1906 年 9 月 9 日，第 2 版。
⑤ 北平特别市公安局编制《北平特别市公安局统计图表》（1928 年 7 月至 1929 年 6 月），北京市档案馆藏，档案号：J81-004-00037。
⑥ 余秀豪：《警察学大纲》，第 26 页。
⑦ 余秀豪：《警察行政》，第 75 页。

态度由此可见一斑。老舍先生的著作《我这一辈子》中，主人公在没当上巡警的时候，也曾管巡警们叫"马路行走""避风阁大学士""臭脚巡"。这些无非都在说巡警们的差事只是站马路，无事忙，跑臭脚。① 民众对警察职业认知的消极由此可以想见。但在穷苦人的眼中，巡警也不失为一个"好差事"：他们佩带着东洋刀，身着统一的警服，威风十足地巡街，管理着街面上的事，每月定期拿着官饷。《我这一辈子》中主人公的儿子福海就觉得当巡警"穿上制服，在街上走，既能挣钱，又能就手儿散心，不像学徒那样永远圈在屋里"，② 从而选择了当巡警。对警察职业存有偏见认知，这在时人的印象里也有反映。一位民国时期的警官写道，中国的警察普遍被认为是"无益于人民福祉的一群流氓"，民众视警察如"毒蛇猛兽，惧而避之"。作为低阶的公职人员，人们很容易将警察和帝国时代的衙门差役归为一类，这些衙役经常滥用州县官给予他们的职权，但同时也和戏子、妓女、乞丐一样被视为"贱民"。③

概之，近代北京警察是一个庞大的队伍，每一个个体素质水平的差异都会影响其履职作风、态度及行为表现，进而影响着其整体形象塑造。媒体也和民众一样，利益立场的不同使媒体的报道不免会有夸大或者失之偏颇，而民众也是由纷繁复杂的诸多个体构成，生活境遇的不同、知识层次的差异使他们看待警察自然也会不同，进而影响到他们对警察的印象不一。因此，通过媒体和民众的视野，我们可以看到近代北京警察比较鲜活的形象，但这又不是近代北京警察形象唯一的一面。

三 警察的自我认知

警察在近代城市社会中的地位，除了政府从政治层面给予的定位、媒体和民众的印象外，在一定程度上还与其自身的认知有关，而这种对自我的定位又与他们现实的生活境遇分不开。从经济收入来说，北京警察群体内部有着比较明显的阶层区别，警察官吏的收入水准在社会上基本处于中等阶层，而普通警察的收入微薄，处于社会生活的下层。对此，在《我这

---

① 《老舍全集》第 7 卷，第 525 页。
② 《老舍全集》第 7 卷，第 558 页。
③ 〔美〕史谦德：《北京的人力车夫：1920 年代的市民与政治》，第 83 页。

一辈子》中，当巡警的主人公自我认识到"巡警和洋车是大城里头给苦人们安好的两条火车道""识几个字而好体面的，有手艺而挣不上饭的，只好去当巡警"。① 巡警与车夫等一样，同属于城市社会中的贫民行列。对警察待遇低下的情况，时人也曾有评论："从我国今日一般警察之待遇上言，尚不能与一人力车夫或杂差比，遑论与社会上其他高尚职业求平等！"②

　　警察待遇微薄，与行政经费不充裕或不确定是密切相关的。清末创建现代警察时，清政府财政已极困难，北京政府时期及南京国民政府时期因局势不稳，财政开支也时常窘迫。受此影响，北京警察的行政经费时无着落，警察待遇问题只有依靠警察机关自行解决。为了给警察提高工资，京都市政公所于1926年决定对北京市餐馆和公共浴池课以新税。然而，京师总商会强烈反对政府的这项决策，仅仅几个月后市政府便被迫取消了新税。③ 1927年6月，因财政部陆续积欠警饷十余月，空额警察无人应募，优秀警吏均纷纷求去，京师警察厅为谋自救起见，呈准由警察厅自行举办警捐以作警饷。京师警察厅改为公安局后，警捐征收仍旧。此外，警饷附加捐、浮摊弹压费等也是公安局经费的主要来源。④ 警察经费没有专门的财政列项，警察的待遇也就没有充分的保障，而征收警捐无疑加剧了民众对警察的抵制与厌恶，影响到警察与民众的关系，也影响着警察的自我身份认知。对此，当时研究警政的学者即提出："为今之计，宜速确定行政经费，并作一科学与合理的分配，根据警察在社会之地位，与各地的生活程度及地方的财力以决定月饷，并规定最低限度，否则徒加一二元终无济于事。"⑤ 还有学者指出："警察经费应如何确定，如何使其有办法，实在是警政上最大的问题。这个问题一经解决，敢言警察行政，定可纳诸轨范，以至于'止于至善'之境。""要中国警察经费有办法，必须警察费由国家支出；违反这个原则来厘定警察经费，就是不得一个合

---

① 《老舍全集》第7卷，第525页。
② 余秀豪：《警察学大纲》，第119页。
③ 〔美〕史明正：《走向近代化的北京城——城市建设与社会变革》，第55页。
④ 姜春华：《北平警政概观》，第43~45页。
⑤ 余秀豪：《警察学大纲》，第181页。

理化的解决，是有'改善警察'之心，仍无'改善警察'之术。"①

　　普通警察的社会地位低，不受人尊重，这在现代警察初建时一些警政主管官员的意识中即有反映。比如，针对巡警部的名称，右丞钱能训曾说："堂堂一部，以巡警名之，殊不称。"毓朗说："吏部即司官吏事，何如？"钱答："吏非巡警比也。"毓朗笑说："理兵事曰兵部，何如。"钱语塞。② 高级警察官吏的认识都如此，一般警察官吏更是对巡警每每轻视，待之若奴仆、夫役，20 世纪 30 年代，长警惩戒办法中仍有打手板、打军棍及禁闭等，将普通警察作畜类看待。③ 对普通警察来说，他们一般知识水平有限，对警察的身份与地位难以有清楚的认识。大多的巡警是因为生活的艰难而为之，而警察待遇的低微，使他们无法对自己的职业存有多少自信，相反，正如某当时作家所言，身为警察者"竟以家奴装饰自居，任人驱使，恬不知耻，每遇富豪要人之喜丧事故，门首持枪鹄立者警察，迎宾送客者警察，借什物者警察，抬食品者警察，监厨房者警察，看马厩者警察，提酒壶者警察，携马桶者警察，打帘子、抱小孩、倒茶、点烟……无一非警察。甚有某宅出殡，警察挂孝排队，陪尸灵者"。④ 身处这种境遇中的基层长警，不要说作为警察的身份、地位，恐怕连起码的人格尊严也不顾及了。有文献载："彼时的警察，说它不是官，他什么事都问，什么人都管。说他是官，他见官就得请安。"⑤ 微薄的待遇不但影响着警察群体的素质，更降低了他们工作的积极性。正如《我这一辈子》中的主人公所表白的那样："当巡警是高不成低不就，不得已而为之。警官也是这样。这群人由上至下全是'狗熊耍扁担，混碗儿饭吃'。""这点差事扔了可惜，作着又没劲；这些人也就人儿似的先混过一天是一天，在没劲中要露出劲儿来，像打太极拳似的。"⑥ 警察待遇的低下，也驱使他们有可能借法营私，从事一些不法

---

① 郑宗楷：《警察经费的根本问题》，《中央警官学校校刊》第 2 卷第 3 期，1938 年，第 63~64 页。

② （清）十丈愁城主人撰《述德笔记》卷 5，1921 年铅印本，第 4~5 页。

③ 余秀豪：《警察学大纲》，第 130 页。

④ 余秀豪：《警察学大纲》，第 119 页。

⑤ 陈鸿年：《北平风物》，第 53~54 页。

⑥ 《老舍全集》第 7 卷，第 527~528 页。

行为，从而进一步损害警察形象，更得不到社会的承认和尊重。对此，有学者即指出："国家对警察须施以相当之修养与训练，并须巩固其地位，优厚其待遇，使无后顾之忧，得以专心从事为要着。"①

警察在北京城市社会中的地位低下，执勤过程中经常遇到达官显贵甚至倚仗主人势力而发威的奴仆故违警章，不服管理的情况，对此警察不干预则罢，如果认真照章执勤，则可能受到人身攻击，甚至还会有生命危险，这些也直接影响着警察的自我认知。例如，1905年3月报载《巡捕受欺》消息，讲东安门外有甲、乙二人赶大车一辆由甬路而行，有路工局夫役误将水溅于车上，甲、乙大怒遂用支车木棍将夫役打倒，被公所巡捕瞥见，意欲扭获，也被甲、乙打倒，后该巡长吹哨，齐集各处巡捕，将甲、乙扭获，不料有某丙者向车主人送信，登时车主人至公所，肆意辱骂，该公所捕官见其系某总管的胞兄，竟长跪讨饶，一时观者如堵，不知如何了结。② 1906年7月，又有《巡警挨打》事例，载："（26日）第四巡队站岗巡警恩昌见四牌楼下马路上有车一辆，并有顶马跟班停留许久，因往来车马甚多有碍交通，该警向前劝其前行，该车不惟不去，跟班还将巡警恩昌用马棒乱打，胳膊有红肿伤痕，坐车人饬跟班将该警拉至五爷府内用脚乱踢，后自将巡警恩昌批颊一下，恶言申斥遂即放去。"③ 这些案例无疑说明，近代北京是高官云集的地方，一般警察在这些权贵眼里不过是奴仆而已，让他们站岗巡逻，可以造成改善社会治安的表象，但如果他们干涉自己，则尽可任意责打，惩罚这样的警察越严厉越可显示自己的权威。对于类似案例中的警察而言，自己按照职责执勤还遭迫害，其内心之委屈及对警察职业的失望可想而知。

此外，驻防北京的军队、宪兵倚仗执行保卫的任务，也往往表现得不可一世，认为自己享有不受警章约束的特权，他们的长官也不把警察放在眼里，蔑视甚至对警察蛮横相待的行为时常发生，这使警察对自己的身份认同感更为低落。据1924年1月报载，西北某督军卸任回京寓居后门外，

---

① 〔日〕松井茂：《警察学纲要》，第63页。

② 《中外近事　北京　巡捕受欺》，《大公报》（天津版）1905年3月16日，第2版。

③ 《处理官吏跟班车夫殴打巡警事件有关文书》（1906年），中国第一历史档案馆藏，巡警部档案，档案号：37-1-303。

数月以来其宅中时常失物，报区请为捉贼。事过多日，不独贼未捉着且失物频仍，某督大怒，与京师警察总监交涉，责其办事松懈。警察总监薛之珩因将该区区长、区员、巡警等分别记过降级罚俸。该区巡警被罚后，终日派暗探在某宅四周侦查。后查出贼乃其家中一道士。某督以家丑不可外扬，不许将贼带回警察厅，区长等说他们厅内的处分非带去不能取消，争执久之，某督打电话给总监，将区长等记过改为记功，罚俸改为加赏。①巡警们的命运这样被任意玩弄，他们自感卑微的地位可想而知。正如《我这一辈子》中主人公感慨的那样："一打仗，兵们就成了阎王爷，而巡警头朝了下！""兵老爷们还横反呢。凡是有巡警的地方，他们非捣乱不可，巡警们管吧不好，不管吧也不好，活受气。"②

　　综上所述，近代北京警察在京城社会中的地位，从不同角度来讲有高低之分，从政治角度来说，警察无疑有重要地位；但从经济角度来看，由于国家财政经费的不充裕，警察人员的待遇基本处于社会的中下层。媒体与民众对警察的评论有褒有贬，警察自身对职业与身份地位的认识大多不很明确。尽管从队伍规模来说，警察在社会职业人群中所占比例不低，但其在社会上的整体地位却比较低。当然，北京警察在城市社会中虽地位比较低下，但无论如何，他们是社会政治经济发展进而改革的产物，其诞生是顺应历史趋势的。他们担负着复杂的社会使命，自诞生伊始，就与民众的生活息息相关，多样化的行政职能增加了警察在民间的影响力和他们对民众生活的渗透力，成为管理社会治安秩序不可或缺的人群，这一切都使其具有特殊历史地位。

---

① 《各地琐闻　道士出于太太床下之趣闻》，《大公报》（天津版）1924 年 1 月 28 日，第 6 版。
② 《老舍全集》第 7 卷，第 555 页。

第六章

警察与近代北京城市近代化

中国现代警察制度是清末统治者为挽救统治危机而向西方学习的产物，北京较早创建了警察制度。伴随制度的建设，警察出现在京城社会中，扮演着城市管理者的角色，在对城市治安、交通、消防、卫生、慈善救济等多方面进行管理的过程中，警察与近代城市社会生活的方方面面产生密切的联系，其影响也是广泛而深远的。

一　促进城市文明发展，推动社会风俗改良

现代警察制度在北京出现，带动了整个城市的变革，推动北京社会由传统向近代转型。警察成为城市文明的一种标志。在北京，警察不但起到维护社会公共秩序的作用，还负责城市交通、公共卫生、消防、整顿风俗、慈善救济等各种事项，可以说市民公共生活的一切方面无不在警察的管辖范围之内。警察自创立伊始，就和近代城市文明结下了不解之缘，也是城市近代化的重要象征，对整个社会文明的发展产生了重要影响。

首先，警察的出现推动了社会政治文明的发展。北京警察创建于清末新政时期，作为新式政治文明的代表，警察的出现对社会文明的进步起到一定的推动作用。时人曾指出："警察之行政俱须根据于法律命令以行其职务。"① 在学习西方的过程中，警察制度的政治理论和规章制度也是一项重要的学习内容。伴随警察制度在中国的创建和发展，诸多的关于警察

① 《言论　南京警察学堂潘瑨华张侠琴二君上江督警务条陈纲要八则　附消防一则》，《大公报》（天津版）1905 年 9 月 2 日，第 1 版。

的法规相继制定，推动了现代警察制度的规范化、法治化。警察制度的建立，也带动了中央与地方司法建设的进一步发展，推动了近代中国社会法治化的进程。

近代北京警察开始有了一种研究政治文化的意识。据 1906 年 1 月报载："近有某警察留学生欲集合北京工巡局之同志，仿照日本立一警察会社，每星期开会一次，聚集讨论警务利弊，并设台演说，无论何人皆可入听。"① 不论此类研究组织是否有实践成效，这种倡议本身就体现了新式政治文明的精神。1905 年 11 月，外城工巡局出示告示："巡警有保护地方治安之责任，凡酗酒斗殴以及诱拐剪绺等事，务须认真弹压盘诘，如遇车辆碍路，须用好言劝谕，令其分左右往来，不得用棍乱打，致民人生畏。"② 1907 年《大公报》报道，某处警兵由于管束军机大臣瞿鸿禨的轿夫而被打，归去后当地区长电达总厅申部办理，称"该轿夫者如此行凶，实属不法已极，若不示以重惩，不足以重警务"。结果瞿"电达民政部，允为从重惩办殴警之轿夫"。③ 1910 年 4 月，外城巡警总厅又发告示："国家现值预备立宪之际，尊崇人格，改订律章，革除奴婢名称，禁绝人口买卖，所以严法纪重人权，薄海子民咸被仁泽，京师为王化首沾之域，搢绅辐凑之区，尤宜首先遵行，以为四方矜式。……须知奴婢名目现已革除，如有凌虐及伤毙情事皆应按律治罪，自示之后，无论何项人等，均应遵守法纪。"④ 由工巡局涉讼的人们也曾言："工巡局不比别项官署，所有因讼被押者，每日两餐，任其饱食，并不虐待。"⑤ 这些案例通过媒体报道，无形中向民众传达了平等、法治等现代政治文明精神。此外，1906年 6 月巡警部出台《巡警礼式》，要求"下官见上官时必致敬尽礼，同班相遇亦须互相行礼。凡巡警行礼之时，上官宜以目注其人微示答礼之意，同僚则为相当之礼式以答之，不可疏忽"。⑥ 警察礼节较诸以往有了很大改进，这既有利于规范警察行为，也有利于警察内部上下级之间关系融

---

① 《时事　北京　拟立警察会社》，《大公报》（天津版）1906 年 1 月 2 日，第 3 版。
② 《时事　北京　工巡局示》，《大公报》（天津版）1905 年 11 月 11 日，第 2 版。
③ 《时事　北京　中堂轿夫殴警》，《大公报》（天津版）1907 年 2 月 22 日，第 2 版。
④ 《闲评二　北京　巡警总厅示谕照登》，《大公报》（天津版）1910 年 4 月 4 日，第 5 版。
⑤ 《中外近事　北京　工巡善政》，《大公报》（天津版）1905 年 5 月 31 日，第 2 版。
⑥ 京师警察厅编《京师警察法令汇纂》（总务类），第 115~117 页。

洽，对塑造警察在社会上的形象也有重要意义。由上可见，新式警政的创建，可以说是对传统治安体制的更新和对新型近代社会治安制度的响应"。① 民主、平等、法治的精神通过警察履职向社会传播，显示了城市文明的变化趋势。

其次，警察的出现推动了城市文明的发展。近代警察本身固然为城市文明的一种象征，但更重要的是他们所背负的职能，使其成为城市文明的塑造者和扫除城市积弊的先锋军。② 近代北京警察出现后，不仅负责社会治安的管理，还负责管理城市交通、卫生、消防、市场经营秩序、慈善救济等事务，这使他们与市民的日常生活紧密相连，通过执行勤务，警察影响着市民生活和城市文明的建设。

在交通方面，传统的城市社会没有严格的左右分行的规则，秩序比较混乱，时常发生交通事故。警察出现后，才开始有了近代意义上的路规路则。比如，1906 年内城巡警总厅订立《马路规则》《交通规则》《交通暂行规则》等。近代交通法规法则制定后，如何将法律运用于实践则要靠警察的工作。在这方面，北京警察付出了一定的努力，也取得了不错的效果，报界对此也时有报道。据 1906 年 2 月报载，北京"雍和宫庙会之期，历年以来绿女红男异常拥挤，以致不肖之辈借端滋扰。今岁特由巡队派拨巡兵数十名，按段分区认真弹压，并拟定各处门户，均令众人右入左出，由各巡兵指挥一切，虽各国人士亦皆循序而行，于此可觇警察之效果也"。③ 1907 年 3 月，《大公报》又载："历年正月，白云观及厂甸二处车马纷驰，游人如织，最为著名多事之区。本年则大改旧观。厂甸各种办法除由警厅刊布图说并设立标识外，其一切乞丐人等均饬警兵认真防范，不准混入会场，故往游之人从未受绺窃之害。白云观每日各门均有巡警指挥出入，章程颇有秩序，……同一会场也，而野蛮文明今昔迥异，警察进步于此窥其一斑。"④ 可见，警察通过管理城市交通，树

---

① 郭玉家、马学春：《清末新政与中国警政近代化》，《许昌学院学报》2003 年第 3 期。

② 王先明、张海荣：《论清末警察与直隶、京师等地的社会文化变迁——以〈大公报〉为中心的探讨》，《河北师范大学学报》（哲学社会科学版）2005 年第 1 期。

③ 《时事 北京 警察新政之效果》，《大公报》（天津版）1906 年 2 月 27 日，第 2 版。

④ 《时事 北京 弹压会场》，《大公报》（天津版）1907 年 3 月 2 日，第 2 版。

立了规则，保障了秩序，使交通面貌得以有效改观。

在卫生方面，20 世纪以前普通民众基本没有养成卫生观念，城市管理中也没有卫生专项，人们"随地便溺，成为固习"。街道上及胡同里，垃圾、渣土深及脚踝。城内多处晒粪厂使空气中弥漫着阵阵恶臭。摊贩售卖的食品及公共场所的卫生更无从谈起。"不干不净，吃了没病"是很多人的卫生观。① 现代警察出现后，他们担负起管理城市公共卫生及防疫的职责，卫生行政工作由此逐渐有了起色。为保障警察有效管理城市卫生事务，政府出台一系列规章。例如，1908 年 5 月 29 日民政部颁布《预防时疫清洁规则》，要求"该管厅区应酌量地方繁简，预定日期派巡官巡长监督居民扫除户内一次，不行扫除者当劝导之"。② 1909 年民政部批准通过《改定清道章程》，要求"清道夫工作之时该巡官长警等应轮往督催"。③ 1914 年 8 月颁布的《京师警察厅官制》规定，卫生处掌管"道路沟渠之清洁""保健防疫""医术化验"等事项。④ 同月发布的《京师警察厅分科职掌规则》对卫生处的管理范围又做了详细说明。这年 12 月，京师警察厅颁布的《重订区署办事规则》进一步要求警察在稽查时，应注意辖区内"关于卫生各种之管理及传染病防止之方法""关于卫生风俗及公安等营业之管理"。⑤

在实际管理卫生事务工作中，警察除督导清道夫役扫除街道外，还注意引导民众注意卫生，以防时疫。例如，1906 年 10 月《京话实报》报道："琉璃厂是个文明地方，各铺户的泔水常有往街上一泼，实于卫生有碍，……巡警就门门劝谕，且说好些个警章。"⑥ 1910 年，京师各机构联合成立卫生会。当年冬鼠疫蔓延京城，民政部令内外城巡警总厅下令捕鼠，加雇清道人员进行扫除，由内外城官医院置防疫药品等，还在内外

---

① 吴建雍、王岗、姜纬堂、袁熹、于光度、李宝臣：《北京城市生活史》，开明出版社，1997，第 349 页。
② 内城巡警总厅卫生处编纂《京师警察法令汇纂》（卫生类），第 2 页。
③ 内城巡警总厅卫生处编纂《京师警察法令汇纂》（卫生类），第 5 页。
④ 京师警察厅编《京师警察法令汇纂》（总务类），第 3~4 页。
⑤ 京师警察厅编《京师警察法令汇纂》（总务类），第 28 页。
⑥ 《探访局选录京内外报纸所载各项消息逐日报告（1906 年）》，中国第一历史档案馆藏，巡警部档案，档案号：37-1-285。

城设立临时防疫事务总、分局组织防疫；在永定门外设防疫病室、隔离室、防疫出诊所，对患者及时诊治及隔离，对死于疫者进行火葬，按日检查旅馆、饭店、茶楼、市场卫生，加强入城防疫检查。次年，疫情减轻。① 1911年《大公报》又载，内城总厅为慎重卫生起见，"特传谕各区按段稽查，如有因时症鼠疫毙命者，须迅速呈报，以便设法防范，免致传染"。② 1919年6月，京师警察厅特饬内外城各区署："各将街市售卖之食物随时注意检查，倘有不良之品或隔宿之物，人民食之有碍卫生易生疾病者立即停止售卖，并饬卫生科将此项旧章严加取缔，以重卫生，免致疾病。"③ 这些措施无疑都有利于增强居民的卫生意识，改变他们落后的生活方式，树立卫生健康的生活观念，从而推动整个城市文明的发展。

在社会风俗方面，遗风旧俗对城市的文明形象有着一定的影响，而北京在很长一段时间内是国家的首都，城市形象又关乎国家的体面，现代警察出现后，着力整顿旧有风俗，为改善城市面貌、捍卫国家尊严做出了一定的贡献。对此，端方也曾强调："警察实非贱役，而实为治理之本原。行之日久，庶几改良社会有移风易俗之机。"④ 具体来说，警厅先后制定一系列法律规则，对各种妨害风俗的行为进行惩处。例如，1906年制定的《酌拟京师地方违警罪专则》规定"男女崇信淫祀烧香祈福者、售伪药以欺人者、以西湖景劝人游观暗藏有害风俗之图画者、男妇赤膊有伤风化者"等均属违警行为，一经发现要受到惩办或科罚。⑤ 1908年清政府颁布的《违警律》、1915年11月北京政府公布的《违警罚法》、1928年7月国民政府公布的《违警罚法》及1947年7月修正的《违警罚法》均设专章对妨害风俗的违警行为进行惩处，比如"游荡无赖或行迹不检者；僧道或江湖流丐强索财物者；奸宿暗娼者；演唱淫词秽剧或其他禁演之技艺者；于道路、公共处所或公众得出入之场所，为类似赌博之行为者、任

① 潘惠楼编著《北京史略》，北京出版社，2018，第177页。
② 《闲评二　北京　总厅慎防时疫之政见》，《大公报》（天津版）1911年1月11日，第5版。
③ 《各地杂报　京兆　取缔不良之食品》，《大公报》（天津版）1919年6月30日，第6版。
④ 《端忠敏公奏稿》卷5，第613页。
⑤ 《内外城总厅申送违警罪章程及有关文书》（1906年），中国第一历史档案馆藏，巡警部档案，档案号：37-1-107。

意裸体或为放荡之姿势者；以狎亵之言语或举动，调戏异性者；奇装异服，有碍风化者"等均属于被惩处的行列。①

北京警察在处理关乎风化的事宜时，一般先出告示进行劝诫。据报载，1905 年 8 月内城巡捕西局出示告示："近来京城各巷有无知匪徒倡乱导淫，编联曲词信口演唱，使年幼儿童转相习唱，此等情事殊属有干禁令，……与人心风俗大有关系，为此示仰军民人等一体知悉。……倘敢故违有在街巷演唱邪说淫词以及违禁之语者，一经本局各区段警长巡捕以及南北各队队兵查获，定必从严惩办，决不宽贷。"② 1906 年 7 月，外城警厅张贴白话告示："现闻各处烟馆近有私卖女座以致男女混杂，殊属不成事体。现拟严行禁止以挽颓风，倘该馆仍有故蹈前辙，一经查明定即从重惩办，以示儆戒。"③ 同年 9 月，针对有人捏造谣言一事，警厅又在各衢巷遍贴白话告示，严行禁止谣言，以期家喻户晓，借挽颓风。④ 1907 年 2 月，警厅鉴于年期将近时，"京师向有一种特别乞丐如唱来宝送财神等项种种强索，于市面风俗两有关碍"，遂遍贴白话告示，严禁此风，并饬各区巡警随时查拿，以重市政。⑤ 民国时期，1915 年 8 月京师警察厅因"近来京中衣服日趋奇异，殊于风化有关"，特出告示："都市为首善之区，宜先齐夫风俗，……查近来衣服式样竞争奇异，几于不中不西，而妇女衣服日趋紧小，亦殊失大家风范，此等服饰即在燕居私第犹属不庄，若于公共集合场所服之游行实于风俗观瞻两有妨害，本厅有维持风化之责，为此示仰一体知悉，嗣后各宜自重，不得故着奇异服装致干例禁，各该家长亦宜随时诰诫。"⑥ 类似的宣传告示将警察机关维护风俗之规遍传民众，起到先期教化作用，无形之中也为城市文明建设形成一定声势。

对有害社会风化不听劝禁者进行查拿惩处，是北京警察整肃社会风气的另一项重要工作。这方面案例很多，据 1906 年 2 月《大公报》载："厂甸庙会，洋赌甚夥，事被巡局查知，于初四日巡警官带同巡捕一律驱

① 戴鸿映编《旧中国治安法规选编》，第 370~371 页。

② 《时事　北京　禁唱淫词》，《大公报》（天津版）1905 年 8 月 26 日，第 2 版。

③ 《时事　北京　禁止烟馆私卖女座》，《大公报》（天津版）1906 年 7 月 21 日，第 2 版。

④ 《时事　北京　警厅严禁谣言》，《大公报》（天津版）1906 年 9 月 20 日，第 2 版。

⑤ 《时事　北京　示禁强索》，《大公报》（天津版）1907 年 2 月 5 日，第 3 版。

⑥ 《闲评二　北京　警察厅之防止奇邪》，《大公报》（天津版）1915 年 8 月 17 日，第 5 版。

逐赌摊，洋商皆卷赌具抱头鼠窜而去。"① 同年7月《京话新报》载，西分厅六区区官便服访查地面，见德义合烟馆内妇女明是吃烟暗中卖娼，立饬营兵扭送西厅罚惩。② 10月，报纸又载，队兵贵绵在德胜门丁字街夜间站岗时，"见有一人口唱淫词在街行走，当即上前劝止不服，并向队兵口角，随将其解厅讯办，……照违警章程酌罚铜元二十枚，以示儆诫"。③ 1916年10月，《大公报》载："警察厅吴总监近闻京师地面由上海新来多数流氓，即所谓拆白党是也，专以引诱良家妇女拐骗讹诈种种鬼蜮伎俩，受其害者甚多，……实于风化大有妨碍，昨已通饬各区队一体严行查拿，从重惩治以儆奸宄。"④ 1923年7月，报纸又载："京师警察厅以死亡人口之丧家于请僧人放焰口时往往演出各种时调小曲，及不可听，闻之淫词，实属有碍风化。特通令各区署，嗣后再遇此等情形，随时查禁，如有不服，即行罚办。"⑤ 1933年7月，报界又刊消息："平市长袁良昨函公安局长鲍毓麟及社会局长蔡元，请切实负责查禁跳舞，……目的在纠正不良风化及维护国人健康，事在必行，无所犹豫。"⑥ 由上可见，北京警察为清除城市积弊、破除落后旧俗、整顿社会风气投入了大量精力，为维护京城形象做了一定的努力，也取得了一定的效果。据1904年10月《大公报》记载："京师售卖打胎春药等类，今夏出示严禁以来，至今无人敢在街衢张贴广告者，渐有私行出售亦不敢明目张胆如昔日。"⑦ 1905年5月《大公报》又载："正阳门桥分中东西三路，其西路桥端向为停车及便溺之所，刻下该处一律扫除净洁，既无行人便溺，亦无车辆停止。……按闻京中近日所办各政均有文明气象，渐次进步自强其基础矣。"⑧ 1934年，

① 《时事　北京　禁令森严》，《大公报》（天津版）1906年2月4日，第3版。
② 《探访局选录京内外报纸所载各项消息逐日报告》（1906年），中国第一历史档案馆藏，巡警部档案，档案号：37-1-285。
③ 《警务通告》第61期，1906年，第2页。北京市档案馆藏，档案号：J181-001-00400。
④ 《京兆　警厅查拿外来流氓》，《大公报》（天津版）1916年10月8日，第6版。
⑤ 《各地琐闻　佛经中那有时调小曲　僧人偏登坛大唱　警厅乃通令严禁》，《大公报》（天津版）1923年7月1日，第6版。
⑥ 《北平市切实查禁跳舞　袁良函鲍毓麟蔡元　事在必行无所犹豫》，《大公报》（天津版）1933年7月27日，第4版。
⑦ 《中外近事　北京　金吾德政》，《大公报》（天津版）1904年10月22日，第2版。
⑧ 《中外近事　北京　文明进步》，《大公报》（天津版）1905年5月26日，第2版。

北京市政府为"防止发生妨害善良风俗情事，端正风化"，特定《取缔女招待办法》，厉行限期登记，经过布告通知，截至 5 月底，已呈请登记者计 131 家，女招待 525 人，经查发现有不规则情形传区罚办者 2 家，计女招待 2 人。①

此外，北京警察对维持商业秩序、保护城市基础设施也担有职责，在实际履职中也做出一定努力。例如，1906 年 2 月报载："政府以各处电灯渐次筹办，所有该局事务应令隶于警部，以期实力保护，杜绝弊端。"②同年 3 月，警部堂宪谕知内外城巡捕："须严行禁阻抖放风筝，以免有损电线，致获重咎。"③ 1908 年公布的《违警律》明确规定，妨害邮件或电报的递送、损坏邮政专用物件及妨害电话、电报交通等都属于违警行为，要受到法律惩罚。④ 至民国时期，1928 年国民政府颁布的《违警罚法》及 1947 年修订的《违警罚法》基本延续相关规定，对妨害邮件、电报、电话或其他电信交通的行为进行处罚。综上可见，警察对近代北京城市文明建设与发展起到一定的积极作用，他们通过履职在一定程度上推动了京城社会文明的近代化。

二　影响民众思想开化

"巡警本是文明之政。"⑤ 现代警察诞生以后，不仅通过宣传告示等方式向民众传播现代城市管理理念，推动着城市文明的发展，而且在日常的执勤中也不自觉地通过自身形象的塑造，影响着民众的思想认识悄然发生变化。

首先，北京警察注重自身素质的提高，严肃整顿警容风纪，以期在民众心目中留下良好的印象，取得民众的信任与支持，进而引导民众提高思想认识，促进整体城市文明的发展。京师警察厅曾发布《巡警禁令》，要求巡警站岗时靴帽衣裤一律整齐，在执行公务时务要礼貌，不准用佩刀枪

---

① 北平市政府编《北平市政府二十三年上半年行政纪要》第 2 期，第 31 页。
② 《时事　北京　电灯拟归警部》，《大公报》（天津版）1906 年 2 月 21 日，第 2 版。
③ 《时事　北京　谕饬禁放风筝》，《大公报》（天津版）1906 年 3 月 24 日，第 2 版。
④ 戴鸿映编《旧中国治安法规选编》，第 20 页。
⑤ 《附件　文明之政不要参杂恶习》，《大公报》（天津版）1905 年 6 月 10 日，第 3 版。

支伤人或车马，不准骂人及对人说话发横。① 这些规定有利于改善警察在市民心目中的形象，有利于构建和谐警民关系，对维护社会治安也起到积极作用，也成为城市文明的一种象征。在仪表方面，北京警察很注重形象的整齐划一。据1906年1月报载，"北京自外城改换天津巡警以来，颇资整顿，一切动作装束极觉精神。现在内城巡捕亦拟改换新装，日前衣帽等物均已按段分放，不日即行更换，以示内外城彼此一律"。② 不久后又有报道："北京内城警察兵将于今年灯节后，一律改换西装，并于同时剃去发辫。"③ 1907年5月，报纸又载："民政部发交各区巡警夏季军服一律改用土黄色黑袖章，刻已于初十日更换，警界精神又为之一新。"④ 进入民国后，北京警察服装问题也颇受政府关注，1929年12月报载："（警察）服装费原来规定每年冬夏两季财部月拨一万元，此次张市长以平市为吾国故都，中外观瞻之地，警服破坏，殊不美观，特亲与财政部驻平特派员商拨八万元，……并将库存之枪支修理、配制皮件，发给长警，择要佩带"。⑤ 1947年12月至1948年1月，北平市警察局特别筹制交通警装备，制作盔式警帽500顶、皮鞋500双，配发交通警穿用。⑥ 现代警察形象给民众耳目一新的直观感觉，也影响着警察在民众心中形象的塑造。针对警察形象对民众的影响，蒋介石于1939～1941年在中央警官学校的训话中曾说："警察要特别振作精神，奋发努力，自立自强，积极的充实自己的常识能力，以身作则，为民众的模范。"⑦

在知识技能方面，近代北京警察初建时，很多警员文化水平较低，尤其是在基层服务的巡警，为此警察机关采取多种手段来提高警察的文化素养，如设立警察传习所、举办警务知识演讲等。据1906年2月《大公报》载："闻崇文门外巡捕东局近日于局中购备宗旨正大各种报纸，日由

---

① 京师警察厅编《京师警察法令汇纂》（总务类），第107页。
② 《时事　北京　内城巡捕不日改装》，《大公报》（天津版）1906年1月8日，第3版。
③ 《时事　北京　警察兵改装消息》，《大公报》（天津版）1906年2月1日，第2版。
④ 《时事　北京　更换警服》，《大公报》（天津版）1907年5月24日，第2版。
⑤ 《北平警政》，《大公报》（天津版）1929年12月30日，第3版。
⑥ 北平市政府统计室编《北平市政统计》，1948年8月，第131页。
⑦ 潘嘉钊、钟敏、李慕贞、侯俊华编撰《蒋介石警察密档》，第256页。

该处委员为各捕兵按条演说，以期增长智识，洞悉时事"。① 7月，《女报》载："南分厅三区区官因现在巡警多半没受过教育，每天除堂课体操之外，添买各种报章，每晚由八点二刻至九点二刻让巡警轮流上堂看报，有不识字的拣要紧的讲给他们听。"② 同年，《中华报》又载："内城巡捕东局某队长禀明上司在双松寺第四队设立讲堂，现经唐子棋君派教习成海，警巡恩培、承福等轮流赴彼演说警察要义，东局进步又见一斑。"③ 创办警察读物也是开警智的一个途径。1907年中国警察协会成立，明确"将来拟办中国警察学报以期改良全国警务，而臻进步"。④ 此后，1915年京师警察厅编纂《京师警察法令汇纂》，1919年内政部警政司主编《现行警察例规》，1935年北平市政府公安局编辑处开始编印《警务旬刊》等，这些警察读物对普及警察常识，提升警察思想认知起到一定作用。注重操练是提高警察素质的另一途径。例如，1904年报载，"安定门外东校场有巡捕多名操演阵式，高搭营幕，大书内城西局字样，其操法甚属整齐，观者莫不称赏"。⑤ 1906年11月，《大公报》又载外城南分厅四区区官饬令各警兵每日于换岗之后一律至梁家园，演习操法，以厉精神。⑥ 1907年5月，又有报道称"民政部日前传知内外城警厅，谕令各队巡警将枪法步伐以及打靶各项操法逐一练习，听那堂宪定期阅看"。⑦ 同年8月，报纸又载"民政部现议饬令内外城总厅将各巡警兵队操法一律改练德操，并拟饬令高等巡警学堂亦一体遵改，以期划一"。⑧ 这些举措无疑都有利于提升警察的业务素质，使其可以更好地执行任务，也给民众以良好印象，使他们对警察的观感为之一新。正如曾任北京同文馆总教习的美国人丁韪良在《中国之觉醒》内描述北京"各条街道（皆）由一队穿着

---

① 《时事　北京　巡捕局添演报章》，《大公报》（天津版）1906年2月21日，第2版。
② 《查办长警巡兵玩忽职责及斗殴事件有关文书》（1906年），中国第一历史档案馆藏，巡警部档案，档案号：37-1-302。
③ 《探访局选录京内外报纸所载各项消息逐日报告》（1906年），中国第一历史档案馆藏，巡警部档案，档案号：37-1-285。
④ 《时事　北京　警察协会之成立》，《大公报》（天津版）1907年12月4日，第2版。
⑤ 《中外近事　北京　巡捕合操》，《大公报》（天津版）1904年11月9日，第1版。
⑥ 《时事　北京　注重操法》，《大公报》（天津版）1906年11月4日，第2版。
⑦ 《时事　北京　拟阅警操》，《大公报》（天津版）1907年5月15日，第2版。
⑧ 《时事　北京　议改警操》，《大公报》（天津版）1907年8月13日，第3版。

整齐及有良好武装配备的警察巡逻",予人以极深之印象。①

　　警察在实际执勤中的表现,如是否按警章办事,是否严格遵守纪律,会更加真切地影响民众对警察的认知。北京警察的实际行动呈现出双面性特征,一方面是认真执法,维护民众利益,得到社会褒奖,这方面的案例很多,通过媒体传播到民众中,对塑造警察正面形象起到了积极作用。例如,1906 年 9 月《京话新报》载:"初六日晚八钟,长巷二条胡同有人遗失白布包一个,内有银票,被岗警拾得,候至十钟没人寻找,换岗时带回本区呈缴区长送呈北厅出示招领。北厅因那巡警临财不苟即记大功一次,奖银二元。该巡警名爱仁布,足见现在巡警文明程度渐渐的高了。"②1925 年 10 月,《京兆日报》刊登消息称:"永定门内二道坛门迤南,该处因地势低洼,夏日雨水仍未尽消,西后街住户谢石头平时常犯羊角疯,向在华乐戏园走场为生,不料昨在该处经过,突然犯疯,竟掉入河内,水深已将没顶,当由岗警赵贵荣捞救,始庆更生,已将其挽送回家。"③ 警察出现在市民生活中,他们依法履职的作风给城市管理工作带来现代化的气息,也给民众带来一种全新的法律观念,有助于民众养成守法的观念。例如,1903 年 11 月《大公报》载:"前数日东城某街抄拿烟馆,适有宗室某在馆内吸烟,被巡勇一并拿交工巡局,照例责打。"④ 北京警察依法办事,不畏权势,违警必罚,使得一些不法分子在企图以身试法时有了更多的顾虑,为维护整个社会的治安间接带来了积极影响,推动了北京城市的近代化。北京警察为民众利益着想的一系列行动为他们赢得良好的声誉,正如时人所论"吾生平所见国内的警察,好像以北平的为最优,当北平还是北京的时候,一切政治腐败,警察却弄得甚好"。⑤ "(北平)一般警士,且能循规守分和平尽职,故有全国模范之称。"⑥

　　但另一方面,近代警察表现恶劣甚至腐败的现象也不应忽视,这也直

---

① 王家俭:《清末民初我国警察制度现代化的历程(1901~1928)》,第 147 页。
② 《探访局选录京内外报纸所载各项消息逐日报告》(1906 年),中国第一历史档案馆藏,巡警部档案,档案号:37-1-285。
③ 《社会新闻　羊角疯儿被淹死》,《京兆日报》1925 年 10 月 13 日,第 3 版。
④ 《中外近事　北京　宗室被责》,《大公报》(天津版)1903 年 11 月 29 日,第 1 版。
⑤ 《警察琐谈》,中国警察协会湖南分会编《警察月刊》第 8、9 期合刊,1935 年,第 14 页。
⑥ 姜春华:《北平警政概观》,第 2 页。

接影响着其在民众心中的形象。据 1904 年 4 月报载："日前有疯妇一人，年二十许，在北城一带沿街狂走竟日无言，有识者云系沙窝门外所居，已在城内各处奔走数日矣，而各地方扎街巡捕见之不但不管，反多有以其取笑者。是诚何心哉？"① 1906 年 6 月，《京话日报》载《巡捕又打人》消息一则，称"菜市口一带有鱼菜各摊，巡捕驱逐，日前仍有在该处摆设，巡捕因收拾迟慢遂用警棍责打"。② 1911 年 6 月，报端又刊《京师巡警之腐败》消息，称"日前有二老叟各手持白方旗一面，上写有冤无处诉字样由西长安牌楼往东而行，口内喧嚷不止，京内巡警竟无有过问者，斯诚奇矣"。③ 警察在执勤中与民众交道往来，这是双方互相增进了解的重要途径，警察的执勤表现是民众观察他们的重要窗口，无形中对民众的是非曲直观念产生着影响，也对城市文明建设发挥着潜移默化的作用。

其次，近代北京警察机关还通过张贴白话告示、举办演讲、创办报刊等方式对民众进行思想启蒙，以推动社会文明建设。警厅张贴白话告示涉及的内容十分广泛，旨在开通民智，希望民众配合及支持警察开展工作。据报载，1905 年 1 月，为慎重卫生起见，"京师安定门瓮城遍贴示谕，不准行人便溺，恐有污秽之气，有碍卫生，略云如有不遵约束者，即交公所惩办"。④ 这年 12 月，报纸又报道："内外城工巡局所有张贴告示一律改用白话，前见正阳门外粘贴二张，一系劝人分清道路，概由左边经行，不可紊乱；一系劝人遵守警章，否则必扭到局，言词浅近明晰，商民乐观，是以环伺而待阅者立如堵墙，此亦开通民智之一斑。"⑤ 1906 年 9 月，为"普瀹民智以期风气早日开通"，警部通饬各厅区晓谕香店、冥衣铺、银箔铺一律不准售卖，以破迷信。⑥ 1907 年 1 月，警厅发布禁烟白话浅谕，从鸦片烟的害处讲到政府制定的禁烟章程，进而明确提出要求："从十二月初一日起，凡是外城现有的相姑下处大小窑子，以及内外城大小饭庄番

---

① 《中外近事　北京　是诚何心》，《大公报》（天津版）1904 年 4 月 26 日，第 2 版。
② 《查办长警巡兵玩忽职责及斗殴事件有关文书》（1906 年），中国第一历史档案馆藏，巡警部档案，档案号：37-1-302。
③ 《闲评二　北京　京师巡警之腐败》，《大公报》（天津版）1911 年 6 月 3 日，第 5 版。
④ 《中外近事　北京　慎重卫生》，《大公报》（天津版）1905 年 1 月 20 日，第 2 版。
⑤ 《时事　北京　示用白话》，《大公报》（天津版）1905 年 12 月 18 日，第 2 版。
⑥ 《时事　北京　力破迷信》，《大公报》（天津版）1906 年 9 月 6 日，第 2 版。

菜馆，全不准预备烟家伙，就是客人自己带来的，也不能让他摆，如敢故违，查出惟该铺掌柜掌班的是问，重重罚他。"① 1914 年 12 月，为使民众重视阳历新年，以收化民成俗之效，京师警察厅特出示晓谕："京师首善之区，为中外观瞻所系，现届新年伊迩，亟宜点染岁华以供国民游览，除各名胜处所分别开放外，兹将正阳门外大街夜市由十二月二十九日起，推展四日不收地租。"② 为加强民众的国民意识，1916 年 7 月报载"军警督察长昨曾通告军警各界，悬挂国旗务须特别尊重"。③ 1928 年 11 月，北平市政府按照中央明令，训令公安、社会两局晓谕市内商民人等："今岁春节起，禁售门神灶神等项，其烧香迎神等迷信事一律废除，而春联吉语等事不在禁例，各界春节休息一律仍照旧例。至于私印之历书一律禁售，另由国府内政部颁发新式镌印历书，发交全国各省市通用。"④ 诸多通俗易懂的告示，涉及百姓生活的方方面面，既有晓之以理、动之以情的和缓劝说，又有严厉的违禁惩罚警示，一张一弛，提升了其宣传的效果。另外，警察凭借官方的力量推行白话告示，在一定程度上也扩大了白话文在社会民众中的影响，推动了白话文运动的深入展开。

除了张贴白话告示外，北京警察还注重通过举行演讲、创办报刊等方式开通民智。据 1906 年 10 月《大公报》载，绅士文耀等禀请在前门外大栅栏三庆园借地演说，以开通风气，激劝国民感情。巡警总厅批示照准，"届期并派警官临场观听，率巡警妥为保护"。⑤ 为使民众增进对警察章程的了解，1906 年 11 月民政部咨行学部转饬督学局宣讲所，"令该所演说员每晚于演说之时，务以一小时专为听讲人演说警章，俾得开通风气，共保治安"。⑥ 1908 年《违警律》颁布后，"京师内外城各宣讲所每日均以三十分钟宣讲该律，以期人民知法守法而保治安"。⑦ 政府创立的

---

① 《时事 北京 禁烟白话浅谕》，《大公报》（天津版）1907 年 1 月 7 日，第 2 版。
② 《闲评二 北京 元旦推展夜市之厅示》，《大公报》（天津版）1914 年 12 月 29 日，第 5 版。
③ 《京兆 尊重国旗之通饬》，《大公报》（天津版）1916 年 7 月 25 日，第 7 版。
④ 《市府令商民禁用旧历 改用新式历书 并禁烧香迎神》，《顺天时报》1928 年 11 月 8 日，第 7 版。
⑤ 《时事 北京 总厅批示》，《大公报》（天津版）1906 年 10 月 12 日，第 2 版。
⑥ 《时事 北京 饬演警章》，《大公报》（天津版）1906 年 11 月 15 日，第 2 版。
⑦ 《时事 北京 演说违警律》，《大公报》（天津版）1908 年 7 月 12 日，第 5 版。

宣讲所"最初多半与警务有关"，① 宣讲活动增进了民众对警察工作的了解，也促进了民众思想的启蒙。创办警察报刊是开通民智的又一种重要途径。1906年2月《大公报》载："闻警部人云，日前堂官议以警务有关治内要政，尤宜开通风气为先，拟即筹款开办警务日报，其宗旨首以登录谕折及警务规条、各局示谕并采访京外新闻，但有关于吏治民情一并刊入，以期广开民智，教化易进而民自强矣。"② 不久，又载："闻警部各堂以开通人心尤以报纸为收效最速之物，拟于今春由本部组织一警察官报，将所有警察卫生各事刊入报章，以期改良风化，共保治安。"③ 此外，鉴于改良戏曲的方式效果明显，北京警察当局对排演改良新戏来开通民智的活动也给予支持。据1906年报载，广德楼玉成班排演蕙兴女士新戏，并延请士绅登台演说，一时观听者皆为之感泣动容。外城巡警总厅为此发布谕单，"查改良戏曲实为是为政治上之助力，而于社会进步亦极有关系。该班主具此热诚深堪嘉尚，除发给银牌一面以示奖励外，为此发给谕单张贴该园，嗣后该班仍当多排新戏，激发人民爱国思想，庶不负本厅提倡之心，而即以增长该园之声誉也。"④

　　由上可见，不论是通过自身形象及素质的提升，还是通过告示、演讲、报刊等方式，北京警察对民众思想的变革均产生了一定的影响。在开通民智方面，警察扮演了一个受教与施教的双重角色，"警察既然站在与人民日常生活接触的第一线，不管愿不愿意，常常成为推行新事物、新措施的尖兵，所以本身就需要被启蒙或再教育"。⑤ 近代北京警察顺应时代发展要求，在不断提高自身素质的同时，还宣传了新的文明思想、新的生活方式和理念，对民众思想的转变起到催化作用，对整个城市社会民众素质的提高也产生积极的影响，这一切都直接推动了京城社会近代化的进程。

---

① 李孝悌：《清末的下层社会启蒙运动（1901~1911）》，河北教育出版社，2001，第87页。
② 《要闻　警部拟开办官报》，《大公报》（天津版）1906年2月17日，第2版。
③ 《要闻　警部议办警察官报》，《大公报》（天津版）1906年2月28日，第2版。
④ 《时事　北京　外城巡警总厅谕单》，《大公报》（天津版）1906年6月1日，第2版。
⑤ 李孝悌：《清末的下层社会启蒙运动（1901~1911）》，第87页。

三　北京城市管理近代化转型

19 世纪末 20 世纪初，中国社会发生了深刻的变化，清政府原有的依靠绿营和保甲进行社会控制的体制已不能适应时代发展的需要，在改革过程中现代警察制度应运而生。警察制度的确立，在传统城市行政体制中引入了一种现代的城市控制和管理方式。① 北京作为首都，较早试办现代警政。伴随警政建设的发展，警察对城市社会的管理日益加强，有学者指出："警察的出现，是城市管理和社会控制向现代化转变的产物和标志。"②

传统的北京城市社会中没有专职的社会治安机构，社会治安职能被多个部门分割，步军统领衙门、五城兵马司等均兼有治安管理的职能。新式警察出现后，其负责社会治安的职责比较明确，而且还兼有交通、卫生、消防等多项职责。学者史明正曾指出，内外城巡警总厅在清朝最后数年的市政管理中起着重要作用，北京警察的职责范围要比西方警察宽泛得多，负责人口普查、公共工程、消防、救济贫困、公众健康、公共卫生及社会治安等。③ 进入民国后，内外城巡警总厅改为京师警察厅，直接对内务部负责，除了管理北京的交通，维持法律与秩序外，还负责征收税捐、人口普查、新闻监督与检查、公共卫生管理、贫民子女教育及收容等工作，还接管了以前内外城巡警总厅所设置的事业单位，几乎可以说是市政府的早期形式。这种状况一直维持到 1914 年京都市政公所成立。从 1914 年到 1928 年，北京的市政管理职责开始由京都市政公所和京师警察厅两个机构分担。它们在许多事项上进行合作，但又有各自明确的职责范围。市政公所主管城市的总体规划和基础设施，京师警察厅集中负责维持秩序、征收捐税、人口调查、消防和商业管理等。这两大机构协同工作，对北京城市生活的各个方面都产生了重大影响。南京国民政府成立后，北平治安和市政管理的全国性意义减弱，内政部对它的控制有所放松。北平市政府成

① 何一民：《近代中国城市发展与社会变迁（1840~1949 年）》，科学出版社，2004，第 262 页。
② 何一民：《近代中国城市发展与社会变迁（1840~1949 年）》，第 264 页。
③ 〔美〕史明正：《走向近代化的北京城——城市建设与社会变革》，第 29 页。

立后，北平的市政管理进行重大调整，市政府下设财政、土地、社会、公安、卫生、教育、工务、公用8个局，京师警察厅改组为公安局，主要负责治安和维持秩序，只向市政府负责。此后，公安局改组为警察局，北平警察成为真正近现代意义上的市政警察。由上，可以说北京警察是肩负着重荷步履蹒跚走向近代化的。北京警察机构在近代化的同时，也为北京的市政近代化做出了一定程度的贡献。① 警察的出现在中国城市管理史中具有划时代的意义，至少使城市有了一个专门化的机构处理城市问题。虽然新出现的警察不可能很好地处理全部城市问题，但它的确为建立一个类似现代市政的管理机构迈出了第一步。②

警察是代表政府对社会进行管理的工作人员，社会舆情关乎政府执政环境的好坏，故警察与社会舆论之间有着紧密的联系。在近代，引导社会舆论的媒介主要是报刊，因而警察与报界、新闻界结成了较为复杂的关系。整体而言，随着清末新政的开展，警察与报界、新闻界在职能上都发生了一些变化，由服务政府逐渐转向关注社会大众生活，在职权范围上有着类似之处，在政治层面上也受到国家权力的控制。在实际接触中，一方面警察对报界新闻界有监督检查之责，另一方面新闻界也是将警察机关的指示精神向民间传达的媒介，对警察机构施加的干预控制，媒体在一定程度上也会发挥其力量，进行一些相应的反监督与反控制。无论如何，现代警察出现后，借助国家的力量对新闻舆论的导向发展产生了重要影响。

近代北京警察自设立以后，就被赋予检查监督报纸新闻的职责，为保障警察工作的顺利开展，政府还出台了相关章程以为依据。例如，1909年颁布的《稽查处阅报简章》规定："本处派定每日阅报员二员，一员检京都各项报纸，一员检外省各项报纸。阅报宗旨大致分为四门择要检阅，一警政，二预备宪政，三外交，四军政，其余遇有关系记载亦须酌量检出，以期周密。本处备收发报纸簿一本，每日收发报纸若干份，按次登簿以便检查。每日报纸阅报员阅毕，除检出呈堂各报俟发回存案，余报须先

---

① 张文武：《超负荷下的蹒跚步履——谈谈走向近代化过程中的北京警察机构》，《北京档案》1996年第11期。

② 王笛：《街头文化：成都公共空间、下层民众与地方政治，1870~1930》，李德英、谢继华、邓丽译，中国人民大学出版社，2006，第227页。

理整齐交司书生粘签标明年月，按次存案备查。"① 1914 年 4 月《报纸条例》公布，规定报纸不得登载"淆乱政体、妨害治安、败坏风俗以及外交、军事之秘密及其他政务经该管官署禁止登载等内容"，每号报纸应于发行日递送该管警察官署存查。② 国民政府统治时期，1930 年 9 月北平特别市公安局公布《取缔反动刊物办法》，规定各印刷书局及售卖书报处要随时接受警方人员检查，如被查出印售"反动"刊物，将受到严厉处罚。③ 在实际工作中，警察机关主要通过登记调查、宣传报律、干预报道内容乃至查封报馆等方式来达到对报纸新闻进行监管的目的。其中，在加强登记调查及报律宣传方面，据 1906 年 2 月报道："工巡局奉警部堂谕，分饬各段巡长等将京师所有讲报阅报各社经理人等履历衔名调查清楚，造具详册呈报本部，以备立案。"④ 1908 年《报律》颁布前，"内外城巡警总厅传各报馆主笔至厅谕话，闻将实行报律"。⑤

针对报道的内容，警察会采取检查、监督甚至直接干预出版的手段，有时还采取比较强横的勒令停版、查封报馆等做法，以维护社会的稳定及统治者的利益。例如，1911 年 5 月，民政部传谕各报馆一体遵照："嗣后记载各种事件，务当平矜释躁，审慎出之，尊重言论之自由，恪循法律之轨范，毋得率骋凭虚之谕，轻出无礼之言，无损于人，徒致自侮。"⑥ 同年 10 月，为预防谣言散布，外城巡警总厅传知在京各报馆，"关于此次鄂省匪徒倡乱情事，暂缓登载"。⑦ 1913 年 7 月，北京《民国报》因时评中语句激烈，并有"请袁总统退职"等语，警察厅将该报主笔传去，"谓该报附和反徒，实属有害治安，饬令该报停版，其时该报主笔尚极力辩论，卒以势屈而退"。⑧ 同月，又有报道"警察厅因《京话日报》与《正宗爱国报》时评专件内有毁谤袁总统及摇惑军心之处，

---

① 《稽查处阅报简章》，中国第一历史档案馆藏，民政部档案，档案号：21-1045-0002。
② 戴鸿映编《旧中国治安法规选编》，第 122 页。
③ 北京市地方志编纂委员会编《北京志·政法卷·公安志》，第 105 页。
④ 《时事　北京　警部调查阅报社》，《大公报》（天津版）1906 年 2 月 25 日，第 2 版。
⑤ 《时事　北京　报律将次实行》，《大公报》（天津版）1908 年 5 月 9 日，第 5 版。
⑥ 《闲评二　北京　民政部饬谕报馆慎重记载》，《大公报》（天津版）1911 年 5 月 8 日，第 5 版。
⑦ 《外城巡警总厅谕各报云》，《民立报》（上海版）1911 年 10 月 20 日，第 4 版。
⑧ 《闲评二　北京　民国报停版之原因》，《大公报》（天津版）1913 年 7 月 25 日，第 5 版。

均饬令停版"。① 1918 年 7 月，京师警察厅接京畿警备总司令部发函后，告知各该报馆："嗣后凡有军事消息务须详切审查，毋得率意登载，以免淆惑，而保公安。"② 1919 年 5 月，京师警察厅针对"青岛问题发生以来各校学生奔走呼号，在京五七报组织不呈报厅遽行出版，其中论调偏激鼓煽居多，为维持治安尊重言论起见"，通告各报馆"嗣后务宜慎重登载，勉为公正健全之舆论"。③ 1920 年 6 月，京师警察厅就"刊登造谣消息"布告顺天时报馆，以后对于政潮影响金融问题"不得偶据风闻即行记载，并不得轻率登载军务各方面之事，以杜谣传而保公安"。④ 同年 7 月 14 日，京师警察厅为维持舆论起见，特重申前令发布告："凡散布传单号外，务各遵照定章先行送厅盖戳，以昭慎重。"⑤ 1925 年 10 月，《京兆日报》刊登社会新闻，讲"京师警察厅朱总监昨派行政处职员二人，检阅京中各种日报，如登载关于军事消息应即图出，每日呈阅一次。倘有消息不确之处，即时饬令各报更正，以免各种转录，摇惑听闻"。⑥ 由此可见，警察对检查及干预报纸新闻报道内容予以特别关注，这些行动也反映了近代国家权力对地方社会的控制。

此外，近代警察机关对新闻报道也时常强行干涉，以控制言论，这使警察与新闻界之间的对抗冲突不可避免。例如，1906 年 9 月，外城巡警总厅奉命以"淆乱闻听、妄议朝政、捏造谣言、附和匪党、肆为论说"等罪名，封禁北京《京话日报》《中华报》，并请旨将《中华报》主笔人杭慎修革职，交顺天府递解回籍禁锢；将《京话日报》主笔人彭诒孙革职，交法部判处 10 年监禁，配发新疆。⑦ 1909 年报载："警官陈家栋因实行报律问题恫吓京师各报馆，意在破坏言论权，报界公愤，拟全体停刊。总厅以该警官于颁布命令多所误会，闻已大加申斥。"⑧ 警察的强横引起

---

① 《闲评二　北京　国民党报纸之大厄运》，《大公报》（天津版）1913 年 7 月 31 日，第 5 版。
② 《地方纪闻　京兆　京师警察厅布告》，《大公报》（天津版）1918 年 7 月 16 日，第 6 版。
③ 《各地杂报　京兆　警厅通告新闻界》，《大公报》（天津版）1919 年 5 月 27 日，第 6 版。
④ 《各地杂报　京兆　警察厅禁止造谣》，《大公报》（天津版）1920 年 6 月 10 日，第 6 版。
⑤ 《地方纪事　京兆　京师警察厅布告》，《大公报》（天津版）1920 年 7 月 16 日，第 7 版。
⑥ 《社会新闻　警察厅检阅报纸》，《京兆日报》1925 年 10 月 19 日，第 3 版。
⑦ 北京市地方志编纂委员会编《北京志·政法卷·公安志》，第 104 页。
⑧ 《闲评二　北京　陈警官大被申斥》，《大公报》（天津版）1909 年 8 月 13 日，第 5 版。

了新闻界的反抗。民国时期，1916 年 1 月北京《新中国报》被警察厅禁止出版，报载："其原因系为登载某国有拟于三月监督中国财政之事，政府指为妨碍邦交，摇惑人心，除封禁外，其总理何宇尘、编辑宗辽鹤、发行王华堂均已被拘警察厅，尚须科以相当罪名。"① 1919 年五四运动爆发后，京师警察厅为压制报刊言论，对京内各主要报刊加强监视，10 月 24 日，警察厅以"违背出版法"罪名封禁北京《国民公报》，该报主任编辑孙几伊被逮捕，后被大理院终审判处有期徒刑 5 个月。② 1926 年 4 月 22 日，军阀张作霖指使京师警察厅以"宣传赤化"为名，查封北京《京报》，逮捕《京报》主笔邵飘萍，当月 26 日邵飘萍被杀害。③ 1933 年 6 月，报纸又有报道："政整会在外交大楼成立，发生警察驱逐新闻记者之事，下午报界集议，为表示抗议计，决议请今日平津各报不登载该会成立之新闻。"④ 1935 年 8 月，《真报》于 8 日、9 日、16 日等日刊载《济公新传》小说，描写情事过于猥亵，公安局饬区勒令该报将小说取消，告诫完案。而后 25 日该报所登《爱的悲痛》小说，其措词淫秽又复不堪入目，有鉴于此，市长训令公安局："应即依照取缔不良小报暂行办法第二项规定，即日停止其发行并追该缴报登记证呈候咨部注销，至该局新闻检查人员责有专司任意玩忽并着查明撤职，以昭惩戒。"⑤ 北平沦陷后，日伪警察机关为维护统治，更加重视对新闻报纸的监视，对全市各学校、会馆等场所经常公开或秘密侦查，还收缴进步书刊，逮捕发表抗日言论的爱国志士，其反动性质非常明显。抗战胜利后，1945 年 11 月 17 日国民党北平当局发布命令，一切未经国民党中央许可的"非法"报纸，一律于当月 22 日自动停刊。否则，不但勒令停刊，连印刷机器一并没收。次日，北平警察局便出动查封《国民日报》《平津晚报》《国光日报》。⑥

---

① 《京兆　新中国报封禁后之余罪》，《大公报》（天津版）1916 年 1 月 10 日，第 6 版。
② 北京市地方志编纂委员会编《北京志·政法卷·公安志》，第 104 页。
③ 北京市地方志编纂委员会编《北京志·政法卷·公安志》，第 105 页。
④ 《政整会警察驱逐新闻记者　平津各报表示抗议》，《大公报》（天津版）1933 年 6 月 18 日，第 3 版。
⑤ 《训令公安局　查有真报刊载爱的悲痛小说涉及诲淫仰即停止其发行　缴销登记证并将检查新闻失职人员查明撤职具报由》，《北平市市政公报》第 318 期，1935 年，"命令"第 26 页。
⑥ 北京市地方志编纂委员会编《北京志·政法卷·公安志》，第 105~106 页。

北京警察创建以后，凭借国家权力对社会舆论导向产生了重要影响。当然，社会舆论对警察也会有一定的反作用，这主要体现在媒体报道对警察形象的塑造。媒体对警察的褒扬或是批评会直接影响到社会舆论的导向。媒体对警察正面评价，有利于警察在社会民众中形成良好印象，如1906年报载《巡警进步》消息一则，讲"北京各段巡警于稽查一事颇为认真，各区之小赌场被查觉者颇多"。① 媒体对警察的负面报道，则会对警察的形象塑造产生消极影响。如1903年报纸报道："近日都城内外窃贼恣肆，且多临时行强。牛街马某家及西河沿某比部宅均于前晚被窃，失赃俱千两以上，然巡勇往来不绝，角声呜呜达旦，正不知其所司何事也。"② 媒体的报道对警察工作也有一种监督的意味。如1906年4月《京话日报》载："西直门东第一第二岗巡兵聚在一处谈笑，五岗六岗也是如此，有大车违章乱走谁也不过问，巡捕的肩章都是上三下十一号码，已函致该管官查究。"③ 1913年11月4日，《京话日报》载有《巡警蛮横》一则，内称巡警对于车夫有打骂情事，为此警察厅总监转饬详查，经查并未闻有此事。④ 可见，近代警察对新闻界有一定的控制力，影响着社会舆论的发展方向，尽管在实际运行过程中媒体对警察的作为也施有一定的反作用，但力量对比的结果是，警察在国家力量的加持下处于占优势一方。

近代警察的出现是国家权力向社会内部延伸的一个象征，通过这一载体，国家权力对城市社会生活有了更为全面的控制。北京在清末新政前是个崇尚社会自我控制的城市，主要通过会馆、贸易行会、水会及家庭来规范和约束个人，传统组织具有相当大的权威，国家的治安力量只有在罪犯威胁公共安全时才出面维持秩序。自20世纪初北京建立现代警察系统以后，国家对地方社区的控制与渗透日趋严密，据说民国初年北京每1000

---

① 《时事　北京　巡警进步》，《大公报》（天津版）1906年7月28日，第2版。
② 《中外近事　北京　窃贼恣肆》，《大公报》（天津版）1903年11月6日，第2版。
③ 《探访局选录京内外报纸所载各项消息逐日报告》（1906年），中国第一历史档案馆藏，巡警部档案，档案号：37-1-285。
④ 《京师警察厅关于查明京话日报刊载巡警打人一则的训令及外左一区的呈复》（1913年11月），北京市档案馆藏，档案号：J181-018-00037。

个居民中有 12 个警察，而当时的欧洲主要城市每 1000 人中只有 2~3 个警察。① 而且北京警察出现后，其职能范围非常宽泛，在政府的积极推动下，从有关市民日常生活的细微之处到社会改革大层面，无处不见警察的身影，国家权力在这一过程中逐渐延伸到城市社会的基层。

综上，近代北京警察自诞生以后，扮演的角色是多重性的，其职能经历了一个由类似全面的市政府到专门的市政警察转变的过程，其组织结构也日趋专业化。在履职过程中，北京警察一方面维护统治秩序，另一方面又对社会进行改造管理，推动了城市社会的近代化变迁。自警察出现后，近代北京的城市管理和社会控制模式发生了很大的变化，对城市社会、经济、文化产生了深远的影响，客观上为城市现代化奠定了基础。

四 警察与社会革命

北京警察诞生于清末统治出现危机的时刻，在随后的几十年中，政权几经更迭，社会革命的浪潮汹涌不断，维持治安秩序的警察，在这个过程中也扮演了较为重要的角色，对革命的发展产生了一定影响。总体来说，警察是国家维持统治的依靠力量，任何危及统治秩序的革命都会受到警察的阻挠。

清末，警察作为国家机器的重要组成部分，当清朝统治者的切身利益受到革命威胁时，警察帮助统治者遏制革命烈火的蔓延，镇压革命浪潮。为使警察能加强社会治安秩序管理，清政府还制定有相关法令规章以为依据。例如，1908 年《集会结社律》颁布，明确规定"无论何种集会或整列游行，巡警或地方官署为维持公安起见，得量加限禁或饬令解散。凡秘密结社，一律禁止"。② 随后，警察厅针对《集会结社律》的执行情况，出示晓谕："自示之后，如再有不遵定律先期呈报遽行结社集会，则是破坏法律，本厅定即实行干涉，照律办理。"③ 在学界风潮中，警察在政府

---

① 杨念群：《"兰安生模式"与民国初年北京生死控制空间的转换》，《社会学研究》1999 年第 4 期。

② 戴鸿映编《旧中国治安法规选编》，第 45 页。

③ 《闲评二 北京 厅示照录》，《大公报》（天津版）1911 年 1 月 15 日，第 5 版。

的授意下对青年学生的请愿运动进行镇压。革命党发动反清起义后，警察还加强警戒，到处搜捕革命党人，成为维护清廷专制统治的刽子手。不过，武昌起义前后，警察中也有不少人受革命思想的影响，转向支持革命，甚至参加革命，这加速了皇权政治的崩溃。①

北京政府时期，政权很不稳固，为维持统治秩序，1914 年 3 月《治安警察条例》颁布，宣称警察有权对人民言论及政治结社等行使"治安警察权"，规定"警察官吏对于屋外集合及公众运动游戏或众人之群集，认为有扰乱安宁秩序或妨害善良风俗之情形之一者，得限制、禁止或解散之"。② 实际上，在遇到集会结社、游行示威及政治暴动甚至革命运动等威胁统治秩序的情形时，警察与军队经常在政府当局的授意下联合行动，共同镇压。据 1912 年 1 月报载："军警联合会于日来连开会议，研究保卫北京秩序之各办法，闻已筹有端倪，倘于日内无论北京有何暴动，各处军警务须联合团体力保治安。"③ 1919 年 5 月 4 日，巴黎和会上中国外交失败的消息传到国内，北京学生 3000 余人首先行动起来齐集天安门进行示威游行抗议，五四爱国运动爆发。这引起北京政府的恐慌，立派步军统领和警察总监率大批军警先后到场控制和镇压，当天逮捕学生 32 人。④ 随即，京师警察厅致函京师地方检察厅，称："此案该学生等干涉政治，竟敢聚众骚扰放火殴人，实属扰乱秩序，亟应依法办理以保公安，除章公使受伤业已电请贵厅诣验并警士受伤人等再行验办暨段锡朋、钟巍、刘翰章三名业经讯供后开释外，相应抄供将许德珩等三十二名一并送请贵厅查照讯办。谨将保安警察第三四队受伤长兵花名及轻重情形呈开钧阅，其中十四名受伤轻重不等，均有伤痕；十四名受伤较轻，伤痕现已平复"。⑤ 至24 日，京师警察厅和警备司令部派出大批军警，禁止学生集合、讲演。6月 3 日，北京 20 余校的数百名学生又展开爱国宣传活动，这时，街头的警察比平日增加了好几倍，侦缉队、保安队纷纷逮捕学生。当日晚，学生

---

① 詹延钦：《清末巡警与辛亥革命》，《史学月刊》1999 年第 4 期。
② 戴鸿映编《旧中国治安法规选编》，第 110 页。
③ 《闲评二　北京　军警联合会特开密议》，《大公报》（天津版）1912 年 1 月 27 日，第 5 版。
④ 彭明：《五四运动史（修订本）》，人民出版社，2019，第 226 页。
⑤ 《北平市警察局侦缉队于 1919 年 5 月 5 日逮捕北大学生许德珩等 36 人参加"五四"运动火烧曹汝霖住宅的案卷》，北京市档案馆藏，档案号：J181-017-001545。

遭逮捕者已达 170 余人。4 日这一天，反动军警又拘禁学生 700 余人。①
轰轰烈烈的五四运动是一次伟大的群众爱国运动，表现出彻底的反帝
反封建的爱国精神，提高了民众的思想觉悟，成为近代中国革命的历
史转折点，揭开了新民主主义革命的序幕，而对运动进行弹压的军警
则充当了反动统治者的暴力工具。此后，随着中国共产党诞生，国民
大革命兴起，中国革命浪潮不断高涨，这越发引起反动统治者的不安，
对革命行动的镇压日益加剧，军警成为其依赖的主要力量。1927 年 4
月 8 日，京师警察厅总监陈兴亚、侦缉处长吴郁文等率保安警察、宪
兵、便衣警探 400 余人，采取突然袭击方式包围了位于东交民巷使馆
区的苏联使馆，逮捕了中共北方区委书记并任国民党中央执委的李大
钊等共产党员、国民党左派人士 20 余人。4 月 28 日，李大钊等 20 人
被判处绞刑。②

　　南京国民政府时期，国民党为维护独裁统治，规定警察的主要任务均
带有明显的反动性：镇压革命运动，捣毁共产党的组织，侦缉逮捕共产党
人，弹压学生运动，查封宣传革命的书报。随着革命形势的发展，警察参
与镇压革命活动颇多，使出各种布防查拿措施。据 1928 年 11 月报载：
"北平市公安局长赵以宽以平市连出土匪打抢之案，又兼奉市府咨行严缉
共党，深恐匪党隐匿旅店，警探无法侦查，昨特拟定取缔旅店之法，训令
市郊各区署长，即日传告界内旅店公寓，所有旅客之姓名年龄籍贯职业以
及服装像貌一并登记报区，临时来往之旅客可以添撤。每晚由军警宪三机
关持簿往各旅店检查，每日至少须查三次，有像貌年龄不符或形迹可疑
者，即行带走究讯。其有遗漏未入登记簿者，连同店长一并带办。平郊各
区署一律实行。"③ 1929 年 8 月，据官方报告，"共党拟于八月一日联合
工人农民等举行大暴动，阎锡山总司令转据行政院及军政部来电，通电所
属军政各机关一律严防，是日应禁止一切集会。……北平军警各机关奉令
后，如警备司令部、宪兵司令部、公安局等对于维护平市地方治安，已有

---

① 彭明：《五四运动史（修订本）》，第 247~250 页。
② 北京市地方志编纂委员会编《北京志·政法卷·公安志》，第 109~110 页。
③ 《公安局为防匪缉共　训令区署取缔旅店　旅客均须登记以便随时巡查　遗漏未登记者
店主即受处分》，《顺天时报》1928 年 11 月 7 日，第 7 版。

极周密之计划。军士宪兵及警察各便衣队等均分别出动"。① 1930 年 9 月，
《北平市公安局取缔反动刊物办法》公布，规定"各印刷局书局书摊及售
卖书报处所应随时由本局第二科暨政治训练部会同派员检查，前项检查人
员查有印售反动刊物得勒令停印停售或没收之并呈明核办"。② 1933 年，
为"严防革命分子利用时机宣传"，北平市政府饬"由公安局对于邮电严
密检查，如发现反动邮件电报，即密饬区队及便衣员警按地缉拿，以消隐
患"。③ 这年 7 月 3 日，公安局密探队解送"共党嫌疑犯陈镜波、陈刚等
二名"附证到局提讯，后将陈镜波、陈刚等 2 名函送河北高等法院第一
分院讯办。④ 1934 年 2 月 26 日至 3 月 4 日，据北平市公安局重要工作报
告书统计，"据邮电检查员检呈有关时局平信电报及宣传共产反动各种刊
物报纸共计 268 件，经查属实均予扣留销毁"。⑤ 同年 10 月，报纸又报道
"平市公安局在西城报子街复兴公寓三十一号房间内捕获重要共党一名，
当场搜出左联文件共党组织大纲及反动书籍甚多，刻管押该局"。⑥ 1935
年 12 月 9 日，北平大中学生数千人举行声势浩大的抗日救国示威游行。
对此，北平市公安局出动大批警察特务，手持大刀棍棒和消防水龙，在王
府井南口等处对游行学生实施冲击殴打，致 40 余人受伤。16 日，学生、
工人、农民数万人再次集会游行，北平警方再次参与镇压，当日捕 30 余
人，打伤 400 余人。⑦ 此外，北平警察还对共产党组织加强侦缉。有文献
载："据潜入共党组织中担任侦查工作密探报称：查得北平市共产党在 1936 年
11 月间曾废去共产党和共产主义青年团的关系，其组织完全合并一起，由市
委以下分'文化工作委员会''工人工作委员会''军人工作委员会''学生
工作委员会''农民工作委员会''妇女工作委员会'，最近市民特别支部亦

---

① 《阎令严防八一暴动　北平军警已严重警戒》，《大公报》（天津版）1929 年 8 月 1 日，
第 4 版。
② 北平市政府参事室编《北平市市政法规汇编》第 1 辑，"第三类公安"第 100 页。
③ 北平市政府秘书处编《北平市政府二十二年下半年行政纪要》第 1 期，第 18 页。
④ 《北平市政府公安局业务报告（司法重要案件）》（1933 年 7 月至 1934 年 6 月止），第
29 页。
⑤ 北平市政府秘书处编印《北平市市政公报》238 期，1934 年，"报告（公安局）"
第 35 页。
⑥ 《平市捕获共党》，《大公报》（天津版）1934 年 10 月 9 日，第 4 版。
⑦ 北京市地方志编纂委员会编《北京志·政法卷·公安志》，第 108 页。

脱离工人工作委员会独立成为'市民工作委员会',其中以学委人数较多,工作亦繁,工人、农人、军人等工作委员次之,文委会及妇委会成立未久,尚无基础,其各委会下直接分组或个人,均由各工作委员会委员直接接头。……此外尚有'民族解放先锋队'乃共产党之外围组织,直属于市委,再北平市尚有一特委系共党中央所派,此为最近共产党组织概况。"①

北平沦陷后,日伪加强对进步书刊的收缴,逮捕抗日人员,镇压抗日爱国运动,警察机关成为日本侵略者的帮凶。1938年6月,日伪在北京开展"剿共灭党运动周",以警察局为主,配以日本宪警及教育局、社会局人员对全市各学校、会馆等场所进行清查,收缴进步书刊,搜捕抗日人士。以后此项活动被固定在每月11日进行,被称为"灭共日"。② 1939年9月,日伪警察局实施"特种犯罪临时处理办法",将"有害治安之政治运动及思想运动罪""秘密结社罪"都列入特种犯罪,犯此等罪者,处死刑。③ 1941~1942年,由伪华北政务委员会主持,伪北京特别市公署警察局奉令配合日军对北京地区先后开展了五次"强化治安运动"。其中,在第三次"强化治安运动"期间,"伪北京特别市警察局城郊各分局肃清匪共搜检方案"发布,关于城区大搜检,明确规定:"一、检举之目标:1、共产党;2、匪贼及散兵游勇;3、不良分子及反动书籍。二、检举之地点:1、庙宇杂居可疑户;2、旅店公寓;3、中、大学校寄宿舍(认为素行有检查必要时检查之);4、烟馆及娼寮。三、检举之配备。1、依照各区之繁简组成三班或五班,每班分局员一人、户籍警等八名、侦缉队二人;2、检举班员警一律佩带武器。四、检举注意事项:1、对于被检者,应注意其人面貌神色及言语;2、证物检查以武器反动书籍为主。五、检举之日时:每月由局指定一日,各分局同时开始举行。"④ 在此次"强化治安运动"中,日伪警察局特高股呈报举办检查刊物情况,计"在杨梅竹斜街、新华书店等处,查出《给新时代青年的信》等书,

① 《北平市警察局密呈共产党北平市组织表》,北京市档案馆藏,档案号:J001-001-00186。
② 北京市地方志编纂委员会编《北京志·政法卷·公安志》,第111页。
③ 北京市地方志编纂委员会编《北京志·政法卷·公安志》,第108页。
④ 北京市档案馆编《日伪在北京地区的五次"强化治安运动"》,第181~182页。

共计 216 本，经详查书中内容，均属应行查禁予以没收处分之刊物"。①

抗战胜利后，国民党破坏国共和谈，发动内战，北平城内物价飞涨，民众反抗情绪日益高涨。1947 年 5 月 20 日，北平十余所大中学校学生万余人举行"反饥饿反内战"示威游行。北平市警察局派员沿途监视，并派部分便衣乘卡车阻止，当日逮捕学生 5 名。21 日，警察局发布公告，严禁学生罢课游行。22 日，有警察多人闯入朝阳学院，殴伤学生十余人，逮捕数人。为防止学生举行更大行动，北平警备司令部、警察局等召开治安联席会议，制定《加强警备实施计划》，6 月 2 日全城戒严，军警万余人分散包围在各大学四周。② 经此次处理后，北平市学潮渐平息。随后，1948 年 4 月 2 日，燕京大学、清华大学、北京大学、朝阳大学、中法大学大学生抗议政府取缔华北学联，有罢课罢教、集会游行请愿、张贴标语、散放传单等情事，经警戒并未发生事故。7 月 5 日，东北来平学生因不满市参议会救济案发动请愿，集结市参议会门前三四千人，北平军警劝阻未听，后弹压军车到场震慑，酿成惨案。③ 可见，警察的政治使命决定了其对妨害统治秩序的革命活动有一种天然的镇压职责，在政府的授命下，不管本身是否愿意，阻止革命发展，镇压学生运动，维护统治秩序总是他们承担的一项任务。在近代中国革命发展过程中，警察不由自主地充当了统治当局的刽子手，成为阻碍革命前进的一支主要力量，带有反动性质，对社会革命的发展而言起了负面作用。

总之，北京警察自清末诞生到南京国民政府统治结束，在这几十年的时间中，对京城社会产生了重要的影响。在警察多样化职能的履行过程中，北京城市的社会风俗文化、市民大众思想、城市公共管理模式、社会舆论导向、革命运动形势等均发生了很大的变化。北京警察在向近代化转变的过程中，在其履职过程中客观上也起到了一定的推动城市近代化进程的作用。

---

① 北京市档案馆编《日伪在北京地区的五次"强化治安运动"》，第 234 页。
② 北京市地方志编纂委员会编《北京志·政法卷·公安志》，第 108~109 页。
③ 北平市政府统计室编《北平市政统计》，1948 年 8 月，第 130 页。

结　语

　　19、20 世纪之交，在内忧外患的重重压力下，清廷官方开始了预备立宪运动。在这一背景下，现代西方警察制度也被引进中国，并逐渐在各地普及发展。北京在南京国民政府成立前是国家的首都，其安危关系重大，因此北京的警政也以全国的"模范"来建设。南京国民政府统治开始后，北京的城市地位有所变化，但其重要性仍不可忽视，警政建设在原有基础上不断发展。伴随警察制度的建立，警察这一现代社会职业群体诞生，并在城市社会生活中扮演着十分重要的管理者角色，对北京城市的政治、经济、文化的现代化发展均产生了深远的影响。

　　警察就其本质来说，是国家的重要专政工具之一，是国家暴力机器的一部分，是为保证统治者实现其统治利益服务的。国家赋予警察一定的权力，警察则忠实地执行统治者的国家意志，执行国家的法律，成为代表国家行使权力的重要政治工具。[①] 从清政府到北京政府，再到南京国民政府，及至沦陷时期的日伪政府，政权虽几经更迭，但历届执政当局对警察建设均高度重视，其一致的出发点即借警察这一行政工具来加强对人民的控制，以维护其统治。北京警察的发展历程也绕不开这一政治因素。警察权力，以国家统治权为基础，换言之，国家统治权也非以警察为施行工具，不能彻底发挥其效能。[②] 因此，警察与国家政府之间有着非常密切的关系。在根本的政治利益上，警察与国家政府有着一致性。同时，国家政府又对警察实行领导管理与约束。为使警察能正确理解政府意图，准确运

[①]　惠生武：《警察法论纲》，中国政法大学出版社，2000，第 3~4 页。
[②]　张恩书编《警察实务纲要》，第 1 页。

用政府权力，历届统治者均对有关警察的建章立制表现出了很大的热心，既规范了警察人员执行职务、行使权力的基本界限，也对警察人员所应达到的素质标准进行了明确要求。

北京警察自诞生后，就肩负起了诸多职责，如社会治安、道路交通、消防安全、公共卫生、慈善救济、人口编查、商业营业等，均归其管理，堪称城市社会的"大管家"。为保障警察工作的顺利开展，一系列借鉴西方法学理论的警察法规相继出台，这促进了警政法治化的发展，也推动了司法近代化的历程。在警察实际的执勤过程中，宣传告诫为先、惩罚处理继后的管理模式也延续了下来。北京警察多样化的职责使其在城市社会中扮演多重角色，对城市近代风俗文化、民众思想、城市现代化管理、社会舆论、社会革命等均施加着影响。北京警察的出现及发展，不但起到维护社会公共秩序的作用，对于改变北京的政治结构，推进市政建设、民政管理、社会治安秩序、公共环境卫生、商业经营等各方面的进步都产生了积极作用，也直接带动了整个城市社会文明程度的提升，成为北京城市近代化的重要象征。

警察属于内务行政系统，其目的在维持社会公共秩序，预防一切危害；而以直接限制人民自由，为达到目的之手段。[1] 清末设立警察时，民权意识已萌发，这要求警察权力决不能漫无限制，同时，警察作为国家权力的代表，时时刻刻都在与民众接触，警察的一举一动都可能影响民众与国家的关系，因此，警察与民众之间形成了紧密关系。北京警察在执勤过程中深度介入民众生活，与民众存在管理与被管理的联系，同时，两者间又有着合作统一的一面。警察服务要有效，就需要公民积极的协作。[2] 在制定警察法令时，也须顺乎人民生活习惯与地方一般的环境，尔后警察人员执行之际，方能顺利无阻，以达到最后之目的。[3] 现代北京警察较诸以往的治安行政人员，在对民众进行管理的过程中，有了一定的服务意识，在关心民众生活，保护民众合法利益方面有一些较好的行动，这也体现了

① 张恩书编《警察实务纲要》，第29页。
② 〔美〕埃利诺·奥斯特罗姆、帕克斯、惠特克：《公共服务的制度建构——都市警察服务的制度结构》，宋全喜、任睿译，上海三联书店，2000，"中文版序言"第17页。
③ 张恩书编《警察实务纲要》，第11页。

现代意义上的职业警察的进步性的一面。当然，警察在近代社会履职过程中表现出的服务精神是否警察自身有意识的表达还需进一步讨论，而且我们也要客观看待这种服务理念，不能过于夸大。此外，北京警察与军队宪兵之间在建制上时有交错，在执行任务的过程中，他们也经常进行接触，因此，警察与军队宪兵之间也产生了一定的联系，有合作、共保治安的一面，同时也不可避免发生矛盾冲突。

通过对近代北京警察在履职实践层面进行历史考察，我们可以想见近代中国警察的发展是受到社会经济、政治、文化、社会环境等多种因素制约的。首先，在经济上，警察经费的缺乏导致警政效能低下与腐败滋生。基层长警恶劣的待遇则强化了警察职业低贱的社会认识。经济上的贫困也增加了要民众遵守警察法令的难度。① 这一切都使近代中国警察无法取得长足发展。近代北京警察的状况也如此，没有有力的经济支撑，实难取得长足发展。其次，在政治上，清末民国时期，政权频繁更替，政治局势不稳定，当局者非常重视警察的镇压职能，常常命令军队与警察协作执行保卫任务，不利于警察与民众关系。北京又是权贵云集之地，官僚积习深重，也对警察工作的开展造成了一定的阻力。最后，在文化上，传统文化所表现出的保守性使得近代警察的发展遭到一定的阻力。这主要体现在以下方面：等级特权观念牢固；个人主义发达；"官本位"观念依旧左右社会。② 受此影响，警察人员不能以现代警察应有的"管理加服务"的理念对社会治安工作尽职尽责，而民众则以"民不与官斗"的消极思想面对社会治安的维护。民众与警察不能很好地合作，这对警察工作的顺利开展造成很大阻碍。此外，现代警察是在统治者面临危机的情况下建立的，其筹备十分仓促，所以警员素质的问题就被忽略了。警察或是由旧有的旗兵营勇转化而来，或是从身体健康的民众中直接挑选，而对其文化素质并无太高的要求。再加上警察教育的不足，使警员素质参差不齐。而主办警政的官员也有许多对现代警政不很精通，以致警察工作进展艰难。北京警察

---

① 孟庆超、牛爱菊：《试论近代中国警政遭遇的经济困惑》，《山东警察学院学报》2005年第1期。

② 孟庆超、牛爱菊：《中国警政近代化过程中的文化阻力——兼论落后教育的影响》，《湖南公安高等专科学校学报》2005年第2期。

虽有"模范"之称，但这种"模范"的称谓也只能是相对而言。现代警察体制的建构是一个渐进性的过程，需要相当长的时间和各种制度要素的调适才可能实现整体的协调。伴随制度而生长的职业人群，他们的发展命运与体制的不断完善健全是紧密相连的。

在生活层面上，北京警察收入的状况决定了其物质生活的水准，因普通警察与警察官吏间的等级差别，其生活水平也有着较为明显的区别。普通警察的收入与一般工人相似，他们的生活处于勉强维持生存的水平，在社会上属于比较低下的一个阶层。警察官员的生活则基本位于社会的中等水平，生活内容更丰富一些。警察职业的风险性给从业人员带来了较为沉重的精神压力，待遇的低下使一般警察的生活较为艰难，业余生活更是单调，这一切都影响到警察人员的身心健康。特定的时代背景造就了当时北京警察的生活状况，我们从中可以看到一些对当今改善警察的工作生活状态仍有借鉴意义的经验教训。

纵观北京警察自清末到民国几十年的发展历史，我们可以看到，无论在整体规模，还是人员素质构成、警种类别上，近代北京警察均有了一定进步。在实际工作中，北京警察职能的多样化使其对城市社会的多个层面的发展都产生了深远的影响。作为城市的管理者，警察履职的过程就是城市管理不断有序发展的历程，这在客观上一定程度推进了北京城市的近代化。警察在近代城市社会中深入民众生活的方方面面，在一定意义上也是国家权力不断下移扩张、政府社会控制力不断加强的过程，而警察在其中发挥了助推剂的作用。北京警察的发展历史可以说是整个中国警察近代发展史的一个缩影。从近代北京警察几十年来发展的概况，我们可以隐约看到近代中国警察的一斑，感受到近代中国城市近代化转型的艰难。

近代北京警察主要职官表

一　清末京师警察机构主要职官

姓名	职务	任职时间	备注
奕劻	善后协巡局大臣	1901 年	
善耆	工巡局大臣	1902 年	
那桐	工巡局大臣	1903 年	外务部左侍郎
徐世昌	巡警部尚书	1905 年	兵部左侍郎
毓朗	左侍郎	1905 年	内阁学士
赵秉钧	右侍郎	1905 年	直隶候补道
段书云	署外城巡警总厅厅丞	1906 年	法部郎中
朱启钤	外城巡警总厅厅丞	1907 年	候选道
陈时利	外城巡警总厅厅丞	1907 年	
王善荃	外城巡警总厅厅丞	1907 年	拔贡出身
吴镜孙	外城巡警总厅厅丞	1911 年	举人出身
治格	外城巡警总厅厅丞	1911 年	
朱启钤	内城巡警总厅厅丞	1906 年	
荣勋	内城巡警总厅厅丞	1906 年	
陆钟岱	内城巡警总厅厅丞	1907 年	
章宗祥	内城巡警总厅厅丞	1909 年	
董玉廖	内城巡警总厅厅丞（代）	1910 年	
王善荃	内城巡警总厅厅丞	1911 年	拔贡出身
王治馨	内城巡警总厅厅丞	1911 年	

二　民国时期北京警察机构主要职官

姓名	职务	就职时间
王治馨	京师警察厅总监	1913 年 1 月 21 日
董玉麐	京师警察厅总监（代理）	1913 年 7 月
吴炳湘	京师警察厅总监	1913 年 10 月
殷鸿寿	京师警察厅总监	1920 年 7 月
薛之珩	京师警察厅总监	1922 年 1 月
张壁	京师警察厅总监	1924 年 10 月
李寿金	京师警察厅总监	1924 年 11 月
朱深	京师警察厅总监	1925 年 1 月
卫兴武	京师警察厅总监	1925 年 12 月
鹿钟麟	京师警察厅总监	1925 年 12 月
吴炳湘	京师警察厅总监（代理）	1926 年 3 月
李寿金	京师警察厅总监	1926 年 4 月
陈兴亚	京师警察厅总监	1926 年 10 月
吴炳湘	京师警察厅总监	1928 年 6 月
何成濬	北平特别市公安局局长	1928 年 6 月
赵以宽	北平特别市公安局局长	1928 年 7 月
张荫梧	北平特别市公安局局长（市长兼）	1929 年 9 月
王锡符	北平特别市公安局局长	1930 年 9 月
鲍毓麟	北平特别市公安局局长	1930 年 10 月
余晋龢	北平市公安局局长	1933 年 9 月
祝瑞霖	北平市公安局局长	1935 年 7 月
张维藩	北平市公安局局长	1935 年 11 月
陈继淹	北平市公安局局长	1936 年 1 月
潘毓桂	（伪）北京特别市警察局局长	1937 年 7 月
余晋龢	（伪）北京特别市警察局局长（市长兼）	1938 年 1 月
钱宗超	（伪）北京特别市警察局局长	1943 年 2 月
游伯麓	（伪）北京特别市警察局局长	1943 年 11 月
崔建初	（伪）北京特别市警察局局长	1945 年 3 月

续表

姓名	职务	就职时间
陈焯	北平市警察局局长	1945 年 9 月 4 日
汤永咸	北平市警察局局长	1946 年 8 月
杨清植	北平市警察局局长	1948 年 10 月
谭政文	中国人民解放军军事管制委员会 北平市公安局局长	1948 年 12 月 17 日

参考资料：

顾鳌编《京师外城巡警总厅第一次统计书（1906 年）》，京华印书局，1907。

内阁印铸局编《宣统三年冬季职官录》，沈云龙主编《中国近代史料丛刊》第 29 辑第 290 册，台北：文海出版社，1968。

蔡恂：《北京警察沿革纪要》，1944。

京师警察厅总务处编印《京师警察厅职员录》，1927。

北京市档案馆历史档案管理处辑《北京市历任公安机关的主要负责人》，《北京档案》1986 年第 4 期。

补充对照：

北京市地方志编纂委员会编《北京志·政法卷·公安志》，北京出版社，2003。

北平市公安局第一科编《北平市警察概况及历年沿革》，北京市档案馆藏，档案号：J181-001-000368。

参考文献

一 档案

（一）北京市档案馆藏档案

北京市档案馆所藏资料档案，全宗号：ZQ004、ZQ005、ZQ008、ZQ012、ZQ019、ZQ021、ZQ022

北平地方法院档案，全宗号：J065

北平市各区公所档案，全宗号：J016

北平市公用局档案，全宗号：J01

北平市警察局档案，全宗号：J181

北平市警察局内城各分局档案，全宗号：J183

北平市警察局外城各分局档案，全宗号：J184

北平市社会局档案，全宗号：J002

北平市卫生局档案，全宗号：J005

北平市政府档案，全宗号：J001

（二）中国第一历史档案馆藏档案

步军统领衙门档案，全宗号：51

京城善后协巡总局档案，全宗号：72

民政部档案，全宗号：21

巡警部档案，全宗号：37

（三）中国第二历史档案馆藏档案

内政部档案，全宗号：12

（四） 台北"中研院"近代史研究所档案馆藏档案

总理各国事务衙门档案，全宗号：01

外务部档案，全宗号：02

二 报刊

《北京档案》《北京档案史料》《北京日报》《北平市市政公报》《北平市政府统计月刊》《北平市政统计》《北平特别市公安局政治训练部半月刊》《北平特别市市报》《晨报》《大公报（天津版）》《东方杂志》《公安旬报》《京报》《京话日报》《京师警察公报》《京兆公报》《京兆日报》《京兆通俗周刊》《京兆周刊》《警察月刊》《警风月刊》《警高月刊》《警光》《警声》《警声月刊》《警务旬刊》《民立报（上海版）》《内政公报》《内政月刊》《申报》《世界日报》《市政季刊》《市政评论》《市政通告》《市政月刊》《首都警察厅月刊》《顺天时报》

三 文献资料

1. 清末民国部分

《北平市政府公安局业务报告》，出版时间不详。

《非常时期维持治安紧急办法及有关法令汇编》，中央秘书处文化驿站总管理处，1940。

《光复一年之北京市政》，1946。

《京师军警联合公所记事汇编》，1914。

《警察统计》，上海世界书局，出版时间不详。

《卢沟桥事变后北京治安纪要》，1938。

（伪）北京地方维持会编《北京地方维持会报告书》（上），1938。

（伪）北京特别市公署参事室编《北京特别市市政法规汇编》（第三辑），（伪）北京特别市社会局救济院印刷组，1940。

（伪）北京特别市公署警察局编《北京市警察法规汇编》，1938。

（伪）北京特别市公署警察局编《北京特别市公署警察局职员录》，1938。

（伪）北京特别市公署警察局秘书室编《北京特别市公署警察局业务

报告（1939 年度）》，1939。

北平市政府编《光复一年之北平市政》，1946。

北平市政府参事室编《北平市市政法规汇编》第 1 辑，北平市社会局救济院，1934。

北平市政府参事室编《北平市市政法规汇编》第 2 辑，北平市社会局救济院，1937。

北平市政府公安局第一科编《北平市政府公安局职员录》，1936。

北平市政府警察局编《一年来之北平警政》，1947。

北平市政府秘书处第一科统计股编《北平市政府二十二年度行政统计》，1935。

北平市政府秘书处第一科统计股主编《北平市统计览要》，1936。

北平市政府统计室编《北平市政统计手册》，1947。

北平特别市社会局编辑《北平特别市社会局救济事业小史》，北平特别市社会局第一习艺工厂，1929。

〔日〕稻津秀也编纂《新辑中国警察法令集》，北京听鸿阁印书局，1942。

丁光昌编《警察法规》（增订本第三版），大东书局，1947。

顾鳌编《京师外城巡警总厅第一次统计书（1906 年）》，京华印书局，1907。

胡存忠编《警察法总论》，中央警官学校讲义，出版时间不详。

〔日〕加藤镰三郎：《北京风俗问答》，（东京）大阪屋号，1928 年再版。

蒋锡麟：《警察必携》，大东书局，1947。

京都市政公所编《京都市政汇览》，京华出版社，1919。

京奉警务处第三课编《京奉铁路警察法规汇编》，1927。

京师警察厅编《京师警察法令汇纂》（总务类），撷华书局，1915。

京师警察厅编《京师内外城巡警总厅统计书》，撷华印刷局，1917。

京师警察厅总务处编印《京师警察厅职员录》，1920，1925，1926。

京师警察厅总务处制，京师内外城二十区警察署测绘《京师内外城详细地图》（舆图），京师警察厅总务处，1928。

李士珍主编《增订警察服务须知》,上海警声印刷厂,1946。

(清)刘锦藻撰《清朝续文献通考》(第二册),商务印书馆,1937。

刘继编《外事警察法令汇编》,世界书局,1947。

〔日〕泷川政次郎编《临时、维新两政府法令辑览》,新民印书馆,1939。

〔美〕孟天培、甘博:《二十五年来北京之物价工资及生活程度》,李景汉译,北京大学出版部,1926。

内城巡警总厅卫生处编纂《京师警察法令汇纂》(卫生类),京华印书局,1909。

内务部警政司编《现行警察例规》,1919。

内政部编《民国二十一年度全国警政统计报告》,1934。

内政部编《内政调查统计表》第2期,1933年10月。

内政部警政司编《警察法规汇编》,1947年油印本。

内政部年鉴编纂委员会编纂《内政年鉴》,商务印书馆,1936。

内政部统计处编《民国二十四年上半年份全国警政统计报告》(1937年4月19日)。

(清)十丈愁城主人撰《述德笔记》,1921年铅印本。

首都警察厅编《警察法规汇编》,1934。

司法部编《治安警察法》,1912年铅印本。

司法行政部编《司法法令汇编》,上海法学编译社,1946。

王浩、蒋万里编辑《增订中华法令汇纂》,上海广益书局,1926。

徐白齐编《中华民国法规大全》,商务印书馆,1937。

张瑞林等编著《北平侦探案(附侦探要义)》,文美书庄,1930。

(清)政学社编《大清法规大全》,石印本,1909。

中央警官学校编审处、中华警察学术研究社编《通行警察法规汇编》,上海警声印刷厂,1946。

2. 1949年以后部分

北京市地方志编纂委员会编《北京志·市政卷·道路交通管理志》,北京出版社,2000。

北京市地方志编纂委员会编《北京志·市政卷·道桥志、排水志》,

北京出版社，2002。

北京市地方志编纂委员会编《北京志·政法卷·公安志》，北京出版社，2003。

北京市政协文史资料委员会编《北京文史资料第55辑》，北京出版社，1997。

蔡鸿源主编《民国法规集成》，黄山书社，1999。

陈瑞芳、王会娟编辑《北洋军阀史料·袁世凯卷》第2册，天津古籍出版社，1996。

戴鸿映编《旧中国治安法规选编》，群众出版社，1985。

《端忠敏公奏稿》，沈云龙主编《中国近代史料丛刊》第10辑第94册，台北：文海出版社，1967。

〔日〕服部宇之吉等编《清末北京志资料》，张宗平、吕永和译，北京燕山出版社，1994。

故宫博物院明清档案部编《清末筹备立宪档案史料》，中华书局，1979。

故宫博物院明清档案部编《义和团档案史料》（上、下册），中华书局，1959。

黄进、何稼男编著《中国近代警察教育法规选编》，中国人民公安大学出版社，2021。

李文海主编《民国时期社会调查丛编·社会保障卷》，福建教育出版社，2004。

内阁印铸局编《宣统三年冬季职官录》，沈云龙主编《近代中国史料丛刊》第29辑第290册，台北：文海出版社，1968。

彭明主编《中国现代史资料选辑》第2册，中国人民大学出版社，1988。

彭明主编《中国现代史资料选辑》第4册，中国人民大学出版社，1989。

齐午月、王晓选编《近代警政史料汇编》（影印本），国家图书馆出版社，2021。

《清实录》第58、59册，中华书局，1987。

商务印书馆辞书研究中心编《古今汉语词典》，商务印书馆，2000。

舒新城、沈颐、徐元诰、张相主编《辞海》，中华书局，1981。

田涛、郭成伟整理《清末北京城市管理法规（1906～1910）》，北京燕山出版社，1996。

铁道警察学院公安文化研究中心编《中国近代铁路警察规章汇编（1905～1949）》，中国人民公安大学出版社，2019。

吴廷燮等纂《北京市志稿民政志》，北京燕山出版社，1989。

〔美〕西德尼·D. 甘博：《北京的社会调查》（上、下），陈愉秉、袁嘉等译，中国书店，2010。

夏征农主编《辞海》（1999年版缩印本），上海辞书出版社，2000版，2003年重印。

徐世昌：《退耕堂政书》，沈云龙主编《近代中国史料丛刊》第23辑，台北：文海出版社，1968。

曾荣莱编《中国近代警察史料初编》，台北"中央警官学校"，1989。

赵尔巽等撰《清史稿》，中华书局，1976。

赵志飞主编《中国晚清警事大辑》第1辑，武汉出版社，2014。

中国大百科全书出版社不列颠百科全书编辑部编译《不列颠百科全书（国际中文版）》，中国大百科全书出版社，1999。

中国第二历史档案馆编《中华民国史档案资料汇编》第三辑·财政，江苏古籍出版社，1991。

中国第一历史档案馆编辑部编《义和团档案史料续编》，中华书局，1990。

中国警察学会、武汉市公安局编《中国警察服装志》，警官教育出版社，1996。

中国社会科学院近代史研究所中华民国史研究室、中山大学历史系孙中山研究室、广东省社会科学院历史研究室合编《孙中山全集》，中华书局，1982。

中国社会科学院语言研究所词典编辑室编《现代汉语词典（第5版）》，商务印书馆，2005。

周光培编《中华民国史史料三编》，辽海出版社，2007。

（清）朱寿朋编《光绪朝东华录》，中华书局，1958。

四　著作

1. 清末民国部分

白敦庸：《市政举要》，大东书局，1931。

包明芳：《中国消防警察》，商务印书馆，1935。

蔡鸿源：《内务法令辑览续编》，司法部，1919。

蔡恂：《北京警察沿革纪要》，1944。

岑士麟：《外事警察》，首都警察厅警员训练所，1946。

陈允文：《中国的警察》，商务印书馆，1935。

陈允文编著《警察常识》，商务印书馆，1937。

陈震异：《警捐与市政》，出版地不详，1924。

丁嘉藩：《警察手册》，世界书局，1939。

酆裕坤：《现代警察研究》，内政部警察总署，1947。

法政学社编《现行法令全书》，中华书局，1921。

郭孟文编《警界必携》，商务印书馆，1915。

国民政府颁行《国民政府颁行法令大全》，国民政府法制局，1928。

郭宗莆编著《中国警察法》（上册），警学编译社，1947。

胡承禄：《各国警察概要》，1931。

胡存忠：《中国警察史》，中央警官学校，1937。

黄伦：《户籍法与户籍行政》，中国文化服务社，1944。

惠洪编著《刑事警察学》，商务印书馆，1936。

姜春华：《北平警政概观》，出版地不详，1934。

交通部交通警察总局编《中国铁路警察史略》，1947。

《警察精神教育》，中央警官学校第四分校甲级总队，1947。

雷辑辉：《北平捐税考略》，北平社会调查所，1932。

李承谟编著《保安警察》，内政部中央训练委员会印行，1942。

李士珍：《警察行政研究》，商务印书馆，1942。

李士珍：《警察行政之理论与实际》，中华警察学术研究社，1948。

李士珍：《现代各国警察》，商务印书馆，1938。

李士珍：《战时警察业务》，（长沙）商务印书馆，1938。

李秀生：《中国警察行政》，中华警察学术研究社平津分社，1947。

李倬编著《警察实务纲要》，商务印书馆，1937。

刘垚、谈凤池编《中国都市交通警察》，商务印书馆，1935。

马鸿儒：《各国警察制度》，出版地不详，1930。

毛文佐：《刑事警察》，商务印书馆，1944。

内务部警政司编印《前清民国现行警察例规》，1919。

内政部警政司编《中国警察行政》，商务印书馆，1935。

内政部警察总署编《中国警政概况》，中国警政出版社，1947。

内政部中央训练委员会印行《保安警察》，1942。

〔日〕高桥雄豺：《交通警察概论》，张仲英、刘大勋译，大东书局，1931。

〔日〕松井茂：《警察学纲要》，吴石译，商务印书馆，1936。

上海市警察训练所编《警察法令摘要》，1947。

上海青年书社编辑《国际警察学》，上海青年书社，1930。

商务印书馆编辑《中华民国现行法规大全》，商务印书馆，1933。

邵清淮：《警察效用》，大公报承印部，1932。

陶孟和：《北平生活费之分析》，社会调查所，1930。

宪兵司令部编《宪兵司法警察实务》，南京中山印书馆，1933。

徐百斋：《中华民国法规大全》，商务印书馆，1937。

徐淘编著《警察学纲要》，广益书局，1928。

徐增明：《非常时期之警察》，上海中华书局，1937。

余秀豪：《警察行政》，商务印书馆，1936。

余秀豪：《警察手册》，北方经济建设协会印刷所，1946。

余秀豪：《警察学大纲》，商务印书馆，1946。

张恩书编《警察实务纲要》，中华书局，1937。

张永竹：《警察勤务精论》，中华书局，1936。

赵炳坤编《中国外事警察》，商务印书馆，1935。

赵修鼎：《警察行政》，商务印书馆，1927。

赵志嘉：《警察概论》，世界书局，1930。

赵志嘉：《现行警察法令集解》，上海警察学社，1930。

郑肇：《非常时期地方治安》，上海汗血书店，1937。

郑宗楷：《警察动员概论》，商务印书馆，1938。

郑宗楷：《警察法总论》（增订本），商务印书馆，1946。

郑宗楷：《警察与人民及要人》，大东书局，1947。

郑宗楷：《警官服务要论》，商务印书馆，1948。

郑宗楷：《日本警察之研究》（上册），中央警官学校，1941。

郑宗楷编著《现代警察之理论与实际》，上海正中书局，1942。

治安总署警政局编《治安警察》，武德报社，1942。

中央警官学校第四分校编《交通警察户籍警察》，北平市警察局合作社印刷所，1946。

中央警官学校研究部编印《警察法总论》，1947。

周代殷：《警察的新生活》，正中书局，1935。

2. 1949 年以后部分

〔美〕埃利诺·奥斯特罗姆、帕克斯、惠特克：《公共服务的制度建构——都市警察服务的制度结构》，宋全喜、任睿译，上海三联书店，2000。

北京市档案馆编《日伪在北京地区的五次"强化治安运动"》，北京燕山出版社，1987。

北京市公路交通史编委会编《北京交通史》，北京出版社，1989。

北京市政协、天津市政协文史资料研究委员会编《京津蒙难记——八国联军侵华纪实》，中国文史出版社，1990。

本书编辑委员会编《六十年来的中国警察》，中央警官学校，1971。

蔡鸿源：《民国法规集成》，黄山出版社，1999。

曹发军：《成都警政研究：1935~1945》，河南人民出版社，2015。

曹天忠、马丽：《近代广州警察教育史话》，花城出版社，2015。

曹子西主编《北京通史》第9卷，中国书店，1994。

陈鸿年：《北平风物》，九州出版社，2016。

陈鸿彝主编《中国治安史》，中国人民公安大学出版社，2002。

陈享冬：《近代广州消防史话》，花城出版社，2015。

程燎原：《清末法政人的世界》，法律出版社，2003。

戴文殿主编《中国公安图书总目》，中国人民公安大学出版社，2007。

邓国良主编《警察职务犯罪研究》，江西高校出版社，1999。

邓铁涛、程之范主编《中国医学通史（近代卷）》，人民卫生出版社，2000。

丁芮：《管理北京：北京政府时期京师警察厅研究》，山西人民出版社，2013。

董纯朴编著《中国警察史》，吉林人民出版社，2005。

董华、张吉光等编著《城市公共安全——应急与管理》，化学工业出版社，2006。

董毅：《北平日记》，王金昌编，人民出版社，2009。

都梁：《狼烟北平》，长江文艺出版社，2006。

〔荷〕冯客：《近代中国的犯罪、惩罚与监狱》，徐有威等译，江苏人民出版社，2008。

耿连海主编《警察权益保护》，群众出版社，2004。

郭成伟：《社会犯罪与综合治理》，中国政法大学出版社，1994。

郭凡：《近代广州警察城市管理史话》，花城出版社，2015。

郭华清：《革命运动中的近代广州警察》，花城出版社，2015。

郭廷以主编《中华民国史事日志》，台北"中央研究院"近代史研究所，1985。

〔美〕哈罗德·K.贝克尔、唐娜·李·贝克尔：《世界警察概览》，刘植荣译，山西人民出版社，1991。

韩延龙、苏亦工等：《中国近代警察史》，社会科学文献出版社，2000。

韩延龙主编《中国近代警察制度》，中国社会科学出版社，2018。

何一民：《近代中国城市发展与社会变迁（1840~1949）》，科学出版社，2004。

〔美〕黄宗智：《法典、习俗与司法实践：清代与民国的比较》，法律出版社，2014。

黄柏莉：《近代广州治安史话》，花城出版社，2015。

黄娜主编《警察执法全书》，群众出版社，2000。

惠生武：《警察法论纲》，中国政法大学出版社，2000。

霍燎原、潘启贵主编《日伪宪兵与警察》，黑龙江人民出版社，1996。

〔美〕吉尔伯特·罗兹曼：《中国的现代化》，国家社会科学基金"比较现代化"课题组译，江苏人民出版社，2003。

江沛：《日伪"治安强化运动"研究（1941~1942）》，南开大学出版社，2006。

姜德明编《北京乎现代作家笔下的北京：1919~1949》，生活·读书·新知三联书店，1992。

金川、唐长国、柳捷、冯秀成编著《司法警察概论》，中国政法大学出版社，2005。

金其高：《中国社会治安防控》，中国方正出版社，2004。

〔英〕坎南编著《亚当·斯密关于法律、警察、岁入及军备的演讲》，陈福生、陈振骅译，商务印书馆，2011。

康绍邦、苏玲等编译《城市社会学》，浙江人民出版社，1986。

《老舍全集》，人民文学出版社，1999。

《老舍文集》第3卷，人民文学出版社，1982。

李健和主编《警察实用知识全书》，中国人民公安大学出版社，1995。

李理：《日据时期台湾警察制度研究》，凤凰出版社，2013。

李鹏年、朱先华、秦国经、刘子扬、陈锵仪等编著《清代中央国家机关概述》，紫禁城出版社，1989。

李孝悌：《清末的下层社会启蒙运动（1901~1911）》，河北教育出版社，2001。

李长莉：《近代中国社会文化变迁录》第1卷，浙江人民出版社，1998。

刘锦涛：《中英创建近代警察制度比较研究》，法律出版社，2014。

陆晶：《现代警务行为的理与法》，中国人民公安大学出版社，2005。

〔美〕路易丝·谢利：《犯罪与现代化：工业化与城市化对犯罪的影响》，何秉松译，中信出版社，2002。

〔美〕罗伯特·兰沃西、〔美〕劳伦斯·特拉维斯·Ⅲ：《什么是警察：美国的经验》，尤小文译，群众出版社，2004。

〔美〕罗斯科·庞德：《通过法律的社会控制》，沈宗灵译，商务印书馆，2011。

〔德〕马克思、〔德〕恩格斯：《德意志意识形态》，中共中央马克思、恩格斯、列宁、斯大林著作编译局译，人民出版社，1961。

马结：《中国社会治安综合治理研究》，法律出版社，1990。

马玉生：《中国近代中央警察机构建立、发展与演变》，中国政法大学出版社，2015。

梅可望：《都市警政学》，台北：正中书局，1971。

孟伶通、秦超海：《现代警察管理》，武汉大学出版社，1990。

孟庆超：《中国警察近代化研究：以法文化为视角》，中国人民公安大学出版社，2006。

孟维德：《警察与犯罪控制》，台北：五南图书出版股份有限公司，2005。

孟正夫：《中国消防简史》，群众出版社，1984。

穆玉敏：《北京警察百年》，中国人民公安大学出版社，2004。

潘嘉钊、钟敏、李慕贞、侯俊华编撰《蒋介石警察密档》，群众出版社，1994。

彭明：《五四运动史》（修订本），人民出版社，2019。

齐如山：《北平北平怀旧北平小掌故》，中州古籍出版社，2019。

秦立强：《社会稳定的安全阀：中国犯罪预警与社会治安评价》，中国人民公安大学出版社，2004。

邱志红：《现代律师的生成与境遇：以民国时期北京律师群体为中心的研究》，社会科学文献出版社，2012。

上海市公安局史志办公室编《海上警察百年印象》，同济大学出版社，2014。

施岷：《中国近代警察教育研究（1901～1949）》，浙江人民出版社，2015。

〔美〕史明正：《走向近代化的北京城——城市建设与社会变革》，王业龙、周卫红译，北京大学出版社，1995。

〔美〕史谦德：《北京的人力车夫：1920年代的市民与政治》，周书垚、袁剑译，江苏人民出版社，2021。

〔美〕史旺生：《警察行政管理：结构、过程与行为》，中国人民公安大学出版社，2013。

宋小明主编《警察心理健康与心理保健》，群众出版社，2004。

孙高杰：《1902～1937年北京的妇女救济：以官方善业为研究中心》，厦门大学出版社，2014。

孙静：《民国警察群体与警政建设研究（武汉：1945～1949）》，人民日报社出版社，2015。

孙娟、秦立强主编《中国警察管理理论实践与案例研究》，群众出版社，2003。

万川主编《中国警政史》，中华书局，2006。

王笛：《街头文化：成都公共空间、下层民众与地方政治，1870～1930》，李德英、谢继华、邓丽译，中国人民大学出版社，2006。

王家俭：《清末民初我国警察制度现代化的历程（1901～1928）》，台湾商务印书馆，1984。

王均：《清末民初北京的政治风云》，北京出版社，2000。

王康久主编《北京卫生志》，北京科学技术出版社，2001。

王美怡：《近代广州警政沿革》，花城出版社，2015。

王谦主编《现代城市公共管理》，重庆大学出版社，2005。

王瑞山：《中国传统治安思想史》，法律出版社，2012。

王瑞山：《中国传统治安思想研究：以"盗贼"为考察对象》，法律出版社，2016。

王先明：《中国近代社会文化史续论》，南开大学出版社，2005。

王鹰：《政府公共警察研究》，四川大学出版社，2001。

王仲方主编《中国社会治安综合治理的理论与实践》，群众出版社，1989。

〔美〕魏斐德：《上海警察，1927～1937》，章红、陈雁、金燕、张晓阳译，人民出版社，2011。

魏平雄、王顺安主编《中国治安管理法学》，人民法院出版社，1997。

魏树东：《北平市之地价地租房租与税收》，台北：成文出版社有限公司，1977。

吴建雍、王岗、姜纬堂、袁熹、于光度、李宝臣：《北京城市生活史》，开明出版社，1997。

吴沙：《近代广州警察》，社会科学文献出版社，2014。

夏书章、严家明主编《中国城市管理》，知识出版社，1990。

夏卫东、王霞：《中国近代户政研究（1900～1949）》，团结出版社，2016。

邢照华：《近代广州交警史话》，花城出版社，2015。

徐珂编纂《老北京实用指南》，社会科学文献出版社，2017。

徐志林：《治安防范论》，上海人民出版社，2011。

严景耀：《中国的犯罪问题与社会变迁的关系》，吴桢译，北京大学出版社，1986。

尹钧科：《北京历代建置沿革》，北京出版社，1994。

尹钧科等：《古代北京城市管理》，同心出版社，2002。

尹艳华：《现代城市政府与城市管理》，上海大学出版社，2003。

袁熹：《北京城市发展史（近代卷）》，北京燕山出版社，2008。

袁熹：《近代北京的市民生活》，北京出版社，2000。

〔美〕詹姆斯·Q. 威尔逊：《官僚机构：政府机构的作为及其原因》，孙艳等译，生活·读书·新知三联书店，2006。

詹林、潘益民：《中国近代警察法规编年史》，法律出版社，2020。

张苹：《近代广州警政人物传略》，花城出版社，2015。

张同乐：《华北沦陷区日伪政权研究》，生活·读书·新知三联书店，2012。

张振声、张伯源、崔占君编著《中国警察心理保健手册》，中国人民公安大学出版社，2002。

张振声：《现代警察心理学：一种心理选拔和训练的观点》，中国人民公安大学出版社，1999。

张钟汝、章友德、陆健、胡申生编著《城市社会学》，上海大学出版社，2001。

中国人民政治协商会议北京市委员会文史资料研究委员会编《北京往事谈》，北京出版社，1988。

中国人民政治协商会议北京市委员会文史资料研究委员会编《日伪统治下的北平》，北京出版社，1987。

中国社会科学院法学研究所法制史研究室编著《中国警察制度简论》，群众出版社，1985。

中央档案馆等编《华北治安强化运动》，中华书局，1997。

中央档案馆等编《伪满宪警统治》，中华书局，1993。

"中央警官学校"编《六十年来警察发展简史》，台北"中央警官学校"，1971。

周路主编《中国社会治安综合治理机制论》，群众出版社，1999。

朱绍侯主编《中国古代治安制度史》，河南大学出版社，1994。

朱晓明：《上海法租界的警察（1910~1937年）》，社会科学文献出版社，2017。

五 外文论著

大日方純夫『近代日本の警察と地域社会』筑摩書房，2000。

Alison Dray Dovey, "Spatial Order Police in Imperial Beijing," *The Journal of Ssian Studies*, vol. 52, no. 4 (Nov, 1993).

John D. Brewer, *The Police, Public Order and the State: Policing in Great Britain, Northern Ireland, the Irish Republic, the USA, Israel, South Africa and China*, New York: St Martins Press, 1996.

David Strand Rickshaw, *Beijing: City People and Politics in the* 1920s, University of California Press, 1993.

Joseph F. King, *The Development of Modern Police History in the United Kingdom and the United States*, Edwin Mellen Press, 2004.

后 记

本书是在笔者博士学位论文基础上增补修改而成的，持续了较长时间。时至今日得以出版，倍感欣慰。

回首写作的历程，可谓本人多年求学及至后来开展一些研究工作的总结。很清楚地记得，2004 年 9 月我初到北京，从北京西站坐上公交车赶往北京师范大学报到。一路上，售票员热情地介绍着一个个站点，京味十足。北京真好！喜欢北京的感觉油然而生。也许是初次到北京给我留下的深刻印象，我对这里的一切都很好奇，有着一股想要学习了解它的冲动。到了博士论文选题的时候，我毫不犹豫地和导师朱汉国教授说想以北京为中心进行探讨。朱老师很尊重我的意见，建议我先到北京市档案馆查看相关的馆藏资料，再结合研究兴趣最终确定具体题目。按照导师的建议，我多次前往北京市档案馆查看目录文献，发现民国时期北京警察局的档案内容丰富，卷宗完整，而当时学界对此方面的研究及资料运用不多，于是我想以警察群体为主题，进而探讨近代北京城市社会管理问题。后来，我把论文思路向导师汇报后，朱老师给予了很大支持和肯定，并对论文结构设置及资料挖掘提出宝贵意见。就这样，通过博士学位论文《近代北京警察群体研究》，我开启了北京史研究，并一直坚持至今。现在回想起来，很庆幸自己当时做出的选择，更是由衷感激导师的指引和鼓励。

在博士论文写作过程中，承蒙多位老师的指点与帮助。著名学者王桧林先生以其开阔的思维、深邃的思想对论文纲要提出了非常有启发意义的见解，使我的研究思路得以扩展。我的硕士导师、南开大学的李金铮教授对论文的选题也给予了充分肯定，鼓励我拓展研究视域，从乡村社会史到城市社会史，不断增强学术知识积累。在写作过程中，耿向东老师、张皓老师以及李少兵老师等都对论文写作提出了非常有建设性的意见，帮我进一步厘清了研究脉络。对诸位老师的提携与帮助，我深表谢忱！

在博士学习生活期间，同门李在全、彭贵珍、陈竹君、李小尉，同班同学王云红、孙艳萍等经常同我一起讨论问题，或帮助提供参考资料，使我受益良多，在此一并表示感谢！博士论文答辩时，中国社会科学院近代史研究所的左玉河研究员与汪朝光研究员、中国人民大学的陈桦教授、北京师范大学的朱志敏教授等为论文修改提出宝贵意见，对此表示特别感谢！

博士毕业后，我在出版社做过几年编辑工作，因为工作较为紧张，对博士论文的修改断断续续，但无论如何，我一直关注着北京警察史的相关研究。后来，我重回高校从事博士后研究，围绕北京警察相关问题先后在《历史档案》、《北京社会科学》、《首都师范大学学报》（社会科学版）等刊物上发表专题论文，得到审稿专家以及编辑部老师的指导和帮助，也给了我很大鼓励。

博士后出站后，我任教于高校，在从事教学与科研过程中，以博士学位论文为基础申报国家社科基金后期资助项目，很荣幸得到匿名评审专家的认可，项目获批立项。于是，在前期基础上，我进一步深入展开对近代北京警察的研究，考察时段也由原来的 1901~1937 年，扩展至 1901~1949 年。经过不断努力，我更新与补充了较多新的研究资料，吸收了最新研究成果，对研究观点也进行了更新。

当然，书稿的修订完善还离不开很多前辈师友的大力帮助。华中师范大学的学兄魏文享教授帮忙联系赴台北"中研院"近代史研究所查阅档案；在李达嘉研究员的帮助下，获得非常珍贵的研究史料。早稻田大学的熊远报教授在查询日文资料方面给予了大力支持。此外，北京市档案馆、中国第一历史档案馆、中国第二历史档案馆、国家图书馆等诸多单位的老师在资料查阅时也提供了很多便利，在此一并表示感谢！本书能够顺利出版，除了要感谢国家社科基金后期资助项目的支持，还要感谢社会科学文献出版社宋荣欣、李丽丽、白纪洋编辑在编校过程中的辛勤付出。当然，还离不开家人、亲友的默默支持与帮助，是他们的鼓励与安慰给了我力量。在此，谨以此书向所有关心、支持和帮助过我的老师、同学、朋友们表达最诚挚的谢意！

由于本人水平有限，书中不足之处，祈请方家不吝赐正。

李自典

2023 年 11 月